施工合同全过程法律实务解析

上海市建纬律师事务所 组织编写
蒋峰 编著

中国建筑工业出版社

图书在版编目（CIP）数据

直击难点：施工合同全过程法律实务解析/上海市建纬律师事务所组织编写；蒋峰编著. —北京：中国建筑工业出版社，2022.11
ISBN 978-7-112-28056-8

Ⅰ.①直… Ⅱ.①上…②蒋… Ⅲ.①建筑工程—合同法—法律解释—中国 Ⅳ.①D923.65

中国版本图书馆 CIP 数据核字（2022）第 200385 号

责任编辑：张智芊　周娟华
责任校对：李美娜

直击难点
施工合同全过程法律实务解析
上海市建纬律师事务所　组织编写
蒋峰　编著
*
中国建筑工业出版社出版、发行（北京海淀三里河路9号）
各地新华书店、建筑书店经销
北京雅盈中佳图文设计公司制版
北京君升印刷有限公司印刷
*
开本：787毫米×1092毫米　1/16　印张：25　字数：446千字
2023 年 3 月第一版　2023 年 3 月第一次印刷
定价：**77.00元**
ISBN 978-7-112-28056-8
（40161）

版权所有　翻印必究
如有印装质量问题，可寄本社图书出版中心退换
（邮政编码 100037）

本书编委会

主编

蒋　峰　上海市建纬律师事务所 律师

编委会成员（按姓氏笔画排列）

张志国　上海市建纬律师事务所　律师
郑冠红　上海市建纬律师事务所　合伙人律师
郝　运　上海市建纬律师事务所　律师

序

"超前、务实、至诚、优质"是上海市建纬律师事务所的价值观和执业原则，一直以来都作为建纬律师的座右铭。同时，在建纬所创始合伙人、建纬研究院院长朱树英老师的影响下，建纬律师都以朱树英老师的"能说会写"作为其努力的方向。眼前摆在读者诸君面前由蒋峰律师编著的这本新书，则是所有建纬人始终秉持专业立本之宗旨，也是蒋峰律师通过专业的积累和实际行动诠释了建纬的价值观。

蒋峰律师自武汉大学本科毕业以后，并没有直接进入建设工程法律领域，而是分别在工程设计、房地产开发一线从事相关工作。该段职业经历以及蒋律师的学术背景使得他能够对工程实务有着较为深刻的理解，并积累了深厚的工程造价、工程工期、工程质量及工程项目管理的一线经验。也正是这段经历的积累，使得其在本书的创作过程，能够摆脱一般工程法律著作的结构和框架，并在充分融合工程和法律知识的基础上，结合自身的实践经验，较为深入地探讨了工程招标投标、施工合同签订与合同效力、施工合同工期、工程质量、工程价款、竣工验收与结算、建设工程价款优先权、内部承包与分包等工程法律实践中最为重要的争议点及难点问题。同时，蒋律师结合自身的工程行业背景及律师执业经验，针对每个难点问题都提出了个人独到的实务操作指引或风险防范建议，为行业从业者及法律工作者提供了较大的借鉴意义。

如今，蒋峰律师长期思考和研究的成果即将编选付梓，而此书的出版距离他步入社会之时恰好十年，也正可谓"十年磨一剑"！不得不提的是，今年也恰好是建纬所成立30周年，在这样一个特殊的年份里，我也是带着别样的情感。

30年来，有志于投身中国建设法治实业发展的建纬人们，不断以自身的各项实际行动，来贡献属于我们建纬人特有的专业力量，而著书立说是其中非常重要的一种方式。因此，在本书出版之际，蒋峰律师前来请我作序。我想，本书的出版是建纬人为建纬30周年生日非常好的祝贺，我也为建纬拥有这样的专业人才而感到欣慰。

邵万权

上海市建纬律师事务所主任

2023年3月于上海

前　言

本书作者在成为律师之前，在工程行业有着多年的学习和从业经验。因机缘巧合，作者最终从工程行业转型成为律师，来到了上海市建纬律师事务所开启了律师职业的起点。

随着实务经验的积累，作者发现工程实务问题的复杂性远超过了法条的规定，即使在《中华人民共和国民法典》以及配套的新版司法解释出台后，实务中仍有较多疑难问题存在一定的争议。因此，如何将具体的法律规定与鲜活的实务案例相结合，并解决实际问题，是每一位法律工作者需要面对的问题，也是每一位行业从业者所关注的问题。

基于此，作者开始结合客户的日常咨询以及从实务案件中抽象出相对疑难的问题，问题内容涵盖从工程建设所涉及的招标投标、合同签约与合同效力问题，以及施工合同的工期、施工合同质量、施工合同价款、工程竣工验收与结算、建设工程价款优先受偿权等建设项目的全过程以及工程企业的内部承包等方面。

本书的内容涵盖了工程建设全流程以及工程建设各方都可能会涉及的典型问题共计 88 个，并针对具体的问题选取了近些年法院的典型案例，且多数案例为省级高级人民法院或最高人民法院审理的案件，并将案例的基本事实进行精简以增加可读性；同时结合当前最新的法律、法规等规定对每个问题进行了细致的解读；最后作者针对每个实务难点问题，结合自身的实务经验提出了相应的风险管理建议或实务操作建议，无论是对建设单位还是承包人，抑或是法律从业人员，均具有较大的借鉴意义。

目　录

第一章　招标与投标　/001

第一节　必须招标的范围进一步限缩，房地产项目不属于必须招标的项目　/001

第二节　必须招标的项目，暂估价达到标准的，应进行招标，可由总承包人或总承包人与发包人共同招标　/007

第三节　非必须招标的项目，企业内部自愿实施招标的行为，也会受到法律的约束　/011

第四节　非必须招标的项目，标前协议及中标合同的效力问题　/014

第五节　招标人与投标人之间的标前实质性谈判与串通投标之间的区别与联系　/019

第六节　多个投标人协商共同投标的，构成投标人之间的串通投标　/023

第七节　招标文件中规定的工程投标保证金数额不得超过项目估算价的 2%　/027

第八节　低于成本价投标是中标无效的情形，但实践中低于成本价较难认定　/031

第九节　桩基工程单独招标应单独立项；未单独立项的桩基工程单独招标的，构成肢解发包　/037

第二章　合同签订与效力　/042

第一节　发出中标通知书后，一般应认为施工合同成立　/042

第二节　发出中标通知书后反悔的，应当承担行政责任及违约责任　/046

第三节　中标合同与补充协议不一致的相关问题　/050

第四节　招标文件中的合同文本不属于格式条款　/054

第五节　施工合同无效，合同履行过程中签订的补充协议独立于施工合同的，则补充协议应具备法律效力　/058

第六节　未取得规划审批手续签订的施工合同一般应当无效，但在一审起诉前取得的，合同有效　/061

第七节　超越建设工程规划许可证施工的，施工合同无效　/065

第八节　尚未取得建设工程规划许可证的工程总承包项目，不宜直接认定合同无效　/068

第九节　借用资质签订的施工合同是否有效，应当区分发包人是否知情　/074

第十节　没有取得相应资质的，签订的装饰装修合同无效，但小型家庭装修合同除外　/081

第十一节　施工合同约定"签字盖章"后生效，仅签字或仅盖章的合同一般也应认为有效　/087

第十二节　总包合同无效的，分包合同一般有效；如分包合同本身违法的，则分包合同无效　/091

第十三节　伪造印章签订合同的，签订人员是否有权代理或构成表见代理关系到合同效力　/095

第三章　施工合同工期　/100

第一节　实际开工日期需结合开工通知、开工令及其他证据予以认定　/100

第二节　工程竣工移交后，仅有部分质量瑕疵不影响实际竣工日期的认定　/106

第三节　发包人不得任意压缩合理工期，但合理工期不宜以工期定额作为评判标准　/111

第四节　发包人指定分包单位导致工期延误的，总承包商一般不能免责　/117

第五节　施工合同无效，承包人逾期竣工的，可参照合同约定的

　　　　　　　标准承担逾期竣工的责任　/120
　　第六节　施工合同无效，承包人要求发包人赔偿停工损失的，应
　　　　　　承担举证责任　/123
　　第七节　发包人批准新的进度计划能否视为同意工期顺延的问题　/127
　　第八节　承包人采取暂停施工的措施应符合规定，擅自停工将承
　　　　　　担相应责任　/130
　　第九节　承包人主张工期顺延的，应承担举证责任；未举证证明
　　　　　　工期可以顺延的，将承担工期延误的不利后果　/133
　　第十节　设计变更并不必然导致工期延误，影响工期关键线路是
　　　　　　顺延工期的前提　/138
　　第十一节　发包人原因导致工程停工的，承包人可以要求发包人
　　　　　　　赔偿停窝工损失，但应当避免损失扩大　/143
　　第十二节　施工合同约定发包人原因导致工期延误，承包人不得索赔，
　　　　　　　一般应认为有效，但承包人可申请变更或解除合同　/147
　　第十三节　施工合同约定工期延误违约金上限，实际损失超过合
　　　　　　　同约定上限的，可向法院申请调整　/150

第四章　施工合同质量　/154

　　第一节　发包人要求承包人支付修复费用的，应先行通知承包人
　　　　　　承担修复义务　/154
　　第二节　发包人指定分包的，产生的质量责任应依据双方过错予
　　　　　　以承担　/159
　　第三节　发包人擅自使用未经验收的工程，承包人仍需要对地基
　　　　　　基础与主体工程承担责任　/162
　　第四节　发包人不能仅以质量缺陷为由拒付工程款　/164
　　第五节　工程质量抗辩属于发包人对抗承包人的付款请求，而质
　　　　　　量反诉属于独立的诉讼请求；如工程已经验收合格的，
　　　　　　发包人应提出质量反诉　/168
　　第六节　缺陷责任期与保修期属于不同的概念，保修期未满但缺
　　　　　　陷责任期满的，发包人应当返还质量保证金　/172

第七节 施工合同约定的保修期低于法定保修期的，应按法定最低保修期执行 /179

第八节 发包人认为工程质量存在问题的，可以向法院申请工程质量鉴定，鉴定必要性由法院审查确定 /182

第九节 工程竣工验收合格，但承包人原因导致工程存在明显质量问题的，承包人不能以验收合格为由免责 /186

第五章 施工合同价款 /191

第一节 合同约定包材料费用的，材料价格上涨一般不能调价 /191

第二节 下浮率计价的，履约过程中形成的签证一般不再下浮 /196

第三节 施工合同无效，承包人仍可以要求发包人支付工程款利息 /202

第四节 背靠背条款不属于格式条款，总承包人一般无须向分包单位提示 /205

第五节 背靠背支付条款不属于"霸王条款"，一般应认为有效，但总承包单位应"积极行权" /212

第六节 分包合同无效，背靠背支付条款不能参照适用 /217

第七节 发包人一般不能以承包人未开具发票为由拒付工程款 /221

第八节 施工合同无效，承包人的利润可能被扣减 /225

第九节 分包合同无效的，管理费可视总承包人的实际管理情况来确定 /230

第十节 施工合同约定发包人欠付工程款的，承包人不得停工的约定一般有效 /234

第十一节 垫资不同于工程款和借款，工程垫资一般应在合同中约定 /239

第六章 竣工验收与结算 /246

第一节 发包人擅自使用包括发包人将工程交由第三方施工、发包人接收钥匙等情形 /246

第二节　对以房抵款协议性质的认定，应区分工程款履行期限是
　　　　否届满　/250
第三节　签订以房抵工程款协议后，原工程款债权一般不消灭　/255
第四节　以房抵工程款协议签订后，抵款房屋被查封，承包人作
　　　　为受让人可以排除法院执行　/258
第五节　施工合同无效，质量保证金一般应参照合同约定进行
　　　　扣留　/263
第六节　施工合同无效且验收不合格，承包人也能获得一定的
　　　　工程款　/267
第七节　总价合同解除的，工程价款结算有约定的按约定；未约定
　　　　的，可通过司法鉴定解决　/270
第八节　发包人原因导致合同解除，承包人可要求发包人补偿预
　　　　期利润　/275
第九节　工程未结算，工程款诉讼时效一般不起算　/279
第十节　工程款超过诉讼时效的，承包人可要求发包人再次对账　/283
第十一节　合同约定以政府审计作为结算依据的，按约定执行；
　　　　　对政府审计有异议的，承包人可提起复议或诉讼　/286

第七章　建设工程款价款优先权　/294

第一节　关系公共利益等项目属于不宜折价、拍卖的工程，不适
　　　　用优先受偿权　/294
第二节　实际施工人一般不享有建设工程价款优先受偿权　/300
第三节　工程款债权转让的，优先权一般同时转让　/305
第四节　承包人对建设项目的预期收益可以享有优先受偿权　/310
第五节　建设工程价款优先受偿权从应付工程价款之日起算　/312
第六节　诉讼并非提出建设工程价款优先受偿权的唯一途径　/317
第七节　发包人破产的，承包人应及时提出建设工程价款优先权　/320
第八节　装饰装修工程的承包人享有优先权的前提是装修工程具备
　　　　折价、拍卖的条件　/325
第九节　垫资一般可以优先受偿，而索赔款项能否优先受偿，需

　　　　　结合具体情形进行区分 /329

　　第十节 放弃优先权的约定如损害建筑工人利益的，则约定无效 /333

第八章 内部承包与分包管理 /339

　　第一节 内部承包与转包或挂靠之间的区分 /339

　　第二节 挂靠属于出借资质承揽项目，转包属于项目的转让，两者
　　　　　法律后果有所差异 /344

　　第三节 挂靠人只能起诉合同相对方，发包人明知挂靠的，合同
　　　　　相对方为发包人 /348

　　第四节 发包人指定分包的，不影响分包合同的效力，但承包人
　　　　　应加强对指定分包的管理 /352

　　第五节 未经发包人同意签订的分包合同存在违法分包的风险 /354

　　第六节 工程分包针对专业工程，计取该部分工程的全部价款；
　　　　　劳务分包主要计取人工费 /358

　　第七节 地基与基础工程一般不属于主体工程，但将其分包也存在
　　　　　违法分包的风险 /364

　　第八节 不同项目对于主体结构的界定存在差异，双方可结合规定
　　　　　对主体结构进行约定 /367

　　第九节 主张实际施工人身份的，应承担举证责任 /371

　　第十节 实际施工人以承包人名义对外签订合同，表见代理的适用
　　　　　应从严 /373

　　第十一节 实际施工人欠付农民工工资的，承包人须先行清偿 /377

　　第十二节 实际施工人雇佣的人员发生伤亡的，由承包人承担工伤
　　　　　　赔偿责任后，再进行追偿 /382

后记 /387

第一章
招标与投标

第一节 必须招标的范围进一步限缩，房地产项目不属于必须招标的项目

一、实务疑难点

必须招标的项目如果未经过招标投标程序，可能会导致签订的合同存在效力瑕疵。因而实践中，对于必须招标的项目范围较为关注。但由于工程实践的复杂性以及工程项目的类型多，因而相关的法律规定难以对每一种必须招标的项目进行穷尽列举；同时，招标投标相关的法规制度也处于不断更新之中，对于必须招标的范围，近年来也存在一些变化，从而导致在招标投标过程中以及司法裁判中，对于哪些项目是否必须进行招标存在争议。

酒店、商品房、商业广场类房地产项目在实践中较为常见，本节将结合房地产项目，对必须招标的范围、项目进行详细探讨。

二、法条链接

1.《中华人民共和国招标投标法》（2017年修正）

第三条 在中华人民共和国境内进行下列工程建设项目包括项目的勘察、设计、施工、监理以及与工程建设有关的重要设备、材料等的采购，必须进行招标：

（一）大型基础设施、公用事业等关系社会公共利益、公众安全的项目；

（二）全部或者部分使用国有资金投资或者国家融资的项目；

（三）使用国际组织或者外国政府贷款、援助资金的项目。

前款所列项目的具体范围和规模标准,由国务院发展计划部门会同国务院有关部门制定,报国务院批准。

法律或者国务院对必须进行招标的其他项目的范围有规定的,依照其规定。

2.《必须招标的工程项目规定》(国家发展和改革委员会令第16号)(以下简称"16号令")

第二条 全部或者部分使用国有资金投资或者国家融资的项目包括:

(一)使用预算资金200万元人民币以上,并且该资金占投资额10%以上的项目;

(二)使用国有企业事业单位资金,并且该资金占控股或者主导地位的项目。

第三条 使用国际组织或者外国政府贷款、援助资金的项目包括:

(一)使用世界银行、亚洲开发银行等国际组织贷款、援助资金的项目;

(二)使用外国政府及其机构贷款、援助资金的项目。

第四条 不属于本规定第二条、第三条规定情形的大型基础设施、公用事业等关系社会公共利益、公众安全的项目,必须招标的具体范围由国务院发展改革部门会同国务院有关部门按照确有必要、严格限定的原则制订,报国务院批准。

第五条 本规定第二条至第四条规定范围内的项目,其勘察、设计、施工、监理以及与工程建设有关的重要设备、材料等的采购达到下列标准之一的,必须招标:

(一)施工单项合同估算价在400万元人民币以上;

(二)重要设备、材料等货物的采购,单项合同估算价在200万元人民币以上;

(三)勘察、设计、监理等服务的采购,单项合同估算价在100万元人民币以上。

同一项目中可以合并进行的勘察、设计、施工、监理以及与工程建设有关的重要设备、材料等的采购,合同估算价合计达到前款规定标准的,必须招标。

3.《必须招标的基础设施和公用事业项目范围规定》(发改法规规〔2018〕843号)(以下简称"843号文")

第二条 不属于《必须招标的工程项目规定》第二条、第三条规定情形的大型基础设施、公用事业等关系社会公共利益、公众安全的项目,必须招标的具体范围包括:

(一)煤炭、石油、天然气、电力、新能源等能源基础设施项目;

(二)铁路、公路、管道、水运,以及公共航空和A1级通用机场等交通运输基础设施项目;

(三)电信枢纽、通信信息网络等通信基础设施项目;

(四)防洪、灌溉、排涝、引(供)水等水利基础设施项目;

(五)城市轨道交通等城建项目。

三、典型案例

  【案例：苏某公司与恒某公司地产合同纠纷案】

2011年6月1日，发包人恒某公司与承包人苏某公司签订《建设工程施工合同》（未经过招标投标），约定由苏某公司施工恒某公司开发的位于包头市青山区的"某游泳馆改造项目（某时代中心）"工程，工程内容：五星级酒店、写字楼、商业、地下停车场及附属设备用房，总建筑面积暂定为14.28万 m^2。合同价款执行预决算，合同价款最终以双方审定的结算价为准。

合同签订后，苏某公司依照合同约定开始施工，竣工验收合格并投入使用。2015年9月29日，恒某公司梁某签收了苏某公司某游泳馆改造项目（恒某银座）工程竣工报审资料（结算书）一套。2016年10月11日，双方签订《苏某建设恒某银座项目部抵顶恒某银座公寓协议》，约定工程暂定结算造价230269932.85元，截至2016年10月10日已付211441449.2元。2017年9月20日，双方形成的《某游泳馆改造项目（恒某时代中心）工程造价结（决）算汇总表》，最终结算总造价283995124元。

事后因恒某公司未足额支付工程款，苏某公司向法院提起诉讼。诉讼过程中，针对案涉项目是否属于必须招标的范围，一审法院认为：案涉房地产项目关系社会公共利益、公众安全，而案涉合同未经过招标投标程序而签订，违反法律强制性规定，因此无效。但合同无效不影响结算条款的效力。

但二审过程中，最高人民法院认为：本案中，案涉工程建设的项目内容是酒店、写字楼、商业、地下停车场及附属设备用房。工程于2011年开始施工，2015年竣工验收，2017年当事人对结算事宜达成一致。从行为发生时有效的相关规范性法律文件的规定看，本案工程显然不属于《工程建设项目招标范围和规模标准规定》第二条规定的关系社会公共利益、公众安全的基础设施项目的范围。此外，恒某公司为"有限责任公司（自然人独资）"，故案涉工程也非使用国有资金投资项目的范围。而从《工程建设项目招标范围和规模标准规定》的表述看，亦未明确将五星级酒店、写字楼、商业、地下停车场及附属设备用房工程纳入"关系社会公共利益、公众安全的公用事业项目的范围"，因此将案涉工程认定为必须招标的工程项目，依据不足。

四、法律分析与实务解读

本文案例中,一审内蒙古高级人民法院认为房地产项目属于必须招标的项目,案涉合同因应未招标而无效,但该观点在二审过程中被最高人民法院推翻。一审法院与二审法院观点存在偏差主要原因在于对必须招标的项目范围,以及国家发展改革委关于必须招标的工程范围的限缩存在不同的理解与认定。

1. 必须招标的规模标准

对于是否必须招标,首先应当满足相应的规模标准。根据《必须招标的工程项目规定》第五条,针对属于必须招标的项目,其规模标准满足表1-1时,则应当招标。

必须招标的规模标准　　　　　　　　　　　　　　表1-1

采购类型	规模标准(按合同估算价)
施工	≥ 400万元
货物(材料、设备等)	≥ 200万元
服务(勘察、设计、监理等)	≥ 100万元
合并采购	合并达到规模标准的,必须招标

针对表1-1所列的必须招标的规模标准,应当注意从两个角度理解:

(1)属于必须招标的项目,如果单项采购合同满足上述规模标准则必须招标;反之,如果规模达不到上述标准的,即便属于必须招标的项目,也不用招标。例如,某个项目属于必须招标的项目,则针对该项目的勘察、设计、监理等服务的采购,如果每一个单项采购都达到了100万元,则都需要进行招标;同样地,针对该项目的施工采购、货物采购达到相应规模标准的,也都应当进行招标。

(2)关于同一项目中的合并采购,其目的在于防止发包人通过化整为零的方式规避招标。针对某一项目,是否进行合并采购,需要从项目实际情况,以及行业标准或行业惯例,符合科学性、经济性、可操作性要求等方面予以考量。例如,针对工程总承包项目而言,包含了设计、施工以及部分货物采购,而实践中均进行合并招标,即只针对工程总承包项目进行整体招标。针对此类总承包项目招标的规模标准,只要其中的设计、货物采购或服务等某一部分达到了相应的标准,例如施工达到400万元以上,或货物部分达到200万元以上,或服务部分(设计)达到100万元以上,则整个总承包项目必须招标。上述原则也由国家发展和改革委员会办公厅在《国家发展改革委办公厅关于进一步做好〈必须招标的工程项目规定〉和

《必须招标的基础设施和公用事业项目范围规定》实施工作的通知》（发改办法规〔2020〕770号）规定："（五）关于总承包招标的规模标准。对于16号令第二条至第四条规定范围内的项目，发包人依法对工程以及与工程建设有关的货物、服务全部或者部分实行总承包发包的，总承包中施工、货物、服务等各部分的估算价中，只要有一项达到16号令第五条规定的相应标准，即施工部分估算价达到400万元以上，或者货物部分达到200万元以上，或者服务部分达到100万元以上，则整个总承包发包应当招标。"

2. 必须招标的项目范围

针对必须招标的项目范围，其主要法律依据散落在《中华人民共和国招标投标法》《必须招标的工程项目规定》以及《必须招标的基础设施和公用事业项目范围规定》。结合前述的法律规定，笔者针对必须招标的范围进行了列表梳理，如表1-2所示。

必须招标的范围   表1-2

《中华人民共和国招标投标法》	《必须招标的工程项目规定》	《必须招标的基础设施和公用事业项目范围规定》
全部或者部分使用国有资金投资或者国家融资的项目	使用预算资金200万元人民币以上，并且该资金占投资额10%以上的项目	—
	使用国有企业事业单位资金，并且该资金占控股或者主导地位的项目	
使用国际组织或者外国政府贷款、援助资金的项目	使用世界银行、亚洲开发银行等国际组织贷款、援助资金的项目	
	使用外国政府及其机构贷款、援助资金的项目	
大型基础设施、公用事业等关系社会公共利益、公众安全的项目	不属于上述情形的大型基础设施、公用事业等关系社会公共利益、公众安全的项目，必须招标的范围由国家发展改革委制定，报国务院批准	必须招标的范围：（一）煤炭、石油、天然气、电力、新能源等能源基础设施项目；（二）铁路、公路、管道、水运，以及公共航空和A1级通用机场等交通运输基础设施项目；（三）电信枢纽、通信网络等通信基础设施项目；（四）防洪、灌溉、排涝、引（供）水等水利基础设施项目；（五）城市轨道交通等城建项目

针对上述表格的理解，应当从三个方面予以考虑：

（1）《中华人民共和国招标投标法》对于必须招标的项目范围作出了原则性的规定，必须招标的项目主要有三类，即：①关系社会公共利益和公众安全的项目；②国有资金投资或国家融资的项目；③国际组织或外国政府贷款、援助资金的项目。

但对于上述三类项目的具体范围，并没有作出细化，需要结合国家发展改革委的其他规定来予以理解。

（2）对于何为全部或部分使用国有资金，以及国际组织或外国政府贷款类的项目，则由《必须招标的工程项目规定》作出进一步细化规定。

（3）对于大型基础设施、公用事业等关系社会公共利益、公众安全的项目，则由《必须招标的基础设施和公用事业项目范围规定》作出细化规定。

3. 房地产项目是否属于必须招标的项目

原国家发展计划委员会曾于 2000 年 5 月颁布《工程建设项目招标范围和规模标准规定》（国家发展计划委员会令第 3 号，现已于 2018 年 3 月 8 日被《国务院关于〈必须招标的工程项目规定〉的批复》废止），其中第三条规定："关系社会公共利益、公众安全的公用事业项目的范围包括：……（五）商品住宅，包括经济适用住房；（六）其他公用事业项目。"

即，在 2018 年国务院批准发布《必须招标的工程项目规定》之前，商品房项目属于必须招标的项目范围，因而在此之前，实践中针对商品房项目一般都会进行公开招标投标程序。而在《必须招标的工程项目规定》实施之后，原先关于商品房必须招标的规定则失效，导致对于商品房、住宅等地产项目是否必须招标存在争议。

直至 2018 年 6 月 6 日，国家发展改革委发布《必须招标的基础设施和公用事业项目范围规定》，针对必须招标的项目进行了重新规定，与 2000 年 5 月的规定相比来看，显然对于必须招标的项目范围进行了限缩，例如针对关系社会公共利益、公众安全的项目，剔除了包括经济适用房在内的商品住宅项目。

同时，值得关注的是，国家发展改革委进一步于 2020 年 10 月 19 日发布《关于进一步做好〈必须招标的工程项目规定〉和〈必须招标的基础设施和公用事业项目范围规定〉实施工作的通知》，其中明确规定："（三）关于招标范围列举事项……没有法律、行政法规或者国务院规定依据的，对 16 号令第五条第一款第（三）项中没有明确列举规定的服务事项、843 号文第二条中没有明确列举规定的项目，不得强制要求招标。"也就是说，《必须招标的基础设施和公用事业项目范围规定》第二条没有明确列明的项目，则不属于大型基础设施、公用事业等关系社会公共利益、公众安全的项目，一般无须进行招标。

综合以上讨论，因房地产项目一般属于民营投资项目，而其项目本身也不在关系社会公共利益、公众安全的项目范围内，因而不属于必须招标的项目。

五、实务指引

本文详细讨论了必须招标的项目范围，并得出了房地产项目一般无须强制招标的结论。同时，从国家对于招标投标制度改革以及近年来简化行政审批、放管服的背景来看，未来对于招标投标制度的监管仍然可能会逐步放松，因而针对必须招标的项目范围，只会在现有基础上进一步予以限缩，而非扩大必须招标的项目范围。

有鉴于此，对于法律、法规等没有明确规定、列明必须招标的项目，一般而言招标人可以自主选择发包方式。例如，针对房地产项目，可以选择直接发包并与相关的承包人订立施工合同。但如果发包人想要通过竞争性的方式遴选承包人的，应当注意相关的发包程序是否构成招标行为，从而可能触发招标投标相关法律制度的限制。

第二节 必须招标的项目，暂估价达到标准的，应进行招标，可由总承包人或总承包人与发包人共同招标

一、实务疑难点

在工程建设招标投标过程中，暂估价较为常见。对于暂估价是否需要单独招标，以及招标的主体、程序如何进行，属于实务中较为疑难的问题。在现有法律体系下，对于暂估价的招标并没有系统、明确的法律规定，因而往往会在工程建设过程中发生争议或纠纷。因此，本文将对暂估价是否招标，以及招标的主体问题进行讨论。

二、法条链接

《中华人民共和国招标投标法实施条例》（2019年修正）

第二十九条 招标人可以依法对工程以及与工程建设有关的货物、服务全部或者部分实行总承包招标。以暂估价形式包括在总承包范围内的工程、货物、服务属于依法必须进行招标的项目范围且达到国家规定规模标准的，应当依法进行招标。

前款所称暂估价，是指总承包招标时不能确定价格而由招标人在招标文件中暂时估定的工程、货物、服务的金额。

三、典型案例

  【案例：神某公司与琅琊某公司行政纠纷案】

2019年10月，招标单位琅琊某公司发布案涉项目施工的招标公告，招标代理机构为安徽中某公司，并制作了交易文件。

2019年10月30日，安徽中某公司作出情况说明，载明"本项目工程量清单及最高投标限价中明确电梯的数量，由投标人根据满足文件中参数自行考虑报价。为保证电梯质量和使用的基本功能，防止合同履约过程中发生纠纷，在招标文件中明确了电梯的基本功能和性能要求，招标人可根据造价咨询单位确定的电梯控制价合理推荐三种以上电梯参考品牌供投标人参考（不局限于推荐品牌，也可以选用其他品牌）。本次技术要求中电梯功能和性能要求均为关于电梯的基本要求，电梯生产厂家均能满足上述要求。"

2019年10月24日，神某公司向滁州市琅琊区发展和改革委员会投诉，其认为案涉项目施工中的电梯采购放到工程项目进行总承包招标，违反了相关法律规定，电梯属于货物采购，应另行招标。

2019年11月4日，区住房和城乡建设局作出《关于"案涉"项目施工的投诉处理决定书》，查明招标人在交易文件中对电梯部分并未以暂估价形式列出，而是以报价形式包括在该项目工程总报价中，依据法律规定，招标人将电梯打包招标符合规定，从而驳回了投诉。

神某公司不服，认为电梯属于暂估价，应当单独招标，并向法院提起行政诉讼。

针对电梯是否应当单独招标的问题，法院认为：案涉项目实行的是总承包招标，那么对建设工程的招标就已经涵盖了对其中所涉货物、工程、服务等内容，电梯应当认定为与"工程建设有关的货物"，将电梯打包招标并不违反法律的规定。

四、法律分析与实务解读

1.关于暂估价的定义

暂估价既是造价术语，也是法律术语。根据《工程造价术语标准》GB/T 50875—2013第2.2.60条的定义，暂估价是指招标人在工程量清单中提供的，用于支付在施工过程中必然发生，但在施工合同签订时暂时不能确定价格的材料、工程设备的单价和专业工程的价格。《中华人民共和国招标投标法实施条例》将暂估价定义为"总承包招标时不能确定价格而由招标人在招标文件中暂时估定的工程、货物、服务的金额"。

从上述的定义来看，并没有本质的区别，对于暂估价，应从两个层面来理解：①经过了招标投标程序，才可能会涉及暂估价的问题。②是否采用暂估价，由招标人自主决定，招标人可以将部分工程、货物或服务暂估一个金额；也可以按照法律规定将工程建设有关的所有货物、工程等实行总承包招标，并且在总承包范围内不采用暂估价的形式。

就以本文案例来讲，招标人将工程整体打包，并未将电梯作为暂估价单独列项，属于招标人的自主权，并不违反法律规定，投标人认为电梯应当作为暂估价并单独招标，显然是对暂估价产生了错误的理解。

2. 关于暂估价是否需要单独招标的问题

暂估价是否需要招标，《中华人民共和国招标投标法实施条例》第二十九条作出了相应规定，即针对必须招标的项目，如果暂估价达到了相应的规模标准，则针对暂估价的部分，待需要实施时必须再次招标；从另一个角度来理解，则针对非必须招标的项目，即使暂估价达到了相应的规模标准，也可以不进行招标。其原因在于针对必须招标的项目，在原先的招标投标程序中，暂估价部分的价格并未经过竞争，也就是事实上针对该部分没有经过招标投标的竞争程序，因而，如果暂估价单独达到了必须招标的规模标准，则在实施暂估价部分时应当进行招标。例如，必须招标的项目，招标时招标人在招标工程量清单中针对电梯设置了暂估价，且该暂估价超过了200万元，则当承包人需要采购该部分电梯时，应当履行相应的招标投标程序。

而如果是非必须招标的项目，即便是经过了招标投标程序且设置了暂估价，也无须针对暂估价部分再次进行招标。其原因在于，非必须招标的项目，本身整个工程就无须招标，发包人可以直接发包，因而在确定相应的暂估价时，也不再强制招标。当然，如果发包人自行决定针对暂估价招标的，则法律也并不禁止。

3. 关于暂估价招标的主体

实践中，暂估价由承包人招标或发包人与承包人共同招标较为常见。《建设工程施工合同（示范文本）》GF—2017—0201 第 10.7 条"暂估价"对于暂估价的招标主体和流程作出了较为详细的规定，对于实践有较大的指导意义。

1）承包人招标

由承包人作为暂估价的招标主体有一定的法律依据。《中华人民共和国建筑法》第四十五条明确规定，由总承包人对施工现场负总责，分包单位向总承包单位负责。同时，暂估价属于总承包范围内的一部分，只是在招标时因具体价格无法明确，因而采用暂估价的形式，本质上仍属于总承包合同内的一部分，由总承包进行招标也合情合理。

2）发包人和承包人共同招标

对于发包人来讲，出于成本控制等方面的考虑，实践中较多的情形是采用发包人与承包人共同招标。这种模式下，发包人对于暂估价的招标参与程度较高，待确定中标人后，通常由发包人、承包人与中标人签订三方合同。

3）由发包人单独招标

由发包人单独进行招标的模式在实践中相对更为少见，《建设工程施工合同（示范文本）》GF—2017—0201 中也并没有对发包人单独进行招标的模式作出规定。其主要原因在于发包人单独招标可能存在一些合规风险。一方面，由发包人单独招标，则签约时也由发包人与暂估价单位单独签订合同，此时相当于再次将包含在总承包范围内的部分工作剥离出来单独发包，可能涉嫌违反《中华人民共和国建筑法》第二十四条关于禁止肢解发包的规定。另一方面，由发包人直接对暂估价招标的，则也涉嫌指定分包的嫌疑，例如《房屋建筑和市政基础设施工程施工分包管理办法》第七条规定："建设单位不得直接指定分包工程承包人。任何单位和个人不得对依法实施的分包活动进行干预。"

但实践中也存在为了规避前述风险，发包人在进行总承包招标时，即提出要求由中标人委托发包人对暂估价进行招标或由双方共同招标，但在法律关系上仍然是总承包单位作为招标主体，而具体的招标投标和评标程序由发包人实际控制，以扩大发包人选定暂估价承包商的控制权。

需要注意的是，部分地区对于由发包人单独招标持支持态度，例如 2017 年 1 月颁布的《上海市建设工程招标投标管理办法》第二十一条第二款规定："建设单位、总承包单位或者建设单位与总承包单位的联合体均可作为暂估价工程的招标人。建设单位在总承包招标文件中，应当明确暂估价工程的招标主体以及双方的权利、义务。"此类规定，属于地方的特殊规定，虽然满足当地的要求，但与上位法存在一定的冲突，仍有合规性风险。

五、实务指引

通过以上讨论，针对暂估价招标的问题，笔者建议：

（1）针对必须招标的项目，暂估价达到规模标准的，应当单独进行招标，如未单独招标的，则可能因应招未招而对合同的效力产生影响。

（2）非必须招标的项目，暂估价是否另行招标的，发包人可以自主确定。

（3）对于暂估价需要招标的项目，建议在合同中明确约定招标的主体、具体的流程或发包人的审批程序等，例如由承包人单独招标或发包人、承包人共同招标。谨慎约定由发包人单独进行招标，该等行为虽然在部分地区作出了规定，但仍然可能违反《中华人民共和国建筑法》等上位法的规定，尤其是针对必须招标的项目。

（4）特定情况下由承包人委托发包人进行暂估价招标的，需结合中标通知书的发放、暂估价合同的签订模式，明确发包人、承包人各方对暂估价承包商的管理责任，避免不合理地将风险分配给一方当事人承担。

第三节 非必须招标的项目，企业内部自愿实施招标的行为，也会受到法律的约束

一、实务疑难点

招标投标程序性瑕疵往往与合同的效力问题息息相关。而实践中，对于应招未招的项目签订的施工合同应属无效已无太多争议。但对于非必须招标的项目，企业往往出于合规的需要，履行内部招标程序，该类程序不同于必须招标的项目，一般无需在当地的公共资源与交易中心备案，因而企业自行组织的内部招标投标行为，是否属于《中华人民共和国招标投标法》意义上的招标投标行为，违反相应程序是否可能导致中标无效的后果，实践中可能存在不同的认知。

二、法条链接

《中华人民共和国招标投标法》（2017年修正）

第二条 在中华人民共和国境内进行招标投标活动，适用本法。

三、典型案例

 【案例：海南港某公司与海南远某公司、东莞东某公司不正当竞争纠纷案】

> 2014年2月25日，海南港某公司发布《邀标通知书》，其中载明投标方案的截止时间、开标时间等内容，在投标截止时间内，海南远某、东莞东某公司等五家公司提交了投标文件。因《邀标通知书》中未载明评标标准，港某公司通知终止第一次招标，并于2014年3月28日发布《竞争性谈判业务邀请函》，其中详细记载了评标、开标等内容。经评审，最终海南远某公司中标。
>
> 东某公司以港某公司擅自终止第一次招标投标程序、未按约定开标等为由，向法院提起诉讼，要求确认第二次竞争性谈判程序违法及中标结果无效。
>
> 诉讼过程中，双方就海南港某公司第二次发布《竞争性谈判业务邀请函》的行为是否属于《中华人民共和国招标投标法》规定的"招标"发生争议。法院认为，案涉工程虽然不属于必须招标的范围，但海南港某公司发布《邀标通知书》《竞争性谈判业务邀请函》并进行现场投标、开标等一系列行为，符合《中华人民共和国招标投标法》规定的招标、投标、开标的相关程序，且各方当事人属于《中华人民共和国招标投标法》规定的"投标人"和"招标人"；同时，海南港某公司因无评标标准而终止第一次招标活动属于其在发现招标活动存在瑕疵时，纠正、完善招标活动的措施，而第二次的《竞争性谈判业务邀请函》虽名为"竞争性谈判"，但其实质性内容为招标投标活动，且比第一份的《邀标通知书》更为明确、合理、详细，并设定了评标标准、评标小组等，因此属于招标投标行为，应受《中华人民共和国招标投标法》的规制与调整。海南港某公司辩称本案纠纷不适用《中华人民共和国招标投标法》的理由不能成立。

四、法律分析与实务解读

根据《中华人民共和国招标投标法》第二条的规定，无论是必须招标的项目，还是非必须招标的项目，只要在我国境内进行了招标投标活动，则均要受到相关招标投标法律法规的约束。

对于必须招标的项目，其招标投标活动较为明确，一般均需要在当地的公共资源与交易管理中心或招标投标管理部门进行备案，且在招标投标过程中，相应的招标公告、招标文件一般均要在当地政府的监管平台发布，且有明确的时间、流程限制。

但是，对于非必须招标的项目，如何去界定进行了招标投标活动，往往存在争议。尤其是招标人以内部招标的名义，通过竞争性谈判、比选等方式选定承包人，但往往竞争性谈判、比选等程序与招标投标活动存在一定的相似之处，均会涉及发布谈判、比选文件，承包人"投标"，招标人"评标"等程序，容易被认定为招标投标程序，从而会受到相应的法律规制。而根据最高人民法院的观点[1]，内部招标在多数情况下并非仅限于企业内部，而是有一定的公开性，投标人也具有一定的不特定性；内部招标并非严谨的法律术语，无论内部招标冠以何种名称，都要严格审查其是否属于《中华人民共和国招标投标法》规定的招标投标活动，在符合《中华人民共和国招标投标法》规定的情况下，内部招标中的自主招标、场外招标等活动均属于《中华人民共和国招标投标法》规定的招标投标活动，均应适用招标投标相关法律规制。

因此，对于所谓的内部招标、比选或是竞争性谈判等程序，是否适用《中华人民共和国招标投标法》的规定，主要依据其实质性程序来判断。结合《中华人民共和国招标投标法》关于招标投标的程序性规定，招标投标的程序一般应包括：① 发布招标信息，包括发布招标公告或资格预审公告，发送投标邀请书等；② 资格预审，包括发布资格预审文件、资格预审的澄清与修改、资格审查等；③ 发布招标公告和招标文件，组织潜在投标人踏勘（如需）；④ 招标澄清、答疑与修改；⑤ 标前准备，包括收取投标保证金、开标会场布置、评标专家抽取；⑥ 投标；⑦ 组织开标；⑧ 组织评标；⑨ 确定中标人；⑩ 评标结果公示；⑪ 发出中标通知书；⑫ 项目资料归档及合同签订；⑬ 投诉与异议。

法律同时对相关招标投标程序规定了期限要求，结合法律规定以及期限要求，招标投标程序及流程一般如图1-1所示。

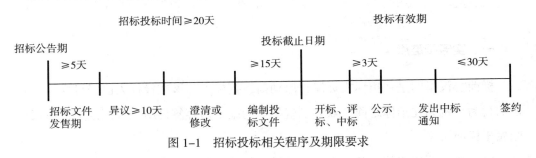

图1-1　招标投标相关程序及期限要求

---

[1] 最高人民法院民事审判第一庭.最高人民法院新建设工程施工合同司法解释（一）理解与适用[M].北京：人民法院出版社，2021.

而对于所谓的内部招标，例如常见的竞争性谈判、比选等确定承包人的方式，一般没有公告、资格预审、评标委员会的设立、开标与评标等程序。因此，如果内部招标活动虽然名为比选或竞争性谈判，但其实质性程序与《中华人民共和国招标投标法》规定的前述程序类似，例如发布比选公告、资格预审、发送比选邀请书、公开发布比选文件、收取保证金等，此种程序虽名为比选，但究其实质可能仍属于招标投标活动，从而会受到《中华人民共和国招标投标法》的约束。例如在正文案例中，发包人在第二次发包时采用了"竞争性谈判"的名义，但该"竞争性谈判"程序设定了详细的评标标准、评标小组、开标等相关程序，因而法院认定该"竞争性谈判"实质性内容为招标投标活动，从而认定应当受到《中华人民共和国招标投标法》的规制与调整。

五、实务指引

对于非必须招标的项目，基于价格充分竞争的考虑，企业经常采用内部招标的方式来确定供应商或承包人。而内部招标程序往往与法律规定的招标投标程序存在类似之处，建议在采用内部招标流程时，避免采用"招标""投标"等用词，可以用比选、竞争性谈判等方式替代。同时，应避免该程序与法定的招标投标程序存在雷同之处，尤其应当注意内部招标程序是否公开，以及潜在的供应商是否特定，例如在选定供应商时采用了公开发布邀请文件、供应商投标、评选等专门性程序，则容易被认定为法定的招标投标行为，从而可能因相关的程序性瑕疵而导致招标投标活动及相应的中标合同无效。

第四节　非必须招标的项目，标前协议及中标合同的效力问题

一、实务疑难点

标前协议指的是在招标投标流程启动前，招标人与潜在投标人已经订立相关协议的行为，例如在招标之前，双方已就招标的施工内容签订施工合同或类似协议，则属于标前协议。

对于非必须招标的工程，实践中常见的是发承包双方先签订了标前协议，而后又因合规需要，履行了招标投标程序并签订了中标合同，此时标前协议的效力以及

中标合同的效力如何，存在较大的争议，目前法院在认定此类问题时也尚未形成统一的裁判共识。

二、法条链接

《中华人民共和国招标投标法》（2017年修正）

第五十五条 依法必须进行招标的项目，招标人违反本法规定，与投标人就投标价格、投标方案等实质性内容进行谈判的，给予警告，对单位直接负责的主管人员和其他直接责任人员依法给予处分。前款所列行为影响中标结果的，中标无效。

三、典型案例

【案例1：华某公司与中某建合同纠纷案】

2011年7月11日，华某公司（甲方）与中某建（乙方）就蓝领公寓项目工程签订《建筑施工合作框架协议书》，约定由中某建承包该项目。2012年5月8日，中某建通过招标投标取得合作区蓝领公寓项目工程，并于5月9日签订《建设工程施工合同》。

涉案工程于2014年11月停工，双方当事人发生纠纷，中某建诉至法院要求解除施工合同，并要求华某公司支付欠付的工程款。

诉讼过程中双方就《建筑施工合作框架协议书》及施工合同的效力发生争议，华某公司认为其与中某建在招标投标之前，就施工合同的实质性内容进行了谈判磋商，属于通过"明招暗定"形式规避《中华人民共和国招标投标法》等法律、行政法规规定的行为，中标无效。

对此，一审新疆维吾尔自治区高级人民法院认为《建筑施工合作框架协议书》及《建设工程施工合同》均有效。二审过程中，最高人民法院认同了一审法院的观点，并就理由进行了详细的论述：

根据相关法律规定，招标人与投标人就合同实质性内容进行谈判的行为影响了中标结果的，中标无效，中标无效将导致合同无效。就招标投标过程中的违法违规行为，利害关系人有权提出异议或者依法向有关行政监督部门投诉，对违法违规行为负有直接责任的单位和个人，将受到行政处分。本案中，双方在招标投标前进行了谈判并达成合作意向，签订了《建筑施工合作框架协议书》。该协议书中没有约定投标方案等内容，未载明开工时间，合同条款中还存在大量不确定的约定。《建筑施工合作框架协议书》签订后，双方按照《中华人民共和国招标投标法》的规定，履行了招标投标相关手续，没有证据证明涉案工程在招标投标过程中存在其他违法违规行为可能影响合同效力的情形。华某公司虽称其自身违反《中华人民共和国招标投标法》的规定致使中标无效，但该违法违规行为是否影响了中标结果，华某公司未予以证明。本案亦不存在因招标投标活动不符合法律规定，利害关系人提出异议或者依法向有关行政监督部门投诉，致使相关人员被追责的情形。

同时，诚实信用原则既是民商事活动的基本准则，亦是民事诉讼活动应当遵循的基本准则。本案中，华某公司以其自身的招标行为存在违法违规为由，主张合同无效，其行为不仅违反诚实信用基本原则，而且不利于民事法律关系的稳定，属于不讲诚信、为追求自身利益最大化而置他人利益于不顾的恶意抗辩行为。

【案例2：和某公司、甘肃建某公司合同纠纷案】

2012年7月31日，和某公司作为发包人与承包人甘肃建某公司就案涉项目签订《建设工程施工合同》。

2012年10月18日，甘肃建某公司中标和某公司案涉项目，《中标（交易成交）通知书》载明，开工时间2012年10月20日，竣工时间2014年9月19日，承包方式为固定合同价，未明确合同价款总额。

后双方因工程结算发生争议，甘肃建某公司向法院提起诉讼，要求和某公司支付工程款。

对于案涉工程施工合同的效力，一审甘肃省高级人民法院认为：案涉商品房不属于必须招标投标项目，但和某公司对此进行招标投标，表明其自愿接受《中华人民共和国招标投标法》的规定，和某公司与甘肃建某公司明招暗定，违反了相应招标投标的强制性法律规定，故双方当事人签订的《建设工程施工合同》为无效合同。

最高人民法院认为：甘肃建某公司中标之前，已经与和某公司签订《建设工程施工合同》，就案涉工程的合同价款、承包范围等施工实质内容进行了磋商，并作出了明确约定。根据《中华人民共和国招标投标法》的规定，该中标无效，签订的相关建设施工合同亦无效。

四、法律分析与实务解读

本文的两个案例中，发承包双方在招标投标程序之前，均已经签订了相应的合同，但法院对此的处理结果存在一定的差异。案例 1 中，法院以诚实信用原则为基础，认定了标前协议及中标合同的有效性；而在案例 2 中，法院认为招标投标之前签订的施工合同属于"明招暗定"的行为，违反了招标投标的强制性法律规定，因而招标之前签订的施工合同及中标合同均无效。

针对标前协议及中标合同的效力问题，本文的两个案例并未进行区分处理。在签订标前协议的情况下，笔者认为应当对中标合同以及标前协议的效力分别进行探讨。

1. 关于中标合同的效力

《中华人民共和国招标投标法》第五十五条的禁止性规定适用于"必须进行招标的项目"，即针对必须招标的项目，如签订标前协议的，则通常构成实质性谈判，此时如果影响中标结果，则中标无效。而非必须招标的项目在此种情形下并未作出规定，也即非必须招标的项目并不适用该条法律规定。

一方面，无论是必须招标的项目还是非必须招标的项目，《中华人民共和国招标投标法》第四十三条均规定招标人和投标人不得在中标前进行实质性谈判；但对于必须招标的项目，《中华人民共和国招标投标法》明确了实质性谈判影响中标结果的，中标无效。因此，针对在招标投标过程中招标人与投标人之间实质性谈判的行为，国家更多的是出于对招标投标市场秩序的监管，应当属于管理性规定，不应影响合同的效力。

另一方面，从国家对招标投标监管的力度来讲，必须招标的项目监管比非必须招标的项目更为严格。因此，如果针对必须招标的项目，标前协议未必导致中标无效的，则非必须招标的项目签订标前协议更不应当导致中标无效。

2. 关于标前协议的效力

针对标前协议的效力，在《中华人民共和国招标投标法》的相关规定中并未提及，从当事人意思自治的角度，标前协议往往也是双方的真实意思表示，而《中华人民共和国招标投标法》规范的是招标投标的过程及中标结果，从这个角度来说，不应否定标前协议的效力。即使中标合同无效，标前协议也应认定有效，除本文案例 1 以诚实信用原则认定标前协议的效力外，司法实践中也有从意思自治的角度来认定标前协议的有效性。例如，在针对某个房地产开发项目引起的施工合同纠纷案件中[1]，双方在招标投标之前签订了第一份施工合同（即标前协议），后经过招标投标又签订了第二份施工合同，对此最高人民法院认为，第二份施工合同因招标投标串通而无效，但第一份合同（即标前协议）属于双方真实意思表示，因而有效。

3. 关于中标合同及标前协议效力的小结

虽然最高人民法院在近些年的部分判例中对于非必须招标的项目中标合同及标前协议的效力问题也未达成统一的裁判尺度，部分案件存在相反的认定结果，但近些年最高人民法院在对相关案件中的该问题进行认定时会存在一定的倾向性。例如，在最高人民法院于2020年12月15日判决的案件中[2]，岳某公司与鸿某公司在正式招标之前已经签订《总承包施工合同》，经过招标投标之后又签订了中标合同及相关补充协议。对此，最高人民法院认为，本案工程项目资金来源为自筹，建设内容为住宅区，不属于法定必须招标工程。上述协议是双方真实意思表示，未违反相关法律规定，一审法院认定其效力为有效，并无不当。

结合案例1来看，提出中标无效或标前协议无效的一方，往往会存在规避自身合同义务以及从相关违法行为中获益的意图，因而从诚实信用和意思自治的角度出发，在法律没有明确禁止性规定的情况下，针对非必须招标的项目，无论是标前协议还是中标合同，一般应认为有效。

但需要注意的是，如果标前协议构成恶意串通，则按照《中华人民共和国招标投标法》第五十三条的禁止性规定，并结合《中华人民共和国民法典》第一百五十四条的规定，招标人与投标人之间串通投标，且损害了其他投标人的利益的，则无论是必须招标还是非必须招标的项目，标前协议及中标合同均可能无效。

以案例1为例，如果标前协议仅仅是框架性协议，并未明确就招标项目的实质性内容进行约定，例如工期、合同价款、招标投标方案等，则一般不应认为串通投标。而如果在招标前签订的标前协议已经就合同价款、合同工期等实质性内容明确约定，则可能被认为串通投标，从而将导致标前协议及中标合同均无效。例如，最高人民法院在2018年的一份再审裁定书中认为[3]，双方先是签订了标前合同（补充合同），后进行招标投标并另签订了中标合同（施工合同）。根据补充合同的内容，大某公司与渝某公司在招标投标前已对案涉项目的实质性内容达成了一致，构成恶意串标，该行为违反了法律强行性规定，双方签订的补充合同与施工合同均应认定无效，二

---

[1] 石家庄三某公司与被申请人石家庄恒某公司建设工程施工合同纠纷案件。
[2] 湖南岳某公司、株洲市鸿某公司建设工程施工合同纠纷案。
[3] 浙江大某公司、新余市渝某公司建设工程施工合同纠纷案。

审判决认定补充合同与施工合同均为有效，缺乏事实和法律依据，应予纠正。

五、实务指引

针对非必须招标的项目，标前协议与中标合同的效力目前尚难形成统一的裁判观点。实践中也有观点认为非必须招标的项目，即便标前协议构成串通投标，依据《中华人民共和国招标投标法》第五十三条等相关规定，应当是招标和中标无效，并不导致标前协议无效。例如，天津市高级人民法院在2019年作出的判决书中的观点基本与此类似[1]（注：该案件由最高人民法院二审，但二审对于合同效力的问题，因并非争议焦点，最高人民法院并未予以讨论）。

从风险管理的层面来讲，为避免合同效力的瑕疵导致发承包双方的相关权利义务受损，如果双方需要签订标前协议，建议在协议中尽量避免明确约定工期、价款、工程质量等实质性条款的内容，否则容易构成串标的嫌疑。如必须对前述事项作出初步约定的，应尽量灵活处理，例如约定具体的建设内容以最终的政府批文为准，合同价格仅为暂定金额，最终以招标投标结果确定等，以尽可能规避串标的嫌疑。

第五节　招标人与投标人之间的标前实质性谈判与串通投标之间的区别与联系

一、实务疑难点

招标投标活动中，标前实质性谈判与串通投标经常发生，但对于两者之间的区别以及法律后果，往往又存在一定的交叉。招标人在招标前与潜在投标人进行实质性谈判，可能也会构成串通投标，但两者的法律后果并不完全相同，因此有必要对这两者进行讨论。

二、法条链接

1.《中华人民共和国招标投标法》（2017年修正）

第四十三条　在确定中标人前，招标人不得与投标人就投标价格、投标方案等实质性内容进行谈判。

---

[1] 天津深某公司、中某公司建设工程施工合同纠纷案。

第五十三条 投标人相互串通投标或者与招标人串通投标的，投标人以向招标人或者评标委员会成员行贿的手段谋取中标的，中标无效，处中标项目金额千分之五以上千分之十以下的罚款，对单位直接负责的主管人员和其他直接责任人员处单位罚款数额百分之五以上百分之十以下的罚款；有违法所得的，并处没收违法所得；情节严重的，取消其一年至二年内参加依法必须进行招标的项目的投标资格并予以公告，直至由工商行政管理机关吊销营业执照；构成犯罪的，依法追究刑事责任。给他人造成损失的，依法承担赔偿责任。

2.《中华人民共和国招标投标法实施条例》（2019年修正）

第四十一条 禁止招标人与投标人串通投标。

有下列情形之一的，属于招标人与投标人串通投标：

（一）招标人在开标前开启投标文件并将有关信息泄露给其他投标人；

（二）招标人直接或者间接向投标人泄露标底、评标委员会成员等信息；

（三）招标人明示或者暗示投标人压低或者抬高投标报价；

（四）招标人授意投标人撤换、修改投标文件；

（五）招标人明示或者暗示投标人为特定投标人中标提供方便；

（六）招标人与投标人为谋求特定投标人中标而采取的其他串通行为。

三、典型案例

【案例：太某公司、某市公路局合同纠纷案】

2011年12月12日，某市政府（甲方）与太某公司（乙方）签订《框架协议书》，双方就某市基础设施建设项目的合作建设项目名称及规模、地点、合作方式、工程价格计算、工程款的支付及偿还、工程建设管理等事项进行了约定。2012年2月8日，太某公司对案涉某市环库路（东环路段一级公路）工程进行开工建设。

2012年11月2日，某市公路局就案涉项目对外进行招标；2012年11月13日，太某公司就案涉工程项目进行投标；2013年1月18日，某市综合招标投标中心出具《中标通知书》确定太某公司为案涉项目的中标人。

后双方因工程款支付等问题发生争议，太某公司向法院提起诉讼，要求某市政府、某市公路局支付工程款。

针对案涉招标是否构成串通投标的问题，一审湖北省高级人民法院认为：

本案案涉工程项目属于大型基础设施、公用事业等关系社会公共利益、公众安全的工程项目，依法应当进行招标、投标，由于某市公路局与太某公司在招标、投标前已经进行实质性磋商，且太某公司在投标前已经开工建设案涉工程项目，上述行为属于串标行为，应依法认定中标无效。因此，太某公司与某市公路局就案涉工程项目签订的合同均为无效合同。

二审最高人民法院未将合同效力作为争议焦点，对于是否构成串通投标并未进行实质审理。

四、法律分析与实务解读

本文案例中，发承包双方在招标投标程序之前签订了《框架协议书》，而后经过招标投标程序并由承包人中标。双方发生争议诉至法院后，一审湖北高院以双方在招标投标之前进行实质性谈判，构成串通投标为由，认定双方签订的施工合同无效。

虽然《中华人民共和国招标投标法》对于标前实质性谈判和串通投标都作出了规定，但两者之间仍存在一定的区别和联系。例如《中华人民共和国招标投标法》禁止招标人和投标人在中标之前进行实质性谈判，而双方进行了实质性谈判可能意味着招标投标程序存在瑕疵，但并不当然导致中标无效。《中华人民共和国招标投标法》第五十五条规定的实质性谈判导致中标无效的前提是影响了中标结果，且该条针对的是必须招标的项目；换言之，针对非必须招标的项目，即使实质性谈判且影响中标结果，也无法适用该条规定得出中标无效的结论。但对于串通投标来讲，其法律后果与实质性谈判的后果存在不同，《中华人民共和国招标投标法》第五十三条直接规定招标人与投标人串通投标的，中标无效，该条款对必须招标和非必须招标的项目均适用。上述情形如表1-3所示。

实质性谈判与串通投标的法律后果　　　　　　　　表1-3

项目类型	实质性谈判	串通投标
必须招标的项目	影响中标结果的，中标无效	中标无效
非必须招标的项目	未必中标无效（如属于串通投标，则中标无效）	中标无效

实践中，在招标投标程序之前，招标人和部分潜在投标人进行谈判、磋商，并形成相关协议、会议纪要的情形较为常见。此种情形下，虽然违反了法律的程序性

规定，但该谈判最终并不会必然导致对中标结果产生影响。例如，在后续的招标投标程序中，招标人委托招标代理机构，对于招标公告、发售招标文件、投标、评标委员会的选取、评标、开标等程序均不存在瑕疵，从而以公正合法的程序确定了中标人，此时即便在招标之前招标人与部分投标人有谈判的行为，但如果不存在泄露标底、明示或暗示具体报价等明招暗定的行为，则一般不应认为对中标结果产生了影响，相应的招标投标程序及中标结果一般应认为有效。

而如果招标人与部分投标人在招标投标之前，已经就最终的中标价格进行了确定，例如招标前已签订施工合同，且施工合同约定的内容、价格、工期等条款与最终中标的内容一致，甚至在招标之前已经进场施工，此时一般会认为构成串通投标。例如，在最高人民法院于 2021 年 6 月 16 日作出的判决中[①]，法院认为承包人盛某公司中标前即与汇某公司签订了《建设工程施工合同》，并在案涉工程招标前即已实际进场施工，该行为属未招先定的串通投标行为，相应的中标结果应当无效。

根据上述讨论，结合《中华人民共和国招标投标法实施条例》中关于串通投标的情形来看，串通投标往往会对中标结果产生影响，例如泄露标底、暗示投标人报价等，该行为与实质性谈判并影响最终中标的结果存在相似之处。因此，如果招标人与投标人在招标之前进行了实质性谈判并达成了一致意见，且随后的招标投标程序按照前期意见执行最终中标的，此种情形下，也可以归入串通投标的范畴，随之产生中标无效的法律后果。

五、实务指引

参照前述分析及案例，实质性谈判如果影响中标结果的，往往可能构成串通投标。由于招标投标程序较为冗长，发包人为了尽快开工并使得项目尽早投产，往往是先与承包人签订施工协议而后履行招标投标程序，从而构成了实务中较为常见的串通投标的表现形式。

结合相关司法案例及招标投标工作实践，如果在招标投标程序、手续办理过程中，招标文件的发布、评标、发布中标通知书、签约等落款时间出现偏差，例如施工合同的落款时间在中标通知书之前，则可能会被认为串通投标，从而导致整个招标投标流程存在合法性问题，签订的合同无效。此种情形下往往会重新开展招标投标程序，导致项目进展延后，实务中尤其应当注意避免。

---

① 李某虎、江苏盛某公司等建设工程施工合同纠纷案。

第六节　多个投标人协商共同投标的，构成投标人之间的串通投标

一、实务疑难点

在招标投标市场中，经常会出现多个投标人协商一致共同投标的情形，例如投标人 A 公司去投标某项目时，要求自己的兄弟公司或关联公司 B、C、D、E 陪同 A 一同投标，并协商一致各方配合 A 公司中标，实践中常见的围标与此类似。此时是否构成投标人之间的串通投标，是值得关注的问题。如构成串通投标的，则即便 A 公司能最终中标，相应的中标结果也将无效；除此之外，相应的投标保证金也将可能被没收。

二、法条链接

《中华人民共和国招标投标法实施条例》（2019 年修正）

第三十九条　禁止投标人相互串通投标。

有下列情形之一的，属于投标人相互串通投标：

（一）投标人之间协商投标报价等投标文件的实质性内容；

（二）投标人之间约定中标人；

（三）投标人之间约定部分投标人放弃投标或者中标；

（四）属于同一集团、协会、商会等组织成员的投标人按照该组织要求协同投标；

（五）投标人之间为谋取中标或者排斥特定投标人而采取的其他联合行动。

第四十条　有下列情形之一的，视为投标人相互串通投标：

（一）不同投标人的投标文件由同一单位或者个人编制；

（二）不同投标人委托同一单位或者个人办理投标事宜；

（三）不同投标人的投标文件载明的项目管理成员为同一人；

（四）不同投标人的投标文件异常一致或者投标报价呈规律性差异；

（五）不同投标人的投标文件相互混装；

（六）不同投标人的投标保证金从同一单位或者个人的账户转出。

三、典型案例

 【案例：昌某公司与苏某公司合同纠纷案】

2019年9月17日，苏某公司通过招标代理机构华某公司发布招标文件，就苏某物流装卸外包项目淮安DC卸货、分拨标段公开招标。投标须知第21项约定，投标保证金60000元，从投标人基本账户汇出。合同第3.4.6条约定，有下列情形之一的，招标人有权不予退还投标保证金：……（4）投标人串通投标或有其他违法行为的……

2019年10月8日，昌某公司向华某公司账户转入60000元。次日，昌某公司向苏某公司递交投标函，服务期限2年，项目经理为张某。淮安士某公司也参与了投标。

2019年10月28日，苏某公司发布《中标结果公告》，淮安新区某公司中标。华某公司向昌某公司发送《不退还投标保证金通知书》，称其投标人的投标文件制作机器码与士某公司相同，有串通投标行为，故保证金不予退还。

2020年6月，昌某公司向法院提起诉讼，要求退还投标保证金。庭审过程中，苏某公司认为昌某公司与士某公司提交的投标文件系同一人编制，属于串通投标，并提交了华某平台的软件开发商新某公司出具的《文件创建标识码规则说明》。经新某公司对比，士某公司与昌某公司两家投标单位所提交的投标文件机器码是一致的。

对此，法院认为：不同投标人的投标文件异常一致的，视为投标人相互串标。现软件开发商已认定原告昌某公司的投标文件机器码与案外人士某公司的投标文件机器码一致，使用同一台电脑制作，应认定为存在串标行为。由此，根据招标文件的规定，苏某公司有权不予退还投标保证金。

四、法律分析与实务解读

根据前述法律规定，投标人之间协商投标报价等投标文件的实质性内容，则构成串通投标。类似地，如果出现多个投标人之间相互配合投标、协商一致投标或者围标的情况，显然也构成了串通投标。但实践中，投标人之间协商一致投标，通常较为隐蔽，一般也较难发现。而随着招标投标电子化、科技化的发展，招标投标过程中的各种防伪技术的运用，使得当前串通投标在实务中也时有发生。有鉴于此，笔者结合自身的招标投标经验，对当前常见的串通投标的类型及相应的风险进行探讨。

1. 投标人之间常见的串通投标的类型

在本文的典型案例中，不同的投标人之间的机器码一致，因而被认定为不同的投标文件由相同的电脑编制，符合《中华人民共和国招标投标法》第四十条中第（一）项规定的串通投标的情形，从而相关的投标保证金被予以没收。该案例属于当前招标投标市场中十分典型的串标案例，结合该案例来看，目前投标人之间较为典型的串标情形有：

（1）投标人之间投标文件的电子版系同一台电脑编制；

（2）投标人之间投标文件的机器码一致、MAC 地址雷同；

（3）投标人的电子投标文件显示的造价锁锁号一致；

（4）投标文件系同一台打印机打印，打印纸张一致。

2020 年年初，已经有很多地方的招标投标均逐步实现了"无纸化"，因而串通投标的表现形式也出现了一定的差异，例如，前述（1）（2）（3）即电子招标投标中串通投标的典型案例。例如，在 2020 年 11 月 13 日，江苏省招标投标监管部门对江苏的两个投标单位进行了串通投标的行政处罚，其理由就是两个单位使用的造价锁锁号一致，具体如图 1-2 所示。

江苏省××工程有限公司企业行政处罚结果公告			
单位名称	江苏省××工程有限公司	组织机构代码	
惩戒种类	行政处罚		
处罚内部编号			
行政处罚种类		处罚对象	
处罚机关	射阳县行政审批局	处罚日期	2020/11/13 到 2021/2/12
处罚事由	在2020年临海农场社会事业项目五分场道路拓宽工程投标过程中与**江苏省××工程有限公司造价锁锁号一致**		
处罚依据			
处罚内容	1. 对公司的违法行为按2020年临海农场社会事业项目五分场道路拓宽工程中标项目合同金额的千分之五（396.6万元×5‰）处以罚款，计处以罚款1.983万元（壹万玖仟捌佰叁拾圆整）；2. 对该违法行为的直接责任人辛某处单位罚款金额百分之五（1.983万元×5%）的罚款，计处罚款0.0991万元（玖佰玖拾壹圆整）。		

图 1-2 江苏省招标投标监管部门对串通投标的处罚案例一

2. 串通投标的法律风险

串通投标属于扰乱了招标投标秩序的行为，一旦被发现，则会被取消中标资格，导致中标无效，而更为严重的则是会面临行政处罚的风险。

对于取消中标资格、中标无效来讲，无非是影响投标人的本次投标或中标，但如果被行政处罚，尤其是被记录诚信档案的行政处罚，则可能会影响投标人在当地继续投标和承接工程。例如，江苏省招标投标监管部门在2020年11月13日公示，上海某设计院因投标文件的机器码一致被认定为串通投标，且被记录诚信档案并公示3个月，具体如图1-3所示。

上海市××设计研究院有限公司企业不良信用结果公告

单位名称	上海市××设计研究院有限公司	组织机构代码	
惩戒种类	不良信用		
行政决定编号			
行政决定机关	射阳县行政审批局	行政决定日期	2020/11/13 到 2021/2/12
行政决定事由	与上海××有限公司文件制作机器码一致		
行政决定地位			
行政决定结果	记入不良行为档案，并予以公示3个月。		

图1-3　江苏省招标投标监管部门对串通投标的处罚案例二

除上述行政法律风险外，类似正文案例，如存在串通投标，则相应的投标保证金可能会被招标人没收或部分扣除。虽然《中华人民共和国招标投标法》《中华人民共和国招标投标法实施条例》未明确规定串通投标的，投标保证金不予退还，但如果投标人串通投标，在扰乱招标投标市场秩序、违反法律规定的同时，投标人还可能对招标人造成招标成本损失，此时招标人有权要求投标人承担赔偿责任（例如在招标文件中规定如发现串标的，没收投标保证金以补偿招标人损失）。

五、实务指引

招标投标电子化是招标投标市场的必然趋势，在电子化招标投标的背景下，对于串通投标的表现形式往往存在不同。对于投标人来讲，应当结合串标的几种情形，来规避相应的法律风险，例如：

（1）从根源上杜绝与他人串通共同投标。当前技术手段已经较为先进，只要客观上存在串标的情况，都会存在被发现的风险，从而导致各种投标成本以及中标结果作废，还会面临行政处罚，得不偿失。

（2）使用正版的造价锁和招标投标加密锁，切勿为节约成本而使用盗版锁，或与其他单位使用相同的造价锁、招标投标加密锁。

（3）避免不同的投标人在同一电脑上编制、打印投标文件。

第七节　招标文件中规定的工程投标保证金数额不得超过项目估算价的2%

一、实务疑难点

招标投标过程中，招标人一般均会要求投标人提交投标保证金，其主要目的在于对投标人的投标行为产生约束，保证招标投标活动的严肃性。而相关法律、法规对于投标保证金均设定了一定的上限，实践中可能存在招标人要求投标人提交的保证金超过了相关规定，此时招标人的行为是否合法合规，是否可能导致高于法定限额部分的保证金无效，也是招标投标实务中的热点与难点问题。

二、法条链接

1.《中华人民共和国招标投标法实施条例》（2019年修正）

第二十六条　招标人在招标文件中要求投标人提交投标保证金的，投标保证金不得超过招标项目估算价的2%。投标保证金有效期应当与投标有效期一致。

第六十六条　招标人超过本条例规定的比例收取投标保证金、履约保证金或者不按照规定退还投标保证金及银行同期存款利息的，由有关行政监督部门责令改正，可以处5万元以下的罚款；给他人造成损失的，依法承担赔偿责任。

2.《工程建设项目施工招标投标办法》（2013年修正）

第三十七条　招标人可以在招标文件中要求投标人提交投标保证金。投标保证金除现金外，可以是银行出具的银行保函、保兑支票、银行汇票或现金支票。

投标保证金不得超过项目估算价的百分之二,但最高不得超过八十万元人民币。投标保证金有效期应当与投标有效期一致。

投标人应当按照招标文件要求的方式和金额,将投标保证金随投标文件提交给招标人或其委托的招标代理机构。

依法必须进行施工招标的项目的境内投标单位,以现金或者支票形式提交的投标保证金应当从其基本账户转出。

三、典型案例

【案例1:莆田市某局、曾某合同纠纷案】

2015年6月26日,莆田市某局对其所管理的部分租赁期满的虾池公开进行招标投标,招标文件中明确说明,2015年7月7日上午9点半正式在某渔村二楼会议室投标。参加投标者,需在7月5日下午5点前缴纳投标履约保证金10万元。中标者中标后,必须于2015年7月14—15日向招标人一次性交清合同期租金余额(超过投标中标履约保证金部分),逾期未交清合同期租金的,视为中标人放弃对所中标的池塘租赁权,中标人所缴纳的投标履约保证金转为违约金,不予退还,归招标人所有,并由招标人收回中标人承租的池塘,另行招租。

曾某在缴纳投标履约保证金10万元后,于2015年7月7日参加投标,并以14.02万元的价格中标。曾某在中标后占有了池塘,但没有按照规定缴清合同租金余额。莆田市某局向法院提起诉讼,要求支付租金、扣留投标保证金并返还池塘,一审法院判决支持了莆田市某局的诉讼请求。

二审过程中,曾某提出投标保证金过高,超过了投标估算价的2%,对此二审法院认为:因涉案项目的标底价是人民币9.8万元,但莆田市某局收取了人民币10万元的投标保证金,根据《中华人民共和国招标投标法实施条例》第二十六条第一款的规定,莆田市某局收取的投标保证金超过了投标估算价9.8万的2%,超过的部分98040元违反了该行政法规的强制性规定,应属无效;没有超过估算价2%的合理部分即人民币1960元应为涉案项目的投标保证金。

再审过程中,福建省高级人民法院维持了二审法院关于投标保证金的观点。

【案例2：南通某公司、安庆某局资源行政管理案件】

　　2017年7月20日，太湖县人民医院整体搬迁项目（一期）施工在安庆市公共资源交易中心公开开标，招标人为第三方太湖某公司，经评标委员会依法评审推荐第一中标候选人为中建某公司，拟派项目经理相某；第二中标候选人为南通某公司，拟派项目经理邵某。同日，南通某公司向招标人、相关监督部门签订诚信投标承诺书，承诺该公司提交的投标文件的内容均真实、合法有效，否则，愿意接受招标人、相关监督部门作出的包括但不限于取消投标资格、投标保证金不予退还、实施不良行为记录等相关行政处理、处罚。

　　2017年8月13日，中建某公司向监督管理局投诉，称南通某公司提供的项目经理邵某的东南大学教学医疗综合楼的业绩存在弄虚作假。2017年8月25日，监督管理局作出投诉处理决定，取消被告中标候选人资格；对被告弄虚作假骗取中标的行为，记不良行为记录并向社会公示；投标保证金人民币600万元，由招标人没收，不予退还。

　　后南通某公司向法院提起诉讼，认为监督管理局作出没收投标保证金的处罚没有依据，且根据《工程建设项目施工招标投标办法》第三十七条规定，投标保证金最高不得超过80万元。

　　对此，一审法院认为：根据《中华人民共和国招标投标法实施条例》第二十六条规定，投标保证金不得超过招标项目估算价的2%。《中华人民共和国招标投标法实施条例》属于行政法规，《工程建设项目施工招标投标办法》属于行政规章，行政法规的效力优于行政规章。故投标保证金600万元未违反相关行政法规规定，对南通某公司的该项主张不予采纳。

　　二审过程中，法院维持了一审判决。

四、法律分析与实务解读

　　关于投标保证金的上限，《中华人民共和国招标投标法实施条例》只规定了不得超过2%，而《工程建设项目施工招标投标办法》同时规定了80万元的投标保证金上限，从而可能存在部门规章与行政法规规定不一致的情况。对此，笔者认为前述规定是针对不同的背景作出，行政法规面对及规范的是全行业的招标投标行为，而该部门规章属于针对工程建设行业中的施工环节的招标投标活动作出相应的规定，其效力层级及适用范围均低于行政法规。

如果在招标投标过程中，投标保证金超过了2%，无论是施工的招标投标还是其他行业的招标投标，一般均认为无效，例如案例1即持有该观点。

而如果是针对施工行业的招标投标行为，即便招标人要求的投标保证金超过了80万元，一般也应认为有效，主要理由有：

（1）前述部门规章属于针对施工行业招标投标的管理性规定，不属于法律、行政法规的强制性规定，在法律层面上，违反该规定并不会存在效力上的障碍。根据笔者检索的相关案例，这在当前的司法审判中基本已经形成主流，例如除了正文案例2以外，山东省高级人民法院在2019年作出的民事裁定书中认为，《工程建设项目施工招标投标办法》是部门规章，该办法第三十七条不属于法律法规的强制性规定；原审判决依据《中华人民共和国招标投标法》和《中华人民共和国招标投标法实施条例》的规定对200万元保证金不予退还，适用法律并无不当。

（2）《工程建设项目施工招标投标办法》的修订时间在2013年，其基于当时的施工行业情况制定了80万元的投标保证金上限，但随着行业和经济的发展以及货币的增发，2013年制定的保证金上限也显然难以满足当前施工行业的现状。例如，现在施工总承包合同额达到5000万元的项目已经十分常见，如果按照2%的比例缴纳投标保证金，则保证金应为100万元，显然超过了80万元的标准。尤其是当前国内较为火热的工程总承包模式，笔者曾参与的多个工程总承包项目合同额均达到数十亿元，在此种情形下，如果将投标保证金限制在80万元以内，显然已经不符合行业的客观情况，也与招标人和投标人的利益不匹配。

（3）当前行业内，投标保证金超过80万元的情况也已经较为常见。例如据网上的公开资料显示，安庆市公共资源交易管理中心曾于2019年7月19日，针对某施工总承包单位在投标时弄虚作假的行为作出处罚通告，并没收投标保证金1000万元。而该项目的施工概算约21亿元，最终中标价约17亿元，1000万元相对于施工概算及中标价来说，较为合理，也没有超过2%的强制性规定。

五、实务指引

根据以上讨论，投标保证金超过项目估算价2%的，超过部分一般应认为无效；而对于施工项目或工程总承包项目的招标投标来讲，如果投标保证金超过80万元，但没有超过施工项目估算价的 2%，实践中一般认为有效。

但即便如此，因为《工程建设项目施工招标投标办法》属于部门规章，相关的招标投标行为也会受到相应的行政监管，因而如果招标项目的投标保证金设定超过了 80 万元，虽然没有违反法律的规定，但仍然可能存在合规性风险。例如，各地由于对于招标投标的监管尺度不同，如果投标保证金设定存在争议，可能会受到利益相关主体举报，从而阻碍相应的招标投标流程，拖延项目的进展，由此可能会产生投资损失。

因此，建议在设置投标保证金的具体金额时，仍应谨慎处理，尤其是施工总承包或工程总承包项目的投标保证金，可能存在突破 80 万元的情形，建议在招标之前，与当地的主管部门沟通，根据当地的监管尺度以及交易习惯，来合理确定投标保证金。

第八节　低于成本价投标是中标无效的情形，但实践中低于成本价较难认定

一、实务疑难点

《中华人民共和国招标投标法》等法律明确规定不得低于成本价投标，实务中通常出现投标人以较低的价格进行投标，但中标后因工程成本上升等原因导致将要亏损时，再以低于成本价投标为由，主张中标合同无效，并要求按实结算。此种情况是否构成低于成本价投标，存在一些争议。又例如，招标人设定的招标控制价过低，而投标人为响应招标人的要求，必然以相对低的价格进行投标，此类以招标控制价低于成本价的主张，能否得到支持，同样值得探讨。

二、法条链接

1.《中华人民共和国招标投标法》（2017 年修正）

第三十三条　投标人不得以低于成本的报价竞标，也不得以他人名义投标或者以其他方式弄虚作假，骗取中标。

第四十一条　中标人的投标应当符合下列条件之一：

（一）能够最大限度地满足招标文件中规定的各项综合评价标准；

（二）能够满足招标文件的实质性要求，并且经评审的投标价格最低；但是投标价格低于成本的除外。

2.《中华人民共和国招标投标法实施条例》（2019年修正）

第五十一条 有下列情形之一的，评标委员会应当否决其投标：

（一）投标文件未经投标单位盖章和单位负责人签字；

（二）投标联合体没有提交共同投标协议；

（三）投标人不符合国家或者招标文件规定的资格条件；

（四）同一投标人提交两个以上不同的投标文件或者投标报价，但招标文件要求提交备选投标的除外；

（五）投标报价低于成本或者高于招标文件设定的最高投标限价；

（六）投标文件没有对招标文件的实质性要求和条件作出响应；

（七）投标人有串通投标、弄虚作假、行贿等违法行为。

3.《建设工程质量管理条例》（2019年修正）

第十条 建设工程发包单位，不得迫使承包方以低于成本的价格竞标，不得任意压缩合理工期。

建设单位不得明示或者暗示设计单位或者施工单位违反工程建设强制性标准，降低建设工程质量。

三、典型案例

【案例：国某公司与中建某局合同纠纷案】

2005年12月3日，国某公司向中建某局发出《中标通知书》，确定中建某局为案涉项目工程的中标单位。2005年12月12日，双方签订了施工合同，合同暂定价为9000万元（含土建及装修）。

合同履行过程中，双方就工期延误违约、工程款支付与结算问题发生争议。2008年12月19日，国某公司认为工程款超付，向顺德法院另案起诉（非本案），要求中建某局返还超付工程款。在该案中，法院委托鉴定机构，根据双方合同的约定对案涉工程的造价进行了鉴定，其中土建部分造价为5684.75万元。该案诉讼过程中，中建某局认为国某公司尚欠工程款，向佛山市中级人民法院另行提起本案的诉讼。

该案经历一审、二审后，由佛山市中级人民法院作出生效判决。

在本案审理过程中，中建某局认为双方签订的施工合同约定的合同暂定价低于成本价，案涉工程无法于合同约定的单价范围内完成，故该合同约定的暂定价不能作为认定案件事实的依据，遂申请佛山市中级人民法院委托相关评估机构对案涉工程项目的成本造价进行司法鉴定。佛山市中级人民法院经审查后启动了鉴定程序，2015年4月27日，鉴定机构出具了鉴定报告，经各方质证后，最终确定案涉工程土建部分的成本造价为6848.89万元。

针对两次鉴定结果，即第一次按照合同暂定的价格作出的土建造价，以及第二次按照当地的信息价或市场价得出的土建部分成本造价，以及是否低于成本价的问题，一审佛山市中级人民法院认为：第一次鉴定的土建造价比第二次鉴定的成本造价低1164.14万元，如果按照第一次鉴定结论确定结算价，则实际上要求中建某局以明显低于市场成本价的价钱完成工程，有违公平原则。因此，中建某局认为按照合同参考价鉴定的工程造价明显不合理，要求重新核定工程结算价，理由充分，予以支持。最终一审法院按照第二次鉴定结果进行了判决。

国某公司不服并提出上诉。二审广东省高级人民法院认为：《中华人民共和国招标投标法》第三十三条所称的"低于成本"，是指低于投标人的为完成投标项目所需支出的个别成本。由于每个投标人的管理水平、技术能力与条件不同，即使完成同样的招标项目，其个别成本也不可能完全相同，管理水平高、技术先进的投标人，生产、经营成本低，有条件以较低的报价参加投标竞争，这是其竞争实力强的表现。实行招标投标的目的，正是为了通过投标人之间的竞争，特别是投标报价方面的竞争，择优选择中标者，因此，只要投标人的报价不低于自身的个别成本，即使是低于行业平均成本，也是完全可以的。中建某局也没有其他证据证明合同价格低于其个别成本，故其所主张的合同约定价格低于其成本价的理由无事实依据。

再审过程中，最高人民法院维持了广东省高级人民法院的观点。

四、法律分析与实务解读

1. 关于"成本"的界定

要厘清低于成本价中标的问题，首先应当对"成本"进行界定。从本文典型案例来看，一审法院以参照合同约定得出的工程造价低于按照当地信息价及市场价鉴定的成本造价为由，认为存在低于成本价的事实。而按照当地信息价或市场价得出的"成本造价"，实际上属于当地的社会平均成本，二审法院以及再审最高人民法院均认为"成本"应当是指投标人为完成项目所要支出的个别成本，而非市场平均成本。

当前，虽然部分法院在对"成本"界定时，会类似本案中的一审法院，认为鉴定机构根据当地的信息价或定额出具的不含利润的工程造价即属于"成本"，如果投标人的实际报价或合同价低于该"成本"，则构成了低于成本价中标。但实践中，目前的主流观点对于"成本"的认识较为一致，即"成本"应当属于投标人的个别成本，而不应当是按照鉴定机构的鉴定结果来确定的"成本"。例如，在最高人民法院提审的案件中[①]，一审法院及二审广东高院均以鉴定机构出具的工程造价鉴定意见来确定成本，并以中标价低于成本20%为由，认定中标合同无效；但在再审过程中，最高人民法院推翻了二审判决，并认为投标人未能提供证据证明对案涉项目的投标报价低于其企业的个别成本，其以此为由主张《建设工程施工合同》无效，无事实依据。

值得关注的是，实践中部分地区以投标人投标报价的平均值作为低于成本价的参照标准，对于在评标阶段可能存在低于成本价投标的，直接予以否决投标。较为典型的是湖南省于2021年7月颁布的《湖南省房屋建筑和市政基础设施工程施工招标评标办法》（湘建监督〔2021〕107号），其中第二十四条规定："招标文件应当设定报价评审警戒线。报价评审警戒线为进入详细评审的合格投标人投标报价算术平均值的95%。"第二十五条规定："评标委员会应当对低于报价评审警戒线的投标报价进行评审。有下列情形之一的，应当判定为以低于成本报价竞争。（一）经评审论证，认定该投标人的报价低于成本的；（二）投标报价明显低于其他投标报价，有可能低于成本的，应当要求投标人作出书面说明并提供相关材料。投标人不能合理说明或者不能提供相关证明材料的，应当认定该投标人的报价低于成本。"上述操作方式可以在一定程度上避免承包人以低价中标，而后在合同履约阶段又以低于成本价中标为由，要求对中标价进行调整，有利于减少后续履约争议，有一定的参考价值。

2. 关于招标控制价是否低于成本价的问题

实践中，另一种提出低于成本价中标的理由是以招标人设置的招标控制价低于

---

① 佛山华某公司与佛山市南海某公司的建设工程施工合同纠纷案。

成本，导致投标人不得不以低于成本价进行投标。此类观点在司法实践中也较难被采纳。

一方面，作为有经验的投标人及商事主体，如果投标人认为招标人给出的招标控制价低于其成本，应当拒绝投标，或按照规定向招标人提出异议。例如在广州市中级人民法院审理的案件中[①]，法院认为，投标人认为招标控制价低于其成本价，但在投标前并未对招标控制价提交答疑或异议，而是提交了低于招标控制价的投标报价；招标控制价和投标报价均属于工程投标之重要事项，投标人理应给予高度关注，投标人对此解释为没有发现招标控制价低于成本价，有悖商业常理；从而法院对于投标人关于招标控制价低于成本价的主张不予支持。

另一方面，诚实信用原则是商事交易的基本准则，投标人作为有经验的承包商，对于施工所必需的人工、材料、机械等各要素价格应当是了如指掌。作为理性的经济人，其投标的行为，本身也表明其应当可以获取相应的商业报酬，因而不应当存在所谓招标控制价低于其成本的情况。而投标人中标后以招标控制价低于其成本为由主张合同无效，往往是在合同履行的后期发生了其事先未预见的事项导致其成本增加，例如要素价格异常上涨、异常恶劣的天气等。而此类情况属于合同履行过程中承包人是否有权进行合同变更或有权要求增加价款的范畴，并不能以此为由来否定中标合同的效力。例如，在安徽省高级人民法院审理的施工合同案件中[②]，承包人江西建某公司认为招标控制价编制错误且低于其成本，但是其在招标投标过程中以及施工过程中均未向招标人提出过异议，直到竣工验收后，江西建某公司再以招标控制价错误致使其低于成本价中标要求调差，法院认为该主张明显有违契约精神和诚实信用原则，驳回了其全部诉请。

3. 关于低于成本价中标的效力问题

关于低于成本价中标是否有效的问题，目前仍然存在较大争议。当前，认为低于成本价中标有效的观点主要原因在于法律对此未进行明确规定，且《中华人民共和国招标投标法》中关于中标无效的规定，均未包括低于成本价投标的情形，仅《中华人民共和国招标投标法实施条例》第五十一条第（五）项提到投标报价低于成本的，评标委员会应当否决投标。因此，有观点认为投标人

---

① 广东宏某公司、广州市番禺区海某公司招标投标买卖合同纠纷案。
② 江西建某公司、淮某公司建设工程施工合同纠纷案。

不得以低于成本价投标的规定属于强制性规定中的管理性规范，并不当然导致中标合同无效。

但低于成本价投标往往会使得施工企业陷入亏损的可能，从而使得企业倾向于降低施工质量、材料质量标准以弥补亏损，由此可能造成质量、安全等问题，因此也有观点认为低于成本价投标应当无效。

虽然目前关于低于成本价投标存在前述两种观点，但结合前述案例中最高人民法院的观点，关于招标投标过程中的"成本价"应认定为企业的个别成本，而非行业的平均成本。而无论是在招标投标流程中评标委员会的评标，还是司法审判过程中，对于企业的个别成本往往难以去判断。一方面，企业的个别成本与企业定额相关，而国内的工程企业往往尚未形成其自身的企业定额；另一方面，即便有企业已形成企业定额，其也属于企业的商业秘密，一般情况下企业均不会主动披露。因此，实践中去认定低于成本价存在极大的难度，当前司法审判实务中主张低于成本价投标的一方基本难以完成相应的举证责任，从而关于低于成本价导致中标无效的情形较难得到支持。

五、实务指引

结合前面的讨论，低于成本价应当是指低于企业的个别成本，因此即便招标控制价低于以定额计算的工程造价，也不应理解为低于成本价。实践中，投标人以低于成本价投标的主要原因可能是招标人设定的招标控制价较低。而根据《建设工程质量管理条例》第五十六条第一项的规定："违反本条例规定，建设单位有下列行为之一的，责令改正，处 20 万元以上 50 万元以下的罚款：（一）迫使承包方以低于成本的价格竞标的"。如果招标人设置的招标控制价过低，可能存在被行政处罚的风险，因而站在招标人的角度，避免招标投标程序的争议，建议考虑社会的平均成本来设定招标控制价。

而对投标人而言，如果发现招标人设置的招标控制价不合理，可能低于自身的企业成本或明显低于行业的平均成本，应向招标人提出答疑、异议，要求其改正。如果招标人不予以修正的，不宜参与投标；如果存在招标人迫使潜在投标人低于成本价投标的，还可以向有关建设主管部门、招标投标监管部门进行投诉。投标人尤其应当避免低价中标后再以低于成本价中标为由要求按实结算，该主张几乎不会被支持，本文中的相关案例应当为投标人敲响警钟。

第九节　桩基工程单独招标应单独立项；未单独立项的桩基工程单独招标的，构成肢解发包

一、实务疑难点

《中华人民共和国建筑法》等法律均明确规定不得肢解发包。对于桩基工程来讲，属于分部分项工程中专业性较强的项目。由于桩基工程位于工程的前期，发包人出于推进项目、压缩建设周期的需要，实践中对于桩基工程单独发包或单独招标的情况曾经较为普遍，实务中此种做法被称为"桩基先行"。在此情况下，如果桩基工程单独发包，是否属于肢解发包，由此签订的施工合同是否存在效力瑕疵等问题，是实践中备受关注的问题。

二、法条链接

1.《中华人民共和国建筑法》（2019年修正）

第二十四条　提倡对建筑工程实行总承包，禁止将建筑工程肢解发包。

建筑工程的发包单位可以将建筑工程的勘察、设计、施工、设备采购一并发包给一个工程总承包单位，也可以将建筑工程勘察、设计、施工、设备采购的一项或者多项发包给一个工程总承包单位；但是，不得将应当由一个承包单位完成的建筑工程肢解成若干部分发包给几个承包单位。

2.《建设工程质量管理条例》（2019年修正）

第五十五条　违反本条例规定，建设单位将建设工程肢解发包的，责令改正，处工程合同价款0.5%以上1%以下的罚款；对全部或者部分使用国有资金的项目，可以暂停项目执行或者暂停资金拨付。

3.《建筑工程施工发包与承包违法行为认定查处管理办法》（建市规〔2019〕1号）

第六条　存在下列情形之一的，属于违法发包：

（一）建设单位将工程发包给个人的；

（二）建设单位将工程发包给不具有相应资质的单位的；

（三）依法应当招标未招标或未按照法定招标程序发包的；

（四）建设单位设置不合理的招标投标条件，限制、排斥潜在投标人或者投标人的；

（五）建设单位将一个单位工程的施工分解成若干部分发包给不同的施工总承包或专业承包单位的。

三、典型案例

【案例：苏某公司、新某公司建设工程施工合同纠纷案】

2015年1月5日，苏某公司通过转账向新某公司支付工程投标保证金10万元，拟就案涉工程招标进行投标。2015年2月7日，苏某公司向新某公司递交商务标等投标资料，并同时向新某公司出具一份《授权委托书》，授权朱某为苏某公司的代理人参与案涉工程项目的投标。2015年2月12日经过评标，苏某公司中标，中标价为31317519元。2015年3月3日，新某公司（甲方）与苏某公司（乙方）就案涉工程签订《桩基工程施工合同》。

2015年3月11日，宜兴市建某公司、中建某公司分别与新某公司签订案涉项目一、二标段地下部分建设工程施工总承包合同。在上述两份合同中，新某公司均为发包人，宜兴市建某公司、中建某局为承包人。

2015年9月11日，安庆市住房和城乡建设委员会颁发《建筑工程施工许可证》，建设单位为新某公司，施工单位为宜兴市建某公司、中建某局。案涉桩基工程为案涉项目整体项目工程的一部分。

后因苏某公司与新某公司就桩基合同产生争议诉至法院，苏某公司认为桩基合同属于违法发包，应当无效。

对此，一审安徽省高级人民法院认为：案涉工程由新某公司招标，苏某公司参与投标，并于2015年2月12日被确定为中标单位。2015年3月3日，双方根据中标结果签订案涉《桩基工程施工合同》，同时亦未见有其他违反法律和行政法规效力性、强制性规范的情形，因此该合同合法有效。

一审判决后苏某公司不服，上诉至最高人民法院，对于桩基合同的效力，最高人民法院认为：新某公司在案涉工程的总承包范围外，将桩基工程另行分包给其他施工单位并签订了分包合同，该行为违反了《中华人民共和国建筑法》第二十四条"提倡对建筑工程实行总承包，禁止将建筑工程肢解发包"的规定。因新某公司将案涉工程的桩基项目肢解发包，违反了法律和行政法规强制性的

> 规定，所以案涉《桩基工程施工合同》应为无效。一审判决认定《桩基工程施工合同》有效，应属不当，本院予以纠正。

四、法律分析与实务解读

针对桩基工程单位发包是否构成肢解发包的问题，住房和城乡建设部曾于2017年6月19日发布《关于基坑工程单独发包问题的复函》（建市施函〔2017〕35号），其中明确规定："鉴于基坑工程属于建筑工程单位工程的分项工程，建设单位将非单独立项的基坑工程单独发包属于肢解发包行为。"

2019年1月，住房和城乡建设部建筑市场监管司《建筑工程施工发包与承包违法行为认定查处管理办法》第六条也再次明确规定，对一个单位工程分解成若干部分发包的，属于违法发包。因此，要厘清桩基工程单独发包是否构成肢解发包，其关键在于如何理解单位工程。

1. 单位工程的定义

按照《建筑工程施工质量验收统一标准》GB 50300—2013 附录 B 中对分部分项工程的划分，基坑工程应当属于地基与基础分部工程中的子分部工程（该子分部工程包括土方、基坑支护、桩基础），但是对于单位工程并未明确划分。

根据《建设工程分类标准》GB/T 50841—2013 的规定，单项工程指：具有独立设计文件，能够独立发挥生产能力、使用效益的工程，是建设项目的组成部分，由多个单位工程构成；单位工程指：具备独立施工条件并能形成独立使用功能的建筑物及构筑物，是单项工程的组成部分，可分为多个分部工程。

《关于进一步加强工程招标投标管理的规定》中的"主要指标解释"（该文件于2017年12月被废止）对于单位工程和单项工程作出了界定："单位工程：指按照设计文件，可以独立组织施工的工程。单位工程是单项工程的组成部分。按照单项工程所包含的不同性质的工程内容，根据能否独立组织施工的要求，可以将一个单项工程划分为若干个单位工程。在工业项目中，车间是一个单项工程，车间的厂房建筑是一个单位工程，车间的安装工程（包括各种管道、线路、设备、仪表、工业筑炉等）也是一个单位工程；厂区内、外按系统（区域）施工的给水工程、排水工程、架空线路、电缆工程、道路、围墙等，均可作为一个单位工程。在民用项目中，以一幢房屋作为一个单位工程（包括房屋内的各种管道、线路、设备等），不应把几幢同类型的房屋作为一个单位工程。"该文件虽然在2017年被废止，但是对于单项和单位工程作出了相对清楚的解释，具有较大的参考价值。

根据笔者的工程实践经验，对于建设项目、单项工程、单位工程的划分，即便是同类型的项目，也可能存在一些细微的差异，例如有些项目中的单位工程项下还会分出子单位工程，而有些项目并不会再向下细分。但一般而言，以常见的民用建筑为例，一幢房屋建筑能够独立发挥生产能力和使用价值，因而会单独构成一个单项工程；而一幢房屋项下的土建工程部分，因土建本身无法单独发挥使用价值，必须与其他的安装工程、管道、线路、装修等工程联合起来，才可发挥经济效益，因而土建工程并不是单项工程；但土建工程可以单独施工，因而可划分为一个单位工程，而土建工程项下又可以区分出桩基工程在内的分部或分项工程。因此，桩基工程一般属于单位工程的组成部分。

2. 桩基工程单独发包是否合法

结合前面的讨论，可以明确看到，桩基工程属于单位工程的密切组成部分，根据《中华人民共和国建筑法》及前述住房和城乡建设部的规范性文件，则单独发包的桩基工程涉嫌肢解发包，由此签订的合同可能被认定无效。

司法审判实践大部分法院也逐步倾向于该观点，正如在正文案例中，虽然安徽高院认为单独招标并不违法，但该观点在二审最高人民法院的判决中被予以纠正。又如在江西高院审理的案件中[①]，法院认为："建设工程的施工属于一个独立的环节，而桩基工程则属于建设工程施工中的一部分，应与施工这一整体进行招标。本案上诉人与被上诉人将桩基工程从该建设工程的施工中肢解出来单独签订合同，既违反了《中华人民共和国建筑法》，也违反了《中华人民共和国招标投标法》，一审法院认定桩基合同无效并无不妥。"

3. 实践中地区的差异性做法

《住房和城乡建设部建筑市场监管司关于基坑工程单独发包问题的复函》（建市施函〔2017〕35号）提到将非单独立项的基坑工程单独发包属于肢解发包。也即判断是否属于肢解发包，主要在于此类专业工程是否单独立项。

经笔者有限的检索，部分地区对于桩基等专业工程单独立项的问题作出专门性规定，例如珠海横琴及南京江北新区明确允许部分专业工程可单独立项，具体如表1-4所示。

---

① 温州建某公司、江西中某公司建设工程施工合同纠纷案。

部分地区关于专业工程单独立项的相关规定　　　　表1-4

日期	文件	具体规定
2016年4月19日	《横琴新区社会投资类建设工程管理模式创新方案》（珠横新办函〔2016〕156号）	投资方可自主选择整体立项备案或软基处理、基坑支护、桩基础、上部主体结构工程单独立项备案
2019年4月29日	《南京江北新区进一步深化工程建设项目审批制度改革实施方案》	推行社会投资类建设工程分阶段报建施工模式，行政审批局推行分阶段立项备案，投资方可自主选择整体立项备案或软基处理、基坑支护、桩基础、上部主体结构工程单独立项备案

也有部分地区通过立法的方式对该问题作出规定，例如较为典型的是《福建省建筑市场管理条例》第十六条："除经县级以上建设行政主管部门认定属专业性强的分部分项工程外，发包方不得将一个单位工程中的分部、分项工程分别发包。"即福建地区关于肢解发包的认定与住房和城乡建设部的规定有些差异，并非以是否单独立项作为评判标准，而是以当地住房和城乡建设局是否将其认定为专业性较强的工程作为判断依据，属于当地特殊的管理模式。

五、实务指引

结合以上分析，桩基、基坑等专业工程如果单独招标，则一般构成违法发包，由此签订的施工合同可能无效。而如果实践中可以将桩基工程、基坑等专业工程单独立项，则可以视为一个单独的项目，那么可以规避肢解发包的问题。

如前所述，部分地区可能对于桩基等专业性较强的工程能否单独立项或单独发包存在不同的规定，因此建议发包人在招标之前除了熟悉当地的法律法规外，还应咨询当地的建设行政主管部门对此类项目是否有特殊的规定和处理方式。

如果工程所在地对于桩基等专业工程的发包没有特殊规定的，则应当遵循《中华人民共和国建筑法》和住房和城乡建设部的相关规定，不得在总承包合同之外再另行发包给其他施工单位，否则此类发包模式会在司法实践中被认定为肢解发包。

实践中发包人可能会采取由桩基单位先进场施工，在总承包合同签订之后再将桩基纳入总承包合同的范围，再由总承包单位与桩基单位签订分包合同，但此种做法也无法绕开事实上构成肢解发包的问题，且如此操作会引起发包人、总承包单位以及施工分包单位之间复杂的三方法律关系，以及工作界面之间存在划分不清的问题，往往会引起更大的法律风险，应引起各方的高度重视。

第二章
合同签订与效力

第一节　发出中标通知书后，一般应认为施工合同成立

一、实务疑难点

在招标投标过程中，招标人发布招标文件，投标人进行投标，经评标之后由招标人向中标人发出中标通知书。对于中标通知书的法律效力，其是否产生合同成立的后果，实践中存在不同的观点。本节结合司法审判实践，对这一问题进行分析。

二、法条链接

《中华人民共和国民法典》（中华人民共和国主席令第四十五号）

第四百九十条　当事人采用合同书形式订立合同的，自当事人均签名、盖章或者按指印时合同成立。在签名、盖章或者按指印之前，当事人一方已经履行主要义务，对方接受时，该合同成立。

第四百九十五条　当事人约定在将来一定期限内订立合同的认购书、订购书、预订书等，构成预约合同。

当事人一方不履行预约合同约定的订立合同义务的，对方可以请求其承担预约合同的违约责任。

第六百四十四条　招标投标买卖的当事人的权利和义务以及招标投标程序等，依照有关法律、行政法规的规定。

第八百八十三条　承诺生效时合同成立，但是法律另有规定或者当事人另有约定的除外。

三、典型案例

 【案例：富某公司与长某公司合同纠纷案】

2002年8月22日，长某公司与国某公司签订《房地产开发项目招标委托协议》，长某公司委托国某公司就案涉项目进行国内邀请招标。2002年9月2日，国某公司发售案涉项目的《招标文件》。《招标文件》包含了投标邀请、投标人须知前附表、投标人须知、开发方案技术经济要求、中标通知书（参考样本）、案涉项目工程开发建设协议书（参考样本）等。

2002年9月25日，富某公司向国某公司递交了投标书，最终富某公司中标。长某公司于2002年9月30日向富某公司发出中标通知书，载明：案涉项目已参照湖南省建设招标投标管理规定，经邀请招标，于2002年9月26日开标、评标，确定你单位中标，请你单位接到本通知后十个工作日内，与业主长某公司洽谈该开发项目合同事宜。

富某公司中标之后，与长某公司多次洽商，双方曾多次书面沟通合同签订事宜，但一直未能达成一致并签订开发建设协议。

2007年7月，长某公司被依法注销，长某公司的资产被纳入清算范围的所有资产、负债及权益全部由中某公司承接，并直接注入新设立的中某新分公司。

2014年3月10日，中某新分公司向富某公司发出书面通知，具体内容为："原长某公司于2002年以招标方式选择上述土地的开发商，贵公司参加投标，招标机构向贵公司发出了中标通知书，但因贵公司的原因导致双方未能签署相关合同……现特通知贵公司：本公司作为现在的土地权利人，将不与贵公司就土地开发事宜开展洽谈。"

富某公司于2014年4月17日回函称中某新分公司应当继续承担长某公司的权利及义务，仍希望双方能依照《中标通知书》签订项目工程建设合同。但双方仍未达成一致，富某公司遂向法院提起诉讼，要求中某新分公司赔偿损失。

诉讼过程中，对于中标通知书发出后的法律后果，各方存在争议。

对此，最高人民法院认为：招标投标活动是招标人与投标人为缔结合同而进行的活动。招标人发出招标通告或投标邀请书是一种要约邀请，投标人进行投标是一种要约，而招标人确定中标人的行为则是承诺。承诺生效时合同成立，因此，在招标活动中，当中标人确定，中标通知书到达中标人时，招标人与中

> 标人之间以招标文件和中标人的投标文件为内容的合同已经成立……签订书面合同，只是对招标人与中标人之间已成立的合同关系的一种书面细化和确认，其目的是为了履约的方便以及对招标投标进行行政管理的方便，不是合同成立的实质要件。

四、法律分析与实务解读

对于经过招标投标程序之后，招标人发出中标通知书的法律后果，实践中有两种观点较为主流。一种观点认为，发出中标通知书后，双方之间成立预约合同，待双方签订正式的书面合同时，则本约合同成立。另一种观点则与本文案例类似，即发出中标通知书之后，合同即可成立。笔者针对这两种观点逐一进行分析。

1. 发出中标通知书，预约合同成立

持有该观点的主要依据在于，建设工程合同应当采用书面形式，而《中华人民共和国民法典》第四百九十条明确规定，当事人采用书面形式订立合同的，自各方签名、盖章或按指印时合同成立。而发出中标通知书时，招标人与中标人之间尚未订立书面合同，因此合同尚未成立。

同时，《中华人民共和国民法典》第八百八十三条规定，承诺生效时合同成立，但法律另有规定的除外。按照要约与承诺的理论，招标人发布招标公告构成要约邀请，投标人投标构成要约，而招标人发出中标通知书构成承诺，此时如果法律无特别规定，可以认为合同成立。但根据《中华人民共和国招标投标法》第四十六条的规定，招标人和中标人应当在发出中标通知书之日起30日内订立书面合同。也就是说，法律对此作出了特别规定，因而发出中标通知书不能认为合同成立了。

按照《中华人民共和国民法典》第四百九十五条的规定，当事人约定在将来一定期限内订立合同的认购书、订购书、预订书等，构成预约合同。同时，最高人民法院认为，中标通知书[①]就是招标人确认向中标人购买商品或者服务的意向，并约定将来签订书面合同的承诺，与认购书、订购书、意向书等在内容、性质上并无不同。因此，该观点认为，将中标通知书发出定性为成立预约合同，与立法精神是一致的。需要注意的是，《中华人民共和国民法典》规定的认购书、订购书等，通常不会过多地体现履约细节，仅注明标的、数量、规格型号等主要内容，与建设工程活动中的招标投标行为存在较大差别。在建设工程招标投标活动中，投标人已经对

---

① 最高人民法院民法典贯彻实施工作领导小组. 中华人民共和国民法典合同编理解与适用（二）[M]. 北京：人民法院出版社，2020.

招标人提出的工程价款、工期进度计划、质量标准等履约主要内容进行了实质性响应，这也构成了中标通知书的基础，且发承包双方均为此投入了较大的人力和物力，双方后续签订的书面合同也不得背离招标投标文件及中标通知书。因此，招标文件、投标文件、中标通知书等一系列内容，可以理解为各方已经通过书面形式确定了合同关系，不宜得出在工程合同中发出中标通知书只能代表成立预约合同的结果，否则将难以保护各方当事人的合法权益，也不利于招标投标市场秩序的稳定。

2. 发出中标通知书，合同即成立

《中华人民共和国招标投标法》关于发出中标通知书之后订立书面合同的规定，并不属于《中华人民共和国民法典》第八百八十三条"法律另有规定"的情形，不宜理解为承诺生效时合同成立的例外情况。从招标投标的缔约程序来看，招标文件、投标文件、中标通知书以及根据招标投标文件签订的中标合同，均构成工程合同的组成部分。例如《建设工程施工合同（示范文本）》GF—2017—0201 中规定的合同文件组成部分可能包括：①中标通知书；②投标函及其附录；③专用合同条款及其附件；④通用合同条款；⑤技术标准和要求；⑥图纸；⑦已标价工程量清单或预算书；⑧其他合同文件。也就是说，施工合同的内涵不仅仅局限于中标之后订立的书面合同，还包括招标投标文件、中标通知书、技术标准、图纸、工程量清单以及其他文件，仅以未订立书面合同为由否认合同成立的事实，显然曲解了工程合同的内涵。

同时，结合本文案例中最高人民法院的观点，发出中标通知书之后再签订书面合同，只是对招标人与中标人之间已成立的合同关系的一种书面细化和确认，其目的是为了履约的方便以及对招标投标进行行政管理的方便，不是合同成立的实质要件。因此，即便发出中标通知书之后因某种原因未签订书面合同，也不影响双方之间合同成立的事实，双方之间的权利义务、合同主要条款等内容，均已在招标投标文件中进行确定，因此发出中标通知书之后，即可以理解为合同正式成立。该观点也在最高人民法院关于施工合同理解适用一书中得到确认[1]。

在司法实践中，一般也均认为发出中标通知书之后，施工合同成立。例如，除了本文案例外，在最高人民法院审理的另一合同纠纷案件中[2]，招标人认为发出中标通知书后，双方之间成立的是预约合同，不能认定双方存在或者成立设计合同关

---

[1] 最高人民法院民事审判第一庭. 最高人民法院新建设工程施工合同司法解释（一）理解与适用 [M]. 北京：人民法院出版社，2021.

[2] 新疆中某公司、大庆油田某公司委托创作合同纠纷案。

系,但最高人民法院认为该观点无事实依据,又与《中华人民共和国招标投标法》的规定相悖,从而未支持预约合同的观点。

五、实务指引

从以上分析来看,在建设工程司法实践中,一般认为发出中标通知书之后,合同即宣告成立。虽然未签订书面合同不影响双方之间的权利义务以及合同的成立,但从合规性的角度来讲,仍建议双方及时按照招标投标文件、中标通知书等订立书面合同。

另外,需要特别注意的是,投标人的投标文件如果与招标文件的部分内容存在不一致,而如果最终中标了,则一般按照投标文件、中标通知书执行(招标文件构成要约邀请,投标文件属于要约,而中标通知书构成对投标文件的承诺,因此投标文件与招标文件不一致的,应以投标文件为准)。例如,在招标文件中某一清单子目的单位是立方米,而投标文件的单位是平方米,招标人未发现该问题并最终由投标人中标,而结算时如果招标人以投标人不响应招标文件为由对该项目不予计量,则一般不应支持。因施工合同的复杂性,在招标投标阶段不可避免地会存在一些差错,双方应秉着实事求是、诚实信用的原则,对于招标投标过程中出现的差错应结合实际情况在履约过程中予以调整。

第二节　发出中标通知书后反悔的,应当承担行政责任及违约责任

一、实务疑难点

在招标投标程序中,有时会存在确定中标人并发出中标通知之后,招标人或中标人一方反悔,拒绝签订书面合同或按照中标结果履行合同。此种情况下,要承担哪些法律责任,也是实践中常见的争议问题。

二、法条链接

1.《中华人民共和国招标投标法》(2017年修正)

第六十条　中标人不履行与招标人订立的合同的,履约保证金不予退还,给招

标人造成的损失超过履约保证金数额的,还应当对超过部分予以赔偿;没有提交履约保证金的,应当对招标人的损失承担赔偿责任。

中标人不按照与招标人订立的合同履行义务,情节严重的,取消其二年至五年内参加依法必须进行招标的项目的投标资格并予以公告,直至由工商行政管理机关吊销营业执照。

因不可抗力不能履行合同的,不适用前两款规定。

2.《中华人民共和国招标投标法实施条例》(2019年修正)

第七十三条 依法必须进行招标的项目的招标人有下列情形之一的,由有关行政监督部门责令改正,可以处中标项目金额10‰以下的罚款;给他人造成损失的,依法承担赔偿责任;对单位直接负责的主管人员和其他直接责任人员依法给予处分:

(一)无正当理由不发出中标通知书;

(二)不按照规定确定中标人;

(三)中标通知书发出后无正当理由改变中标结果;

(四)无正当理由不与中标人订立合同;

(五)在订立合同时向中标人提出附加条件。

第七十四条 中标人无正当理由不与招标人订立合同,在签订合同时向招标人提出附加条件,或者不按照招标文件要求提交履约保证金的,取消其中标资格,投标保证金不予退还。对依法必须进行招标的项目的中标人,由有关行政监督部门责令改正,可以处中标项目金额10‰以下的罚款。

三、典型案例

【案例:华某公司、赣州某公司合同纠纷案】

2013年7月3日,华某公司通过招标投标中标赣州某公司的案涉建设工程施工项目,中标价为人民币69585404.91元。2013年6月24日,华某公司向赣州某公司转账支付保证金人民币3245000元;2013年7月8日,华某公司向赣州某公司转账支付保证金人民币1975000元;两笔保证金共计5220000元。

2013年8月30日,赣州某公司向华某公司退还保证金4698000元。2015年7月14日,赣州某公司向华某公司发出《告知函》,载明由于政府规划调整,华某公司中标项目取消。2015年10月27日,赣州某公司退还华某公司剩余保证金522000元,两笔保证金合计5220000元均已退回。

事后，双方对于取消中标项目导致的损失赔偿问题未能协商一致，华某公司向法院提起诉讼，要求赣州某公司赔偿经济损失合计 10345361.6 元（包括：报名及购买招标文件费用 945 元、差旅费 54676 元、投标保证金利息 30286 元、履约保证金利息 443352 元、工程交易综合服务费 36000 元、因项目取消造成的潜在收入损失 9046102.6 元、项目管理人员工资损失 384000 元、因项目取消造成的与第三方合同违约损失 350000 元）。

诉讼过程中双方针对赔偿的范围发生争议，招标人赣州某公司认为，施工合同应当采用书面的形式，本案发出中标通知书之后并未签订书面合同，双方之间的合同未成立，因而不存在违约责任的问题。

对此，一审法院仅支持了华某公司关于保证金的利息损失以及工程交易综合服务费和工资损失，对于违约责任并未支持。二审过程中，江西省高级人民法院认为：

（1）中标通知书到达华某公司时，双方之间的建设工程施工合同成立并生效。虽然之后双方没有签订书面的建设工程施工合同，但由于中标通知书中包含了建设工程施工合同的基本要素，故未签订书面合同并不影响双方之间成立建设工程施工合同关系。赣州某公司认为没有签订书面合同，故双方之间的合同关系未成立的理由不能成立。

（2）招标投标双方当事人未签订书面合同并不影响双方之间成立建设工程施工合同的法律关系，任何一方拒绝履行都应承担违约责任（二审支持了项目取消造成的与第三方合同违约损失以及部分潜在收入损失）。

四、法律分析与实务解读

发出中标通知书之后，一般就认为合同已经成立，任何一方反悔拒绝按照中标通知书的结果签订书面合同，或拒绝履行合同的，都要承担相应的责任。具体来讲，可以分为行政法律层面的行政处罚责任以及民事法律层面的违约责任。

1. 行政责任

根据《中华人民共和国招标投标法》及《中华人民共和国招标投标法实施条例》的规定，中标人在中标之后反悔的，除了要被没收相应的保证金外，还要面临赔偿招标人由此造成的损失；如果情节严重，还可能被取消必须招标的项目的投标资格，甚至被吊销营业执照。对中标人来讲，中标之后反悔的，其法律后果较为严重，尤其是针对必须招标的项目，往往属于关系社会公共利益的项目，招标人通常是当地政府或平台公司，如在中标之后反悔的，则可能会在当地被拉入市场准入黑名单，无法继续在当地承接工程。

对于招标人来讲，发出中标通知书之后如果反悔的，其主要的行政后果是面临主管部门的行政处罚，对于必须招标的项目来讲，直接责任人员或单位的负责人可能会面临相应的行政处分。

2. 违约责任

一般而言，发出中标通知书之后，合同即成立。因此，如果一方反悔的，则另一方有权基于合同约定要求对方承担违约责任。在本文案例中，因招标人反悔拒绝履行合同，中标人要求其承担违约责任是应有之义，而招标人提出合同未成立、不应承担违约责任的抗辩意见，显然不应得到支持。

如果招标人反悔的，结合本文案例来看，中标人可以要求招标人承担的违约责任或损失赔偿主要包括：保证金的利息损失、招标投标过程中产生的费用等实际损失以及可得利益损失（合理利润损失）。可得利益损失需要结合具体的情况予以考量，例如可预见性、招标人的违约程度等，同时中标人应当对可得利益损失承担举证责任。

而如果中标人反悔的，其承担的责任主要包括没收投标保证金，如果招标人的损失超过投标保证金，中标人还应当赔偿，例如招标人重新招标产生的费用、项目延迟开展产生的损失等，招标人同样需要对损失承担举证责任。

五、实务指引

在建设工程发承包市场中，承包人之间的竞争较为激烈，通常某一公开招标的项目，会存在几十个甚至上百个承包人进行投标。从这个角度来说，一般而言承包人中标之后完全拒绝实施项目的可能性较低，但会存在较多承包人在中标之后提出各类附加条件的情况。此外，加之承包人中标之后反悔的，其面临的行政责任可能较为严重，应注意在投标阶段谨慎评估招标条件和自身抗风险能力，避免中标后无法履约的情况。实践中更多的情形是招标人因某种原因在招标投标程序结束之后又终止项目，不再继续履行中标合同。因此，我们进一步建议：

（1）招标文件中可以明确中标后拒绝签订书面合同或者提出实质性附加条件情况下的法律责任，一方在中标后拖延签订合同时，另一方应及时提出订立书面合同的要求及拒绝签约的法律责任，包括相关的损失等，积极解决争议。

（2）在不违反招标文件要求的前提下，投标人一方在投标文件中可以提出可得利益损失的计算范围，例如按照工程量清单进行投标报价的，汇总出项目的利润金额，并注明该利润就属于投标人的可得利益等，为后续可能发生的争议提供支撑。

第三节　中标合同与补充协议不一致的相关问题

一、实务疑难点

工程实践中，发承包双方在经过招标投标程序后，经常会再次签订补充协议，或者补充合同，例如经过招标投标程序签订的中标合同用于备案使用，而签订的补充合同则作为实际履行的合同，属于双方真实的意思表示，此种情形一般属于"黑白合同"或"阴阳合同"。

"黑白合同"的问题历来是建设工程领域常见的复杂问题，如何理解"黑白合同"是实务中的争议焦点之一。例如，经过招标投标之后，同时又私下签订与中标合同不一致的补充合同；又如合同履行过程中，签订补充合同对中标合同的内容进行实质性变更，是否构成"黑白合同"，均有必要进行专门讨论。

二、法条链接

1.《最高人民法院关于审理建设工程施工合同纠纷案件适用法律问题的解释（一）》（法释〔2020〕25号）

第二条　招标人和中标人另行签订的建设工程施工合同约定的工程范围、建设工期、工程质量、工程价款等实质性内容，与中标合同不一致，一方当事人请求按照中标合同确定权利义务的，人民法院应予支持。

招标人和中标人在中标合同之外就明显高于市场价格购买承建房产、无偿建设住房配套设施、让利、向建设单位捐赠财物等另行签订合同，变相降低工程价款，一方当事人以该合同背离中标合同实质性内容为由请求确认无效的，人民法院应予支持。

第二十二条　当事人签订的建设工程施工合同与招标文件、投标文件、中标通知书载明的工程范围、建设工期、工程质量、工程价款不一致，一方当事人请求将招标文件、投标文件、中标通知书作为结算工程价款的依据的，人民法院应予支持。

第二十三条 发包人将依法不属于必须招标的建设工程进行招标后,与承包人另行订立的建设工程施工合同背离中标合同的实质性内容,当事人请求以中标合同作为结算建设工程价款依据的,人民法院应予支持,但发包人与承包人因客观情况发生了在招标投标时难以预见的变化而另行订立建设工程施工合同的除外。

2.《中华人民共和国招标投标法》(2017年修正)

第四十六条 招标人和中标人应当自中标通知书发出之日起三十日内,按照招标文件和中标人的投标文件订立书面合同。招标人和中标人不得再行订立背离合同实质性内容的其他协议。

三、典型案例

【案例:诚某公司与某村村委会合同纠纷案】

2007年1月17日,诚某公司中标某村村委会村民自住楼4号楼、7号楼项目。2007年2月6日,某村村委会与诚某公司就该部分项目签订《建设工程施工合同》,合同价款4667.33万元。2013年1月23日,项目经建设、监理、施工、设计四方验收合格,同年4月17日,取得竣工验收备案。

2008年3月5日,诚某公司中标某村村委会村民自住楼5号楼工程,中标价格3565.58万元。2013年2月,5号楼经建设、监理、施工、设计四方验收合格,但未经北京市通州区建设委员会竣工验收备案。

合同履行过程中,双方因工程款支付与结算问题发生争议。2017年11月6日,经过长期沟通后,发包人某村村委会与诚某公司签订《结算协议》,其中约定最终结算总价为18919.05万元,该村村委会还欠付10119.05万元。

双方签订结算协议后,该村村委会仍未足额支付款项,诚某公司向法院提起诉讼,诉讼过程中,该村村委会认为《结算协议》与中标合同的实质性内容不一致,应当认定无效。对此,北京市高级人民法院认为:

《结算协议》不仅包含了工程价款,还对施工过程中出现的停工情况以及停工损失、变更洽商部分的款项、利息计算以及工程款支付方式、期限、违约责任等问题进行了一揽子的确认。因而《结算协议》包括和体现了工程的具体实施情况和施工过程的具体细节,是对整个工程施工过程和结算事项的概括性总结,并非是对中标合同的实质性变更,应属有效。

四、法律分析与实务解读

发承包双方在招标投标过程中，另行签订与中标合同背离的补充合同较为常见，例如发包人要求承包人垫资、压缩工期、肢解分包等，但由于施工合同长期以来需要备案，此类条款如写入备案合同，则可能无法完成备案，因而市场上黑白合同的问题长期存在。

根据最高人民法院的观点[①]，针对经过招标投标的项目，一般而言发承包双方的补充协议不应与中标合同同时签订，或者在未发生招标投标时难以预见的变化之时签订；同时，当事人另行签订的补充协议无论是在中标合同之前还是之后，均不得背离中标合同的实质性内容。

相应地，如果发承包双方另行订立的补充协议与中标合同订立的时间较为接近，此时补充协议与中标合同的实质性内容背离的，则构成黑白合同的可能性较大，按照相应司法解释的规定，一般以中标合同作为结算的依据，此时一般认为，补充协议即黑合同无效。

另一种情形与正文的案例类似，发承包双方在合同履行过程中，因工期、设计变更、物价上涨、人工价格增加等原因，对相应的合同条款形成了补充协议，此种情形一般应属于合同变更的范畴，并不构成对中标合同实质性内容的背离，因而补充协议有效。此类观点在最高人民法院的相关案件中得到印证，例如，在最高人民法院于2020年12月29日判决的施工合同案件中[②]，其认为建设单位与施工单位在招标投标程序之后签订合同的行为，应视为对合同内容的变更，在无证据证明补充合同存在违反法律强制性规定，损害国家、社会公共利益和第三人合法权益的情况下，不应认定合同无效。

实践中，在招标投标程序中可能对于部分内容双方并未进行明确，因而双方在签订中标合同后，又立即签署了相应的补充协议，对于中标合同中未约定的内容进行补充，此时补充协议的效力往往也会发生争议。笔者倾向于认为，针对非必须招标的项目，招标人本身并不需要项目进行招标，因而即使招标人履行了招标投标程序，也可以遗留部分内容待双方在中标之后进行协商补充确定。经笔者检索相关的案例，此类观点也在最高人民法院的判决中得到印证。例如在2019年7月9日判

---

① 最高人民法院民事审判第一庭. 最高人民法院新建设工程施工合同司法解释（一）理解与适用 [M]. 北京：人民法院出版社，2021.
② 中铁某公司、北海市某公司建设工程施工合同纠纷案。

决的案件[①]中，发承包双方的中标合同约定工程总投资下浮后作为承包人的最终结算价，下浮比例另行协商；中标合同签订后的同一日，双方又签订补充合同，约定下浮比例为6%，诉讼过程中承包人主张补充合同无效，最终结算不应下浮，对此，最高人民法院认为：首先，案涉项目不属于必须招标的项目，双方的中标合同约定下浮比例另行协商，表明双方对工程价款下浮具有合意，且该合意不违背法律法规的强制性规定，应属有效；其次，补充协议关于工程项目总投资下浮6%的约定与中标合同的约定相衔接和呼应，是对中标合同的补充和完善，且并未与中标合同有实质性抵触的内容，故补充协议合法有效。

而对于必须招标的项目，招标人本身必须履行招标投标程序，且需要对工程价款等内容充分竞争，因而在招标投标程序之后，如立即再对实质性内容进行补充的，则可能构成对中标合同实质性内容的背离或双方串通投标，从而可能导致中标合同无效（即白合同无效）。需要注意的是，白合同有效是认定黑合同无效的前提[②]，此时不宜简单地认为黑合同无效，而应根据双方的真实意思表示及实际履行情况来综合判断。

五、实务指引

招标投标引起的合同效力问题历来是实务中的争议焦点和难点问题。如果发承包双方在经过招标投标程序后，还需要签订补充协议，对中标合同的内容进行补充约定，则应注意补充协议与中标合同的衔接，避免出现对中标合同内容的实质性变更，尤其是针对工期、工程质量、合同价款、建设范围等重大内容。参照前述相关案例，补充协议应当是针对中标合同约定不明的内容进行的补充或细化、完善，或合同履行过程中因客观情况出现了合同变更的情形，不存在规避招标投标程序的目的，此时则不存在黑白合同的法律适用问题，可以避免相关合同的效力瑕疵。

另外，对于承包人来讲，应注意避免在签订补充协议后，又由于补充协议约定的内容不利，从而以补充协议与中标合同不一致为由主张补充协议无效；此种情况违背了诚实信用原则，通常也不符合双方真实意思表示，结合本文的相关案例来看，也往往得不到法院的支持。

---

① 重庆国某公司、贵州省金沙县天某公司建设工程施工合同纠纷案。
② 最高人民法院民事审判第一庭. 最高人民法院新建设工程施工合同司法解释（一）理解与适用[M]. 北京：人民法院出版社，2021.

第四节　招标文件中的合同文本不属于格式条款

一、实务疑难点

在建设工程领域，建设工程合同被认定为格式条款的情形并不多见，因而实务中对于格式条款的讨论并不多。在《中华人民共和国民法典》颁布之后，对于原《中华人民共和国合同法》关于格式条款的规定作了一些调整和补充，从而有必要对施工合同中的有关条款是否构成格式条款进行探讨。例如，经过招标投标签订的施工合同，招标文件中的合同文本是否属于格式条款，是否可能导致相关条款或合同无效，以及施工合同示范文本中的通用条款是否构成格式条款，均属于实践中的典型问题。

二、法条链接

《中华人民共和国民法典》（中华人民共和国主席令第四十五号）

第四百九十六条　格式条款是当事人为了重复使用而预先拟定，并在订立合同时未与对方协商的条款。

采用格式条款订立合同的，提供格式条款的一方应当遵循公平原则确定当事人之间的权利和义务，并采取合理的方式提示对方注意免除或者减轻其责任等与对方有重大利害关系的条款，按照对方的要求，对该条款予以说明。提供格式条款的一方未履行提示或者说明义务，致使对方没有注意或者理解与其有重大利害关系的条款的，对方可以主张该条款不成为合同的内容。

第四百九十七条　有下列情形之一的，该格式条款无效：

（一）具有本法第一编第六章第三节和本法第五百零六条规定的无效情形；

（二）提供格式条款一方不合理地免除或者减轻其责任、加重对方责任、限制对方主要权利；

（三）提供格式条款一方排除对方主要权利。

第四百九十八条　对格式条款的理解发生争议的，应当按照通常理解予以解释。对格式条款有两种以上解释的，应当作出不利于提供格式条款一方的解释。格式条款和非格式条款不一致的，应当采用非格式条款。

三、典型案例

【案例：中某集团与兴某公司合同纠纷案】

2011年11月3日，潜江市人民政府与中某集团签订了《潜江市新城区投资建设合作协议》，对潜江市新城区土地整理、公建项目代建的合作模式作出约定。协议签订后，潜江市政府指令兴某公司就案涉多个项目发布招标公告，招标公告中附有"合同条款及格式"，其中付款方式约定工程竣工验收审计后5年内待新城区土地出让后由业主支付工程款。

中某集团全资子公司中某建筑公司就案涉多个项目进行了投标并中标，并签订了系列施工合同，而相关施工合同中对工程款支付的时间未进行约定。合同履约过程中，双方就工程款支付问题发生争议，兴某公司认为其已按照招标文件对于付款的时间作出了明确规定且中某建筑公司对此作出了实质性响应；而招标公告中的"合同条款及格式"属于格式合同，工程款的付款不应按招标公告执行，对此最高人民法院认为：招标人和中标人按照招标文件和中标人的投标文件订立的建设工程施工合同书约定支付工程价款时间而招标文件约定了建设工程价款时间的，应当以招标文件的约定为依据。中某建筑公司在投标文件中承诺，如其中标，完全接受并响应招标文件主要合同条款规定的全部内容。因此，在案涉招标文件已经约定工程价款付款时间的情形下，应以招标文件约定为准。

中某建筑公司与兴某公司通过招标投标方式签订建设工程施工合同。上述合同并非兴某公司为了重复使用而预先拟定且在订立时未与中某建筑公司协商的合同。故中某建筑公司关于案涉招标公告中付款方式所附的"第四章 合同条款及格式"属于格式条款，其内容存在提供格式条款的一方免除自身责任、加重对方责任、排除对方主要权利的情形，不能成立。

四、法律分析与实务解读

1.施工合同示范文本的通用条款是否属于格式条款

根据《中华人民共和国民法典》的规定，格式条款是当事人制定的条款，且构成格式条款主要有三个前提：①为了重复使用；②预先订立；③未与对方协商。

显而易见，施工合同示范文本中的通用合同条款属于预先订立的条款，且也属于为了重复使用的文本，从形式上符合格式条款的一些特征。因而在实践中，部分观点会认为施工合同示范文本中的通用合同条款属于格式条款。例如，在经过最高人民法院再审的施工合同纠纷中[①]，最高人民法院在说理部分认为，建设工程施工合同中的通用合同条款一般是指工程建设主管部门或行业组织为合同双方订约的便利，针对建设工程领域的共性问题，给订约双方提供的可通用的合同条款和范本；通用合同条款作为格式条款，不是合同双方事先通过谈判，协商一致后确定的条款。

笔者认为该观点值得商榷，且与法律规定并不相符。一方面，根据《中华人民共和国民法典》的规定，格式条款是当事人制定，而施工合同示范文本的通用条款并非合同当事人制定，而是建设主管部门组织制定，一般认为属于行业内的交易习惯，而交易习惯本身不应被认定为格式条款；另一方面，格式条款是未与对方协商的条款，虽然示范文本的通用条款是预先拟定且未与相对方协商的，但发承包双方在订立合同中，完全可以在相关的专用条款中对相应的通用合同条款进行修改和补充。因此，示范文本的通用条款本身并不构成格式条款。

2. 招标文件中的合同文本是否构成格式条款

在建设工程招标投标活动中，招标文件所附的合同文本通常是招标人常用的文本，此类合同文本是否构成格式条款，可能存在一定的争议。但是否构成格式条款，仍应按照《中华人民共和国民法典》的相关规定从严判定。笔者认为，招标文件中的合同文本一般不宜认为构成格式条款，主要理由有：

（1）从招标投标程序本身来讲，招标人发布招标文件属于要约邀请，投标人投标属于要约，而招标人评标、发布中标通知书构成承诺。因此，招标投标程序本身可以构成双方的协商过程，因而相应地不满足格式条款中"未与对方协商"的特点。

（2）格式条款的立法本意在于保护处于交易弱势的一方，例如在保险合同中，保险人作为专业的保险公司，处于交易的强势方，而自然人作为投保人十分常见，因而从保护自然人的角度来说，保险合同中存在大量的格式条款的法律适用问题。而对于施工合同来讲，发承包双方都属于有经验的商事主体，即便招标

---

① 福安市京某公司、中某公司建设工程施工合同纠纷案。

人在招标文件中的相关条款较为不合理，例如将不可抗力的风险分配给投标人或设计变更不增加合同价款等，此种情形下，显然构成《中华人民共和国民法典》第四百九十七条关于"不合理地免除或者减轻其责任、加重对方责任、限制对方主要权利"等情形，但该条规定是针对格式条款无效的情形，其前提是相应的条款首先应当符合格式条款的特征。而投标人作为有经验的商事主体，完全可以不接受此类有失公允的合同条款，从而不予投标。而如果投标人自愿接受此类条款，而后又以格式合同、格式条款为由主张相关条款无效的，也有违诚实信用原则，不应予以提倡。

（3）从诉讼实务的角度来讲，主张格式合同的一方负有相应的举证义务。但承包人在诉讼过程中，基本很难举证招标文件中的合同符合格式合同的特征，而发包人一方则相对容易证明合同签约时存在磋商谈判的过程，从而证明双方合同不满足"未与对方协商"的特征，因而不构成格式合同或格式条款。

五、实务指引

结合前面讨论，一般而言，不宜将招标文件中的合同文本认定为格式条款。实践中，招标人出于多种原因的考量，将本应当属于建设单位的义务分配给承包人，此类条款往往符合格式条款的表现形式，例如：

（1）征地拆迁由承包人负责，且如果拆迁延误，由此导致的工期延误和费用增加由承包人自行承担。

（2）项目建设审批手续由承包人承担，与建设单位无关。

（3）工程地质资料的错误由承包人承担，与建设单位无关。

（4）市场价格波动完全由承包人承担。

（5）不可抗力不调整工期且承包人无权索赔费用。

前述条款显然属于一方减轻、免除自身义务，加重对方责任的典型条款。根据上述分析，虽然在将该类条款认定为格式条款时存在较大难度，但此类条款往往在合同履行过程中导致双方发生巨大分歧和争议，不利于维护合同的正常履行和交易的稳定性，反而不利于建设项目的正常推进，属于"双输"的局面。

因此，从发包人的角度来讲，不宜将不合理的义务强加给承包人；而从承包人角度来讲，针对一些明显不合理的条款，也应谨慎作出响应。无论是发包人还是承包人，在订立合同时应充分进行协商，订立一份相对公允、合理的商事合同，以减少合同履约阶段的争议问题。

第五节 施工合同无效，合同履行过程中签订的补充协议独立于施工合同的，则补充协议应具备法律效力

一、实务疑难点

由于建设工程施工合同的特殊性，不仅涉及国家资质的监管、招标投标程序，还涉及发包人、承包人、实际施工人、农民工等多方利益，因而由于各类原因导致施工合同无效的情形层出不穷。如果是施工合同无效，则发承包双方签订的补充协议是否有效，则是实务中容易构成争议的问题。例如施工合同无效，发承包双方因合同履行问题发生争议，从而签订相应的补充协议或解除合同的协议，此时相关的协议是否有效，是实务中的难点问题。

二、法条链接

《中华人民共和国民法典》（中华人民共和国主席令第四十五号）

第五百六十七条 合同的权利义务关系终止，不影响合同中结算和清理条款的效力。

三、典型案例

【案例：九某公司与版某公司合同纠纷案】

2014年6月15日，发包人版某公司与承包人九某公司双方协议一致签订《建设工程施工合同》，约定九某公司承包版某公司位于西双版纳州勐海县的案涉建设项目。九某公司进场后，发承包双方又履行了招标投标程序。

2015年9月22日，经发包人与承包人双方协议一致签订《合同解除协议书》，约定本协议签订之日起解除双方签订的《建设工程施工合同》及与项目施工相关的全部协议。

后双方因工程款支付、退场损失、现场材料收购费、延误工期损失等，诉至法院。诉讼过程中，发包人认为案涉工程招标投标程序违法，相应的施工合同无效，因而由此签订的补充协议也无效。

针对合同解除协议的效力问题，最高人民法院认为：《建设工程施工合同》

虽因违反《中华人民共和国招标投标法》的规定而无效,但《合同解除协议书》并不因《建设工程施工合同》无效而当然无效,二者虽有关联,但仍为两份独立的合同。原审认定《合同解除协议书》虽名为解除协议,但实质为结算协议,双方意思表示真实,且协议内容不违反法律法规的强制性规定,故《合同解除协议书》有效,该认定正确。

四、法律分析与实务解读

对于施工合同无效的,补充协议是否有效,应从补充协议是否属于合同的组成部分以及补充协议是否独立于原合同来进行区分判断。

1. 补充协议是合同的组成部分

在施工合同无效的前提下,如果认为过程中的补充协议、会议纪要等文件无效,其主要理由在于该等文件均是施工合同的组成部分,不独立于施工合同存在,因此相关的补充协议、会议纪要均无效。例如,按照《建设工程施工合同(示范文本)》GF—2017—0201合同协议书部分第六条的规定:"合同文件包括以下内容:①中标通知书(如果有);②投标函及其附录(如果有);③专用合同条款及其附件;④通用合同条款;⑤技术标准和要求;⑥图纸;⑦已标价工程量清单或预算书;⑧其他合同文件。在合同订立及履行过程中形成的与合同有关的文件均构成合同文件组成部分。"

即,按照示范文本的规定,如果施工过程中签订的补充协议、形成的会议纪要、往来函件等均属于合同的组成部分,则施工合同无效,补充协议作为施工合同的一部分,应认定无效也属于应有之义。

2. 补充协议独立于施工合同

如果补充协议不是施工合同的组成部分,即补充协议独立于施工合同,则施工合同无效的,不应当导致补充协议无效。

根据《中华人民共和国民法典》第五百六十七条的规定,合同无效的,不影响其中结算和清理条款的适用。而在施工合同中,发承包双方达成的结算协议显然属于清理条款的范畴,因而结算协议在法律上具备独立性,应当认定有效。例如在正文案例中,虽然施工合同无效,但从内容上看合同解除协议实质上属于双方的结算协议,即属于合同的清算、清理条款,因而该协议有效。

3. 施工合同无效时补充协议的效力分析

结合以上两种情形,判断补充协议的效力,不应当仅仅从补充协议是否属于合同组成部分的角度出发，还应当考虑补充协议是否可以独立于主合同而存在，例如具有结算性质的协议等双方对于合同的清理协议是典型的独立于施工合同存在的书面文件，其效力独立于施工合同。

当前司法审判中，除正文案例外，该观点在多个最高人民法院审理的案件中得到印证，例如：在薛某、陈某与重庆某公司、绵阳某局的施工合同纠纷案件中[①]，一审法院四川省高级人民法院认为，辰某公司与重庆某公司、绵阳某局签订的名为协作，实为分包的《劳务协作合同》应属无效；辰某公司与薛某、陈某之间应为转包关系；该转包行为应属无效；但是，薛某、陈某班组与辰某公司签订的《退场清算协议》的效力独立于本案其他合同的效力，应属有效；二审法院最高人民法院亦认为，《退场清算协议》是双方自愿协商的结果，体现了双方真实的意思表示，且不违反法律的禁止性规定，应为有效。

在北海某公司与浙江某公司之间的施工合同纠纷案件中[②]，最高人民法院认为，即使本案工程属于必须进行招标的工程，《建设工程施工合同》因存在串标行为而无效，亦不影响《工程结算书》《解除建设施工合同协议书》等结算和清理条款的效力；双方对以建设工程的工程量共同进行核算，一致认可的工程价款，是具有独立性的约定，应当作为结算工程价款的依据。

如果发承包双方签订的补充协议从内容上属于对原合同的补充，则一般认为属于原合同的组成部分，其效力不能独立存在，则相关的协议应认定无效。例如，双方针对工期、进度款支付等问题对原合同进行补充，则相应的补充协议依附于施工合同，因此相关的协议应当无效。例如，在博某公司与安某公司之间的施工合同案件中，发承包双方先后签订两份补充协议[③]，"补充协议一"对施工进度及付款方式进行了约定，而"补充协议二"对于支付相关工程款、退还履约保证金等事宜作出了约定，在施工合同无效的情形下，关于两份补充协议的效力，最高人民法院认为："补充协议一"主要涉及施工进度等事项，属于对原合同的补充，因施工合同无效，因此"补充协议一"无效；而"补充协议二"从内容上看属于双方之间既存债权债务关系的结算和清理，因此"补充协议二"在法律效力上具备独立性和约束力。

最后需要关注的是，即使补充协议无效的，如果补充协议中的部分条款涉及双方的结算、清算等事宜，则该部分清算条款也应当对双方有约束力。

---

① 薛某、陈某与重庆某公司、绵阳某局等建设工程施工合同纠纷案。
② 北海某公司与浙江某公司之间的施工合同纠纷案。
③ 博某公司与安某公司建设工程施工合同纠纷案。

五、实务指引

通过以上分析可以得出，施工合同无效的情形下，如果补充协议的内容、目的均与合同的结算、清理内容无关，且补充协议的内容属于合同内容一部分的，则相应的补充协议可能无效；反之，相应的协议或条款有效。

从诚实信用的角度来讲，发承包双方签订的施工合同及补充协议，均应当严格遵守。即便是施工合同及补充协议无效的，有关结算的约定仍然具有约束力，如果一方以合同无效为由，企图推翻此类条款的约定，则往往得不到法院的支持。

第六节　未取得规划审批手续签订的施工合同一般应当无效，但在一审起诉前取得的，合同有效

一、实务疑难点

对于未取得建设工程规划许可证签订的施工合同，一般认为无效，这在实践中已基本达成一致。2020年12月29日颁布的《最高人民法院关于审理建设工程施工合同纠纷案件适用法律问题的解释（一）》第三条第一款规定了未取得规划许可审批手续的，相应的施工合同无效。此时，对于规划审批手续如何理解，是否仅包括建设工程规划许可证；如果未取得其他规划许可手续，是否会对合同的效力产生影响等问题，则有必要进行专门讨论。

二、法条链接

1.《最高人民法院关于审理建设工程施工合同纠纷案件适用法律问题的解释（一）》（法释〔2020〕25号）

第三条　当事人以发包人未取得建设工程规划许可证等规划审批手续为由，请求确认建设工程施工合同无效的，人民法院应予支持，但发包人在起诉前取得建设工程规划许可证等规划审批手续的除外。

发包人能够办理审批手续而未办理，并以未办理审批手续为由请求确认建设工程施工合同无效的，人民法院不予支持。

2.《中华人民共和国城乡规划法》（2019 年修正）

第四十条 在城市、镇规划区内进行建筑物、构筑物、道路、管线和其他工程建设的，建设单位或者个人应当向城市、县人民政府城乡规划主管部门或者省、自治区、直辖市人民政府确定的镇人民政府申请办理建设工程规划许可证。

申请办理建设工程规划许可证，应当提交使用土地的有关证明文件、建设工程设计方案等材料。需要建设单位编制修建性详细规划的建设项目，还应当提交修建性详细规划。对符合控制性详细规划和规划条件的，由城市、县人民政府城乡规划主管部门或者省、自治区、直辖市人民政府确定的镇人民政府核发建设工程规划许可证。

城市、县人民政府城乡规划主管部门或者省、自治区、直辖市人民政府确定的镇人民政府应当依法将经审定的修建性详细规划、建设工程设计方案的总平面图予以公布。

三、典型案例

【案例：泰某公司、中某公司合同纠纷案】

2015 年 7 月 2 日，湖南省卫计委批复同意泰某公司设置长沙泰某医院。2015 年 8 月 11 日，承包人中某公司与发包人泰某公司未经招标投标程序签订了《商品房项目施工合同》和《医院项目施工合同》。

合同履行过程中，双方对于履约保证金等支付问题发生争议，承包人诉至法院，主张案涉合同无效，并要求发包人支付欠付的保证金等款项。该案开庭后，发包人仍未取得建设工程规划许可证；对于合同是否有效的问题，湖南省高级人民法院认为：建设工程规划许可证是办理规划许可手续的最终证明文件，泰某公司在二审期间仍然没有提交案涉工程的建设工程规划许可证，依据《最高人民法院关于审理建设工程施工合同纠纷案件适用法律问题的解释（一）》的规定，本案所涉的所有施工合同均应当认定无效。

四、法律分析与实务解读

1. 关于规划许可手续的理解

对于一般的工程项目而言，最为重要的开发报建审批手续主要在前期规划选址阶段以及项目立项后的规划设计阶段，主要涉及的重要审批证件即为传统的"四证"：①国有土地使用权证；②建设用地规划许可证；③建设工程规划许可证；④施工许可证。而实践中，边审批、边设计、边施工的项目较为常见，从而会引发违法建设、违法施工等相关问题。

按照《中华人民共和国城乡规划法》第四十条的规定，办理建设工程规划许可证，应当提交使用土地的有关证明文件、建设工程设计方案等材料（部分地区还需要施工图设计文件）。具体需要提交哪些材料，各地方会有相应的规定，例如《江苏省城乡规划条例》第三十九条规定："申请办理建设工程规划许可证应当提交下列材料：……（三）建设工程设计方案；（四）建设工程施工图设计文件……"；《浙江省城乡规划条例》第三十六条规定："申请核发建设工程规划许可证，应当提交使用土地的有关证明文件和建设工程设计方案（房屋建筑工程的建设工程设计方案是指建筑施工图）等材料。"《上海市城乡规划条例》第三十五条第二款规定："建设单位或者个人应当根据经审定的建设工程设计方案编制建设项目施工图设计文件，并在建设工程设计方案审定后六个月内，将施工图设计文件的规划部分提交规划行政管理部门。符合经审定的建设工程设计方案的，规划行政管理部门应当在收到施工图设计文件规划部分后的二十个工作日内，核发建设工程规划许可证。"

工程实践中，建设项目行政审批阶段包括：规划许可审批、土地批准审批、"大循环"审批（包括消防、卫生、人防、环保等部门审批）、施工图审查、缴纳建设项目相关费用、施工许可审批等；而《最高人民法院关于审理建设工程施工合同纠纷案件适用法律问题的解释（一）》第三条规定的规划审批手续[①]，主要指建设工程规划许可证，或者未按照建设工程规划许可证的规定进行建设。正如正文案例中，法院认为建设工程规划许可证是拟建项目办理完毕规划审批手续的节点，而实务中也往往以是否取得建设工程规划许可证来判断合同的效力。

2. 建设用地规划许可证与建设工程规划许可证的区分

建设用地规划许可证与建设工程规划许可证，两者之间仅有两字之差，因而在实践中容易被混淆。

《中华人民共和国城乡规划法》第三十八条第二款规定："以出让方式取得国有土地使用权的建设项目，建设单位在取得建设项目的批准、核准、备案文件和签订国有土地使用权出让合同后，向城市、县人民政府城乡规划主管部门领取建设用地规划许可证。"也就是说，建设用地规划许可证属于在项目前期立项、拿地阶段

---

① 最高人民法院民事审判第一庭 . 最高人民法院新建设工程施工合同司法解释（一）理解与适用 [M]. 北京：人民法院出版社，2021.

需要办理的许可文件。实践中，一般被简称为"用地证"。

而建设工程规划许可证，其侧重点在"工程"二字，表明项目已经进入工程建设阶段，这从办理建设工程规划许可证所需要的材料中也可以得到印证。实践中，一般将建设工程规划许可证简称为"工规证"。

目前，出于"放管服"改革和优化营商环境考虑，部分地区已试行建设用地规划许可证和建设工程规划许可证合并办理。例如，广州市规划和自然资源局于2021年7月20日发布的《广州市规划和自然资源局关于试行建设用地规划许可证和建设工程规划许可证合并办理的通告》，其中规定："新供应国有建设用地，且为社会投资类带方案出让用地的产业区块范围内工业项目，可以申请建设用地规划许可证和建设工程规划许可证合并办理。"

3. 未取得建设工程规划许可证的，施工合同无效

结合前面讨论，所谓的"规划审批手续"，主要是指建设工程规划许可证，如果未取得该证，即可以理解为发包人未取得规划审批手续，由此签订的施工合同无效。但这并不意味着未取得建设用地规划许可证的，施工合同就有效。如前所述，"用地证"是在工程的前期立项、拿地阶段，此时工程还未进入施工、建设阶段，因而尚未到签订施工合同的阶段；同时，取得"用地证"一般是取得建设工程规划许可证的前提，而在签订施工合同并进场施工前，一般均已获得"用地证"和"工规证"，因此，只需要从发包人是否取得"工规证"来判断施工合同的效力。

另外，出于维护交易稳定以及维护当事人合同自由和意思自治的考虑，对于未取得建设工程规划许可证导致合同效力瑕疵的情形，存在补正的空间。根据《最高人民法院关于审理建设工程施工合同纠纷案件适用法律问题的解释（一）》第三条的规定，如果发包人在一审起诉之前取得建设工程规划许可证的，则相应的施工合同有效。

五、实务指引

未通过规划审批手续而擅自建设的，一般会被认为是违法建筑。而违法建筑将会面临被拆除的风险，因而对发包人来讲，应注意项目建设的合法性问题，不宜盲目为了项目提前投产而进行边审批、边设计、边施工。如果提前开工但后续审批手续出现障碍，则无疑将会引起巨大的损失。

另一方面，需要关注的是，办理规划审批手续的责任或义务主体应当属于项目的建设单位。因此，发包人未办理规划审批手续，又提出以未办理手续为由否定相关施工合同效力，并以此逃避自身义务的，则从公平正义、诚实信用的角度出发，

不应值得提倡，相关的主张也可能会被法院否定。例如，最高人民法院在广西粤某公司与广西建某公司建筑工程施工合同纠纷案中认为，承担办理建设工程规划许可证的义务主体是发包人粤某公司；因此，粤某公司以未办理审批手续为由，主张《施工合同》《补充协议书》无效，人民法院不应予以支持。

对承包人来讲，虽然未取得建设工程规划许可证的过错在于发包人，承包人可以此为由提出合同无效；但如果承包人对此是明知的，则从诚实信用的角度来讲，承包人对于合同无效也有一定的过错，从而可能也会承担因合同无效而产生的责任或损失。因此，如承包人发现项目未办理规划许可手续的，应定期书面督促发包人办理有关手续，以减少自身的过错责任，同时注意因相关审批手续不齐全影响项目工期进度等情况下，及时按照约定的程序提起变更签证或索赔申请，避免逾期失权。

第七节 超越建设工程规划许可证施工的，施工合同无效

一、实务疑难点

如果未取得建设工程规划许可证的，相应的施工合同无效；那么针对超越建设工程规划许可证施工建设的，相应的施工合同是否有效，如果施工合同无效，是部分无效还是全部无效，可能存在一定的争议。例如，已经办理了建设工程规划许可证，但实际建设的内容与规划许可证不符，或者施工过程中变更了规划内容，则是否也属于未取得建设工程规划许可证的情形，相应的施工合同是全部无效还是部分无效，也应当予以关注。

二、法条链接

1.《中华人民共和国城乡规划法》（2019年修正）

第六十四条 未取得建设工程规划许可证或者未按照建设工程规划许可证的规定进行建设的，由县级以上地方人民政府城乡规划主管部门责令停止建设；尚可采取改正措施消除对规划实施的影响的，限期改正，处建设工程造价百分之五以上百分之十以下的罚款；无法采取改正措施消除影响的，限期拆除，不能拆除的，没收实物或者违法收入，可以并处建设工程造价百分之十以下的罚款。

2.《最高人民法院关于审理建设工程施工合同纠纷案件适用法律问题的解释（一）》（法释〔2020〕25号）

第三条 当事人以发包人未取得建设工程规划许可证等规划审批手续为由，请求确认建设工程施工合同无效的，人民法院应予支持，但发包人在起诉前取得建设工程规划许可证等规划审批手续的除外。

发包人能够办理审批手续而未办理，并以未办理审批手续为由请求确认建设工程施工合同无效的，人民法院不予支持。

三、典型案例

【案例：荣某公司、某冶公司合同纠纷案】

2013年9月16日，发包人荣某公司就案涉项目取得建设工程规划许可证。2015年8月12日，荣某公司与承包人某冶公司签订施工合同，由某冶公司承建案涉项目。根据规划许可证，案涉项目的建设规模为164875m^2，其中地下38004m^2，3号、4号商住楼规划楼层为25层；裙楼规划层数为5层。

实际施工过程中，3号、4号商住楼实际施工层数为27层；裙楼实际施工层数为6层。淮南市规划局将案涉项目认定为存在超规建设。

工程竣工后，双方就工程款及合同效力产生争议并诉至法院。针对超规建设的问题，承包人认为施工合同无效。

发包人荣某公司认为其已经取得了建设工程规划许可证，不存在司法解释规定的未取得"规划审批手续"的问题，因而合同有效。即便存在超规建设，也仅仅针对3号、4号商住楼以及裙楼中超出建设规模的部分，不应影响其他部分的效力。

对此，安徽省高级人民法院认为：荣某公司虽然取得了规划审批手续，但施工合同约定的建设工程面积和层数均超过了建设工程规划许可证的许可范围，并被淮南市规划局认定为超规划建设，且在本案一、二审中，荣某公司均未提供证据证明其在某冶公司起诉前已补办相关手续，其结果等同于在未取得合同约定工程面积和层数所对应的建设工程规划许可证的情况下，签订案涉工程施工合同，因此施工合同全部无效，而非部分无效。

四、法律分析与实务解读

从文中的案例争议点来看，争议焦点在于超越工程规划许可证进行建设的施工合同是否有效；如果施工合同无效，那么属于部分无效还是全部无效。对此问题，可从以下几个角度进行讨论：

1. 从正常的建设流程来讲，发包人在施工之前，必须先完成规划审批手续。而如果后续发包人对建设项目进行变更、更改导致可能影响原规划审批手续的，则应当首先报规划审批，而后再执行。未重新通过规划审批的，也即意味着针对更改后的建设项目未取得与之相对应的规划许可手续。因此，超过原规划审批手续先行进行建设的，属于违法行为。

2. 结合《最高人民法院关于审理建设工程施工合同纠纷案件适用法律问题的解释（一）》第三条所规定的"未取得建设工程规划许可证等规划审批手续"的应有之义及该条款规定的本意和目的而言，未按照建设工程规划许可证的规定建设也应当属于施工合同无效的情形。

3. 无论是未取得或者是超越建设工程规划许可证，由此建设的项目均构成违法项目；根据《中华人民共和国城乡规划法》的规定，此类违法项目必须予以整改，无法进行整改的，则应当予以拆除。例如，针对超越建设工程规划许可证进行建设的项目，能否获得主管部门新颁发的建设工程规划许可证；如不能获得的，则应予以拆除。从这个角度来说，即便仅是部分施工内容超越了建设工程规划许可证的范围，其效力应当是针对规划许可证中的整个建设项目本身，因此评判施工合同的效力，也不应将施工合同割裂看待。

综合以上讨论，超越建设工程规划许可证施工的，如果后期未进行效力补正，例如在一审起诉前未补办规划审批手续，则由此签订的施工合同均应当全部无效，而非部分无效。但是在具体项目实施中，还应谨慎评估建设内容发生变化是否属于需要重新审批建设工程规划许可证的情形，如工程建设内容的变化属于工程实施过程中的合理变更，并不涉及工程规划的调整，相当于建设内容并未超出工程规划许可的范围，不对合同效力产生影响。

五、实务指引

相对于未取得规划许可证来讲，超越建设工程规划许可证的范围进行建设的情形更为复杂，也更容易被忽略。因此，发承包双方在签约时，应当注意审查规划内容和合同约定的建设内容。尤其是承包人应注意审查施工合同约定的建设规模、建设标准等相关规划指标等内容，并与建设工程规划许可证进行核对；如果在施工过程中，建设单位变更原规划内容，并要求按照变更后的内容进行施工的，承包人应注意要求发包人及时履行规划审批的相关补充手续，避免先行施工。

对于发包人来讲，超越建设工程规划许可证的范围进行建设的后果较为严重。如发生超规建设的，不仅所建设的项目属于违法、违规建筑，依法应予以整改、拆除，从而可能使所建项目失去经济价值，同时又会面临承包人的工程款索赔。因此，发包人应当注意建设程序的合法、合规性，提前与主管部门沟通建设内容的合法性。否则，一旦发生未批先建，后期又无法通过主管部门的审批，由此导致的损失将难以估量。

第八节　尚未取得建设工程规划许可证的工程总承包项目，不宜直接认定合同无效

一、实务疑难点

根据《中华人民共和国城乡规划法》第四十条的规定，申请办理建设工程规划许可证的，应当提交建设工程设计方案等资料。虽然部分地区可能对于需要提交设计文件的深度有差异性规定，但一般而言，申请建设工程规划许可证，需要提交施工图设计文件。在施工总承包模式下，项目的建设流程一般按照先设计、然后报规划审批、领取建设工程规划许可证，而后再进行施工招标、签订施工合同以及领取施工许可证。因此，对于传统的施工总承包模式而言，建设工程规划许可证办理在前，施工合同签订在后，存在一定的因果相关性。

而对于工程总承包模式来讲，其合同内容本身包括了设计和施工，因而在签订工程总承包合同之时，往往可能不具备办理建设工程规划许可证的客观条件，此时相应的工程总承包合同效力如何，是实务中关注的重点和难点问题。

二、法条链接

《房屋建筑和市政基础设施项目工程总承包管理办法》（建市规〔2019〕12号）

第三条 本办法所称工程总承包，是指承包单位按照与建设单位签订的合同，对工程设计、采购、施工或者设计、施工等阶段实行总承包，并对工程的质量、安全、工期和造价等全面负责的工程建设组织实施方式。

第七条 建设单位应当在发包前完成项目审批、核准或者备案程序。采用工程总承包方式的企业投资项目，应当在核准或者备案后进行工程总承包项目发包。采用工程总承包方式的政府投资项目，原则上应当在初步设计审批完成后进行工程总承包项目发包；其中，按照国家有关规定简化报批文件和审批程序的政府投资项目，应当在完成相应的投资决策审批后进行工程总承包项目发包。

三、典型案例

【案例1：晋某控股与雄某公司、中铁某局某公司合同纠纷案】

2016年5月12日，中铁某局与建设单位雄某公司签订《陕西雄某公司定边30MWp光伏发电项目工程总承包合同》，合同约定由中铁某局某公司承包完成雄某公司定边30MWp光伏发电项目。工程内容为工程范围内的设计、供货、施工和验收等及确保项目发电运行所必须的其他事宜。承包方式为EPC交钥匙总承包。

2016年12月18日，中铁某局作为合同丙方，山西漳某公司（后更名为"晋某公司"，简称"晋某控股"）作为合同甲方，雄某公司作为合同乙方，案外人白某、张某作为合同丁方签订《陕西雄某公司定边30MWp光伏电站项目合作协议》。协议约定由晋某控股为案涉项目提供资金支持，案外人白某、张某将持有的雄某公司100%的股权质押给漳某公司。该合作协议约定，中铁某局应负责办理项目备案、并网所需的全部文件，包括办理规划审批手续等。

2017年6月13日并网发电，项目26MW获得电价为0.72元/W，4MW暂未获得核准电价。2017年9月15日中铁某局将案涉项目全容量并网移交被告雄某公司管理。

各方对于工程款支付、违约责任等问题存在争议，后中铁某局向法院提起诉讼，要求漳某公司、雄某公司支付工程款、利息及违约金等。起诉时，案涉项目未取得建设工程规划许可证。

一审过程中，晋某控股向法院提起反诉，要求中铁某局办理建设工程规划许可证等13项审批手续及证件，并赔偿不能办理造成的一切损失。

针对合同的效力问题，一审法院并未作为争议焦点，直接认定案涉工程总承包合同以及合作协议有效。

二审过程中，案涉项目仍未取得建设工程规划许可证。针对工程总承包合同的效力，二审山西省高级人民法院认为：雄某公司与中铁某局签订工程总承包合同，将案涉工程发包给中铁某局，诉讼中各方当事人均认可，案涉工程至今尚未办理建设工程规划许可证，根据相关法律规定，案涉工程总承包合同应认定无效。

【案例2：水某公司与文某公司合同纠纷案】

2017年1月20日，水某公司就某影视文化体验园（一期）建设项目设计采购施工（EPC）总承包项目委托华某建设工程项目管理有限责任公司山东分公司代理招标，并于2017年2月23日公开开标，经依法评标后确定文某公司中标。2017年3月2日，梁山县人民政府（甲方）与水某公司（乙方）就案涉项目签订《协议书》，约定甲方组织协调所属职能部门和单位，对案涉项目规划、立项、用地等开工前的准备工作给予全面支持，对符合用地规划的及时办理用地手续，对不符合用地规划的，按程序积极报批。

2017年6月9日，水某公司与文某公司签订《某影视文化体验园（一期）建设项目设计采购施工（EPC）总承包项目合同》，约定：设计范围包括但不限于红线范围内地块及红线外相关区域概念性规划方案设计、景观方案设计、施工图设计等；勘察项目包括详细勘察（含施工期间勘察）、地下障碍物勘察评价所需的资料，除上述工作外，发包人委托的本项目的其他工程勘察工作；签约合同价为73000万元，合同约定履约担保为签约合同价的10%。

EPC总承包合同签订后，双方在项目土地获取、规划手续办理、履约担保的提交等问题上发生争议。2018年1月27日，水某公司向文某公司发送催告函，催告文某公司按EPC总承包约定提交履约担保，推进项目建设。2018年2月5日，文某公司向水某公司复函称当前项目规划建设手续不完善，希望待规划许可手续完备后开始大规模建设，并愿意以保函形式出具履约担保，推进项目建设。

后双方多次沟通未果，水某公司向法院提起诉讼，要求解除EPC合同。水某公司起诉时，案涉项目尚未开工，也未取得建设工程规划许可证，文某公司也未提交合格的概念性规划方案设计、景观方案设计、施工图设计等材料。

诉讼过程中，文某公司认为水某公司未按照法律规定办理建设用地规划许可证和建设工程规划许可证，违反了法律的强制性规定，EPC总承包合同无效。

对此，一审法院认为：根据《中华人民共和国城乡规划法》以及当地的规定，法律上默许的取得建设工程规划许可证的最晚时间节点是在对建设项目进行正式施工建设前，而工程总承包合同的订立与项目的施工建设属于两个不同的独立阶段，前一阶段应取得建设工程规划许可证，但《中华人民共和国城乡规划法》及地方《城乡规划条例》并未作出具有强制约束性的相关规定。从签订工程总承包合同和取得建设工程规划许可证的逻辑顺序来看，建设工程规划许可证需要提交建设工程设计方案并通过审核后方能取得。工程总承包的承包范围包括工程勘察、设计、采购、施工等全部环节，其中设计环节包含了工程方案的设计，是工程总承包单位履行工程总承包合同的约定义务之一，因此，在逻辑顺序上，应当是先签订工程总承包合同并完成工程设计方案，再由建设单位申请办理建设工程规划许可证，时间上必定是工程总承包合同签订在前，规划许可证取得在后。如果以工程总承包合同签订时无法取得规划许可证来否定合同效力，所有工程总承包合同都将归于无效，这有悖于立法本意，也不利于实现合同目的。综上所述，工程总承包合同具有一定的特殊性，不同于传统的建设工程施工合同，不能以建设工程施工合同的效力规范判断建设工程总承包合同的效力。建设工程总承包合同一般在签订时即成立生效，不以取得规划许可证作为工程总承包合同生效的要件为生效要件，故水某公司与文某公司签订的 EPC 总承包项目合同合法、有效。

二审法院采纳了一审法院的观点。

四、法律分析与实务解读

从结果来看，案例1和案例2对于未取得建设工程规划许可证是否导致相应的工程总承包合同无效的认定虽然存在一定的差异，但两者之间的差异并不意味着两者的判决结果存在矛盾或不合理之处。

从案例1来看，发承包双方签订工程总承包合同之后，承包人基本完成了设计、采购、施工等合同内容，且已将案涉项目移交给发包人。双方对于争议事项未能达成一致之后，承包人向法院提起诉讼，此时案涉项目仍未取得建设工程规划许可证。从项目建设的合法性角度来讲，对于已经建成的项目，如还未取得建设工程规划许可证的，显然违反了《中华人民共和国城乡规划法》等相关规定，则参照《最高人民法院关于审理建设工程施工合同纠纷案件适用法律问题的解释（一）》第三条的规定，与之相关的工程总承包合同无效也是应有之义。

从案例2来看，发承包双方签订工程总承包合同之后，承包人仅完成了部分设计工作，并以未办理土地、规划等相关手续为由，未对工程的施工环节进行推进。而在发包人向法院提起诉讼之时，虽然案涉项目尚未取得建设工程规划许可证，但案涉项目一直未实际施工。且直至起诉之日，承包人未按照合同约定提交合格的方案设计、施工图设计等材料，而此类材料一般均是办理建设工程规划许可证所需的必要材料。因此，案涉工程总承包合同实际上只履行了设计部分，且也不存在办理建设工程规划许可证的客观条件，因而从这个角度来讲，认定工程总承包合同有效存在合理之处。

结合前述两个案例的分析，笔者认为针对未取得建设工程规划许可证对工程总承包合同效力的影响问题，应区分几个层面来考虑：

（1）在施工总承包模式下，施工总承包合同的签订通常应在办理建设工程规划许可证之后，从建设程序上来讲，如未取得规划许可而先行施工，则涉嫌违法建设施工，从而相应的施工合同存在效力瑕疵。而工程总承包项目发包阶段靠前，例如针对企业投资项目，根据《工程总承包管理办法》第七条的规定，在项目核准或备案后即可进行发包，签订工程总承包合同。此时还未到办理建设工程规划许可证的阶段，因而也不存在违法建设的前提，如以此否定工程总承包合同的效力，与工程总承包的建设程序不符，也曲解了《中华人民共和国城乡规划法》等相关法律的立法本意。

（2）在工程总承包模式下，如建设项目达到了应当办理建设工程规划许可证的阶段或条件，但发包人拖延办理并先行施工的，则因涉嫌违反法律的禁止性规定，从而会导致工程总承包合同的效力瑕疵。以《上海市城乡规划条例》第三十五条第二款规定为例，申请建设工程规划许可证需要提交施工图设计中的规划部分；因而在施工图设计完成之后，发包人应当去申请办理规划审批手续，此时如果发包人拖延办理，并先行施工的，则可能对工程总承包合同的效力产生影响。

（3）根据《最高人民法院关于审理建设工程施工合同纠纷案件适用法律问题的解释（一）》第三条的规定，施工合同未取得规划审批手续导致合同无效的，存在效力补正的空间。即在一审起诉之前，如发包人取得建设工程规划许可证的，应认为施工合同有效。类似地，对于工程总承包合同来讲，即便在建设项目过程中，因未取得规划审批手续导致工程总承包合同存在效力瑕疵的，也应当存在效力补正的空间。也就是说，在起诉之时，针对工程总承包项目的建设程序来讲，此时应当取得建设工程规划许可证而没有取得的，应认定工程总承包合同无效；反之，宜认为工程总承包合同有效。例如案例 1 中，项目早已完成移交，但却直到起诉之时仍未取得建设工程规划许可证，此时应认定工程总承包合同无效；而案例 2 中，至起诉之时，承包人尚未完成方案设计，可理解为案涉项目尚未至办理建设工程规划许可证的节点，此时就不宜否定工程总承包合同的效力。

结合以上分析，笔者认为未取得建设工程规划许可证对工程总承包合同的效力影响，主要的判断依据仍是在起诉之时发包人是否具备办理建设工程规划许可证的条件；如具备办理条件的，是否按规定办理。而在实践中，针对工程总承包项目来讲，如双方发生争议诉至法院的，项目一般也已到了施工建设阶段，此时判断工程总承包合同的效力，则与施工合同就存在相似之处。因而实践中法院在实际审理未取得规划审批手续对工程总承包合同的效力影响时，一般会按照施工合同的思路来认定。例如，在江苏省高级人民法院审理的案件中[①]，江苏省高级人民法院认为，EPC 总承包合同与建设工程施工合同相比，增加了设计、采购等内容，有其特点，但现行法律并无有关 EPC 总承包合同效力认定的特别规定，对 EPC 总承包合同效力的认定，仍应以《中华人民共和国城乡规划法》等作为依据；就尚未取得建设工程规划许可审批手续的工程，建设单位与工程总承包单位签订的工程总承包合同应属无效；涉案工程未取得用地规划许可证、建设工程规划许可证，且在一审法庭辩论终结前也未取得相应审批手续或者经主管部门批准，涉案 EPC 总承包合同应认定为无效。

五、实务指引

虽然工程总承包项目的建设流程与施工总承包模式存在差异，但对于未取得规划审批手续是否对工程总承包合同的效力有不同的影响，在法律、司法解释层面并没有特殊性规定，因而在司法审判实践中可能存在认识不统一的情形。对此，结合以上分析，笔者建议：

（1）从建设程序的合法、合规性来讲，发包人最晚应当在工程总承包单位完成施工图设计之后，按程序申请办理建设工程规划许可证，否则将会对工程总承包合同的效力产生不利的影响。

---

① 上海宝某公司与泰州振某公司、上海振某公司建设工程合同纠纷案。

（2）工程总承包单位在完成施工图设计之后，也应注意配合或核实发包人办理规划审批手续的情况，尤其应注意在进入施工阶段时，核实发包人是否取得建设工程规划许可证。如此时仍未取得规划审批手续的，则涉嫌违法建设，从而导致工程总承包合同的效力瑕疵。

（3）如果工程总承包单位发现发包人应当办理而未办理建设工程规划许可证的，建议书面发函通知发包人及时办理，并提示发包人未及时办理的法律后果，以及就由此可能产生的民事责任承担作出约定。

第九节　借用资质签订的施工合同是否有效，应当区分发包人是否知情

一、实务疑难点

在建筑发承包市场中，由于存在着市场准入制度的强制性规定，承包人要想承接工程项目，必须满足相应的资质。而申办建筑施工企业的资质往往对于注册资本金、施工技术管理人员、业绩等方面存在较高的要求，因而新的市场主体想要获取较高等级的施工资质，需要经过长时间的经营和业绩的积累。在此背景下，承包人或实际施工人为了承接工程，往往挂靠一家拥有较高资质等级的施工企业，来达到承揽工程的目的，由此就产生了多方之间的复杂法律关系。尤其是关于借用资质签订的施工合同是否有效，是实务中的疑难问题，也存在不同的观点。

二、法条链接

《最高人民法院关于审理建设工程施工合同纠纷案件适用法律问题的解释（一）》（法释〔2020〕25号）

第一条　建设工程施工合同具有下列情形之一的，应当依据《中华人民共和国民法典》第一百五十三条第一款的规定，认定无效：

（一）承包人未取得建筑业企业资质或者超越资质等级的；

（二）没有资质的实际施工人借用有资质的建筑施工企业名义的；

（三）建设工程必须进行招标而未招标或者中标无效的。

承包人因转包、违法分包建设工程与他人签订的建设工程施工合同，应当依据《中华人民共和国民法典》第一百五十三条第一款及第七百九十一条第二款、第三款的规定，认定无效。

三、典型案例

【案例1：鼎某公司与台某公司施工合同纠纷案】

2012年7月，台某公司（甲方）与鼎某公司（乙方）签订了一份《合作框架协议》，就台湾风情文化商贸城项目工程的实质性内容作出约定，陈某等四人在鼎某公司委托代理人处签了名。同月，双方签订了《桩基工程施工承包合同》和《室内装修工程施工合同》各一份，但并未实际履行。

2012年8月，台某公司与鼎某公司签订了《总包管理协议》，明确鼎某公司作为总承包管理服务的权利、义务，统筹协调管理全部工程，按决算总价的0.8%收取各项目部总包管理费（管理费用200万元总价包干，不足部分台某公司补齐，超出部分鼎某公司向各项目部收取后返还给台某公司），项目部由台某公司指定，鼎某公司须将台某公司支付的进度款及时支付给各项目部，并对各项目部进行全面的质量、进度、安全文明管理及协调外围关系。8月3日，作为总包单位的鼎某公司（甲方）与陈某等四人（乙方）分别就案涉工程四个标段分别签订了《工程承包合同》，约定，按照国家法规和甲方与建设单位在工程合同中确定的原则签订合同条款。双方合同中的主要条款约定与前述《合作框架协议》一致，同时约定：鼎某公司只提供技术支持，陈某等四人自行组织施工，自负盈亏，并向鼎某公司缴纳0.8%的管理费。

2012年9月，台某公司就案涉项目履行了招标投标程序，并与鼎某公司就四个标段签订备案用的《建设工程施工合同》。

案涉工程的合同签约关系详见图2-1所示。

上述合同签订后，陈某等人进场施工。案涉工程于2012年8月19日正式开工。2018年7月29日，陈某等四人与台某公司进行了结算。后鼎某公司向法院提起诉讼，认为台某公司欠付工程款，要求予以支付。诉讼过程中，各方对《工程承包合同》等相关协议的效力产生争议，对此最高人民法院认为：

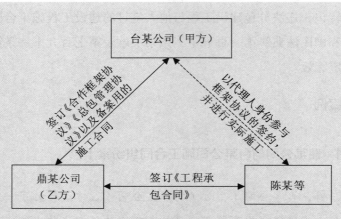

图 2-1 案涉工程签约关系图

相关证据表明，案涉工程项目由台某公司指定陈某等四人承建，陈某等四人参与了鼎某公司与台某公司签订的案涉一系列合同的签订，并以实际施工人的身份履行鼎某公司应履行的施工义务以及参与行使合同权利的全过程，符合没有资质的个人借用其他有资质的施工单位的名义承揽工程的情形，台某公司知晓陈某等四人借用鼎某公司资质承建工程，且认可由陈某等四人完成案涉工程施工任务。因此，原审判决关于"陈某等四人与鼎某公司之间系挂靠关系，台某公司与陈某等四人之间直接形成承包案涉工程的权利义务关系，台某公司与鼎某公司之间不存在实际的建设工程施工合同关系"的法律关系认定并无不当。

由于台某公司、鼎某公司明知陈某等四人借用鼎某公司资质承建案涉工程，上述行为违反了相关法律的效力强制性规定，故鼎某公司与台某公司之间签订的《合作框架协议》《总承包管理协议》以及台某公司与陈某等四人分别签订的《工程承包合同》应当认定为无效。

【案例2：深圳瑞某公司等与赵某、晋某银行合同纠纷案】

2016年1月9日，赵某与深圳瑞某公司签订了《项目合作原则协议》，约定赵某作为实际施工人委托周某（深圳瑞某公司副总经理）以深圳瑞某公司名义承揽被告晋某银行的装修工程一、二标段，自负盈亏，深圳瑞某公司收取一定的管理费、利润及所得税款。

2016年4月16日，赵某以深圳瑞某公司名义（承包人）与晋某银行（发包人）就装修工程一、二标段分别签订了两份《山西省建设工程施工合同》，合同中未体现赵某的名字。

2016年5月16日，案涉工程开始施工；2016年12月16日工程完工后交付晋某银行。2017年3月8日，瑞某公司向晋某银行递交结算资料，晋某银行未在期限内提出异议。因晋某银行在收到结算资料后尚有结算款未支付，赵某向法院提起诉讼，要求深圳瑞某公司支付欠付工程款及利息，晋某银行在欠付范围内承担连带责任。

案涉工程签约关系如图2-2所示。

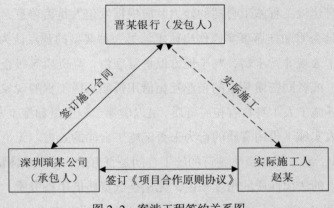

图2-2 案涉工程签约关系图

诉讼过程中，各方对相关施工合同效力存在争议。对此，一、二审法院均认为案涉项目存在借用资质的情形，因而相应的施工合同及合作协议均无效。

但在再审过程中，最高人民法院认为：即使认定赵某与瑞某公司之间形成挂靠关系，在处理无资质的企业或个人挂靠有资质的建筑企业承揽工程时，还应区分内部关系和外部关系。挂靠人与被挂靠人之间的协议因违反法律的禁止性规定，属于无效协议。而挂靠人以被挂靠人名义对外签订合同的效力，应根据合同相对人是否善意、在签订协议时是否知道挂靠事实来作出认定。如果相对人不知晓挂靠事实，有理由相信承包人就是被挂靠人，则应优先保护善意相对人，双方所签订协议直接约束善意相对人和被挂靠人，该协议并不属于无效协议。如果相对人在签订协议时知道挂靠事实，即相对人与挂靠人、被挂靠人通谋作出虚假意思表示，则当事人签订的建设工程施工合同属于无效合同。

四、法律分析与实务解读

在《最高人民法院关于审理建设工程施工合同纠纷案件适用法律问题的解释》（法释〔2004〕14号）首次颁布之时，就对借用资质、超越资质等级进行施工的行为作出了规定，并由此认定相应的施工合同无效。2020年年底新版《最高人民法院关于审理建设工程施工合同纠纷案件适用法律问题的解释（一）》出台之后，虽然对于具体的规定并没有实质性改动，但随着我国资质管理制度的改革，以及工程建设的复杂性，越来越多的观点认为，对于借用资质签订的施工合同的效力问题，不能简单、机械地套用司法解释的规定，来认定相应的施工合同均无效。

当前，有一种较为典型的观点认为[1]，在挂靠施工的情形下，挂靠人以被挂靠人名义对外签订建设工程施工合同的效力，应根据发包人是否善意，在签订建设工程施工合同时是否明知挂靠事实来作出认定。另一种典型的观点认为[2]，借用资质的行为在实践中表现非常丰富，基于地方保护等理由，高资质等级企业借用低资质等级企业资质，或者同资质等级的企业互相借用资质承揽工程的现象并不鲜见，在借用资质的实际施工人本身具有相应资质，足以确保工程质量和施工安全的情形下，不应仅以当事人实施了借用资质的行为来否定施工合同的效力。无论上述哪一种观点，均可以看出，对于借用资质签订的施工合同是否有效，需要具体情况具体分析。

从借用资质的法律性质的角度来说，无论是低资质借用高资质，还是没有资质的实际施工人借用有资质的企业，其本质上都是以第三人的名义对外实施法律行为，因而类似于民法上的借名行为。针对借名行为的法律后果，有学者认为，借用他人名义实施的法律行为，出名人追认的，该法律行为对其发生效力；在该法律行为被追认前，第三人有权以通知方式撤销；出名人不追认，但第三人不知道借名人系借用他人名义的，该法律行为亦对出名人发生效力；第三人明知实施者系借用他人名义的，该法律行为不成立；依据相关情形可以断定相对人并非只愿意与出名人缔结法律行为，该法律行为在借名人与第三人之间发生效力[3]。总结来说，如果第三人不知道借名行为，则优先保护善意第三人，出名人与第三人之间的法律关系成立；而如果第三人明知借名行为的，第三人与出名人之间的法律关系不成立。上述的法律关系如图2-3所示。

---

[1] 最高人民法院民事审判第一庭. 民事审判指导与参考：2019年第四辑（总第80辑）[M]. 北京：人民法院出版社，2020.
[2] 唐倩. 挂靠施工合同的效力分析[J]. 法律适用，2019（5）.
[3] 杨代雄. 使用他人名义实施法律行为的效果[J]. 中国法学，2010（4）.

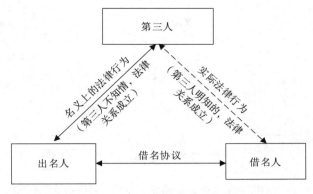

图 2-3　借名行为法律关系图

类推适用到的借用资质的情形，出名人就属于出借资质的企业，借名人一般是实际施工人，而第三人是发包人，此时如果发包人不知道出借资质的情形存在，出借资质的被挂靠企业与发包人之间形成施工合同关系，而出借资质的名义承包人与实际施工人之间签订的协议，无论名为内部承包还是挂靠协议，因存在借用资质的客观事实，该协议无效。而如果发包人明知借用资质的（此种情形在实践中十分常见，例如实际施工人与发包人之间有特殊的关联性，两者之间也彼此熟悉，因而发包人本意是要将项目给到实际施工人，但由于实际施工人无资质，故借用名义承包人的资质与发包人签订合同），则根据《中华人民共和国民法典》第一百四十六条"行为人与相对人以虚假的意思表示实施的民事法律行为无效"的规定，发包人与出借资质的企业之间构成虚假的意思表示，发包人真实的意思表示应当是与实际施工人之间订立合同，因此出借资质的被挂靠企业与发包人之间的法律行为不成立，也就是名义上签订的施工合同不成立；此时实际施工人与发包人之间形成事实上的施工合同关系，而该施工合同关系因实际施工人没有资质或超越资质而无效。具体来说，前述各方的法律关系如图 2-4 和图 2-5 所示。

上述分析主要从发包人是否明知借用资质来进行区分，这与近些年最高人民法院审理的相关案件中的观点也一脉相承。例如，在许昌信某公司、河南林某公司建设工程施工合同纠纷案件中，最高人民法院认为，在处理无资质的企业或个人挂靠有资质的建筑企业承揽工程时，应区分内部关系和外部关系；挂靠人与被挂靠人之间的协议因违反法律的禁止性规定，属于无效协议；而挂靠人以被挂靠人名义对外签订合同的效力，应根据合同相对人是否善意、在签订协议时是否知道挂靠事实来作出认定；如果相对人不知道挂靠事实，有理由相信承包人就是被挂靠人，则应优先保护善意相对人，双方所签订协议直接约束善意相对人和被挂靠人，该协议并不

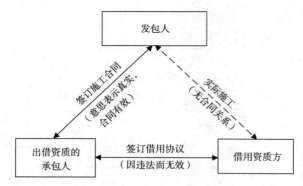

图 2-4　借用资质各方法律关系图（发包人对借用资质不知情）

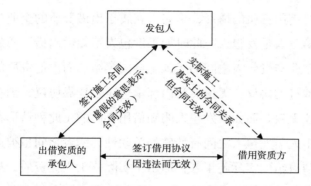

图 2-5　借用资质各方法律关系图（发包人明知借用资质）

属于无效协议；如果相对人在签订协议时知道挂靠事实，即相对人与挂靠人、被挂靠人通谋作出虚假意思表示，则当事人签订的建设工程施工合同属于无效合同。

　　类似地，在案例1中，实际施工人代表承包人与发包人进行合同签约，在施工合同的授权代表处签了字，且在施工过程中均是由实际施工人与发包人直接对接沟通，工程结算也是由实际施工人参与处理，从各种证据材料中均可以推知，发包人是明知实际施工人借用了名义承包人的资质来承接项目，因而法院认定名义承包人与发包人之间不存在建设工程施工合同关系，而借用资质的实际施工人与发包人以及名义承包人之间订立的协议或合同，因违反了法律的强制性规定而无效。同样地，在案例2中，并没有证据证明实际施工人赵某在签订合同阶段与发包人进行了合同谈判并签约，且施工合同中也没有体现实际施工人的信息，虽然一、二审法院直接认定名义承包人与发包人之间的施工合同无效，但再审过程中，最高人民法院认为，如发包人对借用资质不知情的，则应当优先保护善意相对人的利益，相应的施工合同应当有效。

综合以上讨论，针对实际施工人借用名义承包人的资质承接工程的行为，因违反了法律、行政法规的禁止性规定，扰乱了国家建筑市场秩序，因而建筑领域借用资质（挂靠）的行为无效，也即实际施工人与名义承包人之间签订的挂靠协议或内部承包协议无效。但针对名义承包人对外与发包人签订的施工合同是否有效，应从发包人是否善意来判定，发包人善意的，则发包人与名义承包人签订的施工合同有效；反之，则施工合同无效。

五、实务指引

在当前的工程实践中，除非发包人授意实际施工人借用资质的，一般而言借用资质承接工程的行为有着极强的隐蔽性，因而较难被发现，而对于可能影响到合同效力的"发包人是否知情"这一情况，同样受制于主观因素，较难提供证据证明。因此，对于发承包双方而言，规范经营行为是控制合同效力风险最为直接有效的手段。

从发包人角度来讲，在合同签约阶段，发包人应重点审查承包人委派的授权代理人的权限证明、劳动关系等材料，并在施工合同中约定不得从事挂靠等情形，否则将有权对承包人予以清退，并要求赔偿。

而对承包人来讲，也应当合法、合规地从事经营活动，避免从事出借资质的行为。从鼓励企业经营、提升效率的角度，承包人应合法、合规地实施项目经理责任制以及内部承包制度，项目经理的劳动关系、社保关系等均应当在承包人的名下，如此可防范出借资质等行为可能引起的风险。

第十节　没有取得相应资质的，签订的装饰装修合同无效，但小型家庭装修合同除外

一、实务疑难点

装饰装修工程是否需要资质，如未取得资质签订的装修合同是否有效，实务中可能存在一定争议。尤其是实践中十分常见的家庭住宅室内装饰装修合同，该合同的承包人是否必须取得建筑业企业资质，以及没有资质对装饰装修合同是否有影响，值得进行系统的讨论。

二、法条链接

1.《建设工程质量管理条例》（2019年修正）

第二条 凡在中华人民共和国境内从事建设工程的新建、扩建、改建等有关活动及实施对建设工程质量监督管理的，必须遵守本条例。

本条例所称建设工程，是指土木工程、建筑工程、线路管道和设备安装工程及装修工程。

2.《家庭居室装饰装修管理试行办法》（1997年6月4日）

第六条 凡承接家庭居室装饰装修工程的单位，应当持有建设行政主管部门颁发的具有建筑装饰装修工程承包范围的《建筑业企业资质证书》。

对于承接家庭居室装饰装修工程的个体装饰装修从业者，应当持所在地乡镇以上人民政府有关主管部门出具的务工证明、本人身份证、暂时居住证，向工程所在地的建设行政主管部门或者指定的机构登记备案，实行"登记注册、持证上岗"的制度。具体办法由省、自治区、直辖市人民政府建设行政主管部门制定。

第七条 凡没有《建筑业企业资质证书》或者建设行政主管部门发放的个体装饰装修从业者上岗证书的单位和个人，不得承接家庭居室装饰装修工程。

第十条 除自行装饰装修外，居民对于家庭居室装饰装修工程应当选择并委托具有《建筑业企业资质证书》的施工单位，或者具有个体装饰从业者上岗证书的个人进行。

第四十四条 工程投资额在30万元以下或者建筑面积在300m^2以下，可以不申请办理施工许可证的非住宅装饰装修活动参照本办法执行。

3.《住宅室内装饰装修管理办法》（建设部令第110号）

第二十二条 承接住宅室内装饰装修工程的装饰装修企业，必须经建设行政主管部门资质审查，取得相应的建筑业企业资质证书，并在其资质等级许可的范围内承揽工程。

第二十三条 装修人委托企业承接其装饰装修工程的，应当选择具有相应资质等级的装饰装修企业。

4.《四川省高级人民法院关于审理建设工程施工合同纠纷案件若干疑难问题的解答》（川高法民一〔2015〕3号）

如何认定小型建筑工程及农民低层住宅施工合同、家庭住宅室内装饰装修合同的效力？

施工人签订合同承建小型建筑工程或两层以下（含两层）农民住宅，或者进行家庭住宅室内装饰装修，当事人仅以施工人缺乏相应资质为由，主张合同无效的，一般不予支持。

前述合同对质量标准有约定的，依照其约定，没有约定的，依照通常标准或符合合同目的的特定标准予以确定。当事人有其他争议的，原则上可以参照本解答的相关内容处理。

三、典型案例

【案例：佳某公司、恒某公司合同纠纷案】

2017年6月16日，佳某公司与恒某公司签订《建筑装饰工程施工合同》，由恒某公司承包佳某购物中心的装修工程（恒某公司不具备装修资质），合同约定：本工程自2017年6月16日开工，于2017年10月6日竣工。

因恒某公司未能按照约定的10月6日竣工，佳某公司将恒某公司原承包的工程中的部分内容（石材、铝板造型等）转给案外人施工，双方就该部分签订了补充协议，并约定案涉工程于2017年11月24日无条件竣工。

2017年11月24日，恒某公司仍未按期竣工，佳某公司再次寻找案外人施工并支付费用。后双方就工期延误、损失等问题产生争议，佳某公司向法院提起诉讼，要求恒某公司支付违约金并赔偿逾期交付的经济损失。

诉讼过程中，双方就《建筑装饰工程施工合同》及补充协议的效力产生争议，恒某公司认为，《建筑装饰工程施工合同》属于建设工程施工合同，没有资质签订的合同无效；佳某公司认为，装修合同不属于建设工程施工合同，建设工程施工合同纠纷与装饰装修合同纠纷系并列关系，且装饰装修资质已于2002年11月被国务院取消，是否具备装饰装修资质不是装修合同的生效条件，因此案涉合同有效。

对此，一审法院认为装饰装修工程本质上属于建设工程，应当具备相应的资质，因此案涉合同无效。而河南省高级人民法院认为：本案中的施工并非简单的室内装修，而是大型的超市装饰装修，包含玻璃幕墙的安装等，涉及人民群众的人身、财产及公共安全。但恒某公司未取得建筑施工企业资质，其与佳某公司签订的《建筑装饰工程施工合同》、补充协议应属无效合同，佳某公司主张该合同有效与法相悖。

四、法律分析与实务解读

装饰装修合同是否属于建设工程合同、是否需要资质，一方面，需要考量装饰装修工程的性质，其是否属于《中华人民共和国建筑法》规定的建筑活动的范畴，如装饰装修工程属于建筑活动，则应当具备相应的资质。另一方面，因国家对于建筑业企业资质的不断改革，装饰装修的资质也发生了一定的变化，对于承包人来讲，需要取得哪种资质也是需要考虑的因素。

1. 装饰装修工程是否属于建筑活动

讨论装饰装修工程是否属于建筑活动的意义在于，如构成建筑活动，则装饰装修合同就可以归入建设工程合同的范畴，从而是否取得资质就会对合同的效力产生影响。而如果不属于建筑活动，则法院在处理相关的案件时，一般会将合同的性质认定为承揽合同，而承揽合同对于资质并没有规定。

《中华人民共和国建筑法》并没有明确将装饰装修纳入建筑活动的范畴，但《建设工程质量管理条例》第二条将装修工程纳入了建设工程的范畴，而建设工程从一般意义上来理解，应属于建筑活动。虽然从装修工程的项目规模、造价来讲，其比土建工程往往要低，但对于一个新建项目来说，其中的装饰装修工程仍属于整个项目不可分割的部分，实践中采用的方式多为总承包单位将装修工程分包给相应的分包单位，因此也应当受到《中华人民共和国建筑法》的调整。

从质量安全的角度来讲，无论是《中华人民共和国建筑法》还是《建设工程质量管理条例》等相关法律法规，其宗旨均是对于建筑活动的监督管理，保障人民的生命和财产安全。从这个角度来说，装饰装修工程也与工程的质量安全密切相关，应属于建筑活动的范畴；即便是单项合同额较低的家庭住宅装饰装修活动，也可能会涉及对原有住宅的调整，例如对原承重结构等重要构件的变动，此时如处理不合适，将会对原有建筑产生破坏，从而危害整个建筑安全。

另外，从原建设部的复函中，也能看出装饰装修应属于建筑活动。《建设部关于建筑装修装饰归口管理问题的复函》（建函〔2000〕181号，该复函目前仍有效）规定："建筑装修装饰属于建筑活动，建筑装修装饰业是建筑业的重要组成部分"。

结合以上分析，装饰装修活动应属于建筑活动，由此签订的合同应归入建设工程合同。这也与《民事案件案由规定》将装饰装修合同纠纷纳入建设工程合同纠纷的子案理由相一致。

2. 关于装饰装修的资质问题

2006年3月，原建设部为推进国内专业工程总承包的发展，公布了《关于印发〈建筑智能化工程设计与施工资质标准〉等四个设计与施工资质标准的通知》（建市〔2006〕40号）。根据该资质规定，取得建筑装饰装修工程设计与施工资质的企业，可从事各类建设工程中的建筑装饰装修项目（包括室内、外装修，除幕墙）的咨询、设计、施工和设计与施工一体化工程。需要注意的是，前述资质规定被《住房城乡建设部关于取消建筑智能化等4个工程设计与施工资质有关事项的通知》（建市〔2015〕102号）予以废止。因此，当前建筑装饰装修工程设计与施工资质已退出了历史的舞台，因而也无从谈起不具备该资质是否对装修合同的效力产生影响。

另一种装修资质属于建筑业企业资质，《建筑业企业资质标准》中规定了36个专业承包资质序列，而建筑装饰装修工程专业承包资质就是其中之一。根据该规定，取得一级资质的，可承担各类建筑装饰装修工程，以及与装修工程直接配套的其他工程的施工，而二级资质将单项合同额限制在2000万元以下。

结合《家庭居室装饰装修管理试行办法》《住宅室内装饰装修管理办法》的相关规定，无论是超市等大型项目的装修，还是小型家庭室内装饰装修，只要是由企业承包的，都应当取得建筑业企业资质，即建筑装饰装修工程专业承包资质（或者施工总承包资质）。

需要注意的是，1997年8月原中国轻工总会颁布《全国室内装饰行业家庭装饰管理办法》（该规定现行有效），其中第七条规定："居民应委托具有室内装饰行业主管部门颁发的资质证书或资格证书的设计单位、施工企业或个体经营者进行家庭装饰活动，以防止发生质量和安全事故。"经笔者检索，室内装饰行业协会目前仍有颁发室内装修企业资质（设计或施工），但该类资质属于行业协会性质（图2-6）；而住房和城乡建设部规定的建筑业企业资质标准是国家强制性准入标准。因此，是否取得室内装饰行业协会规定的室内装修企业资质，对装饰装修合同的效力不产生影响。

3. 装饰装修资质对合同效力的影响

从以上讨论可以看出，装饰装修资质对合同效力的影响，主要在于承包人是否取得建设行政主管部门颁发的建筑业企业资质（建筑装饰装修工程专业承包资质或施工总承包资质）。针对此问题，笔者从以下方面分析：

（1）类似于正文案例中，对于规模较大的装修工程，从直观角度来理解，从事此类项目的施工必然需要较高的技术管理要求，且关系到公众安全，因而从谨慎

图 2-6 室内装饰行业协会颁发的资质证书

的角度出发，司法审判实务中，法院一般也会认为承接该类工程需要相应的资质，且不具备资质的，签订的装饰装修合同无效。例如，在浙江兴某颐养园的装饰装修合同纠纷中，法院认为，涉案装修工程建筑面积高达 4000 余平方米，又用于兴办养老机构，兴某颐养园应当选任有资质的主体进行施工，但本案中张某无资质，故双方签订的《装修工程承包协议》无效。

（2）对于规模相对较小的装修工程，尤其是家庭住宅的室内装修，其金额相对都比较小，法院在认定时可能会以承揽合同为由，认为该类装修合同不需要资质。例如，在山东省高级人民法院提审的某案件中，山东省高级人民法院认为，家庭居室装饰装修活动不属于《中华人民共和国建筑法》的调整范围，对于家庭居室装饰装修合同引起的纠纷应当依据有关承揽合同的规定进行处理；案涉合同造价仅为 3 万元，虽名为施工合同，但对于这类家庭居室装饰装修活动，应按承揽合同处理，由此推翻了一、二审法院将装修合同认定为施工合同的结果。

针对此种情况，笔者认为，即便是规模较小的家庭类装修活动，如果承包人属于企业的，按照《家庭居室装饰装修管理试行办法》以及《住宅室内装饰装修管理办法》的规定，均应当取得相应的资质；而如果是个人的，则应当取得个人的上岗证书，方可从事相应的活动。另一方面，家庭的装饰装修也会涉及工程的质量、安全，笔者曾多次接到家庭装修的相关咨询，例如对于室内的有关墙体能否拆除，此时就涉及专业性的判断，需要相应的技能与业务经验、知识，如拆除不当，则可能会对建筑的安全性产生影响。从这个角度来说，要求从事家庭装修的承包人取得资质是应有之义。

但司法审判中，对于未取得资质签订的家庭装修合同效力的认定，存在不同的认知。从保护交易稳定性的角度出发，针对业主将家庭装修交给没有资质的个人施工时，类似于前述的山东高院的案件，法院一般会以承揽合同纠纷来审理，从而避开了资质对合同效力的影响。部分法院还作出了专门性的规定，例如北京市高级人民法院于2012年发布的《北京市高级人民法院关于审理建设工程施工合同纠纷案件若干疑难问题的解答》（京高法〔2012〕245号）规定："施工人签订合同承建小型建筑工程或两层以下（含两层）农民住宅，或者，当事人仅以施工人缺乏相应资质为由，主张合同无效的，一般不予支持。对于当事人确实违反企业资质管理规定承揽工程的，可以建议有关行政主管部门予以处理。"四川省高级人民法院对此也有类似规定，详见法条链接部分的规定。

五、实务指引

当前，对于装饰装修合同的性质问题尚存在一些争议，各地的司法观点、结论也不尽相同，判定为建设工程合同和承揽合同的情况均客观存在。

但从合法、合规的角度来讲，即便是规模再小的装饰装修工程，发包方也应当将装修项目发包给具有装修工程专业承包资质的单位，从而避免在合同效力问题上存在争议。

如双方在装饰装修合同履行过程中发生争议，应注意关注当地法院的倾向性意见，做好类似案件的检索报告，并提前作出相关的应对措施，必要时应向专业人士咨询。

第十一节　施工合同约定"签字盖章"后生效，仅签字或仅盖章的合同一般也应认为有效

一、实务疑难点

对于施工总承包合同、工程总承包合同等大标的额的商事合同而言，一般合同双方均会有企业法人盖章及授权代表的签字。但鉴于工程行业的复杂性，对于内部承包人或实际施工人操盘的项目，总承包合同项下的分包、采购、租赁等合同，往往可能只有盖章或只有签字，此时如果合同中约定了签字并盖章后生效，那么如果只有盖章或签字，合同是否生效或成立，可能会产生一定的争议。

二、法条链接

《中华人民共和国民法典》（中华人民共和国主席令第四十五号）

第四百九十条 当事人采用合同书形式订立合同的，自当事人均签名、盖章或者按指印时合同成立。在签名、盖章或者按指印之前，当事人一方已经履行主要义务，对方接受时，该合同成立。

三、典型案例

【案例：鑫某公司与陈某芳民间借贷纠纷案】

因案涉项目事宜，陈某忠、陈某芳、海南昌江鑫某公司（简称"鑫某公司"）等之间存在资金往来关系。2013年6月20日，陈某忠转账付给陈某芳1000万元。2013年6月30日，陈某忠又转账付给陈某芳1000万元。陈某芳之子蔡某鹏系鑫某公司的法定代表人。

2013年7月30日，鑫某公司作为借款方，陈某忠作为出借方，恒某公司作为担保方（献某公司作为见证方），签订了《借款合同》，合同约定鑫某公司为顺利履行与献某公司开发的案涉项目的施工合同，向陈某忠借款，并约定合同自三方签字盖章之日起生效。甲方鑫某公司由公司的法定代表人蔡某鹏（系陈某芳之子）在合同上签字，但未加盖公章。乙方陈某忠由其本人签字。丙方献某公司盖章并加盖曾某凯的私章。丁方恒某公司由陈某芳签字并加盖公司合同专用章。案涉纠纷所涉的法律关系如图2-7所示。

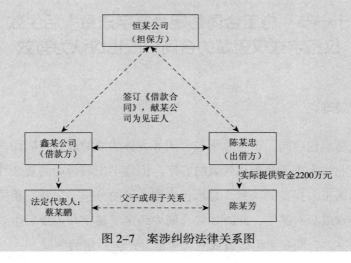

图2-7 案涉纠纷法律关系图

合同签订后，2013年8月6日，陈某忠又向陈某芳支付200万元。后各方对于借款问题发生争议，陈某忠向法院提起诉讼，要求鑫某公司等偿还到期借款，并支付逾期违约金。

诉讼过程中，各方对于《借款合同》是否生效存在争议，鑫某公司认为"签字盖章"是并列关系，其未在《借款合同》上盖章，《借款合同》不生效；陈某忠认为"签字盖章"是选择关系，只要签字或盖章有其一，合同就可生效，本案合同由鑫某公司法定代表人签字，因此生效。

对此，最高人民法院认为：当事人对合同条款的理解有争议的，应当按照合同所使用的词句、合同的有关条款、合同的目的、交易习惯以及诚实信用原则，确定该条款的真实意思。首先，从合同的目的来看，《借款合同》约定鑫某公司为了顺利履行施工合同，向陈某忠借款2500万元，所以鑫某公司需要该笔借款帮助其开发案涉项目，其以不盖公章的方式否认合同的效力拒绝该笔借款不符合合同的目的。其次，从交易习惯来看，法定代表人在以公司名义进行民事活动时，其签字具有代表公司的法律效力，而并非必须同时具备法人公章。再次，从诚实信用原则来看，陈某忠已实际交付2200万元，鑫某公司指定收款人陈某芳已收取借款2200万元，鑫某公司也有意开发案涉项目。因此，鑫某公司向陈某忠借款符合当事人的真实意思表示，鑫某公司应当忠实和善意履行合同，而不应不顾诚信轻易否认法定代表人代表公司的签字效力，破坏双方交易活动的稳定性。因此，将"签字盖章"解释为选择关系，更符合合同目的、交易习惯和当事人的真实意思表示，并能平衡当事人之间利益，从而维护民事交易的稳定性。

四、法律分析与实务解读

对于合同生效条款的不同约定，仅一字之差就可能产生不同的理解。例如"签字盖章"与"签字、盖章"，仅多一个标点符号，可能也会产生不同的法律后果。如果合同当事人在签约时忽略此类细节问题，也会对交易的稳定性产生不利的影响。

根据《中华人民共和国民法典》第四百九十条的规定，签字、盖章或按手印均是合同成立的方式。而对于商事合同来讲，出于意思自治的角度，双方都可以对合同生效的要件进行约定，例如自双方"签字或盖章"或"签字并盖章"后生效。前述两种方式属于较为明确的约定，一般而言不会产生歧义。而对于"签字盖章""签字、盖章"此类可能产生歧义的约定，笔者认为从鼓励交易的原则来讲，除了明确约定必须同时具备签字和盖章才生效（例如"签字并盖章"），一般认为签字或盖章两者选其一，均可以使得合同生效。例如，正文案例中最高人民法院就将"签字盖章"解释为两者选其一。又如在北京某家具商城的案件中，家具商城与中某机床、北京某公司签订协议书并约定，各方签字盖章后生效；但协议书中仅有家具商城的公章，对此最高人民法院认为协议书生效。

而在《中华人民共和国民法典》的理解与适用丛书中，最高人民法院也认为[①]，如当事人约定"签名且盖章"或"签名并盖章"后合同成立的，则签名和盖章均需具备，否则合同不成立。

结合以上分析，在当前《中华人民共和国民法典》的体系下，除非双方明确合同生效的要件必须同时具备签字和盖章，则一般均认为签字或盖章有其一即可。但即便是约定了"签字并盖章"才生效的，也并不意味着缺了签字或盖章合同就不生效，还需要结合双方的履行情况来予以考量。例如《中华人民共和国民法典》第四百九十六条规定，一方履行主要义务，对方接受的，合同也应当成立；即，即使合同双方未签字或盖章，如果双方实际上已经履行了相关合同义务，则视为合同应成立。实践中，以合同不生效提出抗辩的一方，往往是为了逃避自身的义务，而对于合同也已实际履行完毕或部分履行的情况（例如本文所举的借款案例），此时提出合同不生效的抗辩，有违诚实信用原则，显然不应得到支持。

五、实务指引

对于施工合同生效的条款，如果合同当事人的本意是需要相关人员签字并加盖公章的，建议进行明确约定，例如约定自"法定代表人签字并加盖单位公章"后生效，避免使用"签字盖章""签字、盖章"等表述，以免引起争议。

另外，需要特别注意的是，如果合同明确约定了必须由相关人员签字且加盖单位公章才生效的条款，合同双方均应当审查对方是否按照规定进行签字和盖章，且签字人员除法定代表人以外，需要有明确的授权委托手续，否则对方可能会以合同签约程序存在瑕疵为由，提出合同未生效的抗辩。

---

① 最高人民法院民法典贯彻实施工作领导小组. 中华人民共和国民法典合同编理解与适用（一）[M]. 北京：人民法院出版社，2021.

第十二节 总包合同无效的，分包合同一般有效；如分包合同本身违法的，则分包合同无效

一、实务疑难点

因资质、招标投标等国家强制监管的存在，因而实践中施工合同的效力问题一直是施工合同纠纷的第一大争议焦点。由此衍生出另一问题，则是总包合同无效的情况下，分包合同的效力如何，实践中对此争议较大，法院也曾针对该问题有过不同的裁判观点。本文将结合两个典型案例，对此予以探讨。

二、法条链接

《中华人民共和国民法典》（中华人民共和国主席令第四十五号）

第一百四十三条 具备下列条件的民事法律行为有效：

（一）行为人具有相应的民事行为能力；

（二）意思表示真实；

（三）不违反法律、行政法规的强制性规定，不违背公序良俗。

三、典型案例

【案例1：嘉某公司与华某公司合同纠纷案】

2014年3月12日，建设单位双某公司向华某公司就案涉项目建设发出《中标通知书》。2014年3月18日，双某公司（发包人）与华某公司（承包人）签订《建设工程施工合同》，就案涉项目进行了约定。

2014年6月3日，（承包人）华某公司与分包人嘉某公司签订《框架协议》一份，约定华某公司将已承接的案涉项目的部分隧道工程交由嘉某公司组织施工。

之后，双方因《框架协议》的履行发生争议，嘉某公司向法院提起诉讼，认为案涉施工合同无效，相应的《框架协议》也应当无效。

对此，贵州省高级人民法院认为①：嘉某公司认为因华某公司与双某公司

---

① 该案中，法院虽没有从总包合同无效、分包也无效的角度否定分包合同的效力，但法院认为该《框架协议》构成违法分包，从而认定《框架协议》无效。

签订的《建设工程施工合同》无效，所以框架协议无效。法院认为，以上两份合同相对独立，签订主体不一致，约定的内容也不尽相同，《建设工程施工合同》是否无效并不影响《框架协议》的效力，因此对嘉某公司上诉认为《建设工程施工合同》无效，《框架协议》无效的理由，不予采纳。

【案例2：徐某宝与鑫某公司合同纠纷案】

2016年4月2日，陈某挺借用万某公司资质，以万某公司名义与鑫某公司签订《建筑工程施工合同》一份，合同约定承包人需缴纳200万元履约保证金。

2016年7月24日，陈某挺以万某公司安徽美某汽车有限公司厂房、鑫某公司厂房项目管理部名义，与徐某宝签订《建筑工程劳务施工承包合同》一份，合同中注明承包方为：徐某宝；合同约定，在合同签订时，劳务承包方需缴纳农民工保障金40万元，工程质量保证金25万元。

合同签订后，徐某宝按约定提交了保证金，但案涉工程最终未实际开工，徐某宝向法院起诉要求鑫某公司返还保证金。

诉讼过程中，对于劳务分包合同的效力问题，一审法院认为（二审法院对于合同效力并未评判）：本案中，万某公司与鑫某公司签订《建筑工程施工合同》，庭审中，陈某挺自认其借用万某公司资质签订合同，且万某公司《工程项目部管理机构落实名单》中载明陈某挺为项目承包负责人，该《建筑工程施工合同》应认定为无效。陈某挺以万某公司安徽美某汽车有限公司厂房、鑫某公司厂房项目管理部名义，与徐某宝签订的《建筑工程劳务施工承包合同》，实质上为劳务分包合同，该合同是基于总承包合同即《建筑工程施工合同》产生的，因总承包合同无效，故该劳务分包合同亦属无效。

四、法律分析与实务解读

在总包合同无效的情况下，分包合同的效力存在两种观点，笔者在本文中选取的两个案例即属于两种观点的典型代表。观点一认为（案例1），因总包合同与分包合同属于两份独立合同，总包合同无效的，不影响分包合同的效力。观点二认为（案例2），分包合同基于总包合同产生，分包合同的履行是以总包合同为基础，因此总包合同无效的，分包合同应认定无效。

上述观点都有一定的道理，但由于工程实践情况十分复杂，每一个项目都有其特殊性，不同的案件事实差异又较大，因此在总包合同无效的情况下，分包合同效力如何，应辩证地看待这一问题。笔者认为，总包合同无效的，分包合同应以有效为原则，无效为例外，具体应当从三个层面予以分析。

1. 总包合同无效并不是法律规定的影响分包合同效力的情形

一般而言，除合同双方另有约定外，合同一旦成立就生效。而合同无效则必须由法律作出明确规定；即，如果违反了法律法规的强制性规定，则合同才会无效。对于施工合同来讲，因涉及招标投标、资质监管等问题，法律对于施工合同的效力问题作出了一些专门性规定，例如根据《最高人民法院关于审理建设工程施工合同纠纷案件适用法律问题的解释（一）》第一条的规定，因未取得资质、超越资质、应当招标而未招标、转包和违法分包签订的合同无效。显然，在现有的法律、法规或司法解释中，均没有将总包合同无效作为判断分包合同效力的情形。

另一方面，施工合同是典型的商事合同，商业交易秉持意思自治的原则。在法律法规没有明确规定的情况下，如以总包合同无效直接认定分包合同无效的，不利于维护商业交易的稳定性，例如可能导致一系列专业分包合同、劳务分包合同、机械租赁合同、买卖合同等无效，使得相关合同的履行陷入困难，不利于保护下游分包商、供应商、农民工等主体的合法权益。

2. 合同相对性是合同法律制度的基本原则，分包合同的效力应独立判断

一方面，认为总包合同无效，分包合同也应当无效的主要逻辑在于两份合同均属于同一个项目，两者之间存在密切关联。但是，即便总包合同与分包合同之间存在一些联系，但建设单位与总承包人以及总承包人和分包人属于不同的交易主体，其对应的法律关系也存在差异，属于两种不同的交易类型或两份独立的合同，因此应当坚守合同相对性的基本原则，不能直接以总包合同无效就判定分包合同无效。

另一方面，从逻辑上来讲，总包合同无效，分包合同当然也无效，如果将分包合同扩大解释为履行总包合同而产生的合同，则有关买卖合同、租赁合同也可以理解为与分包合同具有类似或同等的法律地位，进而总包对外签订的买卖合同、租赁合同等也可以类比得出无效的结论，但实际上买卖合同与总包合同之间的关联性并不密切，即使总包合同所对应的工程项目停止建设，但总包对外签订的买卖合同、采购的相关原材料仍可以用于其他项目，因而直接以总包合同无效来否定分包合同的效力，逻辑上也难以自圆其说。

因此，从原则上来讲，总包合同无效的，分包合同应当有效。

3. 总包合同无效，在特殊情形下分包合同也可能无效

虽然原则上总包合同无效，不影响分包合同的效力，但特殊情况下，可能会导致分包合同无效。

例如，在如皋市某公司与南通某设备安装有限公司、南通某建设集团有限公司建设工程施工合同纠纷案件中，案涉项目未取得建设工程规划许可证和土地使用权证，因此签订的总包合同无效，而针对分包合同的效力，江苏省高级人民法院认为："该分包合同所属工程系无土地使用权证、无建设工程规划许可证、无办理报建手续的'三无工程'，一、二审判决认定该分包合同无效，并无不当。"在该案件中，虽然总包合同和分包合同均无效，但是分包合同无效的原因实际上并非是由总包合同无效而导致，而是因涉案项目未取得建设工程规划许可证，因此属于违法项目，而基于违法项目产生的施工活动，也应当属于法律禁止的行为，在此逻辑之下，相应的分包合同也应当无效。如果此时认为分包合同有效，则相当于鼓励或认可分包人可以就违法项目进行施工，在逻辑上也不合乎常理。因此，在前述案件中，虽然总包合同与分包合同均无效，但分包合同无效的理由是综合了案件的其他事实综合考虑的结果，并非单纯地因总包合同无效而直接得出分包合同无效的结论。例如，在四川某公司与李某光的合同纠纷案件中，同样是未取得建设工程规划许可证签订的施工总承包合同，因案涉项目属于违法项目，由此签订的施工总承包合同无效；类似地，就该项目签订的投资协议应认定无效。其原因在于无论是施工合同，还是项目投资协议，其必须建立在项目合法合规的基础上，而对于违法项目而言，无论是施工行为还是投资行为，均成了无源之水，无本之木。

综上所述，总包合同的效力一般不应影响分包合同的效力，分包合同的效力，应当结合具体个案予以分析，如分包合同没有违反法律的禁止性规定，则应认为分包合同有效。

五、实务指引

综合以上讨论，总包合同无效的，不应直接影响分包合同的效力。但如果总包合同无效，可能会导致分包合同难以继续履行，可以依法行使合同解除权。

从实务的角度来说，笔者建议：

（1）总包合同无效的，并不当然影响分包合同的效力，对于总承包人来讲，注意不能企图以总包合同的效力来推翻有关分包合同的效力，进而想规避相应的违约等责任。

（2）施工合同无效与施工合同能否继续履行属于两个概念，实践中应注意区分。例如，实践中存在大量施工合同无效但最终都履行完毕并竣工验收合格的情形。如果发生总包合同效力存在瑕疵的情形，进而导致分包合同可能无法继续履行，或失去履行的必要性，总承包人应注意及时止损，例如尽早解除分包合同，以免对分包单位的违约责任加大，或导致分包单位的索赔。

第十三节　伪造印章签订合同的，签订人员是否有权代理或构成表见代理关系到合同效力

一、实务疑难点

实践中，有些公司会刻制多套公章，甚至有些法定代表人或代理人私刻公章，订立合同时恶意加盖非备案的公章或假公章，发生纠纷后又以假公章为由否定合同的效力。

而在建设工程领域，印章管理始终是一大难题。对承包人来讲，通常为方便管理项目，会针对项目刻制相关的项目章、资料章等印章，甚至经常会出现项目经理私刻公司印章对外签订合同。在此情况下签订的合同是否有效，承包人是否需要承担相应的责任，是实践中备受关注的问题，一旦发生纠纷，往往也是疑难复杂案件。

二、法条链接

1.《中华人民共和国民法典》（中华人民共和国主席令第四十五号）

第一百七十二条　行为人没有代理权、超越代理权或者代理权终止后，仍然实施代理行为，相对人有理由相信行为人有代理权的，代理行为有效。

2.《全国法院民商事审判工作会议纪要》（法〔2019〕254号）

41."盖章行为的法律效力"司法实践中，有些公司有意刻制两套甚至多套公章，有的法定代表人或者代理人甚至私刻公章，订立合同时恶意加盖非备案的公章或者假公章，发生纠纷后法人以加盖的是假公章为由否定合同效力的情形并不鲜见。人民法院在审理案件时，应当主要审查签约人于盖章之时有无代表权或者代理权，从而根据代表或者代理的相关规则来确定合同的效力。

法定代表人或者其授权之人在合同上加盖法人公章的行为，表明其是以法人名

义签订合同，除《中华人民共和国公司法》第十六条等法律对其职权有特别规定的情形外，应当由法人承担相应的法律后果。法人以法定代表人事后已无代表权、加盖的是假章、所盖之章与备案公章不一致等为由否定合同效力的，人民法院不予支持。

代理人以被代理人名义签订合同，要取得合法授权。代理人取得合法授权后，以被代理人名义签订的合同，应当由被代理人承担责任。被代理人以代理人事后已无代理权、加盖的是假章、所盖之章与备案公章不一致等为由否定合同效力的，人民法院不予支持。

三、典型案例

【案例：金某公司与东某租赁部合同纠纷案】

2014年5月23日，东某租赁部（作为出租方）与金某公司（作为承租方）签订钢管扣件租赁合同，该合同由东某租赁部签字、盖章，周某华、张某才、陈某华签字，并加盖金某公司公章及其福某花园项目部印章（签约时，东某租赁部核实了陈某华的胸牌，并要求加盖金某公司公章）。

合同签订后，东某租赁部自2014年5月至2015年3月陆续向金某公司提供租赁物；自2015年2月至同年10月，金某公司陆续归还东某租赁部的租赁物。

后因金某公司未支付租赁费，东某租赁部提起诉讼。诉讼过程中，金某公司认为租赁合同中加盖的印章系周某华伪造，对金某公司不发生法律效力。对于印章伪造情形下，合同是否成立，一审、二审法院均认为构成表见代理，东某租赁部已尽到合理义务。

但在再审过程中，江苏省高级人民法院认为：构成表见代理需无权代理人具有代理权表象且善意相对人尽到合理注意义务。建筑行业存在大量以单位部门、项目经理乃至个人名义签订或实际履行合同的情形，进而因合同主体和效力认定问题引发表见代理纠纷，因此，对于表见代理的认定应持审慎态度。本案中，作为与东某租赁部直接联系的周某华，并无充分的代表金某公司的表象。东某租赁部在签订案涉租赁合同时，对张某才、陈某华和周某华的身份并未充分核实，仅依据陈某华的胸牌就认为其三人拥有代表金某公司对外签订合同的权力。在产生怀疑后，东某租赁部也未对合同上加盖的金某

> 公司的公章的真实性进一步明确核实，且经一审委托鉴定，涉案租赁合同及陈某华胸牌上加盖的金某公司的公章系伪造。在合同履行过程中，东某租赁部将材料运至工地时亦未对金某公司承接工程的情况加以确认。作为专门从事钢管、扣件出租业务的材料商，东某租赁部熟知建筑行业的规则、交易习惯及潜在风险，而其从订约到履约，并未尽到谨慎注意义务，存在一定的过错。故本案中周某华等人的行为不具备构成表见代理的基本要件，不应承担相应的租金给付责任。

四、法律分析与实务解读

本文的案件审理过程一波三折，在伪造印章签订合同的情形下，一审法院、二审法院均以表见代理为由认定合同成立，但再审过程中，江苏省高级人民法院认为在建筑行业认定表见代理应当持谨慎态度，并从合同相对方未核实人员的身份等角度，认为其不属于善意第三人，未尽到合理的注意义务，从而认定不构成表见代理，因此双方之间合同不成立。

在当前的司法实践中，是否伪造印章与最终签订合同的效力并不存在必然的联系，例如：在某借款合同纠纷中[1]，法院认为，合同是否有效并不因为陆某构成骗取贷款罪而必然导致其与润某公司签订的借款合同无效。陆某以加盖伪造印章的方式，提供虚假证明文件，骗取润某公司贷款的行为，在刑法上，构成骗取贷款罪，应当据此承担刑事责任；但在合同法上，其行为构成单方欺诈，公司享有撤销权，公司未按照法律规定主张撤销案涉借款合同，故二审判决认定借款合同有效并无不当。

在某不当得利纠纷案件中[2]，法院认为，虽然实际施工人宋某明因伪造潞某集团印章的犯罪行为而被新疆维吾尔自治区伊宁县人民法院以"伪造印章罪"判处拘役6个月，但该事实只是证明宋某明伪造潞某集团印章行为是应受刑罚处罚的行为，并没有确认宋某明以潞某集团名义所实施的民事行为不受法律保护，也没有否定宋某明作为实际施工人所享有的民事权利。宋某明以潞某集团的名义实施案涉工程的施工行为属实，宋某明对其以潞某集团的名义施工的工程有权向瑞某公司主张工程款。

---

[1] 潘某与靖江市润某公司等借款合同纠纷案。
[2] 北京瑞某公司与宜昌博某公司不当得利纠纷案。

结合本文的典型案件来看，在印章伪造的情况下，合同是否有效，主要考察合同签订时签约主体或合同签订人是否有权代表公司签订合同。例如，在湛江某建与白某江的租赁合同纠纷案中，最高人民法院认为："梁某同与湛江某建长期存在挂靠关系，足以使白某江有理由相信印章的真实性以及梁某同得到了湛江某建的授权，故梁某同的行为构成表见代理，其行为后果应由湛江某建承担。"

除了上述司法观点外，最高人民法院在 2019 年 11 月 8 日印发的《九民会议纪要》第 41 条确立了在伪造印章的情形下，合同有效与否主要"看人不看章"的原则。例如，盖章之人为法定代表人[①]或有权代理人的，即便其未在合同上盖章，甚至盖的是假章，只要其在合同书上的签名是真实的，或能够证明该假章是自己加盖或同意他人加盖的，仍应作为公司行为，由公司承担法律后果；反之，盖章之人如无代表权或超越代理权的，即便加盖的是真公章，该合同仍然可能会因为无权代表或无权代理而归于无效。

综上所述，即使伪造印章签订相关合同的，相关的民事法律行为并不当然无效。工程实践中常见的是项目经理、实际施工人伪造印章对外签订合同，此种情形下，主要考察签订合同时在合同上签字的人员是否可以构成表见代理，或者签字人员是否有权代表公司。而施工企业一般均会给项目经理、实际施工人出具相应的授权委托手续，从而实践中往往会形成有权代表的权利外观，使得公司最终承担相应责任。

五、实务指引

在当前技术发展日益成熟的年代，伪造印章往往能达到以假乱真的地步，因此实践中一般并不要求合同签约主体去主动识别对方的印章是否真实。对于施工企业来讲，如果项目经理等人员伪造印章对外签约，往往企业无法在第一时间知道印章伪造的事实，因此较难从根本上避免该类问题的发生。

当前，很多施工企业会实行内部承包责任制度，项目的经营权、收益权以及相应的风险由项目经理自行负责。项目一旦发生亏损，项目经理往往会有虚构交易、伪造印章来从施工企业套取资金的动机，这也是施行内部承包制度的风险高发区。

对此，建议企业首先完善自身的印章、授权管理制度，对印章的管理和使用，以及对项目管理的授权作出清晰、明确的指引，在对外经济活动中进行披露；其次，

[①] 最高人民法院民事审判第二庭．《全国法院民商事审判工作会议纪要》理解与适用 [M]．北京：人民法院出版社，2019．

需根据企业实施项目管理的方式,加强对内部责任人的管理和责任追责制度,完善系列合同标准文本,尤其应当重点关注首次合作的项目管理团队,以及可能出现亏损、项目效益不佳或项目推进存在较大困难的项目,如发现印章伪造的,应在专业人士的协助下收集相关证据,评估风险后制定全盘处理方案。同时,在公司内部,应注意时刻向项目经理、员工宣传诚实守信的理念,不得从事违法犯罪活动,并将企业内部或外部同类企业的类似违法犯罪案例提供给项目经理和员工,以起到教育、震慑作用,从而在一定程度上避免类似事情的发生。

第三章
施工合同工期

第一节 实际开工日期需结合开工通知、开工令及其他证据予以认定[①]

一、实务疑难点

虽然建设工程施工合同中约定了开工日期，但在实践中，合同的履行情况往往与当事人的约定并不一致，建设工程行政审批手续的严格性、复杂性与建设工程各方当事人的逐利性也存在矛盾，因此建设工程施工合同、建筑工程施工许可证、开工通知以及开工报告有可能记载不同的开工日期。当开工日期发生争议时，应以哪类文件作为认定实际开工日期的依据，往往也会发生较大的争议，笔者将结合相关案例，对实际开工日期的认定问题进行探讨。

二、法条链接

《最高人民法院关于审理建设工程施工合同纠纷案件适用法律问题的解释（一）》（法释〔2020〕25号）

第八条 当事人对建设工程开工日期有争议的，人民法院应当分别按照以下情形予以认定：

（一）开工日期为发包人或者监理人发出的开工通知载明的开工日期；开工通知发出后，尚不具备开工条件的，以开工条件具备的时间为开工日期；因承包人原

[①] 本篇由上海市建纬律师事务所郝运律师供稿。

因导致开工时间推迟的,以开工通知载明的时间为开工日期。

(二)承包人经发包人同意已经实际进场施工的,以实际进场施工时间为开工日期。

(三)发包人或者监理人未发出开工通知,亦无相关证据证明实际开工日期的,应当综合考虑开工报告、合同、施工许可证、竣工验收报告或者竣工验收备案表等载明的时间,并结合是否具备开工条件的事实,认定开工日期。

三、典型案例

【案例:顺某公司、资某公司合同纠纷案】

2011年12月21日,资某公司作为发包人,与承包人顺某公司签订《建设工程施工合同》,合同约定开工时间为2012年2月1日,自开工日起算,总工期为13个月。合同签订后,顺某公司便组织人员进行了施工建设。

2012年9月3日,益阳市住房和城乡建设局对益阳大厦改扩建工程(二期)1号、2号、地下室发放了建筑工程施工许可证。该证载明合同开工日期为2012年2月1日,合同竣工日期为2013年3月1日。2013年4月2日,顺某公司因未取得施工许可证擅自施工而受到行政处罚。

诉讼过程中,顺某公司认为未取得施工许可的施工行为不能视为法律意义上的开工。案涉工程工期应从2012年9月3日建设单位取得施工许可、施工行为具备合法性后开始计算。虽然顺某公司2012年2月1日进场施工,但住建局于2012年4月2日下达了行政处罚告知书,顺某公司不得不停止施工,直至取得施工许可证时止,工期应顺延220天。

对此,一审益阳市中级人民法院认为:虽然案涉项目于2012年9月3日才取得建筑工程施工许可证,但顺某公司提交的证据能够证明其已于2012年2月1日开工,故案涉工程的开工日期应确定为2012年2月1日。

二审湖南省高级人民法院认为:虽然顺某公司提交的行政处罚告知书能够证明由于案涉项目未取得施工许可证擅自施工,顺某公司被行政处罚罚款8000元之事实,但并不能证明顺某公司由此而停工。案涉工程的开工日期应确定为2012年2月1日。

再审中,最高人民法院认为:开工日期的确定要坚持实事求是的原则,以

> 合同约定及施工许可证记载的日期为基础，综合工程的客观实际情况，以最接近实际进场施工的日期作为开工日期。工程在未取得施工许可证前已经实际施工并受到行政处罚的事实不影响法院对实际开工日期的认定。综合各方面情况，2012年2月1日应为最接近实际进场施工的日期。

四、法律分析与实务解读

本案系开工日期认定问题的典型案例，承包人主张未取得施工许可的施工行为不能视为法律意义上的开工，实际开工日期应从取得施工许可、施工行为具备合法性后开始计算。但一审、二审和再审法院均未采纳此观点，也未直接将合同约定的开工日期认定为实际开工日期，而是基于承包人在未取得施工许可证的情况下进场施工的客观事实，根据案涉技术签证资料等认定实际开工日期。各方争议围绕要以哪类文件作为认定实际开工日期的依据，笔者认为首先应对开工日期及其认定标准作出分析判断。

（一）实际开工日期的认定标准

1. 认定实际开工日期的必要性

开工日期一般可以分为计划开工日期和实际开工日期。根据《建设工程施工合同（示范文本）》GF—2017—0201等合同范本对开工日期的定义及解释：计划开工日期是指合同协议书约定的开工日期；实际开工日期是指发出的开工通知中载明的开工日期[①]。但在实践中，合同的履行情况往往和约定存在一定差异，常常出现发出开工通知但现场不具备开工条件，或者先进场施工再发出开工通知的情况。一旦此类项目出现工期延误等情形，发承包双方对实际开工日期的认定不一致的，就容易产生较大争议。

2. 认定实际开工日期的意义在于判断发承包双方工期责任

实际开工日期的实质性作用在于对发承包双方义务履行情况的判断。具体而言，建设工程合同作为典型的双务合同，发包人除了按时足额支付工程款、对承包人的工作进行验收外，还负有向承包人提供开工条件、（通过监理人）向承包人发出开工通知的义务；而承包人除了保质保量地完成合同约定的工作外，还负有在收到开工通知后及时进场施工并在约定的工期内完工的义务。实际开工日期恰恰是反映发

---

① 《建设工程施工合同（示范文本）》GF—2017—0201 规定："开工日期：包括计划开工日期和实际开工日期。计划开工日期是指合同协议书约定的开工日期；实际开工日期是指监理人按照第7.3.2项（开工通知）约定发出的符合法律规定的开工通知中载明的开工日期。"

包人提供了开工条件或承包人实际进场施工的时间节点，是判断双方工期责任的边界之一。

一方面，发包人提供了开工条件且发出了开工通知时，应当认定其履行了相应的合同义务，绝对工期应当开始起算；若此后承包人迟延进场施工进而导致工期延误的，承包人应自行承担责任。

另一方面，承包人实际进场施工可能在开工通知发出之前，若经发包人同意提前进场施工的，应当认定施工现场满足开工条件且承包人提前开始履行相应的合同义务，绝对工期应当开始起算。

3. 实际开工日期的认定标准

基于以上分析，笔者认为：实际开工日期的认定标准应以"应当且能够进场施工之日"与"经发包人同意实际进场施工之日"二者较前的日期为准。

"应当且能够进场施工之日"的判断涉及两个层面，应当综合判断。第一，"应当进场"系应然性判断，即各方面条件均具备的情况下，发包人发出开工通知后，承包人应当进场；若合同未约定开工日期而以开工通知为准的，在各方面条件均具备的情况下，承包人应当在合同约定的开工日期进场施工。第二，"能够进场施工"系实然性判断，即施工现场条件在客观上能够满足承包人施工的要求（即客观上具备开工的条件）；即便发包人发出开工通知，但施工现场不具备施工条件的，承包人也无法进场施工。因此，基于以上两个方面因素，一般将承包人应当且能够进场施工之日作为实际开工日期；在满足条件时，如果承包人未及时进场施工，应自行承担责任。

（二）实际开工日期的认定依据

基于对实际开工日期认定标准的分析，综合工程实践的复杂性和司法实务中可能存在的各类证据材料，笔者对实际开工日期的认定依据作如下阐释说明：

1. 一般以开工通知、开工令等书面材料载明的开工时间为依据

如前所述，工程实践中最理想的履约情况应当是：现场具备开工条件—发出开工通知—承包人进场施工。在此情况下，发包人或发包人通过监理人发出开工通知、开工令的日期就应当被认定为实际开工日期。由于开工通知、开工令属于与开工日期直接相关的证据，因此从证据的相关性及证明力上来看，相对于其他证据更为有力。因而最高人民法院出台的司法解释及部分地方法院出台的指导意见也将开工通知、开工令等书面材料作为一般情况下认定实际开工日期的依据。

2. 虽然开工通知已发出，但因发包人原因导致开工条件尚不具备的，以能够证明开工条件具备的证据材料作为认定实际开工日期的依据

实践中，存在发包人或监理发出开工通知，但现场却并不具备开工条件的情形，此时承包人客观上无法进场施工。根据《最高人民法院关于审理建设工程施工合同纠纷案件适用法律问题的解释（一）》第八条的规定："开工通知发出后，尚不具备开工条件的，以开工条件具备的时间为开工日期"，在前述条件下应将具备开工条件的时间作为开工日期。

开工通知的发出并不意味着发包人已将提供开工条件的义务履行完毕，结合《最高人民法院关于审理建设工程施工合同纠纷案件适用法律问题的解释（一）》的规定，此时应以能够证明开工条件具备的证据材料作为认定实际开工日期的依据，包括但不限于施工许可证、经各方签认的施工日志／监理日志／会议纪要、能够证明开工条件具备的照片、视频等。

司法实践中，也有不少案例据此作出认定，如天津市津南区某村村民委员会与福建省永某公司建设工程施工合同纠纷案中，法院便综合客观情况，以取得施工许可证的日期作为实际开工日期。

值得一提的是，施工许可证并非是证明项目具备开工条件的确定性条件，实践中仍然存在虽然取得施工许可证，但仍在客观上不具备开工条件的情形。届时，应当基于前述其他能够证明开工条件具备的证据材料来认定案涉工程的实际开工日期（例如开工报告、开工通知等）。

3. 承包人在开工通知发出前或施工许可文件下发前已经实际进场施工的，以监理日记、施工日志、会议纪要等作为认定实际开工日期的依据

除上述两类情形外，承包人提前进场施工也是实践中较为常见的情形。根据《最高人民法院关于审理建设工程施工合同纠纷案件适用法律问题的解释（一）》第八条的规定："（二）承包人经发包人同意已经实际进场施工的，以实际进场施工时间为开工日期"，以及北京市高级人民法院[1]、河北省高级人民法院[2]、深圳市中级人民法院[3]等出台的有关指导文件，此时应以能够证明承包人经发包人同意进场施工的

---

[1] 《北京市高级人民法院关于审理建设工程施工合同纠纷案件若干疑难问题的解答》（京高法〔2012〕245号）："承包人在开工通知发出前已经实际进场施工的，以实际时间为开工日期"。

[2] 《河北省高级人民法院关于印发〈建设工程施工合同案件审理指南〉的通知》（冀高法〔2018〕44号）："发包人未取得施工许可证，但承包人已实际开工的，应以实际开工之日为开工日期，合同另有约定的除外"。

[3] 《深圳市中级人民法院关于建设工程施工合同纠纷案件的裁判指引》（2014年8月28日发）："承包人在领取《施工许可证》之前已实际施工，且双方约定以实际施工日为工期起算时间的，依照约定执行"。

证据材料认定实际开工日期。

结合司法案件的裁判情况，一般而言此类证据材料包括但不限于监理例会记录、验收报告、发承包双方确认文件、工地会议纪要等。

4. 既无开工通知也无其他相关证据能证明实际开工日期的，以发承包双方的约定作为认定实际开工日期的依据

若依据前述证据材料都无法认定实际开工日期的，还可以根据发承包双方的约定"推定"实际开工日期。对此，各地法院的裁判指导意见有明确表述，如：《北京市高级人民法院关于审理建设工程施工合同纠纷案件若干疑难问题的解答》（京高法〔2012〕245号）明确："既无开工通知也无其他相关证据能证明实际开工日期的，以施工合同约定的开工时间为开工日期。"安徽省高级人民法院《关于审理建设工程施工合同纠纷案件适用法律问题的指导意见（二）》第三条中明确："既无开工令、开工报告，又无法查明实际开工时间的，依据合同约定的开工日期予以认定。"

五、实务指引

结合前述讨论，实际开工日期的实质性作用在于对发承包双方义务履行情况的判断，一般应以"应当且能够进场施工之日"与"经发包人同意实际进场施工之日"二者较前的日期为准，而实际开工日期的认定又需依据具体的证据材料。然而，开工所涉事项在履约前期发生，发承包双方往往缺乏相应的风险防范意识和权利保护意识；履约后期一旦产生工期责任的争议，必然会涉及实际开工日期的认定。基于此，建议发承包双方从以下四个方面予以应对：

（1）发承包双方应充分考量客观条件、履约能力等因素，在缔约阶段合理约定计划开工日期，避免双方对工期进度的预测存在不合理期待。当现场已明确具备开工条件的，发包人应及时发出或通过监理发出开工通知，并对通知送达凭证予以留存。

（2）承包人收到发包人或监理单位的开工通知后，应当首先对现场施工条件进行全方位的考察，而不是立即组织进场施工。若施工现场并不具备开工条件，但发包人发出开工通知的，承包人应及时提出书面的异议文件，说明不具备开工条件的情况，并通过图片、视频等形式将相关证据予以留存。

（3）发承包双方均应避免在没有获得施工许可证或不具备开工条件的情况下组织进场施工。根据《建筑工程施工许可管理办法》第十二条的规定："对于未取得施工许可证或者为规避办理施工许可证将工程项目分解后擅自施工的，由有管辖

权的发证机关责令停止施工，限期改正，对建设单位处工程合同价款1%以上2%以下罚款；对施工单位处3万元以下罚款。"对于未取得施工许可证便进场施工的，发承包双方均要面对相应的行政处罚，项目也存在停工的风险，对履约产生较大影响。

（4）作为建设工程合同的当事人，发承包双方对于涉及开工日期认定的有关事实，均应及时做好相应的记录及存证，包括但不限于发包人要求开工的事实、不同时间段施工现场的情况、承包人实际进场施工的事实等。

第二节　工程竣工移交后，仅有部分质量瑕疵不影响实际竣工日期的认定[①]

一、实务疑难点

建设工程合同纠纷中，实际竣工日期的认定具有重要意义。实际竣工日期除了会影响工程价款及利息的起算时间外，还会影响质保期、缺陷责任期的起算及对发承包双方工期违约责任的判断，对发承包双方的权益具有重大影响。在工程实践中，实际竣工日期的认定受竣工验收、质量修复、工程移交等因素的影响，存在一定难度；尤其是竣工移交后，发包人以工程存在质量瑕疵为由主张工程尚未竣工。基于此，笔者将结合相关案例，对实际竣工日期的认定问题进行探讨。

二、法条链接

《最高人民法院关于审理建设工程施工合同纠纷案件适用法律问题的解释（一）》（法释〔2020〕25号）

第九条　当事人对建设工程实际竣工日期有争议的，人民法院应当分别按照以下情形予以认定：

（一）建设工程经竣工验收合格的，以竣工验收合格之日为竣工日期；

（二）承包人已经提交竣工验收报告，发包人拖延验收的，以承包人提交验收报告之日为竣工日期；

---

① 本篇由上海市建纬律师事务所郝运律师供稿。

（三）建设工程未经竣工验收，发包人擅自使用的，以转移占有建设工程之日为竣工日期。

三、典型案例

【案例：同某公司与苏某公司合同纠纷案】

2011年12月28日，同某公司（发包人）与苏某公司（承包人）签订《建设工程施工合同》，约定由苏某公司建设商业广场和经济大厦；开工日期2011年12月28日（暂定），竣工日期2013年4月10日，合同工期总日历天数480天。2013年11月23日，苏某公司将案涉部分工程移交给同某公司，2014年4月27日、2014年5月26日苏某公司又报送了《初验报审表》，监理单位、建设单位均认可"已初验，具备验收条件，同意验收"。

案件审理过程中，主张工程款项的苏某公司认为：案涉工程已经同某公司及监理验收合格，且已于2014年5月26日交付同某公司，同某公司后将案涉工程交付小业主实际入住使用，应当据此认定案涉工程实际竣工日期。

同某公司则认为实际竣工日期不能按苏某公司主张认定。第一，苏某公司报验后，其施工工作并未通过验收，同某公司有要求其整改，质监站发出《竣工验收监督整改通知书》可以证明；第二，同某公司未擅自使用房屋，苏某公司延期完工导致小业主闹事，所以才不得不先行移交小业主；第三，案涉合同约定："工程按发包人要求修改后通过竣工验收的，实际竣工日期为承包人修改后提请发包人验收的日期。"

对此，一审安徽省高级人民法院认为：苏某公司提交的《移交证明表》有质监站及五方责任主体的确认，报送的《初验报审表》也有监理单位和建设单位的认可。上述事实可以表明：苏某公司已完成了施工内容，具备验收条件。此外，鉴于同某公司未提供工程存在质量问题的证据，以及案涉工程已部分交付购房户使用的实际情况，也应视为同某公司认可案涉工程合格；应以2014年5月26日作为实际竣工日期。

二审最高人民法院认为：《最高人民法院关于审理建设工程施工合同纠纷案件适用法律问题的解释（一）》明确了实际竣工日期的认定规则。本案中，双方签字确认的《移交证明表》《初验报审表》可以证明苏某公司

> 已于 2014 年 5 月 26 日将工程全部交给同某公司验收，同某公司亦认可案涉工程已部分交付购房户。原判决据此将该时点作为案涉工程竣工日期，并无不妥。

四、法律分析与实务解读

本案系实际竣工日期认定问题的典型案例，在该案中发包人主张案涉工程存在质量瑕疵，工程未通过竣工验收，不能以此认定实际竣工日期，但一审、二审法院均未采纳此观点。审理过程中，法院认为：案涉工程移交发包人占有使用的事实是明确的，该行为可视为发包人对承包人履约的认可，应当据此认定实际施工日期。综合各方主张及观点、司法实践的认定规则、司法解释的立法逻辑等，笔者认为应结合建设工程合同的履约过程（尤其是竣工验收程序）对实际竣工日期的认定标准进行分析。

（一）实际竣工日期的定义

尽管现行法律法规、司法解释未对"实际竣工日期"有明确的定义，但参照建筑行业习惯，通过对《建设工程施工合同（示范文本）》GF—2017—0201 和《标准施工招标文件》（2007 年版）的分析，仍能得出如下初步结论：

第一，竣工日期一般包括计划竣工日期和实际竣工日期，计划竣工日期是合同约定的竣工日期，实际竣工日期是合同履约情况的事实判断/推断。

第二，如果工程顺利竣工验收、移交发包人，实际竣工日期一般会记载于工程接收证书之中；工程接收证书也是实际竣工日期最普遍的外观表现形式。

第三，因发包人原因拖延竣工验收或擅自使用的，以能够证明相应事实的证据材料推定实际竣工日期。

综上，尽管工程实践中对"竣工""完工"等用语可能不作严格的区分，但实际竣工日期并非承包人自行完工的日期。承包人完成施工工作后，若未经发包人对工程量、工程质量的确认，无法判断承包人的履约情况。因此，实际竣工日期应当是承包人将建设工程合同主要义务履行完毕的时间节点。

（二）实际竣工日期的认定标准

1. 实际竣工日期的认定应首先以当事人的约定为准

尽管《最高人民法院关于审理建设工程施工合同纠纷案件适用法律问题的解释（一）》第九条对实际竣工日期的认定规则进行了明确，但该规则的适用前提应当是当事人有争议的情况下；如当事人对实际竣工日期的认定规则没有争议的，一般不应直接适用司法解释的规定。例如，当事人对竣工日期的认定方法有明确约定的，或双方在履约阶段对实际竣工日期形成一致意见的，应以遵循当事人之间的约定为基本原则。

值得注意的是，虽然《建设工程施工合同（示范文本）》GF—2017—0201 和《标准施工招标文件》（2007 年版）根据行业习惯对实际竣工日期的认定规则予以了明确，但合同当事人也可能对实际竣工日期作出其他约定。例如，浙江某公司建设工程施工合同纠纷案中，最高人民法院的再审审查意见对发承包双方所签补充合同中关于竣工日期应以竣工验收备案表核准日为准的约定予以认可。

2. 当事人对于实际竣工日期有争议的，应根据司法解释进行认定

当事人对建设工程实际竣工日期有争议的，《最高人民法院关于审理建设工程施工合同纠纷案件适用法律问题的解释（一）》第九条明确了三款认定规则，即：（一）竣工验收合格的，以竣工验收合格之日；（二）发包人拖延验收的，以承包人提交竣工验收报告之日；（三）未经验收，发包人擅自使用的，以转移占有之日。对上述规则，需分别注意以下内容：

第一，"竣工验收合格之日"是指经当事人按照合同约定程序和时限进行竣工验收，认定工程符合工程质量标准及合同约定的日期。并不包括发包人拖延验收后，竣工验收合格之日；也不包括竣工验收备案之日。

第二，"发包人拖延验收"的判断一般应以双方合同的约定为准。例如，《建设工程施工合同（示范文本）》GF—2017—0201 第 13.2.2 条明确了竣工验收的期限：监理应在收到验收报告之日起 14 日内完成审查，发包人应在收到监理审核的验收报告之日起 28 日内组织进行竣工验收。因此，超过 42 天，发包人仍未组织并完成验收的，按约可视为拖延验收。

第三，"发包人擅自使用"是指按照法律、法规规定[①]及合同约定，在工程未进行竣工验收或竣工验收未通过的情形下，发包人擅自占有使用工程的情形。此种情形下，发包人实际接收后，现实意义上的交付已经完成，表明承包人不再对工程有继续建设和看管等义务，工程发生意外风险的责任负担将转移由发包人承担[②]。但需要特别注意的是，如果工程使用行为属于竣工验收的前置程序（例如轨道交通

---

① 《中华人民共和国民法典》第七百九十九条第二款："建设工程竣工经验收合格后，方可交付使用；未经验收或者验收不合格的，不得交付使用。"
《建设工程质量管理条例》第十六条第三款："建设工程经验收合格的，方可交付使用"。
② 最高人民法院民事审判第一庭.最高人民法院新建设工程施工合同司法解释（一）理解与适用[M].北京：人民法院出版社，2021.

工程的试运行、工业项目的试车等），不属于擅自使用行为。

3. 工程竣工验收合格后，仅有部分质量瑕疵不影响实际竣工日期的认定

工程竣工验收已由监理、设计及建设单位等参与验收方确认质量合格，即表明工程质量符合国家强制性规范、合同约定及设计要求，并经竣工参与方的一致认可，如使用时发现部分质量瑕疵的，不能就此否认工程质量已经验收合格的事实，也不影响实际竣工日期的认定。

除前文列举的案例外，宿迁市中某公司与福建闽某公司建设工程施工合同纠纷一案中，最高人民法院也持类似观点：原审认定案涉工程于 2012 年 1 月 13 日经竣工验收合格，并无不当；从中某公司提交的《工程质量整改完成报告》来看，仅涉及对楼梯及梯间窗护栏、建筑物污染部分及墙面出现的裂缝以及建筑物四周与地坪处的连接、开关、插座、电源控制箱进行施工、清理及处理等收尾工作，并不影响整个主体工程及附属工作的竣工验收，中某公司以此为据主张本案主体工程实际竣工日期为 2012 年 3 月 28 日的理由，不能成立。

五、实务指引

结合前述讨论，实际竣工日期应是承包人按约完成建设工程合同主要义务的日期。正常情形下，竣工验收合格标志着承包人已将合同主要义务履行完毕；特殊情形下，应根据发包人拖延验收、擅自使用等具体情况具体分析。但需要明确的是，因质量保修、缺陷责任修复等并非合同主要义务（通说认为系附随义务），所以工程竣工移交后，仅有部分质量瑕疵并不会影响实际竣工日期的认定。基于此，笔者建议发承包双方在签约履约方面注意以下几点内容：

（1）缔约阶段，发承包双方应结合工程项目特点、竣工试验、竣工验收、工程接收流程等，对实际竣工日期的认定规则予以明确约定；避免因合同条款内容前后矛盾、合同组成文件解释顺序存在冲突等问题导致合同约定不明的情况。应当注意的是，实际竣工日期的认定对质量保修期、缺陷责任期等期限的起算等有重大影响，应避免约定不合理的认定规则，以造成双方的履约障碍。

（2）承包人应按照合同约定的时间及进度计划保质保量地履行工作。无论合同是否约定有承包人完工后的自行检验程序，建议承包人均对已完工程量、已完工程质量自行检验后发出竣工验收报告，以促进竣工验收程序的顺利进行；避免因未发现的工程质量问题导致无法通过竣工验收及返工造成的工期延误。

（3）发包人应及时履行竣工验收义务。发现工程质量问题的，明确不予通过

竣工验收，并要求承包人及时返工整改；工程质量合格，但存在瑕疵的，在认定工程竣工验收合格的同时，应明确质量瑕疵的情况、后续维修进度等内容，并形成经各方签认的书面凭证。

（4）无论任何原因或情形，发包人均应避免在建设工程未经竣工验收或竣工验收不合格的情况下接收工程，包括实际占有、控制、使用建设工程的任何组成部分。擅自使用工程不仅仅要承担相应的民事责任，还可能受到相应的行政处罚。如按照《建设工程质量管理条例》第五十八条的规定：建设单位擅自使用的，处工程合同价款2%以上4%以下的罚款；造成损失的，依法承担赔偿责任。

第三节　发包人不得任意压缩合理工期，但合理工期不宜以工期定额作为评判标准

一、实务疑难点

在建设工程施工合同纠纷中，工期争议是发承包双方常见的争议焦点之一。相关的法律、行政法规也均有规定，建设单位不得压缩合理工期。但对于何为合理工期，往往没有统一的评判标准，笔者将结合相关案例，对合理工期以及压缩工期是否导致合同无效的问题进行探讨。

二、法条链接

1.《建设工程质量管理条例》（2019年修正）

第十条　建设工程发包单位，不得迫使承包方以低于成本的价格竞标，不得任意压缩合理工期。

2.《政府投资条例》（国务院令第七百一十二号）

第二十四条　政府投资项目应当按照国家有关规定合理确定并严格执行建设工期，任何单位和个人不得非法干预。

第三十四条　项目单位有下列情形之一的，责令改正，根据具体情况，暂停、停止拨付资金或者收回已拨付的资金，暂停或者停止建设活动，对负有责任的领导人员和直接责任人员依法给予处分：

（一）未经批准或者不符合规定的建设条件开工建设政府投资项目；

（二）弄虚作假骗取政府投资项目审批或者投资补助、贷款贴息等政府投资资金；

（三）未经批准变更政府投资项目的建设地点或者对建设规模、建设内容等作较大变更；

（四）擅自增加投资概算；

（五）要求施工单位对政府投资项目垫资建设；

（六）无正当理由不实施或者不按照建设工期实施已批准的政府投资项目。

三、典型案例

【案例：金某公司与中建某局合同纠纷案】

金某公司为开发案涉工程，与中建某局进行议标；2009年10月10日，双方签订《建设工程施工合同》，合同约定总工期不超过580日历天。2009年11月18日，金某公司签发开工令，中建某局正式进场施工。2012年9月12日，整体工程完成竣工验收备案。

结算过程中，双方对于工程的实际竣工日期及工期延误问题等发生争议，金某公司认为中建某局存在工期延误，并向法院提起诉讼，要求中建某局承担工期延误的违约责任。

诉讼过程中，中建某局认为金某公司存在压缩工期的事实，并向法院申请了工期鉴定。根据《工期鉴定意见书》，案涉工程定额工期为1390天，合理工期为1182天，实际工期为790天。而本案合同工期为580天，违反了法律的强制性规定，应当无效，因而不存在工期延误违约的情况。

对此，一审南宁市中级人民法院认为：合同约定的工期严重低于合理工期，应适当予以调整。现专业鉴定机构已鉴定出中建某局实际施工工期为790天，参照合理工期调整，中建某局实际施工工期790天还在合理工期的限度内，并未构成逾期竣工。

二审广西壮族自治区高级人民法院认为：一审法院以本案合同无效为由，摒弃双方合同约定，对工程所需要的工期进行鉴定，并认定合理工期1182天，违反了合同"约定优先"原则，违背当事人约定，明显不当，本院予以纠正。

再审过程中，最高人民法院认为：一方面，定额工期通常依据施工规范、典型工程设计、施工企业的平均水平等多方面因素制订，虽具有合理性，但在实际技术专长、管理水平和施工经验存在差异的情况下，并不能完全准确反映不同施工企业在不同工程项目的合理工期。另一方面，本案中，中建某局作为大型专业施工企业，基于对自身施工能力及市场等因素的综合考量，经与金某公司平等协商，在《建设工程施工合同》中约定580日历天的工期条款，系对自身权利的处分，亦为其真实意思表示，在无其他相反证据证明的情况下，不能当然推定金某公司迫使其压缩合理工期。中建某局的该项再审主张亦缺乏事实依据，不能成立，本院不予支持。

四、法律分析与实务解读

本案实属合理工期问题的典型案例，一审法院参照了工期鉴定的结果，与合同约定的工期作比较，并以合同约定的工期远低于鉴定意见中的合理工期为由，认为案涉合同存在压缩合理工期的事实，并以此认定相关的工期约定及违约金无效。但该观点在二审和最高人民法院再审过程中均被推翻。要判断是否压缩合理工期，首先应当对合理工期的定义作出解释。

（一）合理工期的定义

1. 合理工期的相关规定

目前，虽然法律、法规对于合理工期有所提及，但并未对合理工期进行明确的定义。参照国务院发布的《建设工程质量管理条例释义》，所谓合理工期指在正常建设条件下，采取科学合理的施工工艺和管理办法，以现行的建设行政主管部门颁布的工期定额为基础，结合项目建设的具体情况，而确定的使投资方、各参加单位均获得满意的经济效益的工期。即在确定合理工期时，以工期定额为基础，并根据不同的项目特点来综合考虑。

2016年7月26日，住房和城乡建设部发布《建筑安装工程工期定额》TY01—89—2016，其中详细规定了各种建筑工程的工期标准，并指出工期定额是国有资金投资工程确定工期的依据，非国有资金参照执行，且是签订施工合同的基础。实践中，部分地区参照工期定额制定了有关合理工期的标准，例如：

《上海市建设工程质量和安全管理条例》第十二条规定："建设工程发包前，建设单位应当根据建设工程可行性研究报告和建设工期定额，综合评估工程规模、施工工艺、地质和气候条件等因素后，确定合理的勘察、设计和施工工期。在建设工程招标投标时，建设单位应当将合理的施工工期安排作为招标文件的实质性要求和条件。"以及第四条规定："任何单位不得随意压缩建设工程的合理工期。"综合来看，上海合理工期认定标准应参照可行性研究报告确定的工期以及工期定额，并结合工程自身的特点来确定。建设单位招标时确定的工期如果大幅低于可研或定额工期，则可能构成任意压缩工期，不仅违反上海市的规定，还可能违反《建设工程质量管理条例》的强制性规定。

北京市住房和城乡建设委员会《关于执行2018年〈北京市建设工程工期定额〉和2018年〈北京市房屋修缮工程工期定额〉的通知》（京建法〔2019〕4号）指出：若发包人压缩工期超过定额工期的10%，应组织专家对相关技术措施进行合规性和可行性论证，并承担相应的质量安全责任。由此可见，北京的规定也是参照工期定额确定合理工期，且如果建设单位压缩工期超过定额的10%，则产生的质量安全责任可能由建设单位承担。

浙江省住房和城乡建设厅《关于做好贯彻执行〈建筑安装工程工期定额〉的通知》（函建字〔2017〕416号）第二条规定：招标人确定的工期低于定额工期70%的，招标人应当组织专家论证，并依照审定的技术措施方案编制相应的提前竣工增加费。

江苏省住房和城乡建设厅《关于贯彻执行〈建筑安装工程工期定额〉的通知》（苏建价〔2016〕740号）第六条规定：压缩工期超过定额工期30%以上的建筑安装工程，必须经过专家认证。

定额工期通常是依据施工企业的平均水平制定，反映的是国家及地区层面的平均水平，具有一定的合理性。尽管工期定额给予我们确定合理工期的参考标准，且部分地方均对于合理工期作出了具体标准的界定。但不同的企业、不同的主体针对同一项目根据其自身的技术管理水平计算得出的合理工期均会存在差异。因此，不宜直接参照定额工期来判定商事主体之间对于工期的约定。

2. 合理工期的理论计算方法

鉴于定额工期实务中的局限性，也存在采用理论计算方法来确定合理工期。而不同的建设阶段，合理工期的计算结果以及准确度也存在一定的差异，在图纸较为粗略的可研阶段确定的工期与依据施工图与施工组织设计计算的工期相比，显然后者更为精确。例如，有学者[①]在高速公路项目中基于建设单位要求的工期、成本、投资回收期、资源利用均衡度等参数提出了非线性合理工期计算模型，该模型适用于初步设计以后的阶段，初步设计以前因资料详细度不够而不宜使用。

---

① 吴宗奇.高速公路项目建设程序及合理工期研究[D].西安：长安大学，2001.

在工程实践中，也有学者采用其他理论计算方法对于合理工期的问题进行了研究。例如，对于公共项目的合理工期，采用蒙特卡洛模拟的方法进行计算①，并以西安北站为例采用模拟的方法计算出合理工期，且与项目实际的工期进行了对比，结果显示蒙特卡洛模拟方法计算得出的工期与工程的实际工期较为接近。在某地铁项目中，采用Revit软件建立工程三维模型②，并在Project软件中编制工程进度计划，同时将三维模型与进度计划在Navisworks软件中行为4D模型，实现4D施工进度模拟，并在Matlab软件中运用粒子群算法进行仿真模拟计算得出最优的合理工期与费用。也有学者以③上海市212个已完建筑工程为样本，建立了多变量工期计算回归模型，得出工期与项目总建筑面积、总层数、单位面积造价之间的函数关系，并以不同的建筑用途与结构类型作为分类变量；并指出总建筑面积是影响工期的最重要的因素，建筑面积越大的项目越需要更有效地运用各类资源，对管理的要求更高；单位面积造价越高，表明工程的档次和质量要求越高，项目工期也越久，但单方造价增长越多，工期增长的幅度越会降低。

相对于工期定额直接套用计算项目合理工期的情形，上述有关理论计算方法、计算模型均引入了更多的参数、影响因素来计算项目的工期，具有实践的合理性和科学性，但理论计算方法对于科研、技术人员的要求较高，在司法实践中几乎没有工期鉴定机构能采用类似的工期鉴定方法。

（二）关于合理工期的效力问题

最高人民法院在《全国民事审判工作会议纪要》（法办〔2011〕442号）和《第八次全国法院民事商事审判工作会议（民事部分）纪要》中均指出，当事人违反工程建设强制性标准，任意压缩合理工期、降低工程质量标准的约定，应认定无效。参照该规定，笔者认为除非有明确证据能够证明双方约定的工期在当前的工程技术条件下无法达到，强行实施必然会导致工程质量标准的降低及违反工程建设强制性标准，否则双方关于工期的约定应属有效，主要理由有：

（1）如前所述，实践中对于合理工期的计算并没有统一的标准，虽然部分地区规定合同工期不得低于定额工期的一定比例，但无论是地方性规定还是住房和城乡建设部的工期定额标准，均属于行政监管的范畴，并非法律的强制性规定。只有当压缩合理工期违反了工程建设的强制性标准，导致工程质量等出现问题，此时则

---

① 尚靖瑜.公共工程项目合理工期研究[D].西安：西安建筑科技大学，2014.
② 杨凯.基于BIM技术工程项目4D进度优化研究[D].西安：西安工业大学，2017.
③ 胡文发，常永霞，何新华.建筑工程项目工期的影响因素与预测模型[J].土木工程学报，2018，51（2）.

触发了《建设工程质量管理条例》等法律、行政法规的强制性规定，相关的约定可能无效。但在审判实务中，如何去证明"工期"与"工程质量""工程建设强制性标准"之间存在因果关系，具有较高的举证难度，因而关于合同约定工期属于压缩合理工期应为无效约定的抗辩在司法实践中较难被得到支持。

（2）当前地方关于是否存在压缩工期的问题以及司法实务中关于压缩合理工期的抗辩，基本以工期定额作为参照，但结合笔者的工程实践经验来讲，工期定额规定的工期属于市场的平均水平，经过市场主体充分竞争后，同一项目可以达到的最低工期安排可以远远低于工期定额的标准，甚至可以达到工期定额的30%。例如，在杭州市中级人民法院审理的案件中①，承包人认为合理工期为820天，但合同工期仅为270天，存在严重压缩合理工期的事实，应当无效，但该观点未被法院采纳。

（3）对于经过招标投标程序的建设项目，如承包人认为招标投标文件中给出的工期规定明显不合理，可以拒绝投标，或要求招标人进行澄清。而如果承包人进行实质性响应并最终中标，最后又以该工期约定不合理为由提出抗辩的，则该等主张同样较难被支持。例如，笔者此前参与的某政府投资项目，在可行性研究阶段确定的工期为40个月（不含施工准备期1年），而当地发改委在初步设计批复阶段将工期批复为16.5个月，发包人在招标时按16.5个月进行招标，相比可行性研究确定的工期压缩超过60%，承包人为中标被迫响应不合理工期，为后期双方工期的争议埋下伏笔。该项目对承包人有利之处在于可研与招标文件的工期规定并不一致，使得承包人在谈判中占有一定的主动权。

（4）从商事合同意思自治的角度来讲，承包人作为有经验的商事主体，其在与发包人进行合同谈判时，对于发包人提出的工期要求也必然经过了审慎的评估。因而在签约之时，承包人结合当时自身的技术条件、管理水平也必然认为能够完成相应的工期要求，但因在合同履行过程中各种因素的影响导致其发生工期延误，而后又以合同约定的工期不合理为由提出抗辩，显然也有违诚实信用原则。正如本文案例中最高人民法院的观点，即便发包人提出的工期存在一定的不合理之处，但作为有经验的承包人，在与发包人平等协商之后，放弃了更为合理的工期约定，系对自身权利的处分，如无相反的证据，应认为有效而不宜认定压缩合理工期。

五、实务指引

结合前述讨论，出于发承包双方的缔约自由以及保护市场交易的原则，一般而

---

① 杭州西某公司与江苏龙某公司建设工程施工合同纠纷案。

言，发承包双方在合同中约定的工期可以视为双方均认可的合理工期。但在当前的发承包市场中，发包人处于强势地位的情况下，不排除部分发包人规定的工期严重背离实际，或在施工过程中进一步要求承包人进行赶工，在此情形下，建议承包人从以下角度应对：

（1）提示发包人压缩工期可能导致重大质量和安全事故，例如震惊全国的江西丰城发电厂三期扩建工程冷却塔施工平台坍塌特别重大事故，直接原因在于建设单位将合同约定的212天工期压缩至110天，导致施工单位盲目抢工，在混凝土强度未达到要求的情况下，违规拆除模板导致混凝土不能支撑上部荷载，酿成特别重大的质量安全事故。为此，项目的发包人、施工、设计、监理等单位以及政府部门有关领导均受到了严肃处理。

（2）对于政府投资项目来讲，如建设单位不按照已批准的建设工期实施，按照《政府投资条例》第三十四条的规定，应当对相关的负责人予以处分。类似于笔者前面讨论的，如可行性研究阶段确定的工期为40个月，则招标投标和签约时均应严格按招标人批复的工期执行。如招标投标阶段要求的工期与可行性研究报告确定的工期不一致的，应当在招标投标阶段向招标人提示并要求澄清，必要时与主管政府投资的有关部门进行沟通。

（3）对于非政府投资项目来讲，如招标人在招标文件中规定的工期明显不合理，也应当要求招标人予以澄清；同时可参照地方关于合理工期的规定，如工期规定明显与地方规定存在重大偏差的，可要求当地的建设行政主管部门介入。

（4）工期问题是复杂的法律问题，必要时建议聘请专业律师团队介入，全程参与项目的工期管理。

第四节 发包人指定分包单位导致工期延误的，总承包商一般不能免责[1]

一、实务疑难点

建设单位指定分包商参与总承包范围内工程的情况，在建筑业市场实践中广

---

[1] 本篇由上海市建纬律师事务所合伙人郑冠红律师供稿。

泛存在，虽然建设单位指定分包商的行为不同程度地干预了总包单位自主选择分包商的权利，并可能影响到总包单位对指定分包商的管理力度，进而不利于总包单位对工程现场质量、安全、进度的整体管控，但当建设单位的指定分包商导致工期延误时，总承包商是否需要承担责任，总承包商可否因该分包单位为业主指定而免责？

二、法条链接

《房屋建筑和市政基础设施工程施工分包管理办法》（2014年修正）

第七条 建设单位不得直接指定分包工程承包人。任何单位和个人不得对依法实施的分包活动进行干预。

三、典型案例

【案例：华某公司与耀某公司合同纠纷案】

> 耀某公司（甲方）与华某公司（乙方）签订《东某广场南地块项目施工合作意向协议》及相关补充协议，协议中约定甲方另行分包的工程内容为土方、幕墙（包括石材、铝板、玻璃幕墙）、消防工程、通风空调工程、防火卷帘，乙方作为分包工程的发包人，全权委托甲方完成分包工程的分包工作，分包工程施工合同的签订由三方共同签字。华某公司作为本工程的总承包人，必须承担本协议所约定的分包工程总承包职责，并按协议约定收取分包工程的总包服务费。
>
> 后甲乙双方因结算款支付及履约保证金返还等事宜发生争议，华某公司起诉要求耀某公司支付工程款及逾期付款违约金，返还工程质量进度履约保证金并赔偿工期延误损失等。针对工期延误损失，最高人民法院二审理认为，案涉工程项目工期延后的原因除结构图修改、后期精装修影响外，指定分包的土方工程延误也是原因之一，而华某公司作为总承包方，按约收取分包工程配合费，对分包工程延误亦应负有一定责任，故华某公司要求耀某公司赔偿工期延误损失27753760元依据不足，不予支持。

四、法律分析与实务解读

虽然实践中建设单位指定分包商的行为一直饱受诟病，但具体到法律责任的认定，还应当回归到理性层面进行分析。

首先，在法律、行政法规层面未有明确禁止建设单位指定分包单位的规定，仅部门规章层级对此持否定态度，但是《施工分包管理办法》并未进一步提及法律责任的认定，也即该办法仅规定了建设单位不得直接指定分包工程承包人，但并未规定如建设单位指定分包商的，应当就此承担何种责任。因此，可以认为在法律、行政法规乃至部门规章层面，对该种情形下法律责任的归属均没有针对性的规定。

其次，按照《中华人民共和国建筑法》第二十九条的规定："建筑工程总承包单位按照总承包合同的约定对建设单位负责；分包单位按照分包合同的约定对总承包单位负责。总承包单位和分包单位就分包工程对建设单位承担连带责任。"即便建设单位指定了分包单位实施分包工程，但并不影响总分包之间法律关系的成立，建设单位指定的分包单位所实施的工程仍然在总承包的工作范围之内，建设单位所指定的分包商也仍然是总承包单位管理之下的分包商，在法律关系上，业主指定的分包商与承包商自行分包的分包商并无本质差别。因此，业主指定的分包商仍然适用法律法规关于分包单位的规定，总承包单位对该指定分包工程仍需要对建设单位负责，其中也包括了总包单位对指定分包商的进度承担的责任。

最后，除了法律法规的基本规定之外，法律并不禁止各方当事人就指定分包关系下的权责利的分配在合同中作出约定，加之实践中业主为了加强对指定分包单位的直接管理，会采用由建设单位、总包单位、指定分包单位签署三方协议的方式实施对分包工程的管理，不排除会对指定分包单位造成的进度延误行为的责任承担作出针对性约定，该类约定并不违反法律法规的强制性规定，通常应认为对各方存在约束力。因此，如果另外存在合同约定明确了建设单位指定分包商的工期延误责任的，应按照合同约定认定工期延误的责任。

五、实务指引

如前分析和典型案例所体现的裁判思路，建设单位指定的分包单位导致工期延误的，通常并不会仅因该分包单位为建设单位指定为由免除总包的责任，尤其在总包单位收取了相应的总包服务费并参与了分包工程管理的情况下，总包单位需为指定分包单位的工期延误行为向建设单位承担责任。因此，总包单位的项目管理人员需要知晓，虽然该分包商并非自己选定，但在履约过程中仍需要对其视为自有分包商一样加强管理。

某些极端情况下，在建设单位的干预下，总包单位不仅没有选择分包商的权利，也没有实质性参与分包工程管理的权利，总包单位仅仅配合建设单位进行转付款、签署盖章资料等，此时总包单位的总包地位名存实亡，为了避免该种情况下总包单位为指定分包商的工期违约行为买单，或在履约过程中因指定分包管理协调不善影响到整体工程的进度，发生总包单位权利与责任不匹配的后果，在建设单位指定分包商时，建议各方对进度责任进行明确的约定，例如，明确指定分包单位进度延误导致总包工程延误的，总包单位可以向建设单位免责，建设单位给予工期顺延或赶工费用等。

第五节　施工合同无效，承包人逾期竣工的，可参照合同约定的标准承担逾期竣工的责任

一、实务疑难点

施工合同工期关系到发承包双方的切身利益问题，对于发包人而言，按期完工关系到项目能否按计划投产、运营并收回建设投资；而对承包人来讲，如逾期完工，将导致发包人的利益受损，从而需对发包人逾期竣工的损失承担责任。本文要讨论的是，如果施工合同无效，承包人如何承担逾期竣工的责任问题。

二、法条链接

《最高人民法院关于审理建设工程施工合同纠纷案件适用法律问题的解释（一）》（法释〔2020〕25号）

第六条　建设工程施工合同无效，一方当事人请求对方赔偿损失的，应当就对方过错、损失大小、过错与损失之间的因果关系承担举证责任。损失大小无法确定，一方当事人请求参照合同约定的质量标准、建设工期、工程价款支付时间等内容确定损失大小的，人民法院可以结合双方过错程度、过错与损失之间的因果关系等因素作出裁判。

三、典型案例

【案例：杭州建某公司与阜阳巨某公司合同纠纷案】

2012年10月19日，杭州建某公司与阜阳巨某公司签订《建设工程总承包协议》，约定案涉项目由杭州建某公司施工，该协议书对项目的质量标准、计价方式作出了约定。

2014年，杭州建某公司经过招标投标程序，被确定为阜阳巨某公司开发的案涉工程施工的中标施工单位。后阜阳巨某公司作为发包人与杭州建某公司作为承包人签订《建设工程施工合同》（载明的签订时间为2014年5月22日）及《建设工程施工补充协议》（未载明签订时间），合同工期为24个月。其中，《建设工程施工补充协议》第七条（违约责任）第3项约定，本工程如因杭州建某公司原因不能按时开工或竣工，杭州建某公司每天承担2000元违约金。

2014年7月1日，案涉工程正式开工。2017年8月9日，案涉工程竣工验收合格。

此后，双方对于工程款的支付、工期违约等问题存在分歧。杭州建某公司向法院提起诉讼，要求支付工程款及相应利息；阜阳巨某公司提起反诉，要求杭州建某公司承担逾期竣工的违约金。

针对杭州建某公司是否需要承担逾期竣工的违约金，一审法院审理过程中，并未将案涉合同的效力作为争议焦点，直接按照合同约定的2000元/天，结合杭州建某公司实际逾期完工的天数，得出逾期竣工违约金464000元。

最高人民法院二审过程中，因案涉项目存在明招暗定等违反《中华人民共和国招标投标法》规定的情形，认定相关的施工合同及补充协议均无效。

针对杭州建某公司是否应当向阜阳巨某公司支付工期延误违约金，最高人民法院认为：案涉建设工程施工合同无效，当事人不应当再承担违约责任。故一审判决杭州建某公司承担逾期竣工违约金责任不当，应予纠正。根据《最高人民法院关于审理建设工程施工合同纠纷案件适用法律问题的解释（一）》第六条的规定，虽然案涉建设工程施工合同无效，当事人仍然有权请求相对人承担赔偿损失的责任。由于违约金具有填补损失的功能，本案确实存在逾期竣工的事实，双方当事人均未提交充分有效的证据证明按46.4万元标准计算杭州建某公司逾期竣工造成的损失明显不当。故本院认定杭州建某公司应当赔偿阜阳巨某公司逾期竣工造成的损失 46.4 万元。

四、法律分析与实务解读

违约责任是双方在合同签订时约定任何一方不履行合同义务应当承担的责任，以约束双方严格按合同约定履行相关义务。合同中有关违约责任的约定，属于双方对于一方不履行合同造成的损失的预期。违约责任的承担，应以合同有效为前提。而如果合同无效，则合同自签约时就没有法律约束力，合同中关于工期等违约责任的约定对双方也就没有约束力。但如果就此认为承包人无需承担逾期竣工的责任，显然也不利于双方权利、义务的平衡，也使得合同无效的情形下，让违约一方反而受益。

违约责任具有损失填补的功能，而当合同无效时，相应的违约责任条款无效，此时按照合同无效的一般处理原则，就需要主张赔偿损失的一方承担相应的举证责任，以证明其实际损失。但对于施工合同来讲，发包人要求承包人承担逾期竣工损失，在合同约定的逾期竣工违约金标准无法适用的情形下，发包人实际上很难完成相应的举证义务。有鉴于此，最高人民法院认为[①]，在发包人损失难以举证的情况下，参照无效合同约定的逾期竣工违约责任条款来确定发包人的损失，并结合双方过错责任确定损失责任分担，符合公平及诚信原则。

在本文案例中，施工合同无效，而承包人又存在逾期竣工的事实，在没有其他相反证据的情况下，法院参照合同约定的违约金标准来认定承包人逾期竣工所造成的损失。而事实上，即便是合同无效的情形下，合同中约定的逾期竣工违约金往往是符合双方对可预见损失的心理预期，契合双方的真实意思表示，因此参照合同约定的标准来确定损失，符合诚实信用原则，也有利于平衡双方当事人的利益，减少诉累。

需要注意的是，承包人的逾期竣工责任能否直接参照合同约定计算，还需要根据不同的案件情况并结合双方的过错程度、因果关系等予以综合考量，法院在审理类似问题时，会有一定的裁量权。例如，发包人明知承包人没有资质、借用他人资质签订施工合同的，则发包人应当对无效合同承担一定的过错责任，此时双方均有过错，可在双方之间进行一定的利益平衡。而如果发包人对此不知情，则无效合同

---

① 最高人民法院民事审判第一庭. 最高人民法院新建设工程施工合同司法解释（一）理解与适用 [M]. 北京：人民法院出版社，2021.

的主要责任在承包人，此时如果认为发包人无权主张参照合同约定计算承包人逾期竣工所造成的损失，则反而使违约一方的承包人受益，对发包人而言显失公允。

五、实务指引

实践中，施工合同无效的情形一般均可以归责到发承包双方。例如，发包人原因引起的合同无效常见的情形有应当招标而未招标、招标程序不符合法律规定、未办理建设工程规划许可证等，而承包人引起的合同无效最为常见的有借用资质、超越资质签订施工合同以及转包和违法分包。在施工合同无效的情形下，承包人有权参照合同约定要求发包人支付工程价款；类似地，施工合同无效时，发包人也可参照合同约定要求承包人承担逾期竣工的损失，否则发包人的该项权利因无法举证证明实际损失而落空，不利于平衡双方的利益。

因此，对承包人而言，合同无效并不是其规避合同责任的"护身符"。在合同约定逾期竣工违约金的情形下，承包人在履约过程中应当对工期予以高度重视，注重过程中的工期管理以及工期延误的索赔，不宜期待以合同无效的理由来逃避逾期竣工的责任。

而对发包人而言，因逾期竣工的损失实际难以确定或证明，因此应在合同中约定相应的工期延误赔偿标准，即便合同无效，该类标准一般也可参照适用。例如，针对光伏发电项目，可按照项目运行后实际的发电收益来计算逾期竣工损失，并在施工合同中约定相应的损失标准及计算方法。

第六节　施工合同无效，承包人要求发包人赔偿停工损失的，应承担举证责任

一、实务疑难点

一般而言，施工合同无效的，合同约定的条款对双方也没有约束力。此时，如果因发包人原因导致停工的，承包人能否要求发包人赔偿，以及如何赔偿，实践中可能存在不同理解。同时有观点认为，如果施工合同无效是由承包人导致的，因承包人存在过错，应当对合同无效的后果承担责任，在此种情况下，停工损失也应当由其自行承担。对此，笔者结合相关的司法案例与法律规定进行分析。

二、法条链接

1.《中华人民共和国民法典》（中华人民共和国主席令第四十五号）

第一百五十七条 民事法律行为无效、被撤销或者确定不发生效力后，行为人因该行为取得的财产，应当予以返还；不能返还或者没有必要返还的，应当折价补偿。有过错的一方应当赔偿对方由此所受到的损失；各方都有过错的，应当各自承担相应的责任。法律另有规定的，依照其规定。

2.《最高人民法院关于审理建设工程施工合同纠纷案件适用法律问题的解释（一）》（法释〔2020〕25号）

第六条 建设工程施工合同无效，一方当事人请求对方赔偿损失的，应当就对方过错、损失大小、过错与损失之间的因果关系承担举证责任。损失大小无法确定，一方当事人请求参照合同约定的质量标准、建设工期、工程价款支付时间等内容确定损失大小的，人民法院可以结合双方过错程度、过错与损失之间的因果关系等因素作出裁判。

三、典型案例

【案例：尹某、袁某彬合同纠纷案】

2011年3月，青海煤炭地质勘察院受青海省国土资源厅委托，对青海省鱼卡煤田整装勘察子项目进行审查，并向中国煤炭地质总局青海煤炭地质局报送了《青海省鱼卡煤田西部云雾山北坡煤炭详查设计》；同年5月，该局作出了《关于青海省鱼卡煤田西部云雾山北坡煤炭详查设计的批复》，同意青海省某能源公司实施核定的主要实物工作量的勘察及探槽工程的施工。2011年5月9日，青海省国土资源厅下发《关于青海省大柴旦镇鱼卡煤田整装勘察探矿权配置给青海省某能源公司的通知》，同意在矿业权转让及价款处置完成前，青海省某能源公司可先开展地质勘察工作。

2012年3月9日，青海省某能源公司某煤矿与庆某公司签订《鱼卡槽探合同》，约定将鱼卡整装勘察云雾山区块2标段土石方（含工程煤）剥离工程发包给庆某公司。2012年3月19日，庆某公司组建经理部，任命先某明为项目经理。戴某、聂某为项目部工作人员。2012年3月27日，项目部与尹某、袁某彬签订《土石方剥离工程协议》，甲方由戴某、聂某签字，乙方由尹某、袁某彬签字，该协议加盖庆某公司云雾山 2 标段露天剥离工程项目经理部的印章。合同签订的同时，尹某、袁某彬作为工程实际施工人即时组织工人及机械设备进场施工。

2012 年 5 月 27 日，因项目存在以探代采、无槽探设计的违法行为，青海省海西蒙古族藏族自治州大柴旦镇公安、安监部门作出《强制措施决定书》，责令：①青海省某能源公司立即撤出工作人员及机械设备；②抓紧办理槽探专项设计审查及备案手续。

此后现场发生停工，因各方对于停窝工损失等问题未能达成一致，实际施工人尹某、袁某彬向法院提起诉讼，要求支付停窝工损失等相关费用。

诉讼过程中，因青海省某能源公司无探矿权证、采矿权证，案涉相关合同被认定无效。对于停窝工损失的问题，最高人民法院认为：由于尹某、袁某彬对案涉工程以探代采、无槽探设计是明知的，一审法院认定庆某公司、尹某、袁某彬对于停工均有责任，并根据双方的过错责任，酌情判决庆某公司与尹某、袁某彬对于停工损失各承担一半的责任，符合事实和法律规定，本院予以确认。尹某、袁某彬上诉主张，青海省某能源公司、某煤矿和庆某公司应对二次进场停工期间管理人员、留守人员的工资报酬 474000 元损失进行赔偿。对此间损失，尹某、袁某彬并未提供证据予以证明。其在一审期间，主张二次停工期间造成了设备停滞、人员等候等损失 4563094 元，一审法院认为，尹某、袁某彬对案涉工程因以探代采的违法行为被行政机关责令停工是明知的，其二人有义务采取措施防止损失的扩大，因其未尽防损义务，对扩大的损失其无权要求赔偿，符合法律规定，并无不当，本院予以确认。

四、法律分析与实务解读

承包人要求发包人赔偿停窝工损失，其前提是因发包人的过错等原因导致承包人发生了停窝工，而如果承包人自身施工组织不力等原因导致停窝工的，则显然也不能要求发包人补偿。

而在施工合同无效的情形下，合同关于违约金的约定也无效，停窝工标准属于违约责任的范畴，因而合同约定的停工损失对发承包双方无约束力。最高人民法院在中某公司与迅某公司之间的施工合同纠纷案件中曾认为："中某公司上诉主张按照合同约定，因迅某公司的原因造成停工的，迅某公司应赔偿其实际发生的停工损失。由于迅某公司未按约定支付工程款导致工程停工，其应向中某公司支付停工损失。但协议书是无效合同，其合同约定的该部分条款当然无效，对当事人没有约束力。中某公司提交的关于停工损失的证据中，迅某公司认可其中关于施工现场的电费损失 91560 元，该部分损失确实实际发生，故一审判决对该部分实际损失 91560 元予以认定。至于中某公司主张的其他停工损失……这部分证据无法充分证明其主张的该部分停工损失已经实际发生以及发生的合理性，亦无法证明均与涉案项目有关或者是迅某公司的原因造成的，一审判决对中某公司提交的该部分证据不予采信并无不当。"在该案中，因施工合同无效，所以法院并没有支持承包人要求的按照合同约定计算停工损失，而对于实际发生的停工损失（该部分也得到了发包人的确认）进行了支持，其余未支持的部分是由于承包人未能就停窝工损失充分举证，从而承担举证不能的法律后果。也就是说，合同被确认无效后，承包人一般无法直接按合同约定要求发包人赔偿停工损失。

但如之前的文章所讨论的，在施工合同无效的情况下，承包人逾期竣工时仍可参照合同约定的违约金标准承担责任；如类推适用，则在施工合同无效时，承包人也可参照合同约定的标准要求发包人赔偿停窝工损失。但是，逾期竣工损失和停窝工损失两者之间存在一定的差异。逾期竣工损失，往往属于发包人可得利益的范畴（例如延期投产导致的收益损失），此部分损失存在不确定性，如要求发包人明确予以举证进行量化，则往往不具备可操作性；因而参照合同约定的逾期竣工违约责任标准来要求承包人承担责任具有一定的可行性。但对于施工合同无效时因发包人导致的停窝工损失，属于实际发生且可以量化（例如承包人现场支出的工人工资、机械租赁费用等），因此承包人应当对前述相关的实际损失承担举证责任。

另一方面，如果承包人对停工有过错的，也应当承担一定的责任。例如，在本文的典型案例中，停窝工损失产生的原因是由于发包人违法采矿、以探代采等违反法律的规定而被主管部门勒令停工；同时，因承包人明知违法事实仍承接该项目，那么就应当预见到项目被勒令停工的可能，从而对于该部分损失也应负有一定的责任。

五、实务指引

施工合同无效，并不导致承包人丧失停窝工损失索赔的权利。如果是发包人原因导致的停工，承包人仍然有权要求赔偿停工损失，但承包人应关注以下方面：

（1）如果是发包人原因引起工程停工，应当注意搜集停工损失的相关证据，例如机械租赁合同、现场实际窝工人数以及窝工费用等。

（2）及时将有关的损失书面上报发包人，并留好送达证据。尤其注意避免在过程中因与发包人之间的友好关系而未将相关费用上报，如在诉讼阶段提出有关停工损失主张的，往往因证据不足、有关费用系承包人单方计算等原因而较难得到法院的支持。

（3）发生停工时，承包人应当负有减少损失的义务，如果停工损失本应当可以避免，而承包人放任损失扩大，则该部分损失通常也难以被支持。

第七节 发包人批准新的进度计划能否视为同意工期顺延的问题

一、实务疑难点

通常而言，施工合同签订后，承包人需要根据合同约定的工期要求，安排施工进度计划并提交发包人。而在施工过程中，如果面临工期延误等情形，则需要对原有的施工进度计划进行调整。此时，如果承包人重新上报施工进度计划，发包人通过审批的，能否视为双方对于工期达成了新的合意，或发包人同意工期顺延，是值得关注的实务问题。

二、法条链接

《最高人民法院关于审理建设工程施工合同纠纷案件适用法律问题的解释（一）》（法释〔2020〕25号）

第十条 当事人约定顺延工期应当经发包人或者监理人签证等方式确认，承包人虽未取得工期顺延的确认，但能够证明在合同约定的期限内向发包人或者监理人申请过工期顺延且顺延事由符合合同约定，承包人以此为由主张工期顺延的，人民法院应予支持。

三、典型案例

【案例：江苏建某集团与至某公司合同纠纷案】

2006年1月18日，案外人至某公司作为发包方（即原发包人）与承包方江苏建某集团签订《建设工程施工合同》，约定由江苏建某集团负责案涉项目花园小区高层G7、G8、G9号楼的施工；合同通用条款约定：因以下原因造成工期延误，经工程师确认，工期相应顺延……承包人在上述情况发生后14天内，就延误的工期以书面形式向工程师报告。工程师在收到报告后14天内予以确认，逾期不予确认也不提出修改意见，视为同意顺延工期。

2008年3月10日，万某公司、江苏建某集团及华某公司（后更名为"滨州至某公司"）三方签订《合同转让协议》，约定将《建设工程施工合同》中万某公司应承担的全部权利和义务转让给滨州至某公司，该合同自履行中所发生的任何债权债务由滨州至某公司承担。

之后，因工期延误问题，滨州至某公司向法院提起诉讼，要求江苏建某集团承担工期延误违约金7774899元。承包人江苏建某集团认为滨州至某公司不按合同约定支付工程款、存在设计变更等原因，工期应当顺延，且江苏建某集团曾上报过进度计划，得到了监理的审批，应视为双方对工期顺延达成一致。

对此，一审法院判决要求江苏建某集团支付工期延误违约金2214945.73元；江苏建某集团不服，向山东省高级人民法院提出上诉，但二审维持了一审判决；江苏建某集团向最高人民法院申请再审，最高人民法院审查后撤销了一、二审判决，并认为：江苏建某集团申请于2006年12月6日停工，并就停工原因作出说明，同时拟定了《2007各分部分项工程施工进度计划》，变更了原竣工进度计划。至某公司的项目负责人陈某堂在报告上签字同意停工，同时注明"但必须确保按进度计划竣工"。至某公司认为陈某堂系要求建某集团按照原合同约定的进度计划竣工，该解释与陈某堂同意停工的意思表示相矛盾，不合常理，本院不予采纳。江苏建某集团还提交了由监理工程师刘某显出具并经建银监理公司盖章确认的《证明》，内容为G7、G8、G9号楼存在工期顺延的情形。本案再审审查阶段，本院对刘某显进行了询问，刘某显再次对上述事实予以确认，且询问笔录已由双方当事人质证。至某公司称刘某显并非案涉工程监理工程师，但不能对刘某显曾在开工报告、主体工程质量验收报告上作为总监理工程师签字的事实作出合理解释，本院不予采纳。此外，江苏建某集团提交的案外人福某集团、宏某公司、田某公司的《停工报告》等证据亦可证明，除江苏建某集团承建的G7、G8、G9号楼外，G1、G2号楼等其他工程在同一时间段也均存在停工的情况。综合上述分析，江苏建某集团提交的《停工报告》《2007各分部分项工程施工进度计划》《证明》等相关证据已经形成证据链，足以证明江苏建某集团已与至某公司就工期顺延达成一致。

最终，最高人民法院以《2007年各分部分项工程施工进度计划》载明的竣工日期2007年5月1日与实际竣工日期2007年8月28日，确认江苏建某集团逾期竣工119天，并判决其承担违约金1320109.75元。

四、法律分析与实务解读

一般而言，实际竣工日期超过合同约定竣工日期的，则视为工期发生了延误。此时，承包人想要避免承担工期延误的责任，应举证证明双方就工期顺延达成了一致意见，或在发生工期顺延的情形时及时提出了工期顺延申请。否则，在诉讼过程中将会承担举证不能的法律后果。

对于在施工过程中，因工期延误、工程计划改变等情况，承包人重新上报施工进度计划，发包人批准的情形，能否视为双方对工期达成了新的合意，实践中存在不同的观点。

第一种观点认为，发包人对承包人报送进度计划的批准是对新进度的认可，是双方意思表示一致的结果，在性质上属于双方达成的补充协议，而新的进度计划中一般也包括了工期安排，因而可以构成发包人对工期顺延的认可。实践中，也有部分地方法院采纳该观点，例如北京市第一中级人民法院在一起装饰装修合同纠纷中认为，承包人提交的《装修整改项目进度计划》详细列明了复工整改工程的具体项目和期限，并有承包人工作人员的确认，而发包人也没有对承包人的进度计划及复工整改行为提出异议，视为双方协商一致延长了装修工程的竣工日期。而第二种观点则认为，调整进度计划是承包人结合施工过程中情况，对于施工进度、施工组织等进行重新调整，不能视为双方对工期达成新的合意。

对此，笔者倾向于认为，对于发包人批准承包人新的施工进度计划，能否构成对工期顺延、工期变更的确认，需要结合具体情况来进行分析，不宜一刀切地进行判断。例如，如果出现发包人未及时支付款项，或未及时下发施工图纸、提供施工场地等情况，此时可能会对施工现场产生影响，进而影响工期，此种情况下，承包人提交新的施工进度计划，发包人批准的，应作出有利于承包人的解释。而如果因承包人自身施工组织不力导致工程延期，发包人要求承包人采取赶工措施、避免工期延误，此时如果承包人提交新的施工进度计划，则不应视为对工程延期的批准，而应视为发包人要求承包人采用合理的施工组织手段、施工进度安排等措施，来保障工程不延期。同时，发包人批准进度计划能否视为对工期进行变更，还应结合其他书面文件予以综合考量，例如现场会议纪要、双方洽谈记录、工程联系单、施工进度计划说明等；如果结合其他书面文件能够形成完整的证据链，能够体现双方对于工期顺延或变更的意思表示，则可以视为双方对工期顺延达成了合意。

就本文案例来看，发包人认为工期延误并要求承包人承担违约责任，而承包人则认为发包人存在违约行为，工期应当予以顺延，并提交了经过发包人审批的进度计划，该进度计划由发包人签字确认，同时注明了"确保按进度计划竣工"，结合承包人提交的可以顺延工期的其他证据（例如停工报告等），由此可以推断出发包人对于新的工期安排进行了确认，即批准进度计划的行为属于双方对工期顺延、工期变更达成了新的合意。

五、实务指引

一般而言，承包人想要获得发包人对于工期顺延的签证存在较大的难度，发包人也不会轻易给承包人出具有关签证文件。对承包人来讲，本文的案例提供了一种新的思路，即便未取得工期顺延签证的，也可以通过进度计划以及其他书面文件，来达到工期顺延的效果。对此，笔者进一步提出相应的管理建议：

（1）施工过程中，影响工期的因素众多，且工期顺延具有极强的专业性，例如延误的工作是否涉及关键线路等，而根据举证的规则，工期顺延的举证责任在承包人，因此承包人应当熟知合同中关于顺延工期的约定，以及法律规定可以顺延工期的情形。

（2）在发生工期顺延的情形时，首先应及时向发包人提出顺延申请，即便发包人未批准的，只要符合合同约定或法律规定，根据司法解释的规定，法院一般会予以支持。

（3）对于施工进度计划，建议注明修改进度计划的原因（例如设计变更等导致进度计划修改等），并向发包人指定的送达人员提交，保留好提交的进度计划的证明文件以及发包人对进度计划的确认证明。

第八节　承包人采取暂停施工的措施应符合规定，擅自停工将承担相应责任

一、实务疑难点

实践中，承包人对抗发包人违约或不履约的常用手段就是采取停工措施。但如果擅自停工，或采取的停工措施不符合合同约定，反而会导致承包人对发包人的违约，进而可能会引起发包人的索赔。如何在实务中按照相应的规定和程序，

合法行使承包人的停工权,是极为重要的问题,也是难点问题,往往在尺度上可能较难把握。

二、法条链接

《中华人民共和国民法典》(中华人民共和国主席令第四十五号)

第七百九十八条 隐蔽工程在隐蔽以前,承包人应当通知发包人检查。发包人没有及时检查的,承包人可以顺延工程日期,并有权请求赔偿停工、窝工等损失。

第八百零三条 发包人未按照约定的时间和要求提供原材料、设备、场地、资金、技术资料的,承包人可以顺延工程日期,并有权请求赔偿停工、窝工等损失。

第八百零四条 因发包人的原因致使工程中途停建、缓建的,发包人应当采取措施弥补或者减少损失,赔偿承包人因此造成的停工、窝工、倒运、机械设备调迁、材料和构件积压等损失和实际费用。

三、典型案例

【案例:安某公司与海某公司合同纠纷案】

2006年1月19日,承包人安某公司与发包人海某公司签订《海口海某酒店工程安装工程施工合同》,由安某公司承包海口海某酒店及商场的工程,合同约定:"工程师认为确有必要暂停施工时,应当以书面形式要求承包人暂停施工……"。

施工过程中,双方因开发报建手续办理、装修样板房选材等问题产生分歧,僵持不下,安某公司最终停工。

后安某公司向法院提起诉讼,认为海某公司曾通知其停工,要求海某公司赔偿停工期间的损失。

对此,法院认为:安某公司对自己主张的海某公司通知其停工的事实,有义务提供证据证实,如不能证实或不足以证实其主张的,应负不利的诉讼后果。根据现有证据,应认定安某公司系在履行合同过程中自行停工,已构成违约。因安某公司停工存在过错,所发生的费用和造成的损失应由其自行承担。

四、法律分析与实务解读

对于建设工程合同来讲,发包人支付工程款是其主要义务,而按期完工则是承包人的主要义务。在施工合同履行过程中,时常出现发包人延期支付工程款的情形,导致承包人资金周转困难,甚至难以支付农民工工资。在此种情形下,承包人通常可以采取停工措施来对抗发包人的延期付款。但实践中,承包人如何采取合法的停工手段,往往在尺度上较难把握,笔者曾参与的多个全过程服务项目也均出现类似状况。

承包人的停工权一般分为两个层面,即依法停工与依约停工。依法停工是指根据法律、行政法规等规定,发包人未履行相关的义务导致公共利益损失的,承包人应当依法停工,最常见的是开工手续不全导致的停工。

依约停工则更多的是承包人根据合同约定,在发包人不履行主要义务的情况下采取的停工措施,以维护自身的正当权益。例如,《建设工程施工合同(示范文本)》GF—2017—0201 通用条款 16.1.1 条"发包人违约的情形"约定:"发包人发生除本项第(7)目以外的违约情况时,承包人可向发包人发出通知,要求发包人采取有效措施纠正违约行为。发包人收到承包人通知后 28 天内仍不纠正违约行为的,承包人有权暂停相应部位工程施工,并通知监理人。"如采用该示范文本的,承包人可在发包人违约后向其发出书面通知并要求其纠正违约行为,如逾期未纠正的,则承包人可采取停工措施,并通知监理人。

实践中,发包人延期支付进度款导致承包人停工是最常见也是争议最大的问题。例如,在合肥某公司与中铁某局施工合同纠纷案件中,因合肥某公司未按约定支付工程款,导致中铁某局无法继续施工并处于停工状态,对此法院认为,案涉工程停工是由于发包人即合肥某公司根本违约导致,中铁某局被迫停工是对其自身权益的保护,且符合合同约定。

承包人行使停工权,可能会出现两种后果,例如上述中铁某局案件,即属于承包人正确行使了停工权,则无需向发包人承担违约责任,且承包人停工导致的相关损失应当由发包人承担。另一种情形则是承包人没有合理理由或没有按合同约定的程序行使停工权,此时停工引起的各类损失均由承包人承担,同时可能会导致承包人陷入不利的地位,并可能引起发包人的索赔。例如在正文案例中,因合同约定了停工的程序(需由发包人的工程师发出书面停工指令或通知),而在诉讼过程中,承包人主张按照发包人的要求进行了停工,但未举证予以证明,因此构成擅自停工,由此造成的停工损失则均由承包人自行承担。承包人擅自停工若导致工期延误的，可能还将面临发包人的工期违约索赔。

五、实务指引

当发包人存在延期支付款项等违约行为的情形时，承包人行使停工的权利往往可以积极推动发包人进度款的支付及其他合同义务的履行，也可以避免承包人的损失进一步扩大。

虽然承包人的停工权意义重大，但实践中的操作却极其不规范，稍有不慎，反而会使得承包人从主动地位陷入被动状态，甚至引起发包人的索赔。

基于此，笔者建议，在发包人根本违约的情况下，尤其是发包人一再拖延支付进度款，承包人应果断利用停工来维护自身的合法权益，避免错过处理合同履约阶段纠纷的重大机会，同时在采取停工措施时也应当注意：①停工之前应向发包人发函催告，要求其在规定期限内履行支付工程款等合同义务。②在合理期限内，发包人仍未履行合同义务的，承包人可采取停工措施，并再次向发包人致函，告知工程被迫停工，并要求发包人限期履行合同义务，同时承担停工造成的损失。③经再次催告后，在合理期限内发包人仍不履行的，则承包人可参照《中华人民共和国民法典》第八百零三条的规定，要求发包人赔偿停窝工损失，必要时，还可按照合同约定及法律规定行使合同解除权。

需要注意的是，施工合同纠纷十分复杂，具体的停工程序、措施需要结合具体的项目情况、双方履约情况以及合同约定等因素综合考量，建议承包人请专业的律师团队介入处理。

第九节　承包人主张工期顺延的，应承担举证责任；未举证证明工期可以顺延的，将承担工期延误的不利后果

一、实务疑难点

施工合同工期问题历来是发承包双方争议的焦点问题之一，发包人为项目按时投产，在招标投标与合同签约阶段会尽可能压缩工期，同时又设置相对高额的违约金，以补偿承包人工期延误导致发包人的损失。实践中，当承包人无法按照约定的

时间竣工时，发包人会要求承包人承担延期竣工的违约责任，此时承包人通常又会主张延期竣工并非其自身的责任，并主张工期应当顺延。但在合同履约过程中，承包人往往不重视工期索赔，导致错失原本可以索赔工期的机会，从而在诉讼过程中对于工期应当顺延的主张无法举证证明，导致可能承担巨额的工期违约金。本文将结合承包人工期延误的案件，谈谈工期顺延签证或索赔的重要性。

二、法条链接

1.《中华人民共和国民事诉讼法》（2021年修正）

第六十七条 当事人对自己提出的主张，有责任提供证据。

当事人及其诉讼代理人因客观原因不能自行收集的证据，或者人民法院认为审理案件需要的证据，人民法院应当调查收集。

人民法院应当按照法定程序，全面地、客观地审查核实证据。

2.《最高人民法院关于审理建设工程施工合同纠纷案件适用法律问题的解释（一）》（法释〔2020〕25号）

第十条 当事人约定顺延工期应当经发包人或者监理人签证等方式确认，承包人虽未取得工期顺延的确认，但能够证明在合同约定的期限内向发包人或者监理人申请过工期顺延且顺延事由符合合同约定，承包人以此为由主张工期顺延的，人民法院应予支持。

当事人约定承包人未在约定期限内提出工期顺延申请视为工期不顺延的，按照约定处理，但发包人在约定期限后同意工期顺延或者承包人提出合理抗辩的除外。

三、典型案例

【案例：海南某学院与海南某公司合同纠纷案】

2003年11月13日，海南某学院发布学院图书馆、第二教学楼项目的工程施工招标文件，工程工期为270日历天，承包方式为包工包料。2003年12月14日，海南某公司投标之后中标，双方于2004年1月16日签订《建设工程施工合同》（简称"施工合同"），施工合同协议书部分约定：开工日期2004年1月29日，竣工日期2004年10月29日，合同总工期270日历天；合同价款3770万元。施工合同通用条款约定：发包人不按约定付款，无论是否达成延期付款协议，承包人都不能停止施工，发包人承担延期付款的银行同期贷款利息。

2005年7月21日,海南某学院通知图书馆工程正式开工,开工日期为2005年7月28日。2005年12月19日,图书馆工程施工完成至正负零。2005年12月26日,海南某公司发出停工函:经监理工程师审核应付工程进度款8936613.92元,但尚未支付,造成无法继续垫资施工,特函告停工。

此后,因海南某学院进度款始终未能按时落实,案涉项目又发生多次停工;过程中双方多次就停工及进度款事宜进行协商,并分别于2007年7月5日、2009年6月23日签订两份补充协议,对进度款的支付进行了进一步落实(并未对工期顺延事宜进行约定)。

2009年8月4日,海南某公司向海南某学院报送竣工验收的报告,通知海南某学院进行验收。2010年1月20日图书馆工程组织竣工验收,但当日未验收合格。同年1月21日,海南某公司将图书馆工程全部钥匙交付海南某学院,海南某学院图书馆现已使用并评定为合格。

因案涉项目实际工期长达数年,海南某学院向法院提起诉讼,要求海南某公司支付延期交工违约金11604000元;海南某公司认为工程停工、工期延误系海南某学院未按约定支付工程款导致,且施工过程中发生了工程变更等原因导致工程量增加,相应的工期应当予以顺延。

本案经一审、二审后,最终经最高人民法院再审确认;再审过程中,最高人民法院对此认为:

(1)海南某公司与海南某学院订立的补充协议并无海南某学院如不按合同支付后续工程款、导致正常施工无法进行则需承担包括顺延工期在内的违约责任的表述,尤其是施工合同关于海南某公司不能单方面停工的约定更排除了可顺延工期的可能性。

(2)海南某公司还主张实际施工过程中海南某学院将楼梯扶手、栏杆等铁艺工艺变更为石雕工艺增加工程量以及未消防报建、无节能设计以致影响竣工验收,应当顺延工期,但该公司并未在一审中予以主张,亦未提交证据予以证明上述工程变更程度之大足以影响整个工程按期完成。故海南某公司关于其有权顺延工期、实际施工时间并未超过240天的主张因无事实根据而不能成立。

(3)原施工合同也有"发包人不按约定付款,无论是否达成延期付款协议,承包人都不能停止施工,发包人承担延期付款的银行同期贷款利息"以及"在此期间若发包方工程资金未能到位时,承包方同意发包方延期付款,但延期付款不影响承包方继续完成工程项目的施工,且承包方须保证工程按期竣工并投入使用"的特别约定，说明在海南某学院未能依约支付工程进度款这一特定情况下海南某公司不得停止施工，应由海南某学院承担利息损失。因此，原判决就海南某公司单方面停工之事实按照原施工合同有关延期交付工程违约责任的约定计算违约金有事实依据。

四、法律分析与实务解读

本文案例也是较为典型的工期延误导致发包人索赔的案件，工期延误存在多种因素，例如承包人停工、不可抗力、发包人设计变更等原因均会造成工程不能按期竣工。本案的合同约定的竣工日期为2004年10月29日，而最终实际的竣工日期为2010年1月21日，施工过程断断续续长达数年，如果合同约定了较高的违约金标准，承包人又未能举证证明工期可以顺延，则将会承担巨额的违约责任。

1. 关于工期延误的举证责任分配

《中华人民共和国民事诉讼法》等相关规定确立了"谁主张，谁举证"的举证责任分配原则。如果发包人认为承包人存在工期延误，只需举证证明施工合同约定的开工日期、竣工日期、合同工期以及实际工期，即可认为完成了初步举证。

而对于承包人来讲，要对抗发包人的逾期竣工索赔，则需承担较高的举证责任，例如需举证证明不存在工期延误的事实，或证明存在导致工期可以顺延的情形、事件，例如变更工期的补充协议、工期顺延签证等证明文件。

2. 关于未能举证证明工期可以顺延的后果

如果工程存在延期竣工，承包人又不能举证证明办理过工期顺延签证或提交其他顺延工期证据的，则应当承担举证不能的后果。本文选取的典型案例因合同约定的工期延误违约金标准较低，最终承包人承担的工期延误违约责任也仅有数百万元。但对于发包人对工期有严格要求的项目，其延误违约金往往较高，如承包人在过程中未办理工期顺延签证，则会产生巨大的损失。

例如，在武汉天某公司与武汉建某公司之间的施工合同纠纷案件中，合同约定工期延误一个月以内的，违约金35万元/天；超过一个月的部分，6万元/天；该合同约定的竣工日期为1999年5月31日，过程中因基坑塌方等原因，导致工程停工7个月，最终实际竣工日期为2001年9月；此后发包人向法院提起诉讼要求承包人承担工期延误违约金高达5280万元，最终最高人民法院支持了发包人的工期延误索赔3032万元。

上述案件对承包人而言教训不可谓不深刻。承包人未及时提出工期顺延索赔或签证，不注重过程中的证据管理，是承包人产生巨大损失的直接原因。如承包人在履约过程中针对各类涉及工期事件充分做好证据收集并及时提出顺延工期申请，则该案或许会有另外一个结果。例如，针对上述案件中基坑工程塌方引起停工的情形，由于基坑工程属于危险性较大的工程，在施工过程中需要编制危险性较大的专项施工方案，且需要经过专家论证并经过审批。对于承包人来讲，基坑开挖时间、开挖方式均需要各方确认，且基坑支护完成后，必须经过各方验收和确认程序方可进入下一道基坑开挖工艺。因此，承包人应举证证明基坑开挖、支护方案的相关专家论证文件、验收文件，以证明塌方引起的停工非承包人原因，然后再进一步提出工期顺延申请。但在诉讼过程中，承包人无法提交任何关于工期顺延的证据，由此承担了巨额的工期违约金。

五、实务指引

一般而言，施工合同工期延误属于常态，而如果承包人在施工过程中不重视工期顺延的证据搜集并及时提出工期签证，则往往要承担相应的责任。

近几年，新能源项目的投资、建设在市场中盛行，发包人对于此类项目的工期往往有较高的要求。笔者在曾参与的投资额约6亿元的风电场项目中，发包人要求承包人必须在2021年之前完成并网，否则发包人将承担上网电价损失，而发包人通过工期延误违约金的方式将该损失转嫁给承包人（约1亿元延误违约金），并在合同中对于工期顺延的情形进行了严格的限定。在如此严格的要求下，以及在新冠肺炎疫情大暴发的背景下，承包人显然无法完成按期并网的要求，必然会导致双方履约过程中的争议，以及可能承担的高额违约金。对于此类情形，笔者建议：

（1）合同签约阶段，对于工期延误违约金较高的条款，应当予以高度关注。

（2）在合同约定工期延误违约金较高的情形下，承包人应当高度重视过程中的工期顺延证据的搜集，并及时提出工期顺延签证或索赔。承包人不能主观地认为只要发包人违约，例如发生发包人延期支付工程款、延期交付场地等情形，承包人就可以申请顺延工期。《中华人民共和国民法典》第八百零三条规定："发包人未按照约定的时间和要求提供原材料、设备、场地、资金、技术资料的，承包人可以顺延工程日期，并有权请求赔偿停工、窝工等损失。"需要注意的是，《中华人民共和国民法典》也仅仅规定了"承包人可以顺延"工期，并不意味着必然顺延工期；能否顺延，首先应当以合同约定为准。如果在诉讼过程中，不能拿出工期索赔或顺延工期的任何证明文件，则工期顺延的诉请很难被支持。

（3）承包人在证据不利的情况下，如贸然进入诉讼阶段，将会陷入较为被动的局面。如诉讼过程中，发包人同意调解的，应尽量接受合理、双赢的调解方案，减少违约损失。

第十节　设计变更并不必然导致工期延误，影响工期关键线路是顺延工期的前提

一、实务疑难点

施工合同履约过程中，由于不可预见的地质条件等原因，常常会发生设计变更或实际工程量相对于签约时发生变化的情形。此类情形的发生，对承包人来讲，客观上会对施工组织、施工工期产生影响。在此情况下，承包人能否顺延工期，实践中争议较大，笔者结合两个典型案例，对此进行探讨。

二、法条链接

《中华人民共和国民法典》（中华人民共和国主席令第四十五号）

第五百九十条　当事人一方因不可抗力不能履行合同的，根据不可抗力的影响，部分或者全部免除责任，但是法律另有规定的除外。因不可抗力不能履行合同的，应当及时通知对方，以减轻可能给对方造成的损失，并应当在合理期限内提供证明。

第七百九十八条　隐蔽工程在隐蔽以前，承包人应当通知发包人检查。发包人没有及时检查的，承包人可以顺延工程日期，并有权请求赔偿停工、窝工等损失。

第八百零三条　发包人未按照约定的时间和要求提供原材料、设备、场地、资金、技术资料的，承包人可以顺延工程日期，并有权请求赔偿停工、窝工等损失。

三、典型案例

【案例1：佳某公司与广东某公司四川分公司合同纠纷案】

佳某公司（甲方）与广东某公司四川分公司（乙方）相继签订六份《建设工程安装承包合同》，将位于重庆市垫江县的佳某（垫江）商城的装饰装修工程发包给广东某公司四川分公司施工。双方在合同中约定了工程工期、工程质

量、工程更改、竣工验收、保修、工程竣工结算方式、付款方式、违约责任等；同时约定：若非发包方原因导致的工期延误即视为承包方违约，承包方竣工交验时间每延后一天须向发包方按5000元/天支付违约金。

广东某公司四川分公司在对上述六个工程项目施工过程中，佳某公司对部分工程内容进行了更改，增加了工程量，部分工程项目未能依约如期完工。至2013年7月16日，佳某公司在未进行工程验收的情况下，将佳某（垫江）商城投入使用。此后，双方对于工程质量、造价、工期等问题发生争议，佳某公司向法院提起诉讼，要求广东某公司四川分公司支付工期延误违约金11593160元，以及质量不合格等损失。

针对工期延误的问题，广东某公司四川分公司认为，案涉工程设计变更、工程量增加等事实，这些必然导致工期延误，因而案涉工期应予以顺延。

对此，重庆市高级人民法院认为：广东某公司四川分公司认为，案涉工程存在工程量增加及设计变更的情形，并举示了确认函、签证等证据予以证明，但广东某公司四川分公司举示的该证据只能证明案涉工程确实存在工程量增加及设计变更的事实，但工程量增加及存在设计变更并不必然导致工期延长，广东某公司四川分公司亦并未在施工的过程中向佳某公司提出要求延长工期的请求，应视为双方对工期未重新约定。

二审判决后，广东某公司四川分公司不服，向最高人民法院申请再审，但被驳回。

【案例2：铜某公司与自某公司合同纠纷案】

2012年自某公司与铜某公司签订《建设工程施工合同》，约定自某公司将该公司二期工程（Ⅱ标）发包给铜某公司。工程内容为Ⅱ标的炼铜车间、电解锌、铜等项目。开工日期暂定2012年9月15日，竣工日期暂定2013年7月12日，工期总日历天数300天，合同总工期不因合同外变更洽商的工程量变化而调整。

合同签订后，铜某公司开始施工。自某公司就案涉工程向铜某公司提供了多家设计单位出具的施工图纸，存在施工图纸设计变更的情形。施工过程中，也发生过停电情形。2014年3月案涉工程完工，双方开始进行工程结算。铜某公司于2014年5月12日向监理单位提交了工程决算书，于2014年6月9日向自某公司提交了工程决算书，于2015年4月7日向自某公司提交了竣工验收申请书、竣工验收报告等资料。铜某公司主张自某公司2014年8月就已经开始实际使用案涉工程进行生产,自某公司则主张其是2015年开始使用。

结算期间,双方对于结算金额未能达成一致,铜某公司向法院提起诉讼,自某公司提出反诉,认为铜某公司工期延误200余天,应当支付工期延误违约金。

诉讼过程中,双方对于设计变更、工程量增加导致工期延误的问题发生争议,铜某公司认为设计变更应当顺延工期,而自某公司认为根据合同约定,设计变更不应顺延工期。

对此二审江西省高级人民法院认为:根据司法解释的规定,承包人主张工期顺延,应当提交发包人或者监理人的签证,或者提供工程延期的申请,只要该申请具有合理性,即可认定工程延期。建设工程施工过程中,工期顺延具有专业性、复杂性、动态性,司法解释之所以要求承包人提出工期顺延的申请,主要是督促承包人及时主张工期顺延,以避免事后难以对工期顺延的事实进行认定。本案中铜某公司既没有提供申请工期顺延签证的证据,也没有对为何没有提供签证进行合理说明,仅以工程设计变更、停水停电等事由进行抗辩,该抗辩虽具有一定的合理性,但是并不足以有效证明案涉工程逾期200余天竣工的事实。本院综合考虑到自某公司施工图纸变化影响工程施工进程的具体天数难以确定,为公平保护双方当事人的合法权益,以合同约定的工程总价与实际完成经鉴定机构鉴定总价的差额与合同约定的工程总价的比值作为系数,再以该系数乘以合同总工期计算工期顺延日为88天。

二审判决后,自某公司不服,向最高人民法院申请再审,最高人民法院认为,铜某公司未能提供证据证明发包人或监理人已确认工期顺延或其在顺延事由发生后按约提出申请,应承担举证不能的不利后果。但对于二审判决从公平原则的角度出发,对工期顺延酌情进行调整也予以了认可,从而驳回了再审申请。

四、法律分析与实务解读

本文选取的两个案例具有较强的代表性,针对施工合同履约过程中,发生了设计变更、工程量增加等问题,而实际工期又发生了延误,此时承包人主张工期顺延,能否得到支持,实践中有一定的争议。对于承包人能否主张工期顺延,首先应当对承包人可以顺延工期的事由进行讨论。

1. 工期顺延的事由

承包人申请工期顺延的事由，一般分为法定顺延与约定顺延。例如《中华人民共和国民法典》第五百九十条、第七百九十八条、第八百零三条即为法定顺延工期的事由。即，一般而言，发包人没有及时进行隐蔽工程验收、未按约定的时间提供原材料、资金、施工场地、技术资料，以及发生不可抗力事由等原因引起的工期延误，承包人可以提出工期顺延。

除法定工期顺延的事由外，发承包双方可以约定工期顺延的情形，例如可参照《建设工程施工合同（示范文本）》GF—2017—0201 通用条款 7.5.1 条约定工期顺延的事由：

（1）发包人未能按合同约定提供图纸或所提供图纸不符合合同约定的；

（2）发包人未能按合同约定提供施工现场、施工条件、基础资料、许可、批准等开工条件的；

（3）发包人提供的测量基准点、基准线和水准点及其书面资料存在错误或疏漏的；

（4）发包人未能在计划开工之日起 7 天内同意下达开工通知的；

（5）发包人未能按合同约定日期支付工程预付款、进度款或竣工结算款的；

（6）监理人未按合同约定发出指示、批准等文件的；

（7）专用合同条款中约定的其他情形。

2. 设计变更或工程量增加能否顺延工期

结合《中华人民共和国民法典》关于工期顺延的规定来看，设计变更或工程量增加并非顺延工期的法定事由，而合同示范文本中也并未将其明确列为可以顺延工期的事项。因此，设计变更能否顺延工期，仍应当结合具体的合同条款以及合同履行情况综合判断。一方面，承包人在发生设计变更时，如果认为设计变更导致了工期延误，应当提出工期顺延的申请；另一方面，承包人应当说明或证明设计变更与工期延误之间存在因果关系。

例如，在案例 1 中，虽然客观上发生了设计变更，但法院认为设计变更并不必然导致工期延长，而在发生变更之后，承包人也没有提出过工期顺延的申请，此种情况下，应当视为承包人默认设计变更对工期不产生影响。而在案例 2 中，情况略有不同，且法院从另一个角度得出了不同的处理结果：在该案中，施工合同明确约定合同外变更不顺延工期，而在施工过程中又确实发生了设计变更，虽然该案中承包人在过程中也没有提出工期顺延的申请，但法院仍从公平原则的角度，对工期酌情进行了调整。

结合本文的两个案例来看，施工合同履行过程中，存在着各种错综复杂的干扰事件，但并非每一个干扰事件都会对工期产生影响；此外，即便某一个干扰事件对某一施工阶段、施工过程的工期产生了影响，也未必对整体工期产生影响，只有干扰事件影响了工期的关键线路，才会产生工期的延误。

例如，在图3-1中，该项目的工期为100天，关键线路为12567，如果在主体施工过程中发生了设计变更，导致主体施工从40天变成50天，关键线路并不会发生变化，因而不会对该项目的总工期产生影响；而如果主体施工过程中发生设计变更，导致主体施工从40天变更为60天，此时该项目的关键线路将会发生变化，线路123467将会成为关键线路，合同工期变为105天（相对于原合同工期因设计变更延误了5天），因而如果该项变更是由发包人原因造成的，则一般可以顺延5天工期。

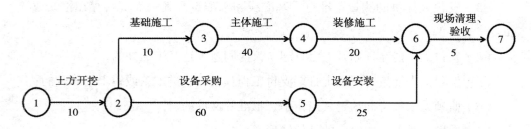

图3-1 某项目双代号网络计划图

因此，就设计变更来讲，未必发生设计变更，就必然导致工期延误，两者之间并不存在必然的因果关系。上海市高级人民法院在南通某建与浦某公司建设工程施工合同纠纷案中认为："工程量变更并非顺延工期的法定事由，工程量变更后并不必然改变工期。工程量变更后是否缩短或延长工期，如何确定工期，应由当事人在订立合同时约定或在履行过程中协商一致确定。而南通某建的本项主张，既不符合双方当事人关于因工程量变更而顺延工期的约定，也未就此协商达成一致意见，施工过程中南通某建也未提出工期顺延申请，因此视为工程量增加对工期没有影响。"

因此，承包人在诉讼过程中主张设计变更情形下应顺延工期的，应当进行举证。而承包人仅证明发包人有变更设计[①]、未按期支付工程款等行为尚不足以完成工期顺延的举证责任；司法实践中，即便存在设计变更等因素，也并不足以构成工期顺

---

① 最高人民法院民事审判第一庭. 最高人民法院关于审理建设工程施工合同纠纷案件适用法律问题的解释（二）理解与适用[M]. 北京：人民法院出版社，2019.

延的充分理由；发包人或者监理人出具的工程顺延签证，是证明发包人同意顺延工期的直接证据。因而，如果发生设计变更，承包人在施工过程中又没有按照合同约定提出过顺延工期申请，仅在诉讼过程中才主张工期应当顺延的，即便合同约定设计变更可以顺延工期，该类主张也可能存在不被支持的风险。

而如果合同约定设计变更不顺延工期的，则应视为承包人对自身权利的处分，应当认为该约定有效。但如果合同履约过程中，确实发生了设计变更，且对工期产生了实质性影响，承包人也在过程中提出了顺延的申请，则法院可能会从平衡双方利益的角度，对工期顺延酌情予以调整；如果设计变更对工期产生了影响，承包人又没有提出顺延申请的，则应视为同意按原工期约定执行，法院对工期直接进行调整的可能性较小。

五、实务指引

如本文所讨论，设计变更与工期延误之间并不必然存在因果关系。在诉讼过程中，法院对于承包人举证证明工期应当顺延的要求较高。因此，即便合同约定设计变更可以顺延工期，承包人也应当及时在施工过程中向发包人书面提出，并说明相应的理由。如果施工过程中承包人未提出顺延申请的，则后期进入诉讼阶段时，法院较难再支持承包人的工期顺延诉请。相反，如果承包人在施工过程中提出了顺延申请，即便发包人未予批准，但如果设计变更确实导致了工程延误的发生，则按照《最高人民法院关于审理建设工程施工合同纠纷案件适用法律问题的解释（一）》第十条的规定，诉讼过程中法院仍可能会支持承包人的诉请。

第十一节　发包人原因导致工程停工的，承包人可以要求发包人赔偿停窝工损失，但应当避免损失扩大

一、实务疑难点

实践中，工程停工的具体原因可从发包人和承包人两个角度进行划分。例如，发包人延期支付工程款，经催告后仍不支付导致承包人行使停工权利的，则属于发包人原因引起的停工；而承包人施工质量不合格导致工程陷入停工的，或承包人擅自停工的，则属于承包人原因导致的停工。如果发包人原因导致工程停工的，此时

承包人产生的停窝工费用能否要求发包人赔偿，以及如何赔偿，笔者将结合具体案件进行讨论。

二、法条链接

《中华人民共和国民法典》（中华人民共和国主席令第四十五号）

第八百零三条 发包人未按照约定的时间和要求提供原材料、设备、场地、资金、技术资料的，承包人可以顺延工程日期，并有权请求赔偿停工、窝工等损失。

第八百零四条 因发包人的原因致使工程中途停建、缓建的，发包人应当采取措施弥补或者减少损失，赔偿承包人因此造成的停工、窝工、倒运、机械设备调迁、材料和构件积压等损失和实际费用。

三、典型案例

【案例：泽某公司与帝某公司合同纠纷案】

2005年7月10日，帝某公司与泽某公司订立《建设工程施工合同》，约定泽某公司将其位于大庆高新技术产业开发区的案涉项目工程交给帝某公司进行施工，具体施工范围包括土建、给水、排水、供电等，合同总工期360天，工程价款5500万元。

《建设工程施工合同》订立后，帝某公司将设备运至施工现场并组织人员进行施工。按照约定，开工前泽某公司应当将施工现场达到三通一平的条件，但泽某公司未能履行该项义务。泽某公司承诺由帝某公司代为施工，达到三通一平条件后泽某公司将该款项支付给帝某公司。2005年年底，帝某公司已将办公楼、宿舍、科研楼封顶并抹灰完毕，围墙施工完毕。泽某公司在2005年10月15日才将两栋仓库的施工草图提供给帝某公司，并要求其按照施工草图进行施工。由于图纸钢筋跨度大导致楼板下沉，帝某公司要求泽某公司提供正规施工图纸，但泽某公司一直未能提供。

2006年，因该项目环保不合格及泽某公司资金不到位，无法继续进行施工，导致工人经常上访，政府相关部门多次协调并督促泽某公司拨款，但泽某公司仍未付款，工程被迫停工，帝某公司提前撤出施工现场。

此后，帝某公司向法院提起诉讼，要求泽某公司支付工程款，并赔偿停工损失，包括脚手架和塔式起重机租赁费、停窝工期间工人工资、工地看护人员工资、管理人员工资、生活费、误工损失等。

  对此，黑龙江省高级人民法院认为：泽某公司应给付帝某公司合理的停工损失与看护费用，但帝某公司也不应盲目地、无限期地等待而放任损失的扩大，亦应采取适当措施，自行做好人员和机械的撤离，及时止损。即使机械续租、工人再雇佣的事实存在，也属不具备复工条件下，由于帝某公司自身过错，导致随意放任损失扩大的行为，产生的损失应由其自行承担。故本院对于停工损失合理部分予以支持，而对于帝某公司原因扩大损失部分由其自行承担。

四、法律分析与实务解读

  本案属于典型的停窝工引起的损害赔偿纠纷，承包人要求发包人承担停窝工损失的，其前提必须是发包人原因导致承包人陷入停工状态。因此，首先应当明确何为"发包人原因"导致的停工，或者哪些情形属于"发包人原因"导致的停工。

  1. 关于发包人原因导致的停工

  参照《中华人民共和国民法典》第五百二十六条关于先履行抗辩权的规定，如果发包人构成违约的，则承包人可行使先履行抗辩权，要求发包人纠正违约行为，并有权暂停履行合同义务，即暂停施工。

  结合《建设工程施工合同（示范文本）》GF—2017—0201通用条款7.8.1条的规定，发包人原因导致停工的，发包人应承担由此增加的费用；通用条款16.1.1条针对"发包人违约的情形"，规定了承包人有权采取暂停施工的措施。因此，在实践中常见的发包人原因导致停工的情形，主要包括发包人违约、不履行合同义务等情形，例如：

  （1）发包人提供的设计文件等技术资料存在错误；

  （2）发包人未按约定支付工程款或提供主要设备材料；

  （3）发包人未按约定移交相关施工作业面、施工场地；

  （4）发包人未及时进行分项、分部工程等中间验收；

  （5）发包人未能按合同约定支付合同价款等。

  发包人原因导致的停工主要应判断发包人的行为与停工之间是否存在因果关系。具体来讲，最核心的判断标准在于：发包人的合同义务是承包人施工义务的前提条件，如果发包人不履行合同义务，则承包人因陷入履行不能而导致停工。典型的情形有发包人未提供施工作业面、施工场地，则承包人因没有工作面而难以进行施工，从而产生停窝工。又例如承包人进场后，发包人未能及时提供后续图纸，导致承包人无法"按图施工"而陷入停窝工状态。

在本文案例中，因发包人资金不到位，导致承包人没有资金进行施工，一般认为属于发包人原因导致的停工。

2. 发包人原因引起停工的，承包人应当负有避免损失扩大的义务

实践中，承包人往往倾向于认为只要发包人原因引起的停工，均可以理所当然地索赔停窝工损失。然而，《中华人民共和国民法典》第五百九十一条规定："当事人一方违约后，对方应当采取适当措施防止损失扩大；没有采取适当措施致使损失扩大的，不得就扩大的损失请求赔偿。"也就是说，因发包人原因导致工程停工后，承包人不得放任停工状态延续，应当采取相关的补救措施减少停窝工时间，避免停窝工损失的扩大，否则无权向发包人就扩大的损失主张赔偿。

当前法律法规层面对于如何判断是否尽到减损义务，并没有明确的规定。司法审判实务中，一般从守约方是否主动采取减损行为作为主要的评判标准，而非以事实上是否起到了减少损失的效果作为评判依据。例如，本案中，承包人停止施工后，仍对施工场地进行看护，但没有与发包人沟通或催促发包人复工事宜，也没有做好相应的人员和施工机械的撤离；在无法复工的情形下，承包人仍然继续租赁相关机械设备、雇佣施工人员，属于没有尽到减少损失的义务，因而该部分扩大的损失法院未予以支持。

五、实务指引

对于发包人原因引起的停工问题，承包人应注意占据主动权，避免在被动等待中丧失本应当可以索赔的费用，也应当主动去减少损失的发生，不能以该部分损失由发包人承担的心态，放任损失的扩大。具体来说，笔者建议：

（1）如发生发包人原因引起的停窝工，应第一时间向发包人致函，说明停工的原因以及可能造成的损失。待损失发生后，应及时向发包人索赔，损失持续发生的，应定期书面告知发包人。

（2）如停工处于持续状态，且可能延续时间较久的，应向发包人致函，要求发包人明确回复是否要求承包人继续在施工现场待命。此种情况下，发包人通常不会立刻要求承包人撤场，则可以视为发包人默认承包人继续在现场待命，此时承包人应当每隔一定期间上报停窝工损失。

（3）如果发包人现金流恶化，可能出现资金断裂等情形，此种情况下导致停工的，承包人应当尽快撤场，避免损失扩大。

第十二节 施工合同约定发包人原因导致工期延误，承包人不得索赔，一般应认为有效，但承包人可申请变更或解除合同

一、实务疑难点

一般而言，发包人原因导致工期延误的，承包人可以进行索赔。但实践中，部分发包人会在施工合同中约定要求承包人放弃索赔的权利，而承包人为了获得项目，被迫接受发包人的条款。但事后发生争议时，承包人往往又以该类条款违反法律规定等为由，主张无效。此类情形在实践中较为常见，但如何妥善解决，则是较为复杂的问题。

二、法条链接

《中华人民共和国民法典》（中华人民共和国主席令第四十五号）

第六条 民事主体从事民事活动，应当遵循公平原则，合理确定各方的权利和义务。

第五百三十三条 合同成立后，合同的基础条件发生了当事人在订立合同时无法预见的、不属于商业风险的重大变化，继续履行合同对于当事人一方明显不公平的，受不利影响的当事人可以与对方重新协商；在合理期限内协商不成的，当事人可以请求人民法院或者仲裁机构变更或者解除合同。

人民法院或者仲裁机构应当结合案件的实际情况，根据公平原则变更或者解除合同。

三、典型案例

【案例：徐某坤与无锡某管理处合同纠纷案】

2007年9月29日，无锡市某管理处发出招标公告，就案涉工程进行招标，总工期为180天。

2007年11月5日，徐州某公司出具投标书，投标报价11086312元，并最终中标。2007年12月6日，无锡市某管理处与徐州某公司签订施工合同，同时徐州某公司出具承诺函，载明：不因业主前期工作（征地拆迁）滞后的原因提出任何相关的索赔。

> 2008年8月10日工程正式开工，因征地拆迁问题，工程最终于2013年3月8日竣工验收，实际施工周期长达5年。徐州某公司中标后，并未实际参与施工，案涉工程由实际施工人徐某坤实施。
>
> 工程竣工后，双方对于结算无法达成一致，徐某坤向法院提起诉讼，要求管理处支付拖欠工程款合计27384992元，其中包括了因工期延误产生的施工成本增加。诉讼过程中，管理处认为，徐州某公司出具了承诺函，明确约定不因业主前期征地拆迁问题提出索赔，该约定是徐州某公司的真实意思表示，对双方都有约束力。
>
> 对此，江苏省高级人民法院认为：承诺函是徐州某公司的真实意思表示，不违反法律规定，合法有效。徐某坤作为借用徐州某公司资质的实际施工人，理应受该承诺的约束。但案涉工程因拆迁原因，实际开工期距离《协议书》签订日期已相差8个多月，而实际施工期间更是长达五年之久，实际开工期和实际施工期均非徐州某公司承诺时所能预见到的可能延长的合理范围，且因工期延误及实际施工期的延长给徐某坤造成损失的事实亦是客观存在，因此不对实际施工人给予补偿显失公平。

四、法律分析与实务解读

本案属于约定承包人放弃索赔的代表性案件，从法院的观点来看，一般认为此类约定仍然有效。但是，因征地、拆迁原因，导致原计划半年的工期，实际施工长达5年之久，如果不对承包人进行补偿，并严格按照合同约定执行，则不利于平衡双方的利益，对承包人显失公平。

另一方面，对于承包人来讲，如果合同约定因发包人原因导致工期延误的，承包人放弃索赔或不得索赔的权利，虽然该等约定可能会被法院认为有效，但是承包人仍可以结合《中华人民共和国民法典》第五百三十三条关于情势变更的规定，向法院申请就该条款进行变更或要求解除合同。例如，本文案例中，原计划工期为半年，但因业主征地、拆迁原因导致实际工期接近5年，而业主征地、拆迁一般不属于承包人的商业风险，在合同签订时承包人也很难实际预估业主的征地、拆迁期限，因而可以认为满足情势变更的条件，从而可向法院申请变更该条款。但需要注意的是，如果征地、拆迁导致工期延误的时间可以合理预估，例如延误不超过半年，一般而言属于较为合理的范围，此时关于承包人不得索赔的约定可能仍会被法院支持。

实践中，有观点认为此类条款属于格式条款，征地、拆迁等发包人原因导致工期延误的，应由发包人承担责任，如果约定由承包人承担，则属于合理免除发包人责任、排除承包人主要权利，应当认定该条款无效，对承包人无约束力。但是，《中华人民共和国民法典》第四百九十六条规定："格式条款是当事人为了重复使用而预先拟定，并在订立合同时未与对方协商的条款。"也就是说，格式条款的前提是重复使用、预先订立且未与对方协商；对于施工合同来讲，很难满足这三个前提，因而一般不构成格式条款，在司法实践中，主张格式条款很难得到支持。例如，在重庆巨某公司与重庆两某公司建设工程施工合同纠纷案件中，施工合同约定，因发包人原因导致的工程缓建，承包人不收取停、窝工费，并自愿放弃向发包人索赔的权利；承包人认为该条款属于格式条款，应认定无效，对此，最高人民法院认为："格式条款系指一方当事人事先制定好的其内容未经双方当事人讨论的合同条款，其签约对象具有广泛性和不特定性，一方面巨某公司并未提交证据足以证明案涉合同条款为格式条款；另一方面双方当事人为平等民事主体，巨某公司为专业公司，应该具有签约时的商业风险判断能力，其也并未在合理期间内对其认为显失公平的合同条款提出变更或撤销的救济……故巨某公司的该项主张法律依据不足，不予支持。"

五、实务指引

对于发承包双方来讲，如何保障施工合同顺利履行应当是重点关注的内容，而一份公平、合理，双方权利、义务相对平衡的合同，对于减少履约期间的争议，保障工程顺利完工，至关重要。因此，对发包人来讲，也应避免要求承包人签订明显不合理的条款，将发包人作为项目开发主体所应当承担的责任和风险转嫁至承包人，此类条款虽然未必无效，但会导致合同履约过程中加大发承包双方之间的矛盾，不利于项目的顺利执行。

对承包人来讲，虽然合同约定承包人放弃索赔的权利，一般认为有效，但仍然可以通过协商的方式来变更类似条款。因此，建议在履约过程中，发生发包人原因导致工期延误的，仍应书面告知发包人工期延误的事实和原因，并要求补偿费用，必要时向法院提起诉讼，结合公平原则、情势变更等事由，要求调整相应的条款，并补偿费用。同时，虽然承包人放弃了索赔的权利，但仍然享有合同解除权，因此，如果发包人原因导致工期延误构成合同解除的条件或满足法定解除权的，则承包人可以依法、依约提出解除合同，进而可以规避因放弃索赔的约定而导致合同履约较为被动的问题。

第十三节　施工合同约定工期延误违约金上限，实际损失超过合同约定上限的，可向法院申请调整

一、实务疑难点

施工合同工期是发承包双方在合同签订与履约阶段均重点关注的内容，项目能否按期竣工，关系到发包人的项目能否按计划投入使用，同样关系到承包人是否需要承担逾期竣工的违约责任。实践中，承包人为降低工期延误违约责任的风险，通常会采取在施工合同中约定工期延误违约责任的上限的方式，例如不超过合同总价的10%。在合同约定工期延误责任上限的情形下，发包人能否以实际损失超过上限为由，要求承包人赔偿损失，是实务中值得讨论的问题。

二、法条链接

《中华人民共和国民法典》（中华人民共和国主席令第四十五号）

第五百八十四条　当事人一方不履行合同义务或者履行合同义务不符合约定，造成对方损失的，损失赔偿额应当相当于因违约所造成的损失，包括合同履行后可以获得的利益；但是，不得超过违约一方订立合同时预见到或者应当预见到的因违约可能造成的损失。

第五百八十五条　当事人可以约定一方违约时应当根据违约情况向对方支付一定数额的违约金，也可以约定因违约产生的损失赔偿额的计算方法。

约定的违约金低于造成的损失的，人民法院或者仲裁机构可以根据当事人的请求予以增加；约定的违约金过分高于造成的损失的，人民法院或者仲裁机构可以根据当事人的请求予以适当减少。

当事人就迟延履行约定违约金的，违约方支付违约金后，还应当履行债务。

三、典型案例

【案例：陕西某建与雅某公司合同纠纷案】

2012年2月18日，雅某公司（发包方）与陕西某建（承包方）签订《陕西省建设工程施工合同》（简称《施工合同》）及《补充协议》，雅某公司将案涉工程发包给陕西某建，开工日期：2012年3月26日，竣工日期：2012年

11月20日。《施工合同》专用条款约定:"工期每延误一天承包人应付每天5000元,累计不超过50万元"。

合同签订后,陕西某建进场施工,案涉项目最终于2015年2月6日由监理单位凌某公司、陕西某建及雅某公司进行了工程初验。

此后,双方因工程结算问题发生争议,陕西某建向法院提起诉讼,要求雅某公司支付工程款2000余万元,雅某公司提起反诉,要求陕西某建赔偿工期延误造成的损失237万元。

陕西某建认为,合同约定的工期延误违约金累计不超过50万元,因此陕西某建对于超过部分的损失不承担责任。对此,一审、二审法院均认为雅某公司的实际损失超过了合同约定的违约金限额,陕西某建应按实际损失予以赔偿;但陕西某建不服,向最高人民法院申请再审。

再审过程中,最高人民法院认为:雅某公司提交的证据可以证明该公司因陕西某建工期延误产生的实际损失为2549040元。合同专用条款39.2约定工期延误的违约责任累计不超过50万元,过分低于实际损失,雅某公司请求调整,原判决支持雅某公司关于实际损失2549040元的请求,具有事实和法律依据。

四、法律分析与实务解读

1. 合同约定违约金低于实际损失的,可以向法院主张调整违约金数额

根据《中华人民共和国民法典》第五百八十五条的规定,如果合同约定的违约金低于实际损失的,则可以申请法院予以调整。在司法实践中,如果能够证明实际损失超过了合同约定的违约金,则一般法院予以支持。

2. 关于实际损失超过违约金上限能否调整的问题

违约金的限额并不等同于违约金本身,例如工期延误的违约金限额,属于因工期违约而产生的违约责任的上限。在合同明确约定了违约金限额的情况下,实际损失超过了违约金限额时,能否直接适用《中华人民共和国民法典》第五百八十五条的规定,可能存在一定的争议。

在合同同时约定了工期延误违约金的计算标准及限额的情况下,从意思自治的角度,一般认为相应的约定均应当有效,因此工期违约金也不应突破合同约定的上限。例如,在广东力某公司与东莞市易某公司施工合同纠纷案件中,施工合同约定了逾期完工的违约金计算标准,同时又约定了违约金的最高限额,法院认为前述条款均属于对逾期完工违约金的约定，由于实际计算的逾期完工违约金超过了合同约定的限额，法院仅按照违约金的限额支持了发包人的工期延误违约金（对于超过限额部分的违约金未支持）。该案件并未涉及实际损失超过工期延误违约金限额的情形，因而在工期延误违约金的计算超过了合同约定的限额时，法院并未支持超过限额的部分较为合理。但如果发包人能够举证证明实际损失超过合同约定的违约赔偿限额的，则是否应当以实际损失作为赔偿标准，需要进一步讨论。

笔者认为，违约金属于合同一方当事人因违约而按照合同约定向对方当事人支付的金额。违约金一般具有惩罚性及补偿性的特征，即惩罚违约方不履行合同或不按合同约定履行合同义务，同时具有补偿由此给守约方所造成损失的特征。因此，如果合同约定的违约金标准，或约定的违约金赔偿限额无法弥补实际损失的，从平衡合同双方利益的角度，仍应当以实际损失作为赔偿依据。结合本文的典型案例来看，法院也倾向于类似观点。在该案中，发包人举证证明实际损失超过了合同约定的违约金限额，法院支持了按照实际损失赔偿的诉请。该案经最高人民法院再审认定，具备一定的典型性和权威性，有较大的参考价值。

3.如果合同明确约定责任赔偿限额的，实际损失超过赔偿限额时，能否另行主张可能存在一定争议

前述讨论的是在合同约定违约金限额的情况下，如果实际损失超过合同约定限额的，一般仍可以要求调整。但如果合同明确约定了承包人的赔偿限额，换言之，即使发包人的实际损失超过了赔偿限额，承包人也不承担赔偿责任。此时，如果承包人的违约导致发包人的实际损失超过了合同约定的责任限额，能否就超过的部分继续向承包人追偿，则可能争议较大。

例如，《建设项目工程总承包合同（示范文本）》GF—2020—0216通用条款1.13"责任限制"规定："承包人对发包人的赔偿责任不应超过专用合同条件约定的赔偿最高限额。若专用合同条件未约定，则承包人对发包人的赔偿责任不应超过签约合同价。但对于因欺诈、犯罪、故意、重大过失、人身伤害等不当行为造成的损失，赔偿的责任限度不受上述最高限额的限制。"从该文本的规定来看，双方可以在合同中约定责任赔偿的最高限额，该责任赔偿的限额不仅限于工期延误产生的违约或赔偿，还包括其他各类违约责任或损害赔偿；如果在专用条款未进行补充约定的，则赔偿限额为签约合同价。从该条款的制定目的以及国内外工程总承包的实践来看，一般而言工程总承包单位违约导致发包人损失的，工程总承包单位的赔偿限额不超过合同约定的限额；也就是说，如果工程总承包合同明确

约定了责任赔偿限额，此类约定应当有效。

从另一个角度来说，无论是施工合同还是工程总承包合同，均属于典型的商事合同，发承包双方均为有经验的商事主体，此类商事合同在未违反法律、法规的前提下，应遵循严格的意思自治原则。因此，如果在合同中明确约定了损失赔偿的限额或超过赔偿限额后的损失不再赔偿的，则即使发包人的实际损失超过了合同约定的限额，从意思自治以及诚实信用原则的角度而言，也应以发承包双方的约定为准。

参照《中华人民共和国民法典》第五百八十四条的规定，如果合同明确约定了责任赔偿上限，则承包人也无法合理预见其违约行为可能导致其赔偿责任超过合同约定的限额。因此，从损失的可预见性的角度来讲，超过合同约定的赔偿上限的部分可以理解为"无法预见"的损失，则承包人对于该部分损失也不应承担责任（承包人故意等特殊情形的除外）。

五、实务指引

结合以上分析，如果合同约定了违约金上限（例如工期延误的违约责任上限），守约方实际损失超过该上限的，一般仍可以请求调整。但如果施工合同明确了责任赔偿限额，则发包人要求按实际损失向承包人追偿会存在一定的障碍。对此，笔者对发承包双方分别给出相应的管理建议：

（1）对发包人来讲，在合同约定违约金限额或责任赔偿限额时，应注意搜集实际损失的有关证据，同时应主动采取措施以减少损失的进一步扩大，以免相应的损失无法向承包人追偿。另外需要关注的是，在履约过程中承包人是否存在重大过失、故意违约等情形，如存在前述情形的，则一般可以突破合同约定的责任赔偿限额。

（2）对于承包人来讲，为使得合同履约风险可控，建议在施工合同中加入责任赔偿限额或违约责任限额的条款。但即使合同中加入了类似条款，也应当避免在合同履约过程中发生故意或重大过失，例如，偷工减料导致的质量损失、恶意停工或拖延工期导致的工期延误等，如存在故意或重大过失的，即使约定了责任赔偿限额，其承担的赔偿责任则不受合同约定的限额约束。

第四章
施工合同质量

第一节 发包人要求承包人支付修复费用的，应先行通知承包人承担修复义务

一、实务疑难点

质量是建设工程的生命线，因而相较于一般的民事行为受到更强的法律规制。在建设工程诉讼和非诉专项法律服务的过程中，出现工程质量缺陷后，由于发包人缺乏法律意识或者未重视合同的约定，实践中经常出现发包人并未通知承包人，便自行委托第三方进行修复，结算时要求在承包人的工程款中扣除修复费用，承包人往往以未收到通知为由，拒绝在工程款中扣除修复费用，从而引发双方之间的争议。就此，笔者结合两个案例，对此类情形予以讨论，需要说明的是，本文讨论的主题适用于建设单位发包给总承包单位的情形，也同样适用于总承包单位分包的情形。

二、法条链接

1.《中华人民共和国民法典》（中华人民共和国主席令第四十五号）

第五百七十七条 当事人一方不履行合同义务或者履行合同义务不符合约定的，应当承担继续履行、采取补救措施或者赔偿损失等违约责任。

第七百八十一条 承揽人交付的工作成果不符合质量要求的，定作人可以合理选择请求承揽人承担修理、重作、减少报酬、赔偿损失等违约责任。

第八百零一条 因施工人的原因致使建设工程质量不符合约定的，发包人有权请求施工人在合理期限内无偿修理或者返工、改建。经过修理或者返工、改建后，

造成逾期交付的,施工人应当承担违约责任。

2.《中华人民共和国建筑法》(2019年修正)

第六十条 建筑物在合理使用寿命内,必须确保地基基础工程和主体结构的质量。

建筑工程竣工时,屋顶、墙面不得留有渗漏、开裂等质量缺陷;对已发现的质量缺陷,建筑施工企业应当修复。

3.《最高人民法院关于审理建设工程施工合同纠纷案件适用法律问题的解释(一)》(法释〔2020〕25号)

第十二条 因承包人的原因造成建设工程质量不符合约定,承包人拒绝修理、返工或者改建,发包人请求减少支付工程价款的,人民法院应予支持。

三、典型案例

【案例1:东某公司与普某公司合同纠纷案】

2013年5月20日,发包人东某公司与承包人普某公司签订《北京市建设工程施工合同》,约定由承包人负责案涉工程防水专业的施工。

2013年11月8日,工程竣工验收。后承包人因向发包人主张工程款诉至法院,发包人则反诉向承包人主张因质量问题产生的修复费用,诉讼中经法院查实,发包人未通知承包人予以修复,而是自行将工程委托第三方进行修复(发包人对质量修复引入了第三方见证)。

对此,一、二审法院均认为,发包人未通知承包人修复,并另行委托他人修复的,承包人承担的修复费用以由其自行修复所需的合理费用为限。承包人对发包人提交的两份与第三方签订的施工合同的真实性均予以认可,且上述合同均有建设单位的见证,工程款的支付有正规的发票,具有较高的可信度。在此情况之下,承包人亦未能提供证据证明发包人的维修费用超出了合理限度,故原审法院判决承包人支付该部分维修费用正确,本院予以确认。

【案例2:和某公司与华某公司合同纠纷案】

2010年7月5日,发包人和某公司与承包人华某公司签订《定某花园项目建设工程承包协议》,由华某公司负责定某花园项目的施工。

施工过程中,发包人认为承包人存在工期延误,双方就此发生争议,并最终解除施工合同。承包人退场后,未完工程由第三人施工。

之后,双方因工程结算等问题无法达成一致,承包人华某公司诉至法院,要求发包人支付工程款;而发包人提起反诉,要求承包人支付因质量瑕疵导致的工程修复费用1075360元。

针对修复费用,一审及安徽高院二审认为,根据已查明的事实,该1075360元工程维修金仅涉及案涉已完工程,不包含案涉未完工程。因案涉已完工程均已通过竣工验收并交付和某公司使用,且本案一、二审期间,和某公司均未提供证据证明其已通知华某公司履行维修义务,华某公司亦不认可收到和某公司的维修通知,故和某公司主张其径行委托第三方维修案涉工程所产生的费用1075360元由华某公司承担,依据不足,不予支持。

四、法律分析与实务解读

前述两个案例中,同样是建设工程出现质量问题,发包人未通知承包人修复,便自行委托第三人进行修复,案例1认为应承担一定的修复费用,案例2则认为修复费用应由发包人自行承担,可见司法实践中争议较大。对此,本文分析如下。

1. 修复是承包人的义务而非权利

《最高人民法院关于审理建设工程施工合同纠纷案件适用法律问题的解释(一)》第十二条规定,承包人拒绝修理的,发包人有权减少支付工程价款,据此,有观点认为修复是承包人的权利,工程出现质量缺陷,发包人未通知承包人修复并自行修复的,剥夺了承包人修复的权利,修复费用由发包人自行承担。本文认为修复是承包人的义务而非权利。

《中华人民共和国民法典》第五百七十七条规定,当事人一方履行合同义务不符合约定的,应当采取补救措施或者赔偿损失等违约责任。在建设工程施工合同领域,修复就是补救措施之一,而承担修复费用即为赔偿损失。《中华人民共和国民法典》建设工程合同章的第八百零一条作为第五百七十七条的特别法,规定发包人有权要求承包人修复,是对第五百七十七条中"采取补救措施"的细化;而且,该条规定,承包人拒绝修理,发包人有权减少支付工程款,并不能反推出承包人未拒绝修理,发包人就应当自行承担修复费用的法律后果。

另一方面,结合《中华人民共和国建筑法》《建设工程质量管理条例》等相关法律法规的规定,承包人保障工程质量合格以及在工程质量保修期内承担保修责任是其法定义务（通常也是合同义务），而前述义务的实现，也有赖于承包人在工程存在质量瑕疵时承担相应的修复义务。因此，修复属于承包人的义务，即使发包人自行修复的，仍可根据《中华人民共和国民法典》第五百七十七条的规定，向承包人主张修复费用。

2. 发包人未履行通知义务可能构成违约

发承包双方一般会在合同中约定工程出现质量缺陷后，发包人应当通知承包人予以修复。例如《建设工程施工合同（示范文本）》GF—2017—0201 通用条款15.4.3"修复通知"约定，保修期内发生质量问题的，发包人应书面通知承包人修复；同时，15.4.4"未能修复"约定："因承包人原因造成工程的缺陷或损坏，承包人拒绝维修或未能在合理期限内修复缺陷或损坏，且经发包人书面催告后仍未修复的，发包人有权自行修复或委托第三方修复，所需费用由承包人承担。但修复范围超出缺陷或损坏范围的，超出范围部分的修复费用由发包人承担。"据此，实践中有观点认为，发包人要求承包人承担修复费用的，须按照合同约定履行通知、催告等程序，即发包人负有通知承包人修复的义务，因而发包人未通知承包人修复的，可能构成发包人违约。但违约责任的承担，一般以一方未履行合同义务导致对方损失的情形，而发包人未通知承包人修复的，并不会导致承包人的损失，因而从请求权基础的角度来说，不宜认为发包人违约。在前述前提下，发包人未通知修复，则承包人无法知晓工程质量的瑕疵或其应当履行修复义务，因而可能会产生承包人对其履行修复义务的抗辩，或阻却承包人履行相应的修复义务。

3. 修复费用以承包人自行修复的合理费用为限

根据《中华人民共和国民法典》第八百零一条和《中华人民共和国建筑法》第六十条第二款规定，承包人质量修复的责任范围应以合同约定或国家强制性规定为标准，即承包人承担的质量修复费用应以责任范围内的合理费用为限，超出该范围的属于质量品质的提升，或者发包人成本管理不当造成的额外损失。在发包人未经通知承包人自行维修的情形下，如前所述，发包人可构成违约，因而发包人无法就实际发生的修复费用全部要求承包人承担，而是以合理费用为限。

北京市高级人民法院在指导意见中也有类似规定，《北京市高级人民法院关于审理建设工程施工合同纠纷案件若干疑难问题的解答》第三十条规定，发包人未通知承包人或无正当理由拒绝由承包人修复，并另行委托他人修复的，承包人承担的修复费用以其自行修复所需的合理费用为限。本文案例 1 中，法院认为发包人所主张的修复费用未超出承包人自行修复所需合理费用，予以了支持。

4. 未通知承包人修复，可能导致发包人承担更多的举证责任

工程出现质量缺陷后，发包人未通知承包人修复并自行修复后，向承包人主张修复费用的，应当举证证明存在质量缺陷、质量缺陷是承包人原因造成、实际发生的修复费用。质量缺陷可以通过检测机构的检测来证明，但发包人如未经通知自行修复，在修复过程中改变了现场，则将难以判断质量缺陷是否由承包人导致。

例如，在案例1中，工程已经竣工验收，此时如果再发生质量瑕疵，一般属于保修阶段的问题，在此种情形下承包人承担的是因质量瑕疵而产生的保修责任，因而责任划分相对容易；但在本文案例2中，一方面是发包人未经通知自行修复，另一方面，案涉工程中途更换过施工单位，发包人也难以证明修复费用均为修复承包人原因导致的质量缺陷，因此，法院认为发包人依据不足，不予支持。

五、实务指引

结合以上分析，施工合同的发包人要求承包人承担工程质量修复费用的，应当首先通知承包人予以修复，否则对于费用的承担将会产生较大的争议，对此笔者有如下建议。

1. 按照合同约定发送修复通知

工程出现质量缺陷后，应当按照合同约定的期限、方式等向承包人发送修复的通知。修复通知应当明确质量缺陷的部位，具体质量缺陷发生的情况，质量缺陷较多时，应当列明清单作为通知的附件。通知应当选择便于保留承包人接收凭证的方式，如承包人有代理权的员工当面签收，或者通过邮政快递送达并获得对方签收记录。

2. 施工合同应约定接收修复通知的地址

前文要求及时发送修复通知，那么有效送达的前提是有效的送达地址和收件人，因此，在签订施工合同时，就应当约定承包人接收修复通知的地址、收件人及联系电话。

3. 引入第三方见证

即使在未通知承包人修复的情况下，发包人自行委托第三方修复时，建议引入第三方见证，以增强质量缺陷和实际产生修复费用的证明力。正如本文案例1，发包人在委托第三方修复时，引入业主作为合同的见证方，最终法院认定修复费用具有较高的可信度，并由承包人承担。

第二节 发包人指定分包的，产生的质量责任应依据双方过错予以承担 ①

一、实务疑难点

本书第三章曾提到，发包人指定分包商发生进度延误的，除非合同明确约定责任归属，否则总包单位仍然要为指定分包商的进度延误向业主承担责任，并不会因为该分包单位是业主指定的而减免责任。类似的问题也较多存在于质量方面，如果因发包人指定分包商产生了质量责任，该责任应该由谁来承担？

二、法条链接

1.《房屋建筑和市政基础设施工程施工分包管理办法》（2014年修正）

第七条 建设单位不得直接指定分包工程承包人。任何单位和个人不得对依法实施的分包活动进行干预。

2.《最高人民法院关于审理建设工程施工合同纠纷案件适用法律问题的解释（一）》（法释〔2020〕25号）

第十三条 发包人具有下列情形之一，造成建设工程质量缺陷的，应当承担过错责任：

（一）提供的设计有缺陷；

（二）提供或者指定购买的建筑材料、建筑构配件、设备不符合强制性标准；

（三）直接指定分包人分包专业工程。

承包人有过错的，也应当承担相应的过错责任。

三、典型案例

【案例：和某地产与中建某局合同纠纷案】

中建某局作为总承包商与和某地产西安公司作为发包方就案涉项目地下室结构工程签署了合作《协议书》《建设工程施工合同》等，约定由中建某局承包该项目地下室结构工程，同时约定：本合同内"专业分包单位"一词意指由发包方

---

① 本篇由上海市建纬律师事务所合伙人郑冠红律师供稿。

选择执行本工程一部分(该部分在本合同称为"专业分包工程")的专业承包单位或其他单位……任何专业分包工程皆为本工程的一部分。任何专业分包单位皆为总承包方的分包单位。总承包方须与专业分包单位签订分包合同并须全面负责专业分包工程的质量、工期及管理事宜。总承包方有义务协调专业分包单位的正常施工,并不得直接向专业分包单位收取分包费、总包管理费或其他变相费用。

项目发生争议后,和某地产起诉要求中建某局支付工期延误赔偿金、迟延交付赔偿金并返还超付的工程款及利息等。其中,和某地产要求返还的工程款中一部分为质量扣款,针对该问题,法院认为本案工程的《竣工验收备案表》载明,工程的勘察、设计、施工、监理、建设单位均确认施工满足设计要求,竣工验收合格,并已交付和某地产西安公司使用。和某地产西安公司主张扣款的质量缺陷,没有质量监督部门的认定,诉讼中也未就质量责任申请司法技术鉴定,因此和某地产西安公司缺乏因中建某局的过错造成质量缺陷的证据支持。加之,本案存在肢解发包和发包人直接指定分包人分包专业工程等行为,工程建设在管理和技术上缺乏应有的统筹和协调,和某地产西安公司作为发包人存在过错,其主张减少支付工程款缺乏事实和法律依据,依法不予支持。

四、法律分析与实务解读

不同于进度管理的责任分配,在质量责任的承担上,最高人民法院通过司法解释的形式,规定了发包人指定分包商导致质量问题的过错责任,这在一定程度上也反映了质量问题对于国计民生、社会公共利益的重要性,反映到法益权衡上,质量问题的归责也更加严厉。除了《中华人民共和国民法典》第七百九十一条第二款以及《中华人民共和国建筑法》《建设工程质量管理条例》等基本的质量责任规定外,仅仅聚焦于发包人指定分包情形下的质量责任分配,需围绕着《最高人民法院关于审理建设工程施工合同纠纷案件适用法律问题的解释(一)》第十三条展开,结合实践,发包人指定分包的质量责任承担主体需要注意:

(1)发包人直接指定分包人分包专业工程,造成建设工程质量缺陷的,应当承担过错责任。发包人直接指定分包人分包专业工程的,分包人至少应当具备符合实施专业工程的资质,且发包人发布的施工指令、提供的设计图纸等,需要符合法律法规和强制性标准规范的规定,如果发包人指定的专业分包人缺乏相应资质,或者强令指定分包人违规作业,导致发生质量问题的,发包人则存在明显的过错,按照《最高人民法院关于审理建设工程施工合同纠纷案件适用法律问题的解释(一)》

的规定应承担过错责任。

（2）即便存在发包人指定分包人分包专业工程的情况，但承包人有过错的，也应当承担相应的过错责任。例如，浙江省高级人民法院在案件中认为："绍兴开某公司通过招标投标将桩基工程交由大某公司施工后，又将该工程纳入与宝某公司订立的总承包合同中，并直接指定分包人为大某公司……宝某公司作为总承包人，对绍兴开某公司直接指定分包人的行为并未提出异议，且在履行合同义务时，已认可了大某公司的实际施工行为，故可以认定宝某公司与大某公司建立了事实上的桩基分包合同关系，宝某公司对桩基工程的质量问题也应承担相应责任。"

（3）具体到工程实践中，针对指定分包商实施的质量问题，在发包人与总承包均有过错的情况下，如何判定其责任幅度，则需要结合具体案情，由司法机关自由裁量确定，法律层面并无统一参考标准。例如，某案件从2015年开始历经一审、二审、再审、重审一审、重审二审，直至2021年结案，针对建设单位指定分包商导致的质量问题，法院审理认为：本案所涉工程的钢筋、混凝土等建筑材料为发包人望某塑料厂供货且水电安装工程、预应力工程又另行发包，故案涉工程虽存在质量问题，但根据鉴定结论分析系由多方面的原因造成，虽有恒某公司作为劳务清包方施工单位在施工过程中施工不当导致的原因，也有望某塑料厂自身的原因及其他材料供应商的原因，故对质量修复费用的比例酌情确定，由恒某公司承担70%的责任。

五、实务指引

在发包人指定分包商的质量缺陷问题归责上，因有《最高人民法院关于审理建设工程施工合同纠纷案件适用法律问题的解释（一）》第十三条的法律依据，所以各方争议的焦点通常在于工程实施过程中发包人与承包人的过错责任区分上，而相关法律、法规及司法解释并没有明确过错认定的标准。所以各方均应谨慎对待指定分包的质量责任。

从发包人角度而言，应首先尽可能避免指定分包商的行为，在选定总承包单位时，可以通过管理总承包商的分包行为，例如明确"可以分包""禁止分包"的工程内容，以及分包商的资质、条件等，达到筛选分包单位的效果，或者通过暂估价的方式共同选定分包商。即便要指定分包单位的，也应注意分包单位的资格条件应符合法律法规的强制性要求。

而对于总包单位，需对发包人指定的分包单位进行审查，如发现分包单位存在资质不符合分包工程要求或其他重大履约资信问题的，应提出反对意见，尽到合理的注意和管理义务。在履约过程中，总包单位也需将指定的分包单位作为自有分包商一同进行管理，纳入到总包的质量管理体系中。更为重要的是，承包人应当注意固定建设单位指定分包的证据，从而在一定程度上减轻自身的责任，尤其是在合同签约阶段建设单位未留下明确书面证据的情况下，应注意在履约过程中搜集相应证据。

第三节 发包人擅自使用未经验收的工程，承包人仍需要对地基基础与主体工程承担责任[①]

一、实务疑难点

未经竣工验收的工程，其质量是否符合国家强制性标准尚处于一种待定状态，如擅自投入使用，则将令人民生命健康安全面临威胁，因此建设工程经竣工验收合格后，方可投入使用，这既是法律法规的强制性要求，也是对工程质量安全、社会公共利益的保护。但实践中经常发生项目未经竣工验收通过就擅自投入使用的情况，如果项目发生质量问题，将因无法区分该质量问题是承包人原因还是发包人使用原因导致，进而对质量修复责任主体的认定发生争议。

二、法条链接

《最高人民法院关于审理建设工程施工合同纠纷案件适用法律问题的解释（一）》（法释〔2020〕25号）

第十四条 建设工程未经竣工验收，发包人擅自使用后，又以使用部分质量不符合约定为由主张权利的，人民法院不予支持；但是承包人应当在建设工程的合理使用寿命内对地基基础工程和主体结构质量承担民事责任。

三、典型案例

【案例：中建某局与亚某公司合同纠纷案】

中建某局与亚某公司签订了《建设工程施工合同》，根据合同约定，亚某

---

① 本篇由上海市建纬律师事务所合伙人郑冠红律师供稿。

公司作为发包人，将其开发建设的位于辽阳灯塔市的案涉工程发包给中建某局施工。中建某局于 2011 年 5 月 18 日应亚某公司要求进场施工。商业部分于 2012 年 10 月 1 日完工并交付亚某公司，亚某公司同日投入使用；酒店、剧场部分于 2012 年 12 月 1 日完成施工任务并交付亚某公司；公寓部分则于 2012 年 12 月 25 日完成施工任务并交付亚某公司，亚某公司另行委托装修后已对外销售。经查，案涉工程竣工交付时间为 2012 年 12 月 30 日，也即亚某公司存在案涉工程未经验收即擅自使用的情形。

关于亚某公司所称工程存在重大质量问题以及应当从工程款中扣减保修金的主张，法院审理认为案涉工程验收合格之前亚某公司即已实际使用，亚某公司应当对地基基础工程和主体结构质量以外的已使用部分出现的质量问题自行承担责任，故法院对于其以案涉工程质量不符合约定为由提出的主张不予支持。但是，尽管亚某公司存在案涉工程未经验收即擅自使用的情形，中建某局对地基基础工程和主体结构的质量仍应当承担民事责任。

四、法律分析与实务解读

按照《最高人民法院关于审理建设工程施工合同纠纷案件适用法律问题的解释（一）》第九条对于工程竣工日期认定的规定，在实际竣工日期有争议的情况下，工程未经竣工验收发包人擅自使用的，以转移占有建设工程之日为竣工日期。从民事合同履行层面，发包人擅自使用的行为，相当于认可、接受了承包商的工程质量，即便未经竣工验收程序，但视为已经竣工，之后发生的质量问题一般无法区分属于发包人使用不当还是承包人施工不符合约定原因造成。进一步结合《最高人民法院关于审理建设工程施工合同纠纷案件适用法律问题的解释（一）》第十四条的规定，发包人擅自使用后，就不能再以使用部分质量不符合约定为由主张权利。但是，按照《中华人民共和国建筑法》第六十条第一款规定："建筑物在合理使用寿命内，必须确保地基基础工程和主体结构的质量。"所以，对于地基基础工程和主体结构的质量保证，是法律的强制性义务，不因发包人擅自使用而免除，承包人应当在建设工程的合理使用寿命内仍应对地基基础工程和主体结构质量承担责任。

此外，《中华人民共和国建筑法》《建设工程质量管理条例》等均设立了建设工程的法定保修义务，在发包人擅自使用的情况下，是否能够免除承包人的法定保修义务？最高人民法院在某案件的民事判决书中认为："聚某公司在案涉工程竣工后未经验收即开业使用，自其实际使用之日即应认定工程已经验收合格，非凡公司不再负有施工或经验收不合格的质量返修责任,仅对案涉工程质量在保修范围内负有保修义务,承担保修责任。"

因此,发包人擅自使用的,虽然不能以使用部分质量不符合约定为由主张减少价款、延迟付款、扣罚质保金等,但并不影响承包人按照法律法规规定履行法定保修义务。

五、实务指引

结合前述分析和典型案例,国家对于工程验收及质量保证建立了较为完整的法定责任体系,基于此,发包人负有组织工程竣工验收的义务,在工程竣工验收通过后,方可投入使用;否则,不仅对于擅自使用的部分丧失向承包人主张的权利,还面临《建设工程质量管理条例》第五十八条规定的被行政主管机关责令改正、罚款、赔偿等行政责任。

实践中也有项目在投入使用之前会由发包人先接收占有工程,进行一段时间的调试、试运行,该种情况下也应该避免被认定为"擅自使用"。对于承包人一方而言,如发生发包人擅自使用的情形,应当注意收集相关证据,明确工程转移占有的时间,以便确定工程竣工验收日期及主张结算价款、缺陷责任保修金等。同时,对于非地基基础和主体结构部分的质量问题,在无法证明属于哪一方原因导致的情况下,对于发包人主张扣罚质保金等主张可以提出合理抗辩。但是即便如此,作为承包人一方,仍然需要履行国家法定质保责任,在法定质保期限内,对于工程发生的质量缺陷,承包人有义务进行修复,确保建筑物的质量,最大限度地发挥建设工程的社会效益。

第四节　发包人不能仅以质量缺陷为由拒付工程款[①]

一、实务疑难点

一般情况下,承包人要求发包人支付工程款的前提之一为工程验收合格,但是如果工程存在质量问题的,发包人是否可以要求减少价款、延期付款?还是说发包人须先行支付工程款,再通过要求承包人承担质量保修义务修复质量问题?

---

① 本篇由上海市建纬律师事务所合伙人郑冠红律师供稿。

具体到不同项目类型、不同的验收程序或验收标准、以及不同的质量问题对工程使用的影响程度上，可能导致发包人所能主张的权利的方式及承包人的应对措施会有所差异。

二、法条链接

《中华人民共和国民法典》（中华人民共和国主席令第四十五号）

第五百八十二条 履行不符合约定的，应当按照当事人的约定承担违约责任。对违约责任没有约定或者约定不明确，依据本法第五百一十条的规定仍不能确定的，受损害方根据标的的性质以及损失的大小，可以合理选择请求对方承担修理、重做、更换、退货、减少价款或者报酬等违约责任。

第七百九十九条 建设工程竣工后，发包人应当根据施工图纸及说明书、国家颁发的施工验收规范和质量检验标准及时进行验收。验收合格的，发包人应当按照约定支付价款，并接收该建设工程。

三、典型案例

【案例：光某公司与葛洲坝机某公司合同纠纷案】

葛洲坝机某公司（承包方）与光某公司（发包方）签订《某县 20MW 分布式光伏发电项目工程总承包合同》，约定承包方承接某县 20MW 分布式光伏发电 EPC 总承包项目，合同签订后，葛洲坝机某公司按照约定，组织施工，履行承建义务。项目电站于 2017 年 4 月具备送电条件，2017 年 6 月 26 日，山西省电力建设工程质量监督中心站出具《工程质量监督检查并网通知单》，案涉项目电站并网试运前阶段通过质量监督检查，同意办理并网手续，项目电站实现并网发电。葛洲坝机某公司主张案涉项目电站工程竣工，并于 2017 年 6 月 26 日通过有关政府职能部门的质量监督检查，交付光某公司使用，实现并网发电，顺利运行至今，不存在任何质量问题，已具备结算条件，应当由光某公司结算并支付欠付的工程价款。光某公司称项目电站还存在待整改问题，例如设计不合理导致光伏组件阴影遮挡面积未达到要求，以及建设安装过程中存在的缺陷等，拒付部分工程款。

对此法院认为，根据质量监督部门的质监结果、四大主体共同的验收情况

> 及项目电站至今的运行状况，项目电站并未发现质量缺陷，光某公司所提出的问题，均属于一般的质量瑕疵而非重大质量瑕疵，未对项目电站的正常运行构成显著不利影响，因此只涉及葛洲坝机某公司的一般质量违约责任及保修责任，不应成为其拒付工程款的抗辩事由。

四、法律分析与实务解读

按照《中华人民共和国民法典》的规定，工程竣工验收合格的，发包人应当按照约定支付价款并接收工程，相反，工程质量存在问题，如构成承包人一方违约的，发包人按照法律规定可以要求承包人承担违约责任，违约责任的承担方式依法包括减少价款；这同时意味着，如果工程质量问题并不构成承包人违约的，则发包人仍应按照约定支付价款，质量问题可以通过保修责任的承担另行解决。极端情形下，因承包人导致的质量问题导致发包人的合同目的无法实现的，发包人可以拒绝接收工程。因此，关于发包人能否以质量缺陷、质量问题等为由拒付工程款，主要可以从以下几个角度来理解：

（1）发包人须按约支付款项，质量瑕疵由承包人通过承担保修责任处理。该种情况下，工程一般已经通过竣工验收，在竣工后的试验程序中，存在未达到合同约定的情况，如本文所引用的典型案例，光伏发电项目已经交付使用，实现了并网发电，电力工程质监中心所出具的文件中也认为工程通过了质量监督检查，虽然项目还存在光伏组建阴影遮挡面积未达要求等问题，但这类问题并不影响项目正常运行，也即承包合同的主要目的已经实现，待整改问题不能成为业主拒付工程款的抗辩理由，可以通过由承包人承担质量保修责任进行处理。

（2）发包人可以主张减少价款或要求承包人赔偿损失，但不能拒绝支付款项。该种情况下，往往是工程虽然通过竣工验收交付给发包人，但在竣工后运行阶段，发现产能、性能方面未能达到合同约定的要求，导致发包人的预期收益率受到影响，但工程仍可以发挥主要的使用功能，创造价值。此时发包人可以要求承包商承担违约赔偿责任，例如安徽省滁州市中级人民法院在某合同纠纷案中认为，案涉项目垃圾渗滤液处理站EPC合同约定的日处理能力为300t，工程经过竣工验收不久，性能迅速降低，最终日处理量稳定在50~70t，远远低于设计量。在发包人的性能要求尚未达到该合同约定的一半水平的情况下，最终合同解除。法院判决中，因已接收工程，发包人应当继续支付剩余工程款，而性能损失则由承包人按照合同约定支付赔偿金。在发包人未支付完工程价款的情况下，也可以主张根据工程质量的实际情况"按质论价",要求减少部分价款,例如河南省平顶山市中级人民法院在某案件中认为,污水处理 EPC 工程建成后,调试运行过程中的达标出水量仅 40t/ 日左右,未达到合同约定的 60t/ 日,导致未通过竣工验收。法院最终认为该工程质量不符合合同约定,在剩余工程款 143 万元不予支付的前提下,判决承包方按照合同约定支付发包人违约金 30 万元。

(3)极端情况下,发包人可以主张拒付或返还全部工程款。该种情况下,工程质量远远低于发包人要求,直接导致发包人合同目的无法实现,发包人不仅投资建设工程的效益全部落空,还面临各类投资成本支出的损失,此时发包人可以拒绝支付工程价款,并要求承包人依法承担违约损害赔偿责任。例如,江西省高级人民法院在某民事判决书中认为,因 EPC 发电项目没有完成内部竣工验收程序,且由于承包人的设计存在致命性工艺缺陷,项目完工发电总量为设计发电量的 4.52%,远远达不到合同约定的标准,也无法通过整改达标。最终法院认定其构成属于质量不符合约定的根本性违约,判决合同解除,承包人不仅要返还业主已付的工程款项,还要赔偿发包人支付给土建施工承包商的全部工程款。

五、实务指引

在上述分析的基础上可知,工程质量瑕疵或不合格时,需要区分具体情况判定质量责任的承担方式,发包人也需要结合工程质量问题对实际使用价值的影响选择合理的行权方式,避免构成己方违约。

此外,结合本书其他章节内容,发包人一方应重视竣工验收环节,避免未经竣工验收擅自投入使用,否则按照当前司法解释的相关规定,将视为工程竣工验收合格,从而失去部分要求承包人承担质量责任的权利。

最后,针对工业、能源等项目,除了一般的土建质量验收之外,重在实现工程的性能、产能要求,尤其采用工程总承包模式发包的,承包商承担设计、采购、施工工作,承包人的质量责任不仅仅在于工程竣工验收通过,更需要符合发包人要求中的性能、产能指标,也容易发生土建验收通过但产出不符合合同要求的情况。因此,发承包双方都需要在项目前期招标投标、签约阶段,重视竣工试验、竣工验收、试运行、竣工后试验等程序,包括质量问题的认定以及与工程款支付、结算的衔接关联,如发包人对于产能指标有严格、明确需求的,需专门针对承包商土建验收合格但产能未达标的情况设定违约责任,并结合收益损失情况尽可能阐明违约责任的构成,保障工程投资利益。

第五节　工程质量抗辩属于发包人对抗承包人的付款请求，而质量反诉属于独立的诉讼请求；如工程已经验收合格的，发包人应提出质量反诉

一、实务疑难点

实践中，承包人向发包人追讨工程款，而发包人往往以工程质量存在问题为由拒绝支付工程款，例如发包人以工程质量不合格为由，要求减少工程价款。但对于前述情形，在诉讼过程中发包人就质量问题应提起反诉还是抗辩存在不同的观点，法院对此认定的尺度可能有所不同，笔者结合部分法院的相关规定以及司法案例，对此予以讨论。

二、法条链接

1.《北京市高级人民法院关于审理建设工程施工合同纠纷案件若干疑难问题的解答》（京高法〔2012〕245号）

发包人主张工程质量不符合合同约定的，应按反诉还是抗辩处理？

承包人要求支付工程款，发包人主张工程质量不符合合同约定给其造成损害的，应按以下情形分别处理：

（1）建设工程已经竣工验收合格，或虽未经竣工验收，但发包人已实际使用，工程存在的质量问题一般应属于工程质量保修的范围，发包人以此为由要求拒付或减付工程款的，对其质量抗辩不予支持，但确因承包人原因导致工程的地基基础工程或主体结构质量不合格的除外；发包人反诉或另行起诉要求承包人承担保修责任或者赔偿修复费用等实际损失的，按建设工程保修的相关规定处理。

（2）工程尚未进行竣工验收且未交付使用，发包人以工程质量不符合合同约定为由要求拒付或减付工程款的，可以按抗辩处理；发包人要求承包人支付违约金或者赔偿修理、返工或改建的合理费用等损失的，应告知其提起反诉或另行起诉。

（3）发包人要求承包人赔偿因工程质量不符合合同约定而造成的其他财产或者人身损害的，应告知其提起反诉或另行起诉。

2.《浙江省高级人民法院民事审判第一庭关于审理建设工程施工合同纠纷案件若干疑难问题的解答》（2012年4月5日）

发包人以工程质量为由提出的对抗性主张，究竟是抗辩还是反诉？

承包人诉请给付工程价款，发包人以工程质量不符合合同约定或国家强制性的质量规范标准为由，要求减少工程价款的，按抗辩处理；发包人请求承包人赔偿损失的，按反诉处理。

3.《安徽省高级人民法院关于审理建设工程施工合同纠纷案件适用法律问题的指导意见（二）》（2013 年 12 月 23 日）

第六条 尚未竣工验收或使用的建设工程，承包人主张工程价款，发包人以工程质量不符合合同约定或者国家质量标准为由，主张减少工程价款或者扣除修复费用的，属于抗辩。

工程已经竣工验收合格，发包人又以工程质量不合格为由，主张承包人承担违约责任的，应当提起反诉。

三、典型案例

【案例：传某公司与起某公司合同纠纷案】

2012 年 1 月 7 日，传某公司作为发包人，起某公司作为承包人，双方签订《建设工程施工合同》，双方约定由起某公司施工传某公司位于山东省邹平县长山镇的案涉工程，工程内容为施工图内所包含的土建、装饰、安装、室外配套等厂区内工程，合同价格 1.5 亿元。

2013 年 4 月 9 日，未经验收，传某公司就正式启用案涉工程进行开炉热负荷生产。2014 年 1 月 21 日，金某公司接受传某公司委托，作出金某基审字〔2014〕014 号审核报告，审定案涉工程造价为 2.18 亿元，起某公司、传某公司分别在工程结算审核定案表中施工单位、建设单位一栏签字盖章；双方在该工程结算审核定案表中约定案涉工程价款按照 2.16 亿元进行结算。

结算完成后，因传某公司拖欠工程款 11188635.15 元，起某公司向法院提起诉讼，要求传某公司支付拖欠工程款。诉讼过程中，传某公司提出工程质量抗辩，但未提出反诉。

关于传某公司能否在本案中提出质量抗辩，山东省高级人民法院认为：案涉工程未经竣工验收，但传某公司已于 2013 年 4 月 9 日擅自启用并进行开炉热负荷生产，则视为先履行合同义务的起某公司已经履行了向传某公司交付案涉工程的合同义务，传某公司支付案涉工程欠款的条件已成立。且双方在《建设工程施工合同》中并未约定案涉工程如出现质量问题发包人可拒付工程款，即案涉工程是否存在质量问题并不能成为传某公司拒付工程款的理由，同时传某公司关于案涉工程存在质量问题的主张，在本案一审中仅作为抗辩主张，并未反诉主张权利，加上该问题传某公司已另案处理，因而传某公司关于案涉工程存在质量问题的抗辩主张，在本案中不予处理。二审中，传某公司以案涉工程存在质量问题为由拒付工程款，没有事实及法律依据，本院不予支持。

四、法律分析与实务解读

对于承包人起诉要求支付工程价款，发包人就工程质量问题提起抗辩或反诉，主要存在三种观点：①发包人可以提出质量抗辩来对抗承包人的付款请求，其主要理由在于，施工合同属于承包人进行工程建设，发包人支付工程价款的合同，而发包人支付工程价款的前提是承包人交付质量合格的项目，因而如果质量不合格，显然发包人可以直接提出抗辩，要求减少工程价款；②因质量问题属于独立的诉，发包人必须提起反诉或另行起诉；③抗辩还是反诉，应结合具体的情况来具体分析，不宜一刀切地下结论。对于质量抗辩和反诉的区别，应结合两者的定义去理解。

1. 抗辩与反诉的定义

所谓抗辩，一般指在原告的诉讼请求范围内要求减轻或免除自己的责任，并不包括要求对方承担责任，例如发包人向法院提起诉讼向承包人索赔工期延误损失，而承包人提出不可抗力的免责事由，要求减轻或免除工期延误的责任，则属于典型的抗辩；类似地，承包人要求发包人支付工程价款，而发包人以质量不合格为由，要求减少价款，则一般应理解为抗辩。而所谓反诉，则与本诉相对应和相关联，可以构成独立的诉讼请求，例如发包人要求承包人承担工期延误损失，而承包人要求发包人支付工程价款，则此时承包人要求支付价款的行为属于独立的请求，并不属于减轻或免除损失的范畴，因而构成反诉；类似地，如果承包人要求发包人支付工程价款，而发包人以质量不合格为由要求支付违约金或赔偿损失，则也构成了发包人的具体诉请，属于独立的请求，一般应理解为反诉。

总结来说，所谓抗辩，一般用于对抗对方的诉讼请求，并不能单独构成独立的诉讼请求，即不能单独就"抗辩"进行起诉，例如以不可抗力要求免责，无法单独起诉，因此属于抗辩而不是反诉。另一方面，反诉可以构成独立的诉，即可以单独另行起诉，例如发包人要求承包人赔偿工程质量损失，则可以另行起诉。

2. 质量抗辩与反诉在实践中的区分

从北京、浙江和安徽省高级人民法院的规定来看，主要按照不同的情形进行区分处理，例如：安徽以工程是否竣工、使用作为划分的阶段，如果工程已经验收合格或实际使用，而后又以质量不合格为由要求承包人承担责任的，则属于反诉，而如果尚未验收合格或使用，发包人以质量不合格要求扣减价款的，则属于抗辩；浙江的规定较为简单，如要求减少工程价款的，则为抗辩，而如果要求赔偿损失，则为反诉；北京的处理做法相当于将安徽和浙江的处理方式进行了结合。

结合北京、浙江和安徽省高级人民法院的观点，区分质量抗辩和反诉，笔者认为可参照工程是否已经竣工验收合格来作为判断标准，其原因在于如果工程已经竣工验收合格，则一般而言，发包人的付款义务就已经形成，因此应当支付工程价款，而不能再以工程质量问题为由拒付工程款，否则也与工程验收合格、发包人的付款义务相矛盾。反之，如果工程尚未竣工验收合格，承包人起诉要求发包人支付工程款的，此时承包人的合同义务尚未履行完毕，则发包人可以直接以质量问题提出抗辩来对抗承包人的付款请求。

而在工程已经竣工验收合格的情况下，除保修义务外，承包人的工程合同义务已基本履行完毕，因此如果发包人再以质量问题要求减少工程款，则一般应属于与保修相关的问题，例如要求承担保修义务、扣减保修阶段的维修款等，此时就不属于质量抗辩的范畴，一般应提起反诉或另行起诉。

回到本文案例中，因发包人未经竣工验收，已提前使用，则视为工程竣工验收已经合格，而后因发包人拖欠工程款，承包人向法院提起诉讼并要求发包人支付拖欠的工程款，发包人却以工程质量为由提出抗辩。但是，由于工程已经视为验收合格，且双方都已经完成了结算，应视为双方对工程的质量、价款进行了清算，发包人已经负有工程款支付义务；而如果发包人认为工程质量存在问题或工程质量不符合合同约定，则应当在结算中就予以处理或提出，因而有关质量抗辩的主张法院并未进行实质审查。即便法院进行了审查，该主张也无法直接对抗工程验收合格且双方已经完成结算的事实。结合前述讨论，此种情形下一般应提起反诉或另案处理。

五、实务指引

参照《最高人民法院关于审理建设工程施工合同纠纷案件适用法律问题的解释（一）》第十六条的规定："发包人在承包人提起的建设工程施工合同纠纷案件中，

以建设工程质量不符合合同约定或者法律规定为由，就承包人支付违约金或者赔偿修理、返工、改建的合理费用等损失提出反诉的，人民法院可以合并审理"，对于发包人主张工程质量违约金、工程质量问题引起的损害赔偿等，应属于反诉的范畴。结合前述讨论，对于质量抗辩和反诉，应注意如下问题：

（1）对于工程已经验收合格，或发包人提前使用的情况下，工程质量问题一般属于工程保修的范畴，发包人要求减少工程价款的，一般不予支持。此种情况下，针对保修阶段的维修等问题，或保修期内工程主体结构发生的质量问题，一般应以反诉或单独起诉的方式提出。

（2）工程未竣工验收且未交付使用的，发包人可采用抗辩的方式要求减少工程价款，但如果发包人要求承包人支付工程质量违约金或要求赔偿返工等损失的，一般应另行起诉或提出反诉。

（3）如果因工程质量问题造成其他财产损失或人身损害的，例如工程质量瑕疵导致相关构筑物掉落致人损害等，应当单独起诉或反诉。

第六节　缺陷责任期与保修期属于不同的概念，保修期未满但缺陷责任期满的，发包人应当返还质量保证金

一、实务疑难点

缺陷责任期与保修期是工程领域常见的两个概念，但实践中往往会将两者之间的概念进行混同。本文将结合缺陷责任制度和工程质量保修制度的立法过程，详细讨论缺陷责任期与保修期的联系与区别，以及在缺陷期和保修期内，承包人所承担的缺陷维修义务和保修义务的区别，并结合典型案例中的争议问题，在保修期未满的情况下，承包人能否要求返还质量保证金相关问题进行分析。

二、法条链接

1.《建设工程质量保证金管理办法》（2017 年修正）

第二条　本办法所称建设工程质量保证金（以下简称"保证金"）是指发包人与承包人在建设工程承包合同中约定，从应付的工程款中预留，用以保证承包人在缺陷责任期内对建设工程出现的缺陷进行维修的资金。

2.《建设工程质量管理条例》（2019 年修正）

第三十九条　建设工程实行质量保修制度。

建设工程承包单位在向建设单位提交工程竣工验收报告时，应当向建设单位出具质量保修书。质量保修书中应当明确建设工程的保修范围、保修期限和保修责任等。

第四十条　在正常使用条件下，建设工程的最低保修期限为：

（一）基础设施工程、房屋建筑的地基基础工程和主体结构工程，为设计文件规定的该工程的合理使用年限；

（二）屋面防水工程、有防水要求的卫生间、房间和外墙面的防渗漏，为 5 年；

（三）供热与供冷系统，为 2 个采暖期、供冷期；

（四）电气管线、给水排水管道、设备安装和装修工程，为 2 年。

其他项目的保修期限由发包方与承包方约定。

建设工程的保修期，自竣工验收合格之日起计算。

三、典型案例

【案例：崔某与江某公司合同纠纷案】

2014 年 4 月 14 日，崔某以正某公司名义中标取得江某公司开发的位于吉林市龙潭区的案涉工程。2014 年 4 月 20 日，双方签订《建设工程施工合同》，签约合同价为 246023394 元。并约定：工程量计算执行吉林省 2014 年定额工程量计算规则；在工程质量保修书中双方约定工程缺陷责任期为 24 个月，自工程竣工验收合格之日起计算。双方针对该合同进行了签字盖章确认，并于 2014 年 6 月 10 日进行了备案。

2014 年 4 月 6 日，崔某以正某公司名义与江某公司就案涉工程签订了《工程建设承包施工合同》，该合同工程地点、工程内容同上述合同约定内容一致。双方约定开工日期：2014 年 4 月 15 日，竣工日期：2015 年 10 月 30 日。结算方式：执行施工图预结算加现场签证。结算分三个阶段进行，即地下工程、主体工程和其他工程，最终结算按总造价下浮 5 个点。在附件 1 中就案涉工程质量保修事项双方约定：质量保修金按工程造价的 5% 预留，保修期内江某公司不支付利息，两年后返还质保金的 80%，5 年后返还质保金的 20%。该合同江某公司加盖公章，崔某签字进行了确认。

> 2014年9月4日，崔某与江某公司签订《工程建设承包施工合同备忘录》，约定：1.崔某挂靠正某公司，前述案涉工程实际是崔某承建，该工程招标投标时崔某均以正某公司名义实施，崔某对该中标合同承担责任……
>
> 上述合同签订后，崔某实际组织人员进行了施工，案涉工程于2016年9月22日竣工验收并交付江某公司使用。
>
> 2017年6月12日，江某公司与正某公司就结算争议事项达成协议并形成会议纪要，双方约定：总造价下浮5%为合同条款约定内容，严格执行……
>
> 之后，崔某与江某公司就结算问题未能达成一致，崔某于2018年9月向法院提起诉讼，要求江某公司支付欠付工程款4100万元及相应利息。
>
> 诉讼过程中，法院认定2014年4月6日签订的合同为实际履行合同。而针对工程质量保证金的问题，江某公司认为保修期和合同约定的质量保证金的返还期限未满，不应全额返还工程质量保证金。
>
> 对此，二审吉林省高级人民法院认为：在建设工程施工合同的签订和履行过程中，应区分保修期和缺陷责任期。与保修期相对应的是承包人的保修责任，保修期届满，承包人不再承担保修义务；与缺陷责任期对应的是承包人的瑕疵担保责任，缺陷责任期届满，发包人应当向承包人退还建设工程质量保证金，但如果缺陷责任期已经届满但保修期尚未届满，承包人仍需承担保修责任。2014年4月6日合同详细约定了质量保修期，虽然缺陷责任期已经届满，但部分工程的保修期并未届满，返还崔某质量保证金并不意味着免除其质量保修义务。在质量保修期内，相应工程出现质量问题，江某公司可依法主张权利。对江某公司而言，返还质量保证金未损害其权益。

四、法律分析与实务解读

本文案例中，法院对于缺陷责任期及保修期的说理较为充分，对于两者之间的联系与区别进行了充分的阐释，具有较大的参考价值和借鉴意义。笔者结合本文法院的观点，对于缺陷责任期及保修期，进一步分析如下。

1. 缺陷责任期及保修期的立法过程及两者的区别

在国内的工程实践中，存在工程质量保修制度及缺陷责任制度，但从制度沿革上来讲，一般认为先有工程质量保修制度，而后再根据工程实际情况，衍生出了缺陷责任制度。例如，早在1997年颁布的《中华人民共和国建筑法》第六十二条就规定[1]:"建筑工程实行质量保修制度。建筑工程的保修范围应当包括地基基础工程、主体结构工程、屋面防水工程和其他土建工程,以及电气管线、给水排水管线的安装工程,供热、供冷系统工程等项目;保修的期限应当按照保证建筑物合理寿命年限内正常使用,维护使用者合法权益的原则确定。具体的保修范围和最低保修期限由国务院规定。"

在《中华人民共和国建筑法》颁布后,相应的《建设工程质量管理条例》也同时出台,其中第四十条对于工程质量保修的期限、范围作出了具体的规定,例如建设工程地基与基础、主体结构的保修期限为合理使用年限等,而保修期自工程竣工验收合格之日起算。

在2002年9月27日,财政部颁布的《基本建设财务管理规定》首次提出了建设工程质量保证金制度[2],其中第三十四条规定:"工程建设期间,建设单位与施工单位进行工程价款结算,建设单位必须按工程价款结算总额的5%预留工程质量保证金,待工程竣工验收一年后再清算。"但该规定并没有涉及缺陷责任的概念。

2005年1月12日,财政部和原建设部颁布《建设工程质量保证金管理暂行办法》[3],其中指出:"为了规范建设工程质量保证金管理,落实工程在缺陷责任期内的维修、修养责任……",即该办法在官方层面明确提出了缺陷责任期的概念,并将缺陷责任期与工程质量保证金相对应。之后,该文件经过两次修订,住房和城乡建设部于2017年6与财政部联合颁布《建设工程质量保证金管理办法》(建质〔2017〕138号),其中第二条规定了缺陷责任期一般为一年,最长不超过两年,具体由双方在合同中约定。

从上述相关法律规定的立法过程以及对缺陷责任期与保修期的定义来看,缺陷责任期的概念主要与工程质量保证金相对应,缺陷责任期满,则工程质量保证金的返还期限届满,缺陷责任制度的设定是为了规范工程质量保证金的管理以及在缺陷责任期内,强调的是承包人的缺陷维修义务;而对于保修期而言,属于承包人对建设工程质量所承担的保修责任或保修义务的期间,两者在期限上可能有一定的重叠,但有着本质的区别,具体区别如表4-1所示。

---

[1] 2019年《中华人民共和国建筑法》修订后,该条款并没有进行实质性改动。
[2] 该文件被2016年4月财政部颁布的《基本建设财务规则》(财政部令第81号)所废止。
[3] 该文件被住房和城乡建设部和财政部于2016年联合发布的《建设工程质量保证金管理办法》(建质〔2016〕295号)所废止。之后,2017年6月住房和城乡建设部和财政部再次对该文件进行了修订。

缺陷责任期与保修期的区分　　　　　　　　　　　　　　　　表4-1

	缺陷责任期	保修期
定义	返还质量保证金的期限。（《建设工程质量保证金管理办法》第二条）	保证建筑物在合理时间内正常使用的期限，在此期间内承包人须承担保修义务。（《中华人民共和国建筑法》第六十二条）
起算时间	工程通过竣工验收之日起算。（《建设工程质量保证金管理办法》第八条）	自竣工验收合格之日起算。（《建设工程质量管理条例》第四十条）
期限	一般1年，不超过2年。（《建设工程质量保证金管理办法》第二条）	（1）地基基础、主体结构为设计规定的合理使用年限； （2）防水5年； （3）供热与供冷系统为两个采暖期、供冷期； （4）管线、给水排水管道、设备安装与装修工程，2年； （5）其他由合同约定。 （《建设工程质量管理条例》第四十条）
承包人的责任或义务	以工程质量保证金确保工程缺陷得以维修。（《建设工程质量保证金管理办法》第九条）	保修期限内对保修范围内发生的质量问题，应履行保修义务并对造成的损失承担赔偿责任。（《建设工程质量管理条例》第四十一条）

由表4-1可以看出，缺陷责任期及保修期，除了在起算时间上基本相同（仅文字表述上略有差异），对于相应的期限、承包人的义务都存在区别，不应进行混同。例如，缺陷责任期内，承包人缴纳质量保证金/保函以确保工程缺陷得以修复，缺陷期满，发包人应将保证金退还；而保修期内，承包人需要对保修范围内发生的质量问题履行保修义务并承担损害赔偿责任。但需要注意的是，由于缺陷期和保修期在期限上有一定重合，例如一般在缺陷期和保修期的起算时间相同或接近，在重合的时间点内，承包人需要同时承担工程质量保证义务（即瑕疵担保责任）及工程保修义务。

而对于工程质量缺陷维修和保修期内的工程质量责任两者之间的区别，笔者认为，缺陷维修的范围相对于保修期内的保修范围及内涵更广（对于缺陷期与保修期重叠的时间段内，一般无需对两者进行区分，承包人都应当履行维修义务）。缺陷可以指工程质量上的通病、工程质量瑕疵，但并不影响正常的使用；而工程保修责任的承担，主要是针对保修范围内的部分，如果其使用功能受到了影响，则承包人要承担维修义务并赔偿损失。例如，墙体粉刷部分有脱落、门窗安装不结实、客厅墙角因下雨而潮湿等，一般不会影响工程的正常使用，因而该部分可以纳入缺陷维修的范围，但如果超过了缺陷期，则此类项目一般不在保修范围内，此时承包人无需对此类瑕疵进行修复。但是，针对屋面、卫生间等有防水要求的部分，如果出现了渗漏水，则影响了正常使用，因而只要尚在保修期的，承包人应承担责任；类似地，如果主体结构在设计年限内发生了质量问题，例如结构梁、承重墙体或承重板开裂、变形过大等，则会影响工程的安全性能，此时即使超过了缺陷责任期，承包人同样也须承担维修及赔偿责任。

2. 关于保修期限未满，工程质量保证金能否退还的问题

只要厘清了缺陷责任期与保修期之间的差异，对于该问题就较为简单。保修期内，承包人承担的是工程质量的保修责任，即如果在保修期内发生质量问题，承包人应当进行免费维修，造成损害的，应当承担赔偿责任，该责任的承担，与工程质量保证金之间并无本质联系。而质量保证金，与承包人的缺陷责任期相对应，正如本文案例中法院所言，缺陷责任期和工程质量保证金对应的是承包人的瑕疵担保责任，缺陷责任期届满，则发包人应当向承包人退还工程质量保证金。

因此，保修期是否届满，并不是考量工程质量保证金是否退还的要素，而是看合同约定的缺陷责任期是否届满，只要缺陷责任期届满，无相应的质量瑕疵，则承包人有权要求退还工程质量保证金。

3. 关于缺陷责任期约定超过两年时，如何处理的问题

在本文案例中，合同中虽然没有明确约定缺陷责任期，但约定了工程质量保证金的返还期限，从上述讨论可知，工程质量保证金的返还期限本质上也就是缺陷责任期。而在本文案例中，工程质量保证金在竣工验收后 2 年内返还 80%，剩余 20% 竣工验收合格后 5 年内支付，相当于将缺陷责任期延长至 5 年，与《建设工程质量保证金管理办法》规定的不得超过 2 年相违背。前述约定是否有效，实践中一般有两种观点。一种观点认为有效，其原因在于法律、行政法规并未对缺陷责任期的期限作出限制性规定，而《建设工程质量保证金管理办法》属于规范性法律文件，违背该文件的规定不应认定无效。而另一种观点则从公平原则的角度出发，倾向于认为超过两年的期限应按两年处理。对此，笔者更赞同第二种观点。

一方面，虽然工程质量保证金的返还期限不属于法律、行政法规的强制性规定，但从我国工程质量保证金的立法过程来看，2017 年 6 月，住房和城乡建设部最新修订的《建设工程质量保证金管理办法》对工程质量保证金的比例从原来的不高于工程价款结算额的 5% 下调为 3%。同时，国务院 2016 年下发的《关于清理规范工程建设领域保证金的通知》（国办发〔2016〕49 号）中，明确提到要求转变保证金的缴纳方式，推行银行保函制度；2019 年 6 月，住房和城乡建设部联合发改委、财政部等六部委共同发布《关于加快推进房屋建筑和市政基础设施工程实行工程担保制度的指导意见》（建市〔2019〕68 号），其中明确规定："强化

工程质量保证银行保函应用。以银行保函替代工程质量保证金的，银行保函金额不得超过工程价款结算总额的3%。"从上述主管部门对于质量保证金的修订变化的趋势来看，目前国家、主管部门对于质量保证金的比例、预留期限或方式都在逐步缩减，目的在于为施工企业减少负担，营造良好、公平的商业竞争环境。因此，从价值取向上以及公平的角度来看，将质量保证金约定的期限超过两年的，超过部分可能会被法院予以调整。

另一方面，民事法律行为如果违背了公序良俗，应认定无效。而所谓公序，则一般理解为公共秩序或社会一般利益，包括国家利益、社会经济秩序、社会公共利益等。而当前，国务院、住房和城乡建设部等都明确规定质量保证金的扣留期限不得超过两年，且鼓励采用银行保函的方式替代现金；同时，在国内，质量保证金的返还期限一般也不会超过两年，此类做法已经形成了发承包市场中的基本交易秩序，且如果超过两年的，则会损害施工企业的根本利益，进而可能损害农民工等在内的各方利益。因此，从前述角度来说，如果质量保证金的返还期限约定超过两年，不排除人民法院从"公序良俗"的角度，认为该类约定违反了经济秩序、公共利益，进而认定其无效。

五、实务指引

本文针对缺陷责任期、保修期、缺陷维修义务及保修义务之间的区分，作了较为系统的论述。从笔者的执业及项目管理经历来看，对于前述概念在实践中的使用较为混乱，例如将缺陷责任期与保修期混同，或者只约定保修期未涉及缺陷期的概念，也有将质量保证金称为"保修金"等，都属于不太规范的表述。

基于此，笔者建议：

（1）在施工合同中，可以不对缺陷责任期的概念作出特别定义，而直接对于质量保证金的返还期限作出约定；同时，应注意对于法律术语的规范用词，不宜将质量保证金定义成"保修金"，或将质量保证金返还的期限定义成"保修期"。

（2）针对质量保证金的返还期限，应按照国家规定执行，不宜超过两年，否则会存在合规风险；在诉讼阶段，超过两年的部分也较难被法院支持。

（3）在缺陷责任期内，对于缺陷维修义务、范围及责任承担作出明确的约定。

（4）关于保修期、保修的范围、保修责任的承担等相关约定，以附件的形式在工程质量保修书中进行特别约定。

第七节 施工合同约定的保修期低于法定保修期的，应按法定最低保修期执行

一、实务疑难点

建设工程实行质量保修制度，一般而言，施工合同中均会约定相应的保修期限。而法律对于保修期限也有明确的规定，实践中可能存在合同约定的保修期低于法定保修期限，此时该约定是否有效，具体的保修期限应如何执行，笔者结合相关规定及司法观点，对此予以探讨。

二、法条链接

1.《北京市高级人民法院关于审理建设工程施工合同纠纷案件若干疑难问题的解答》（京高法发〔2012〕245号）

施工合同约定工程保修期限低于法定最低期限的条款是否有效？

建设工程施工合同中约定正常使用条件下工程的保修期限低于法律、行政法规规定的最低期限的，该约定无效。

2.《江苏省高级人民法院关于审理建设工程施工合同纠纷案件若干问题的意见》（苏高法审委〔2008〕26号）

第六条 建设工程施工合同中约定的正常使用条件下工程的保修期限低于法律、行政法规规定的最低期限，当事人要求确认该约定无效的，人民法院应予支持。

3.《浙江省高级人民法院民事审判第一庭关于审理建设工程施工合同纠纷案件若干疑难问题的解答》（2012年4月5日）

如何认定当事人约定的保修期低于法律规定的最低保修期限的条款的效力？

建设工程施工合同中约定的正常使用条件下工程的保修期限低于国家和省规定的最低期限的，该约定应认定无效。

4.《四川省高级人民法院关于审理建设工程施工合同纠纷案件若干疑难问题的解答》（川高法民一〔2015〕3号）

如何认定当事人约定的保修期限的效力？

建设工程施工合同中约定的正常使用条件下工程的保修期限低于国家和省级相关行政主管部门规定的最低期限的，该约定应认定无效。

三、典型案例

【案例：鑫某公司与北某公司、新某公司合同纠纷案】

2009年3月16日，北某公司与鑫某公司签订《北京北某公司辽宁新某公司案涉工程施工合同》，合同约定：承包方式为北某公司负责采购保温板，鑫某公司提供0.3mm厚PE膜、1.2mm厚表面防滑复合无纺布型PVC防水卷材（鲁鑫牌）及辅料并负责安装；施工内容为屋面防水系统工程，包含PE膜的铺设、保温板的安装、PVC卷材防水层的施工，施工工艺为机械固定法；在工程质保期内，鑫某公司积极配合北某公司工作，做好售后服务工作，如产品在正常操作情况下出现质量问题，鑫某公司免费提供维修服务。质保期为自验收合格之日起2年。

在鑫某公司完成上述施工后，北某公司已向鑫某公司支付工程款2718994.54元。经北某公司与鑫某公司协商，双方一致认定涉诉工程总造价为2894465元。2012年2月15日及2月28日，北某公司曾通过传真方式告知鑫某公司防水工程出现渗漏现象，要求鑫某公司维修。

后双方因维修费用及漏水责任承担问题发生争议，北某公司向法院提起诉讼，要求施工单位赔偿重做防水工程所花费的材料费、施工费等损失。经法院查明，案涉项目厂房防水工程于2009年4月左右完工；办公楼屋面防水约同年9月左右完工。

诉讼过程中双方对于保修期限的约定发生争议，北某公司认为合同约定的保修期短于法定期限，应认为无效。

对此，法院认为：建设工程实行质量保修制度，建设工程在保修范围和保修期限内发生质量问题的，施工单位应当履行保修义务，并对造成的损失承担赔偿责任。建设工程施工合同中约定正常使用条件下工程的保修期限低于法律、行政法规规定的最低期限的，该约定无效。根据《建筑工程质量管理条例》第四十条的规定，屋面防水工程正常使用条件下的最低保修期限为5年，而本案中，鑫某公司与北某公司签订的施工合同中的保修期低于上述行政法规规定的最低期限，故双方之间关于缩短工程保修年限的约定，因违反法律、行政法规的强制性规定而无效。鑫某公司仍应按照5年期限承担保修义务。一审法院对此认定正确，本院首先对此予以明确。

四、法律分析与实务解读

在本文案例中,合同约定"质保期"为验收合格之日起两年,此处对"质保期"的理解,从文字解释的角度,一般有两种解释,其一为"质量保证期",其二为"质量保修期"。虽然在施工合同中,也存在将"质量保证期"与工程质量的保修期混同使用,但"质量保证期"更多的是针对买卖合同中对产品的质量保证,而非对工程质量的保证。因此,一般而言,建设工程的质保期应理解为"质量保修期"。

正如在上一篇中讨论缺陷责任期与保修期的概念时,发承包双方经常在合同中混淆缺陷责任期与质量保修期的概念,因而会存在将保修期约定的期限等同于缺陷责任期的期限,从而低于了法律规定的保修期限要求。

例如,对于本文案例中的防水工程来讲,按照《建设工程质量管理条例》的规定,屋面防水工程的保修期为 5 年,但合同约定的保修期为 2 年,低于了法律规定的标准,从而被法院认定无效。笔者认同法院的观点,此类约定可以从以下两个方面来进行理解:

(1)建设工程属于特殊的产品,应当满足相应的使用功能,例如能在合理的使用年限内保证结构的安全性、可靠性、稳定性。出于这个考虑,《建设工程质量管理条例》对于有明确使用要求的保修内容作出最低保修期限的规定,有利于规范市场,保障广大使用者的合法权益。例如,对于基础工程、主体结构,保修期限为设计文件规定的合理使用年限;又如屋面防水工程保修期为 5 年等。而对于没有明确规定最低保修期限的其他项目,则可以由双方在合同中进行约定。

(2)《中华人民共和国民法典》第一百五十三条规定:"违反法律、行政法规的强制性规定的民事法律行为无效。但是,该强制性规定不导致该民事法律行为无效的除外。违背公序良俗的民事法律行为无效。"结合该规定,一般而言,如果合同违反法律、行政法规的效力性强制性规定的,则相应的约定应认定无效。而关于最低保修期的规定,是否属于效力性规定,实践中讨论较少。结合最高人民法院的观点,从法益的角度来衡量,如果强制性规定涉及金融安全、市场秩序、国家宏观政策等公序良俗的,一般可以认为属于效力性强制性规定,应认定合同无效[①]。而法定最低保修期限的规定,属于国家在建设工程领域的有关市场交易秩序的相关规定,关系

---

① 最高人民法院民法典贯彻实施工作领导小组. 中华人民共和国民法典总则编理解与适用:下 [M]. 北京:人民法院出版社,2021.

到公共利益、公共安全等问题，例如针对地基基础与主体结构的最低保修期限为设计使用年限，但如果合同约定的主体结构最低保修期低于设计使用年限，例如保修期为10年，则显然会使得市场上存在大量不符合结构安全性、可靠性、稳定性的建筑，严重危及公共安全和公众利益。以此类推，对于防水工程等有明确法定最低保修期限的，均不得约定低于法定最低保修期限。从这个角度来说，法定最低保修期应属于效力性强制性规定。

综合以上讨论，如果施工合同约定的保修期低于法定期限的，该约定应认定无效。实践中，部分省高院均持有类似观点（参见本文法条链接部分）。

五、实务指引

建设工程竣工验收合格之后，承包人负有法定的保修义务，在当前的发承包市场中，发包人一般处于优势地位，因而保修期限通常来说不会低于法定期限。但由于在合同中对于专业术语定义的不准确，经常将"质保期""缺陷责任期""保修期"等概念混同使用，从而可能存在约定保修期低于法定保修期的情况。

从合法合规的角度来说，发承包双方应注意合同约定的准确性，应规范有关保修期限、缺陷责任期限的界定，对于保修期限，应按照国家规定，以及地方对于保修期限的特殊规定来约定并执行。同时承包人也应当对保修期限予以重视，在保修期限内，应当承担维修义务，否则可能构成对发包人的违约。

第八节　发包人认为工程质量存在问题的，可以向法院申请工程质量鉴定，鉴定必要性由法院审查确定

一、实务疑难点

在建设工程施工合同纠纷中，工程质量争议是常见的典型争议焦点问题。实务中，承包人要求发包人支付工程款，发包人往往以工程质量问题要求减少价款，甚至要求承包人承担赔偿责任。但对于发包人主张工程质量问题的，应当负有相应的举证责任，而完成工程质量问题的举证方式，往往是向法院提出工程质量司法鉴定。但实践中，发包人提出工程质量司法鉴定的，法院未必会准许。对于工程质量鉴定不予准许的情况，是实务中值得关注的焦点问题。

二、法条链接

《最高人民法院关于审理建设工程施工合同纠纷案件适用法律问题的解释（一）》（法释〔2020〕25号）

第三十二条 当事人对工程造价、质量、修复费用等专门性问题有争议，人民法院认为需要鉴定的，应当向负有举证责任的当事人释明。当事人经释明未申请鉴定、虽申请鉴定但未支付鉴定费用或者拒不提供相关材料的，应当承担举证不能的法律后果。

一审诉讼中负有举证责任的当事人未申请鉴定、虽申请鉴定但未支付鉴定费用或者拒不提供相关材料，二审诉讼中申请鉴定，人民法院认为确有必要的，应当依照《中华人民共和国民事诉讼法》第一百七十条第一款第三项的规定处理。

三、典型案例

【案例：三某公司与上海域某公司合同纠纷案】

2011年11月24日，三某公司（甲方）与上海域某公司（乙方）签订了一份《施工总承包合同》，由三某公司将案涉项目的土建、安装工程发包给域某公司。

合同签订后，域某公司于同日向三某公司支付1000万元保证金，于2012年3月28日进场施工；因三某公司拖欠工程款，案涉工程于2012年11月16日停工。此后，三某公司引入案外人进场施工。

之后，双方就已完工程的结算发生争议，域某公司向法院提起诉讼，要求三某公司支付工程款；三某公司认为已完工程质量不合格，提起反诉要求域某公司承担质量问题造成的600万元损失，并申请工程质量司法鉴定。

诉讼过程中，三某公司提供了《监理工程师通知单》《监理工程师联系单》等证据，拟证明域某公司在施工中存在与设计不符，以及采用钢材、水泥、钢筋短缺等问题。一审期间，双方于2014年1月1日签订《会议纪要》，就案涉项目的结算问题进行了协商，并约定：三某公司退还保证金1000万元且补偿域某公司停工等损失2224万元，双方就案涉项目施工合同无其他争议。

针对上述三某公司的工程质量鉴定申请，一审法院未准许，并驳回了三某公司的反诉请求；三某公司不服，向最高人民法院提起上诉，对此，最高人

> 法院认为：从原审查明的案件事实来看，域某公司于2012年11月16日停工后，三某公司已将工程转包给他人施工，一定程度上导致无法对域某公司上述施工是否存在工程质量进行司法鉴定。据此，一审判决驳回三某公司关于对工程质量进行司法鉴定的申请以及域某公司应赔偿600万元损失的反诉请求，并无不当。三某公司上诉提出应对工程质量进行司法鉴定以及域某公司应赔偿600万元损失的请求，本院不予支持。

四、法律分析与实务解读

在诉讼过程中，按照"谁主张，谁举证"的原则，承包人如认为工程质量合格的，应举证证明，而此类常见的证据就是工程竣工验收报告；而如果发包人认为承包人的工程质量不合格，则发包人应当举证证明，此类举证方式则往往以发包人申请工程质量司法鉴定的方式提出。但是，发包人提出工程质量司法鉴定，法院是否准许，需要结合案件的具体情况来判断。结合本文的案例来看，发包人申请质量鉴定的，下述几种情形一般不予准许。

1. 未经竣工验收擅自使用或工程竣工验收合格

《最高人民法院关于审理建设工程施工合同纠纷案件适用法律问题的解释（一）》第十四条明确规定，发包人未经竣工验收擅自使用后，又以使用部分质量不符合合同约定为由主张权利的，法院不予支持。其内涵在于，未经竣工验收擅自使用的，说明发包人认可了承包人的施工质量，其法律后果基本等同于工程验收合格。因此，如果发包人再以质量不合格为由，要求承包人承担质量责任，有违诚实信用原则，不应值得提倡。前述情况下，除非工程质量问题涉及地基基础工程和主体结构，发包人向法院申请司法鉴定的，一般不予准许。

例如，在新疆鸿某公司、张某友等施工合同纠纷案件中，发包人未经竣工验收就擅自使用，但在使用过程中发生道路、车间开裂、设备基座松动等情形，发包人以此为由向法院提出质量鉴定，但最高人民法院以发包人未经竣工验收擅自使用，且提出的质量问题均不属于地基基础工程和主体结构质量问题为由，驳回了发包人的再审请求。

对于竣工验收合格后发包人又提出质量鉴定的情形，部分法院也作出了明确的规定，例如《江苏省高级人民法院建设工程施工合同案件审理指南》第2条规定："建设工程竣工并经验收合格后，承包人要求发包人支付工程价款，发包人对工程质量提出异议并要求对工程进行鉴定的，法院不予支持。"

2. 违法建筑

对于违法建筑来讲，质量是否合格已经没有实际意义。例如，对于未取得建设工程规划许可证的项目，按照《中华人民共和国城乡规划法》的相关规定，其面临的法律后果可能是限期整改，无法整改的，则予以拆除。既然违法建筑可能面临的后果是拆除，则诉讼过程中一方再提起工程质量鉴定，无异于浪费司法资源，不应准许。

例如，在常州市卓某公司与潘某俊、江苏华某公司施工合同纠纷案件中，由于案涉项目违反规划程序，未取得建设工程规划许可证，在案件审理过程中也未补办相关手续，因此应认定为违法建筑，无论质量是否合格，均应予以拆除，因此法院认为无需对工程质量进行鉴定。

3. 客观上难以鉴定或无明显证据证明质量问题

工程质量问题并非都能够通过鉴定的手段予以识别，尤其是质量问题的成因鉴定，实践中经常会存在客观上无法鉴定的情形。就如本文案例来讲，发承包双方解除合同后，对于已完工程的质量是否合格并未进行明确，而发包人直接将未完工程交由第三人实施，由此导致前手承包人与后手承包人之间的工作界面不清晰，以及后手承包人可能存在对前手承包人已完工程产生破坏的情形。因此，在前述情形下，客观上已经无法通过司法鉴定来分清工程质量是否由前手承包人的施工问题导致，因而法院对于发包人的鉴定申请未予以准许。

实践中，发包人申请工程质量鉴定，应首先完成初步的举证，即证明工程质量确实存在一定的瑕疵，如未能完成初步举证而直接申请鉴定的，通常也不予准许。例如《浙江省高级人民法院民事审判第一庭关于审理建设工程施工合同纠纷案件若干疑难问题的解答》第八条规定："要严格把握工程质量鉴定程序的启动。建设工程未经竣工验收，发包人亦未擅自提前使用，发包人对工程质量提出异议并提供了初步证据的，可以启动鉴定程序。"

五、实务指引

对于发包人来讲，如果中途与承包人解除合同，应当对已完工程的质量进行验收，确认已完工程质量是否满足国家标准和合同约定。如果对已完工程质量未经确认，就直接发包给第三人，则在往后的争议过程中，再要求对上一手承包人的工程质量主张违约或损害赔偿责任的，会存在一定的障碍。

对于承包人来讲，如果发包人提起质量鉴定，并被法院准许的，承包人应从以下方面对质量鉴定提出相应的质证意见：

（1）质量鉴定单位、鉴定人员是否具备相应的资质、资格。工程质量的鉴定往往涉及工程质量瑕疵鉴定、工程质量成因鉴定、工程质量修复方案鉴定、工程质量修复费用鉴定等多个方面，因而鉴定机构、鉴定人员均需要具备相应的执业资格。

（2）鉴定依据是否科学、客观，鉴定程序是否合法。如果鉴定依据不合法，则相应的鉴定结果也不应具备法律效力。例如，合同约定了工程质量的标准高于国家标准，但在司法鉴定中鉴定机构按照国家标准进行鉴定，则属于鉴定依据不客观，违反了双方的约定，相应的结果也不应当采信。

（3）鉴定时因其他原因导致了工程质量的变化。例如，因地震造成主体结构产生裂缝，或其他非承包人原因产生的工程质量问题等。

第九节　工程竣工验收合格，但承包人原因导致工程存在明显质量问题的，承包人不能以验收合格为由免责

一、实务疑难点

工程竣工验收合格的，往往意味着承包人的工程质量合格，此时往往意味着发包人的工程款支付义务即将届满。但是，由于建设工程的复杂性和专业性，工程验收阶段未必就能发现所有的工程质量问题，因而实践中可能存在工程通过了竣工验收，但在使用时又发生了质量瑕疵或质量问题，此时如果发包人主张工程质量问题，要求承包人赔偿损失的，往往承包人会以验收合格为由，认为工程质量已经合格，其承担的应当是保修责任。

鉴于工程竣工验收合格的文件证明力较高，在前述情况下，发包人想要主张工程质量不合格，进而要求承包人赔偿质量不合格造成的损失的，往往存在极大的难度。

二、法条链接

1.《中华人民共和国建筑法》（2019年修正）

第五十八条　建筑施工企业对工程的施工质量负责。

建筑施工企业必须按照工程设计图纸和施工技术标准施工，不得偷工减料。工程设计的修改由原设计单位负责，建筑施工企业不得擅自修改工程设计。

第七十四条 建筑施工企业在施工中偷工减料的，使用不合格的建筑材料、建筑构配件和设备的，或者有其他不按照工程设计图纸或者施工技术标准施工的行为的，责令改正，处以罚款；情节严重的，责令停业整顿，降低资质等级或者吊销资质证书；造成建筑工程质量不符合规定的质量标准的，负责返工、修理，并赔偿因此造成的损失；构成犯罪的，依法追究刑事责任。

第八十条 在建筑物的合理使用寿命内，因建筑工程质量不合格受到损害的，有权向责任者要求赔偿。

2.《建设工程质量管理条例》（2019年修正）

第四十一条 建设工程在保修范围和保修期限内发生质量问题的，施工单位应当履行保修义务，并对造成的损失承担赔偿责任。

三、典型案例

【案例：南通某建与恒某公司合同纠纷案】

2004年10月15日，南通某建与恒某公司依法签订建设工程施工合同，其中约定由南通某建承建恒某公司发包的吴江恒某国际广场全部土建工程，合同价款30079113元，开工日期2004年10月31日，竣工日期2005年4月28日。同日，双方签订补充协议约定：开工日期计划2004年10月2日（以开工令为准），竣工日期2005年3月11日，工期141天（春节前后15天不计算在内）。每滞后一天，南通某建支付违约金10万元。土建工程造价按标底暂定为3523万元，竣工结算经吴江市有资质的审计部门审计核实后，按审计决算总价下浮9.5%为本工程决算总价。补充协议还对付款方式进行了约定，并约定留总价5%的款项作为保修保证金，两年后返还。

合同签订后，南通某建开始进场施工，案涉工程最终于2005年7月20日通过竣工验收。

工程竣工验收合格后，屋面发生了广泛性渗漏。此后，双方对结算、工程款支付、质量等问题发生争议。南通某建向法院提起诉讼，要求恒某公司支付工程款；恒某公司提起反诉，认为南通某建未按图施工，导致屋面广泛性渗漏，应赔偿损失。

> 南通某建针对反诉部分认为，案涉工程已经通过竣工验收，工程不存在质量问题，南通某建承担的应当是保修责任，而非工程质量问题产生的损害赔偿责任。
>
> 诉讼过程中，经法院委托对工程质量进行鉴定，经鉴定机构鉴定后确认：屋面构造做法不符合原设计要求，屋面渗漏范围包括伸缩缝、部分落水管道、出屋面排气管及局部屋面板；因现有屋面板构造做法与原设计不符，局部修复方案不能保证屋面渗漏问题彻底有效解决（主要指局部维修施工带来其余部位的渗漏），建议将原防水层全面铲除，重做屋面防水层，并出具了全面设计方案，该全面设计方案中包括南通某建在实际施工中未施工工序，并在原设计方案伸缩缝部位增加了翻边。
>
> 对于工程竣工验收合格，能否对抗恒某公司的质量索赔，江苏省高级人民法院认为：屋面广泛性渗漏属客观存在并已经法院确认的事实，竣工验收合格证明及其他任何书面证明均不能对该客观事实形成有效对抗，故南通某建根据验收合格抗辩屋面广泛性渗漏，其理由不能成立。其依据《建设工程质量管理条例》，进而认为其只应承担保修责任而不应重做的问题，同样不能成立。

四、法律分析与实务解读

本文案例入选《最高人民法院公报》2014 年第 8 期，属于建设工程质量纠纷的典型案件。在该案件中，工程竣工验收合格，而在使用过程中，因质量出现问题，发包人要求承包人承担工程质量违约责任，但承包人以工程验收合格为由，认为其仅承担保修责任，法院最终未支持承包人的观点。对此，应当首先就承包人工程质量问题的违约责任以及工程质量保修责任进行区分。

1. 施工质量责任与保修责任的区分

承包人的施工质量责任，指的是承包人应按照合同约定、国家强制性标准以及施工图纸等完成对工程的施工，如施工不满足相关规定的，应承担包括修理、返工以及因质量问题所产生的赔偿和违约责任。

而保修责任，则是工程通过竣工验收之后，如工程在使用过程中发生质量问题、质量瑕疵，则承包人在保修期内应当对其进行维修、维护、修理以保证工程在保修期内能够正常使用。

两者之间的主要区别在于：①保修责任主要发生在保修期内，而施工质量责任一般发生在工程竣工验收合格之前，验收合格后，则一般意味着工程质量合格，从而工程进入保修阶段，承包人开始承担保修责任。②保修责任的前提是工程质量合格，而施工质量责任通常意味着工程质量不合格。③责任承担方式不同，保修责任主要在于对工程的维修、修理，一般不涉及对发包人的违约（保修期内因质量问题造成损失的，承包人应赔偿损失）；但工程质量责任除了会构成违约外，还会涉及行政责任，甚至刑事责任。

2. 竣工验收合格后，能否要求承包人承担工程质量责任

如前所述，竣工验收合格后，工程进入保修期，则承包人开始承担保修责任，此时如果工程质量存在瑕疵，能否要求承包人就此承担施工质量责任，或同时要求承包人承担施工质量责任和保修责任，实践中争议极大。

一般而言，工程竣工验收合格，则意味着工程质量已经满足要求，发包人也认可了承包人的施工，因此逻辑上如果发包人再追究承包人的施工质量责任，则存在一定的矛盾，本文中的承包人即持有该观点。

但笔者认为，工程竣工验收属于认定承包人施工质量是否合格的法定程序，一般来讲，如工程通过了竣工验收，则意味着施工质量合格，因而发包人无法要求承包人承担质量违约等相关责任。但在特殊的情况下，竣工验收程序未必能发现全部施工质量问题，甚至可能会存在相关人员串通使得验收程序流于形式，导致施工质量问题在验收之后才被发现。因此，工程竣工验收合格与承包人承担施工质量违约责任可能并不矛盾。

根据《中华人民共和国建筑法》第五十八条的规定，承包人必须按照设计图纸、施工技术标准等进行施工；《中华人民共和国建筑法》第七十四条则规定了承包人偷工减料、未按图施工的法律责任。前述责任均是承包人的法定义务，该义务不以工程是否通过竣工验收作为评判标准。即使是工程已经竣工验收合格，但在验收合格后发生的质量问题，如有明确证据可以证明属于承包人未按图施工、未按施工规范和技术标准进行施工或在施工过程中偷工减料，则承包人仍应当承担施工质量不合格的行政责任以及民事责任。但由于工程已经验收合格，发包人要在工程验收合格后向承包人主张施工质量责任，其举证难度较大，一般均需要依赖于工程质量司法鉴定，且能够通过质量鉴定确定质量问题产生的原因，否则发包人将会承担举证不能的后果。

例如在本文案例中，虽然工程通过了竣工验收，但在验收之后发生屋面大面积漏水，该大面积漏水客观上反映了施工质量问题，而通过司法鉴定之后，发现漏水的原因是承包人未按照设计要求进行施工，因此承包人应当承担施工质量问题导致

的责任，承包人认为其应当承担保修责任则与事实不符。

综合以上讨论，工程验收合格的，不必然等同于工程质量合格，如在工程验收后确实由于承包人原因导致工程质量出现问题，承包人仍然需要承担责任，不能以竣工验收合格为由免责，或只要求承担保修责任。正如最高人民法院曾在某案件中认为："工程验收合格不等于工程真正合格，因施工人的原因发生质量事故的，其依法仍应承担民事责任。任何法律、法规均没有工程一经验收合格，施工人对之后出现的任何质量问题均可免责的规定。市政公司以案涉工程已经正式通过竣工验收为由主张其不应承担责任，理由不能成立。"

五、实务指引

通过以上分析可知，工程竣工验收合格后，如果仍发现质量问题，且该质量问题是由承包人施工原因导致的，例如承包人未按图施工等，则发包人仍有权要求承包人承担工程质量违约等责任。

对于发包人来讲，笔者建议，在工程验收合格之后发包人发现工程出现质量问题的，无论是否属于保修的范畴，还是承包人施工质量本身存在较大问题，均应当第一时间通知承包人，并查明质量问题的原因。如未能及时处理并查明质量原因的，则随着时间的推移，未来再查明质量问题的原因时系承包人施工导致将会存在一定的困难。

而对于承包人来讲，保证工程质量不仅是合同义务，还是法定义务，承包人切忌在施工过程中偷工减料、擅自变更设计图纸，否则即使侥幸通过了竣工验收，未来仍需要承担质量责任，情况严重的，可能还涉及刑事犯罪。在当前工程质量终身责任制度的情况下，承包人对于工程质量问题应予以高度重视。

第五章
施工合同价款

第一节 合同约定包材料费用的,材料价格上涨一般不能调价

一、实务疑难点

材料价格波动引起的合同价款争议,是施工合同纠纷中高频的争议焦点。例如,2016年2月4日国务院发布《关于钢铁行业化解过剩产能实现脱困发展的意见》(国发〔2016〕6号)后,随着行业去产能以及后续的环保风暴等相关政策的推动,导致工程行业主要原材料(钢筋、水泥等)价格大幅上涨;又如2020年新冠疫情暴发后,材料价格因市场供需关系导致剧烈波动,由此产生一系列因价格波动导致的合同价款争议。尤其是针对总价合同,一般都约定合同总价包括材料费用,此种情形下,承包人能否以及如何调整合同价格,往往是实践中的难点问题,也是发承包双方的关注要点。

二、法条链接

《中华人民共和国民法典》(中华人民共和国主席令第四十五号)

第五百三十三条 合同成立后,合同的基础条件发生了当事人在订立合同时无法预见的、不属于商业风险的重大变化,继续履行合同对于当事人一方明显不公平的,受不利影响的当事人可以与对方重新协商;在合理期限内协商不成的,当事人可以请求人民法院或者仲裁机构变更或者解除合同。

人民法院或者仲裁机构应当结合案件的实际情况,根据公平原则变更或者解除合同。

三、典型案例

 【案例：某冶金公司与黄某公司纠纷案】

2003年3月13日，某冶金公司中标黄某公司西部大通道案涉工程，中标价为人民币175660000元。之后，双方签订合同，并约定总价为175660000元；同时合同专用条款第70条约定，在合同执行期间，不考虑人工、机械使用和材料的价格涨落因素，即在施工期间对合同价款不予调整。

合同签订后，承包人某冶金公司进场施工。

2004年10月21日，陕西省交通厅发布"陕交发（2004）300号"文件，对施工期间材料价格上涨的问题作出相应的通知，并规定对于2003年5月底前签订施工合同的，发包人可根据实际情况对施工企业进行适当补偿。

2006年8月30日，某冶金公司申请交工验收。

2010年1月23日，黄某公司针对施工期间材料价格上涨的问题对承包人补偿了钢材差价1415287.55元。

此后，双方对于施工过程中发生的材料价格上涨、变更等问题的结算未能达成一致，某冶金公司向法院提起诉讼，要求黄某公司支付材料价格上涨的差价及设计变更、停窝工损失等费用。

诉讼过程中，某冶金公司认为材料价格上涨构成情势变更，应当予以调整合同价格。对此，一审法院及最高人民法院均未支持。

最高人民法院认为：相对于双方当事人在合同中约定的工程款总额，尚无充分证据证明施工期间自购钢材、燃油、自购材料运费价格变化的幅度，已经达到了当事人订立合同时无法预见的程度，不构成法律规定的情势变更情形。黄某公司与某冶金公司签订的《合同协议书》70.1约定，该合同执行期间不考虑人工、机械施工和材料价格的涨落因素，即在施工期间对合同价格不予调整。在本工程施工过程中，因国家宏观政策调整造成的钢材价格上涨，陕西省交通厅通知要求对于2003年5月底前签订施工合同的在建工程可依据合同工程单价和合同执行实际，参考招标时的市场价格与合同结算时的价格情况，给施工企业予以适当补偿。2010年1月23日，黄某公司依据陕西省交通厅的通知精神，经黄某公司专题会议研究决定，补偿案涉工程自购型钢差价款1415287.55元。一审判决认定某冶金公司不能以该通知为依据突破合同约定要求黄某公司承担材料涨价的损失并无不妥。

四、法律分析与实务解读

施工合同履行过程中，物价波动属于常见的情形，而承包人往往以物价上涨为由要求发包人补偿材料价差。对此，在材料价格上涨的情况下，承包人能否要求发包人补偿费用，尤其是在总价合同的情形下，如果又约定合同价格包材料费用的，此时承包人能否要求调整合同价格，是实务中的痛点和难点问题。但笔者认为，能否调整材料价格，其主要判断依据仍然是合同约定。如合同约定材料价格上涨不予调整的，则承包人以价格波动为由要求调整合同价格的，将存在一定的难度，具体来讲有以下几方面原因。

1. 合同约定包材料费用的，一般不予调整

自2017年材料价格上涨以来，吉林、河南、广东、陕西等地均发布了相关指导意见，对于材料价格异常上涨的情形作出指示和规定。例如，河南省发布的《关于加强建筑材料价格风险控制的通知》（豫建标定〔2018〕27号）规定："正在实施中的工程，对于约定的包含风险之外的情况，参建各方应积极配合，及时整理保存好购入凭证和必需的签证记录，甲乙双方应及时协商解决。"但该文件规定在合同约定范围外的风险，发承包双方应协商解决，而对于合同约定包材料费用的，并没有引导市场主体进行价格调整。

类似地，《建设工程工程量清单计价规范》GB 50500—2013，第3.4.1条明确禁止采用无限风险、所有风险等方式约定发承包双方的风险范围；但是，违反该条规定却不必然导致合同无效。2021年11月17日，住房和城乡建设部发布的《建设工程工程量清单计价标准》（征求意见稿）（建司局函标〔2021〕144号）中，更是将计价规范从国家强制性标准改为了国家推荐性标准。因此，从当前的计价规范（标准）的修订趋势来看，可能将其从国家强制性标准调整为推荐性标准；在违反国家强制性标准并不必然导致合同无效的情况下，违反推荐性标准更不会导致合同的效力问题。

因此，如果合同中明确约定材料价格波动不调整合同价格的，承包人仅以清单计价规范等为依据，并以材料价格上涨而要求调整合同价格或要求发包人进行补偿的诉求较难实现。

2. 情势变更原则在合同价格调整时的适用

情势变更的原则在原《中华人民共和国合同法》相关的司法解释中得到了确认，而《中华人民共和国民法典》第五百三十三条吸收了原司法解释关于情势变更的规定。

所谓情势[①]，是指客观情况，具体泛指一切与合同有关的客观事实，如灾难、经济危机、政策调整；所谓变更，是指合同赖以成立的环境或基础发生异常之变动，这种合同成立的基础或环境的客观基础的变动有可能导致合同当事人预期的权利、义务严重不对等，从而使原先的合同失去本来的意义。

结合现行《中华人民共和国民法典》第五百三十三条的规定来看，在适用情势变更原则时，应同时满足几个条件：①合同基础条件发生了重大变化；②该变化无法预见，且不属于商业风险；③继续履行合同对一方显失公平。

例如，因政府价格管制，对部分原材料的价格进行限价、提价等因素导致价格剧烈上涨，这种情况下双方在订立合同时一般无法预见此类管制，也难以将其界定为商业风险，因而存在适用情势变更来调整合同价格的空间。

3. 价格波动一般属于商业风险的范畴，难以适用情势变更

在本文的典型案例中，承包人以情势变更原则，且结合政府的调价文件，要求发包人对价格上涨引起的材料差额进行补偿。但最高人民法院认为，尚无充分证据证明施工期间材料价格变化的幅度，已经达到了无法预见的程度，并以此为由认定此类情形不适用情势变更原则。由此可见，对于材料价格上涨的情形，能否适用情势变更，需有一定的证据证明材料价格的上涨是属于双方无法预料的情形，例如政府直接定价管制等原因。

但是，一般而言，价格波动属于商业风险的范畴，笔者倾向于认为，在合同约定包材料费用的情形下，即便材料价格大幅度上涨的，也不存在适用情势变更的空间。一方面，此类约定可以说明双方对于材料价格的波动有一定的预见性，从而对于价格波动的风险负担作出约定；另一方面，在约定材料价格上涨不调整价格的情形下，承包人作为有经验的商事主体，应采取合理的方式规避价格波动产生的商业风险，否则应自行承担不利的后果。结合本文的典型案例来看，在审判实践中，法院一般也会持有类似观点。

例如，在 2008 年金融危机期间履行的某买卖合同纠纷案件的民事判决书中，最高人民法院认为，全球性金融危机和国内宏观经济形势变化并非完全是一个令所有市场主体猝不及防的突变过程，而是一个逐步演变的过程；在演变过程中，市场主体应当对于市场风险存在一定程度的预见和判断，而铜价格波动并非是当事人在缔约时无法预见的非市场系统固有的风险，应当属于商业活动的固有风险。

---

① 沈德永. 最高人民法院关于合同法司法解释（二）理解与适用 [M]. 北京：人民法院出版社，2009.

又如在广东白某建筑与东莞长某地产之间的施工合同纠纷中，合同约定按中标价包材料费用，除设计变更外结算时不作调整；而后承包人以材料价格上涨要求调价，但最高人民法院认为，上述约定系针对合同约定的施工期间内包括主要建筑材料价格产生变化的市场风险承担条款，说明双方当事人已预见到建筑材料价格变化的市场风险，故二审判决认定开工日期至合同约定的竣工日期期间建筑材料上涨属于正常的商业风险，不属于情势变更并无不当。

结合上述分析及相关的判例，如果合同约定材料价格上涨不调整价格的，则承包人以情势变更原则要求法院予以调整的，将会存在较大的难度。

五、实务指引

对于承包人来说，如何管理材料价格波动的风险属于实务中的疑难问题。在当前的发承包市场中，发包人往往倾向于将材料价格波动的风险分配给承包人；而将所有的价格风险转移给承包人，往往又会在合同履约过程中导致双方发生巨大分歧，不利于项目的正常推进。基于此，笔者建议：

1）为了合同的顺利履行及减少争议，发承包双方在合同中应合理分配价格波动风险，建议结合项目的具体情况、合同工期等因素，设置合理的价格波动幅度及相应的风险负担。

2）在签约阶段，承包人对于价格风险的分担条款应予以重视，如约定价格波动不调整合同价格的，应加强履约过程中的价格管理措施，减少物价波动产生的风险。必要时，承包人可采取金融手段来对冲相应的价格波动风险，以钢材为例：

（1）如果承包人计划三个月后买入钢材，假设当前的钢材市场价为每吨4000元，为预防未来价格上涨的风险，承包人在期货市场买入3个月后到期的钢材期货合约。如果3个月后钢材价格涨至每吨5000元，则承包人现货市场每吨亏损1000元；在期货市场卖出原先的期货合约平仓，期货市场每吨盈利1000元（假设期货合约与现货价格同步波动，实践中差异不大）。则承包人仅支付相关的期货交易手续费，即可规避钢材价格上涨风险，具体情形如图5-1所示。

（2）如果承包人以每吨4000元的价格提前买入了钢材，计划3个月后投入使用，则为了预防钢材价格下跌的风险，承包人同样可以在期货市场进行对冲。即在期货市场卖出3个月后的钢材期货合约。如果3个月后，钢材跌至每吨3000元，则期货市场买入钢材合约平仓，每吨盈利1000元；现货市场因钢材价格下跌，每吨亏损1000元，从而又达到了盈亏平衡。承包人仅需支付期货交易费用即可对冲价格风险，如图5-2所示。

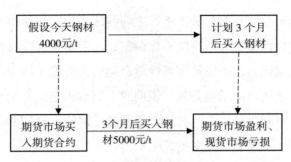

图 5-1　预防钢材上涨时的对冲方法

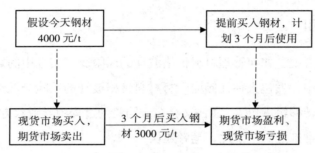

图 5-2　预防钢材下跌时的对冲方法

第二节　下浮率计价的，履约过程中形成的签证一般不再下浮

一、实务疑难点

签证与索赔是施工过程中经常发生的情形，也是施工合同履约、合同计价以及工程结算中重要的内容。但实务中，对于签证的概念内涵、法律后果的理解往往不够深入，导致最终在结算阶段产生争议。例如，对于合同约定下浮率的，如果在履约过程中形成了签证，此时签证是否下浮，往往引发争议。本文将从签证的概念与内涵角度，对此问题予以讨论。

二、法条链接

1.《中华人民共和国民法典》（中华人民共和国主席令第四十五号）

第四百七十一条　当事人订立合同，可以采取要约、承诺或者其他方式。

第四百七十二条 要约是希望与他人订立合同的意思表示，该意思表示应当符合下列条件：

（一）内容具体确定；

（二）表明经受要约人承诺，要约人即受该意思表示约束。

2.《最高人民法院关于审理建设工程施工合同纠纷案件适用法律问题的解释（一）》（法释〔2020〕25号）

第十条 当事人约定顺延工期应当经发包人或者监理人签证等方式确认，承包人虽未取得工期顺延的确认，但能够证明在合同约定的期限内向发包人或者监理人申请过工期顺延且顺延事由符合合同约定，承包人以此为由主张工期顺延的，人民法院应予支持。

当事人约定承包人未在约定期限内提出工期顺延申请视为工期不顺延的，按照约定处理，但发包人在约定期限后同意工期顺延或者承包人提出合理抗辩的除外。

三、典型案例

【案例：中某公司与炳某中学纠纷案】

2009年12月，炳某中学因建设初中部新校区，决定采取BT方式，发布了《天长市炳某中学初中部新校区建设BT项目谈判文件》（简称《谈判文件》）。

2009年12月7日，中某公司（乙方）响应炳某中学（甲方）的要约与其进行了竞争性谈判，并签订《谅解备忘录》。

2009年12月22日，中某公司向炳某中学出具一份竞争性谈判投标函，同意依据审计后的工程施工总造价结算优惠率（下浮）18.01%。通过竞争性谈判，双方于2010年1月22日签订了一份《建设工程施工合同》，由中某公司承建炳某中学初中部新校区工程。

中某公司于2010年1月22日组织人员进场施工。三幢教学楼于2010年8月28日竣工验收合格，综合楼于2011年11月22日竣工验收合格。在施工过程中，炳某中学又对原工程施工图纸进行了设计变更、二次设计、变更和指令等，增加了部分工程量和经济签证。

工程完工后，中某公司于2012年4月9日向炳某中学提交了完整的工程竣工结算资料。之后，天长市审计局对案涉工程造价进行审计，由于中某公司不认可该审计报告，随之向法院提起诉讼。

诉讼过程中，双方对于签证、变更等是否按合同约定下浮产生争议。炳某中学主张依据中某公司出具的一份竞争性谈判投标函，同意依据审计后的工程施工总造价下浮18.01%计算，故变更签证、认价采保费等亦应予以下浮。

对此，法院认为：由于变更签证、认价采保费等系在施工过程中工程量清单未列入、另行增加的工程量双方直接确定的价款，以及双方同时采购材料所进行的认质认价，如再行下浮，明显有违公平原则，故对此部分不应下浮。

四、法律分析与实务解读

签证属于施工过程中形成的书面文件，其有一定的法律意义和内涵。针对合同约定下浮率计价时，签证是否下浮的问题，首先应厘清签证的概念与内涵。而提到签证，又不得不提索赔，两者时间上有一定的联系，又有着本质的区别，容易产生混淆。基于此，笔者结合签证的概念，以及签证与索赔的联系或区别，对此类问题予以分析。

1. 签证的概念与内涵

针对签证较为权威和官方的定义，出自《工程造价术语标准》GB/T 50875—2013，其中第3.4.8条"现场签证"规定："发包人现场代表（或其授权的监理人、工程造价咨询人）与承包人现场代表就施工过程中涉及的责任事件所作的签认证明。"即签证属于对施工过程中所发生的事件的一种证明，其表现形式可能有多种，可以是对现场工程量发生变化的一种证明，也可以是对设计变更、补偿合同价款、确认违约责任、赔偿损失等事实或事件作出证明文件，其在法律上属于一份证据，具备相应的法律效力。

从上述定义来看，签证属于一个广义的概念，其并不意味着增加价款，例如施工过程中常见的设计联系单、施工技术核定单等，均属于对施工过程中所涉及的责任事件的证明。但能否涉及增加价款，则需要结合该证明文件所述的背景来予以判断。例如在图5-3所示的施工技术核定单中，承包人由于未能采购到$\phi 12$的钢筋，改用同等标准的$\phi 14$的钢筋；此时属于承包人自身的责任，因此即使承包人增加了成本，也可能无法向发包人主张增加价款。

虽然该签证文件不具有调整合同价款的效果，但由于承包人将设计的钢筋型号进行了调整，属于改变了施工图的内容，必须得到发包人、设计单位的确认，否则除了构成未按图施工外，还会涉及对发包人的违约。因而此类签证文件，也是施工过程中十分重要的证据文件。

施工技术核定单

建设单位：

单位工程：

分部分项名称	钢筋绑扎	施工图名称	结施
合同编号		施工图编号	结施——02（修）
任务单编号		类别型号规格	
核定问题	我单位在施工-2.63m底板钢筋时，由于一时未购到φ12的二级钢，现场只有φ14的二级钢，实际施工时采用φ14的二级钢，其间距不变。请设计同意为感！		
处理意见			
建设单位		设计单位	施工单位
建设单位（章）		设计单位（章）	施工单位（章）

图5-3 施工技术核定单

另一种典型的签证属于经济类签证，通常可以直接确认工程价款，如图5-4所示。

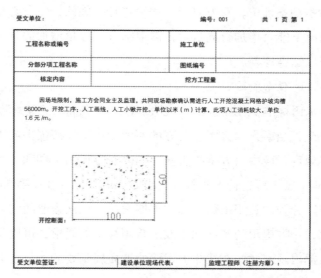

图5-4 技术经济签证单

图 5-4 中的签证单注明了事件发生的原因为"因场地限制",则按照一般的交易习惯,此类场地问题一般属于发包人的原因,因而应补偿价款;同时双方进一步对场地限制导致的工程量增加进行了确认,同时又注明了单价,此时双方盖章后就形成了一份经济签证,通常可直接作为向发包人主张增加合同价款的依据。

还有一种经济签证仅确认了工程量,但没有直接确认价款,实践中经常以"工程量确认单"的形式出现,如图 5-5 所示。

工程量确认单

工程名称		施工单位	
工程部位	给水、排水、采暖出户与三级网连接	施工日期	

工程量情况说明:
1. 采暖:采暖管总长 $DN125$ 黑夹克管 $=29.6m$;弯头 8 个。
   人工费:焊工 7 工日;力工 7 工日。
2. 给水:给水管总长 $DN65$ 钢骨架管 $=14.6m$;弯头 8 个;套筒 14 个。
   人工费:热熔焊工 6 工日;力工 6 工日。
3. 排水:排水管采用 $DN110$、$DN150$(A 型管 1.8m);$DN110=8$ 根(8 个法兰盘,8 个胶垫,24 个螺栓);$DN150=8$ 根(8 个法兰盘,8 个胶垫,32 个螺栓)。
   人工费:水暖工 8 工日,力工 8 工日。
4. 机械开挖:PC90 挖掘机开挖、回填,共计 6 台班。

图 5-5 工程量确认单

在图 5-5 所示的签证中,双方对于工程量进行了确认,但没有相应的单价及汇总价格,此种情况下能否增加合同价款,需要结合工程量增加的具体原因以及相应的合同条款来予以综合评判。

2. 索赔与签证的联系或区别

《工程造价术语标准》GB/T 50875—2013 第 3.4.5 条将"工程索赔"定义为:"工程承包合同履行中,当事人一方因非己方的原因而遭受经济损失或工期延误,按照合同约定或法律规定,应由对方承担责任,而向对方提出工期和(或)费用补偿要求的行为。"同时,《工程造价术语标准》GB/T 50875—2013 在第 3.4.6 条和第 3.4.7 条将"工程索赔"分为"费用索赔"和"工期索赔"。从索赔的定义来看,索赔属于发承包一方向另一方提出的工期和(或)费用补偿的要求,可以是发包人提出,也可以是承包人提出。因此,在法律上索赔的性质属于要约,是合同一方的单方意思表示,须相对方的承诺才能生效。

需要特别注意的是，索赔往往有时限的要求，例如《建设工程施工合同（示范文本）》GF—2017—0201 通用条款第 19.1 条"承包人的索赔"及第 19.3 条"发包人的索赔"均约定了逾期失权制度。因此，如合同中约定索赔逾期失权的，一方再发出索赔，另一方可以该索赔超过合同约定期限为由，拒绝对方的索赔要求，此种情况下，索赔目的就无法实现，无法作为主张价款增加/减少的依据。

此外，索赔虽然是单方意思表示，未经对方确认一般不生效，但如果索赔事项符合合同约定（例如事项符合约定，并在约定的时间内提出），则参照《最高人民法院关于审理建设工程施工合同纠纷案件适用法律问题的解释（一）》第十条的规定，在诉讼过程中此类索赔一般会被法院确认。

3. 下浮率计价的，签证一般不参与下浮

结合以上关于签证与索赔的概念、内涵的讨论，在合同采用下浮率计价的情形下，发承包双方如果在履约过程中形成了签证或索赔确认文件，对费用补偿进行了确认，此时双方直接按照确认的费用进行结算即可，一般不再参与下浮。

在本文的典型案例中，法院认为由于变更签证、认价采保费等系双方直接确定的价款，如再行下浮，明显有违公平原则，因而不再按照合同约定进行下浮。笔者认为签证直接确定的价款，无需从公平原则的角度予以考量，由于属于双方直接确认的价款，除非在签证中约定按照原合同约定下浮，则签证直接确认的价款应直接计入工程结算中。

需要注意的是，对于未直接确认价款的签证，例如仅确认现场工程量的签证，此种情况下因双方仅对工程量的增减变化进行了确认，因而在结算中，如签证中或合同中对于签证是否下浮未作特别说明，此时在确认该部分价款时一般会按照合同约定的下浮率进行结算。

五、实务指引

签证与索赔属于发承包双方在施工过程中的动态博弈，对承包人来讲，可以获取更多的工程价款；而对发包人来说，又要安排更多的工程投资。因此，对于发承包双方，均应加强签证与索赔的管理，笔者从发承包两个层面给出建议：

（1）对于发包人来讲，其签证管理的主要工作就是预防承包人进行不合理的索赔或签证，因而发包人可在合同签约阶段，明确签证的管理办法，签证的具体情形，以及签证在何种审批程序下可以作为结算价款的依据。例如，针对技术类变更签证，不调整合同价款；对于新增项目的签证，承包人可另行报价等。

（2）对于承包人来讲，如何获取签证、索赔，并作为结算的依据，是十分关键的问题。承包人的首要工作是在事件发生后，及时向发包人提出签证或索赔。对于签证单，能直接确认价款的，应进行直接确认；如未能直接确认价款的，则可以先确认工程量，同时应在该签证中说明工程量产生的背景，例如设计变更、施工场地限制等，此时从背景情况的描述就可得出责任方在发包人，进而有利于确认价款，同时也可采用备注的方式注明该部分工程量如何计价，例如该部分工程量计价时不参与下浮等。

对于签证、索赔较为困难的项目，承包人对于签证、索赔的管理应予以高度重视，在分包时可以考虑采用"背靠背"的方式，将风险转移至分包商，同时应避免直接对分包人提交的签证、索赔文件进行确认。

第三节　施工合同无效，承包人仍可以要求发包人支付工程款利息

一、实务疑难点

一般而言，发包人未按期支付工程款，则承包人有权要求其支付利息。利息属于约束发包人按期支付工程款的一种手段，因而也属于发包人未按合同约定支付款项的一种违约责任。而合同无效的情形下，一般认为违约责任的约定亦归于无效，则意味着合同约定的利息也无效。从这个角度来说，施工合同无效的情形下，是否意味着承包人也无权请求发包人支付利息，有待进一步讨论。

二、法条链接

《最高人民法院关于审理建设工程施工合同纠纷案件适用法律问题的解释（一）》（法释〔2020〕25号）

第二十六条　当事人对欠付工程价款利息计付标准有约定的，按照约定处理。没有约定的，按照同期同类贷款利率或者同期贷款市场报价利率计息。

第二十七条　利息从应付工程价款之日开始计付。当事人对付款时间没有约定或者约定不明的，下列时间视为应付款时间：

（一）建设工程已实际交付的，为交付之日；

（二）建设工程没有交付的，为提交竣工结算文件之日；

（三）建设工程未交付，工程价款也未结算的，为当事人起诉之日。

三、典型案例

 【案例：成都青某公司与银川望某管委会纠纷案】

2013年1月至2月，望某管委会提交关于建设城市副中心道路工程的可行性研究报告，获得永宁县发展改革和工业信息化局批准，同意城市副中心道路工程计划总投资9000万元，建设期限2013年4月至10月，资金来源为县财政投资。经永宁县人民政府常务会议研究通过、永宁县人大常委会同意，城市副中心道路工程列入2013年政府投资实施的"BT"融资建设项目，指定望某管委会为项目业主按照"BT"模式融资建设，项目建设资金列入财政预算，待工程竣工验收合格后政府予以财政回购。

望某管委会与青某公司于2013年3月协商确定，由青某公司承包城市副中心道路工程项目。2013年4月10日，青某公司按照望某管委会的指示开工，2013年8月，因受当地村民阻挠被迫停工，至此，青某公司完成案涉工程97%的工程量。

望某管委会于2014年6月24日完成案涉工程的招标投标，同年7月向青某公司送达《中标通知书》，之后双方签订《建设工程施工合同》，合同协议书部分约定：城市副中心道路工程规模包括新建道路：通湖路、珍珠路、通济路、青年路和庆年路等五条道路及其给水排水工程等；工程承包范围：业主提供施工图所包括的全部内容，以业主提供的招标清单为准；工期：开工日期2013年4月1日，竣工日期2013年7月2日；合同价款：49267934.94元；合同价格形式：固定综合单价合同；专用条款部分还对工程款支付、竣工结算、质量保证金及违约责任进行了约定。

而后因双方对于工程结算以及利息支付问题发生争议，青某公司向法院提起诉讼，要求支付剩余的结算款及逾期付款的违约金。

因案涉施工合同存在先施工后招标的行为而被法院认定为无效，对于结算款的违约金问题，最高人民法院认为：案涉施工合同系无效合同，无效合同自始没有法律约束力。在此情况下，案涉合同约定的付款周期条款及违约金条款均应无效，故青某公司要求望某管委会支付违约金的主张于法无据，不应予以支持。但根据司法解释的规定，对青某公司请求支付工程价款的主张应予支持，而利息属于法定孳息，故青某公司有权要求望某管委会承担欠付工程款的利息。

本案当事人虽然约定了利息计算标准，但因案涉施工合同无效，该计息标准条款亦无效，故应依法按照中国人民银行授权全国银行间同业拆借中心发布的贷款市场报价利率（LPR）作为利息计算标准。

四、法律分析与实务解读

实践中，有观点认为施工合同中关于付款利息或违约金的约定，同样属于工程款的范畴，即便合同无效的，也可参照适用。例如，在《2011年山东省高级人民法院民事审判工作会议纪要（讨论稿）》中认为："无效合同中有关付款时间、付款方式及延期付款利息的约定与工程价款结算紧密相关，不可分割，仍然属于工程价款结算的范畴，当事人可以参照合同约定执行。"但是在该份文件的正式稿（鲁高法〔2011〕297号）中删除了利息或违约金可参照合同约定支付的表述；由此可见，该类表述或观点在实务中存在一定的争议。

从本文案例中最高人民法院的观点来看，施工合同无效的，双方约定的利息或违约金标准也应当无效；而工程款的利息又属于法定孳息，不以当事人的约定为前提，因而即便施工合同无效的，承包人仍可以要求发包人按照当前的贷款市场报价利率的标准支付利息。

换言之，在施工合同无效的情形下，双方之间关于违约金等相关的约定也不再具有法律效力，承包人无权按照合同约定要求发包人支付逾期付款违约金或利息，但并不丧失获得法定孳息的权利；只要工程竣工验收合格，承包人可要求发包人参照合同约定支付工程价款，并按照法定利率支付欠付工程款的利息。根据笔者检索的情况来看，该观点基本已被法院所接受。例如，在于某龙、伊宁市某公司与伊宁市某镇人民政府建设工程施工合同纠纷案件中，新疆维吾尔自治区高级人民法院认为，于某龙借用承建公司名义签订的施工合同虽然无效，但利息属于法定孳息，不以双方当事人约定为支付前提。又如《北京市高级人民法院关于审理建设工程施工合同纠纷案件若干疑难问题的解答》（京高法〔2012〕245号）第17条规定："建设工程施工合同无效，但工程经竣工验收合格……承包人要求发包人按中国人民银行同期贷款利率支付欠付工程款利息的，应予支持。"

五、实务指引

结合以上讨论，施工合同无效的，承包人仍有权主张工程款利息。而对于利息的起算时间问题，结合《最高人民法院关于审理建设工程施工合同纠纷案件适用法律问题的解释（一）》第二十七条关于应付工程款起算时间的规定，为保障承包人的工程款及相应的利息，笔者进一步建议承包人：

（1）承包人在工程竣工验收合格后，及时向发包人上报结算文件，以尽快锁定发包人的付款义务。

（2）如果工程需要交付给发包人的，应当与发包人办理工程移交手续，由发包人出具相应的工程接收证明。如发包人拒绝出具接收证明，则应当自行取得发包人实际占有工程的证据。

（3）发包人存在延期付款时，应注意定期书面催促，并保留好相应送达凭证。

第四节　背靠背条款不属于格式条款，总承包人一般无须向分包单位提示

一、实务疑难点

背靠背条款在建设工程合同中较为常见，尤其是在总分包合同中，通常会约定总承包单位向下游分包单位的付款，以上游建设单位的付款作为前提。对于下游分包商而言，经常面临上游承包人以背靠背支付条款为由，延期支付款项。对于背靠背条款而言，属于分包单位的痛点和难点问题。

实践中，如果建设单位未向上游总承包单位支付工程款，则分包人通常以该类背靠背条款属于格式条款、总承包人对格式条款未提示等为由，主张背靠背条款对双方没有约束力，或背靠背条款不应构成合同的组成部分。对此，笔者结合相关司法案例，对于背靠背条款是否属于格式条款的问题进行探讨。

二、法条链接

《中华人民共和国民法典》（中华人民共和国主席令第四十五号）

第四百九十六条　格式条款是当事人为了重复使用而预先拟定，并在订立合同

时未与对方协商的条款。

采用格式条款订立合同的，提供格式条款的一方应当遵循公平原则确定当事人之间的权利和义务，并采取合理的方式提示对方注意免除或者减轻其责任等与对方有重大利害关系的条款，按照对方的要求，对该条款予以说明。提供格式条款的一方未履行提示或者说明义务，致使对方没有注意或者理解与其有重大利害关系的条款的，对方可以主张该条款不成为合同的内容。

第四百九十七条 有下列情形之一的，该格式条款无效：

（一）具有本法第一编第六章第三节和本法第五百零六条规定的无效情形；

（二）提供格式条款一方不合理地免除或者减轻其责任、加重对方责任、限制对方主要权利；

（三）提供格式条款一方排除对方主要权利。

三、典型案例

【案例：上海宝某公司与上海绿某公司纠纷案】

2011年3月2日，上海宝某公司（分包人）与上海绿某公司（承包人）签订《建设工程施工专业分包合同》（以下简称"分包合同"），约定由宝某公司负责新建宝钢综合大楼项目的桩基工程，其中工程款（进度款）支付的具体约定为：本合同价款的支付时间和比例以发包人工程款到位的时间和比例为前提，同时执行"上海绿某公司分包工程款支付办法"的有关要求。

分包合同签订后，宝某公司依约完成了施工义务，分包工程项目审定结算总价为5999082元，而绿某公司仅支付工程款3660000元，宝某公司经多次催讨未果后，向法院提起诉讼，要求绿某公司支付所欠工程款2339082元及利息。

诉讼过程中，关于工程款支付的约定是否属于格式条款，双方发生争议。

宝某公司认为：双方签订分包合同时，绿某公司未就合同中明显限制付款条件的条款向宝某公司作合理的提示说明，且绿某公司也未向宝某公司提供其与宝钢工程公司之间的合同，故相关付款条款系背对背条款，不应发生法律效力。

绿某公司认为：分包合同对绿某公司支付工程款的前提条件约定明确，且该付款条款不具备格式条款的属性，不适用格式条款的法律规定。

> 对此，法院认为：格式条款是当事人为了重复使用而预先拟定，并在订立合同时未与对方协商的条款。显然，案涉分包合同专用条款有关工程款（进度款）的支付具体约定并不属于格式条款，而是双方对工程款具体如何支付进行协商后的一致意思表示，约定内容并不存在免除一方主要义务或排除另一方主要权利的情况，故宝某公司主张上述条款无效缺乏事实及法律依据。宝某公司在就主要合同条款与对方达成一致时应就与约定内容相关的情况及自己所能承受的全部工程款兑现时限等进行了解并充分预估，一旦签署合同后即应遵守合同约定，否则有违诚信原则。

四、法律分析与实务解读

上述案例中，分包合同约定了背靠背支付条款，在分包合同的发包人欠付款项的情形下，下游分包单位以背靠背条款为格式条款为由，主张该条款无法律效力，但没有得到法院的支持。对此，为厘清背靠背条款是否属于格式条款，首先应当明确格式条款的定义或哪种类型的条款会构成格式条款。

1. 关于格式条款的定义

在现代经济社会中，随着经济的不断发展，交易活动日渐频繁，人们对于交易的效率、要求也不断提高。基于这个背景，为简化缔约程序、提高交易效率，格式条款也应运而生。

对于格式条款的定义，根据《中华人民共和国民法典》的规定以及结合格式条款在商业交易中的目的来看，格式条款应满足三个条件：①为了重复使用；②预先订立；③未与对方协商。其中，"未与对方协商"是格式条款最为重要的特征[1]，一般而言，也是审判实践中认定是否构成格式条款最为关键的要素。

法律对于格式合同作出规定，主要考虑提供格式合同的一方会利用自身的专业优势、垄断地位，损害合同弱势一方的合法权益。实践中，格式合同常发生于具有经济优势、专业优势的企业与不特定的消费者之间。例如，日常生活中常见的保险合同，针对同一险种，保险公司会提前制定合同文本，待客户确定投保后即直接按照预先制定的合同文本签订保险合同，此类合同就属于重复使用、预先订立，且客户在签订保险合同时对于保险合同的条款无法通过协商变更，也没有能力去鉴别相关条款的内容以及法律后果，因而属于日常生活中十分典型

---

[1] 最高人民法院民法典贯彻实施工作领导小组. 中华人民共和国民法典合同编理解与适用（一）[M]. 北京：人民法院出版社，2021.

的格式合同，符合格式条款的特征。又如视频平台提供的会员服务协议，用户要成为该平台的会员，必须无条件接受平台提供的会员服务文本，也属于典型的格式合同。

2. 关于背靠背条款是否属于格式条款的法律分析

1）关于背靠背条款是否满足格式条款的特征

在建设工程分包合同中，结合本文的案例，笔者列举出几类较为典型的背靠背支付条款：

（1）本合同价款的支付时间和比例以建设单位/业主工程款到位的时间和比例为前提。

（2）分包人已充分了解承包人与发包人的总包合同中关于合同价款的支付约定，并承诺同意承包人按收到发包人的工程款同比例支付工程款。

（3）按甲方与建设单位签订的总包合同专用条款约定同比例支付，如建设单位延迟付款，甲方相应延迟对乙方的付款，且乙方不得索赔。

对于类似上述的背靠背支付条款来讲，是否构成格式条款，仍应当从格式条款的定义出发来判断。按照谁主张谁举证的原则，诉讼过程中分包人主张格式条款的，应当负有相应的举证义务，例如举证证明由总承包人为了"重复使用""预先订立"，且也没有与分包人协商，但对于分包人而言，很难举证证明此类背靠背条款符合格式条款的特征，从而会承担举证不能的法律后果。例如，最高人民法院在某民事判决书中认为，主张格式条款的卓某公司并无证据证明该约定是慧某公司为了重复使用而预先拟定且在订立合同时未与其协商的条款，故该约定并不构成格式条款。同样地，四川省成都市中级人民法院在某民事判决书中认为，分包人也无法证明背靠背支付条款属于格式条款，从而关于格式条款的主张未被法院支持，且在该案中，法院还认为"背靠背"付款条件属于建设工程领域的常见做法，系合同双方对自身民事权利的处置，合法有效。

退一步讲，即使分包合同的文本由总承包人提供，且满足重复使用、预先订立的特征，笔者认为，此类分包合同中的背靠背条款也无法满足"未与对方协商"的特点，无法构成格式条款，主要理由有：

（1）施工合同具有风险高、标的大等特征，往往会经历招标投标、竞争性谈判等磋商程序，而招标投标、竞争性谈判等程序本身就属于协商的过程；

（2）虽然分包合同一般而言无需经过招标投标程序，但施工分包合同属于典型的商事合同，上游承包人与下游分包单位均属于有经验的商事主体，其在签订分包合同时，针对付款条件等关键性条款，按照正常的商业逻辑，必然也会经历协商与谈判；

（3）平等商事主体之间签订的合同往往经历协商的过程，因而从举证的角度，分包人举证证明"未与对方协商"来推翻商事合同的正常缔约逻辑，存在极大的难度；相反，实践中反而更容易举证背靠背条款经过了双方的协商，例如类似本文的典型案例，背靠背支付条款约定在专用条款之中，而专用条款本身就是双方协商一致的结果，或者在签约过程中，总承包人还可能会要求分包人出具关于背靠背支付的承诺书文件，而此类文件也能证明双方经历了协商。

综合以上分析，一般而言，背靠背条款不符合格式条款的特征，不宜认定为格式条款。

2）背靠背条款构成格式条款时的法律分析

如前所述，背靠背条款不宜被认为是格式条款，但假设背靠背条款满足格式条款的特征、构成格式条款，笔者认为此类条款仍应当对双方有约束力，主要理由如下：

（1）从《中华人民共和国民法典》第四百九十六条第二款规定的内容来看，应包括三层意思：①提供格式条款的一方需要针对与对方有重大利害关系的条款进行提示；②提示之后，按照对方的要求对格式条款进行说明；③如果没有履行提示或说明义务，导致对方没有注意或理解与其有重大利害关系条款的，则对方可以主张该条款不构成合同的内容。

首先，针对重大利害关系条款的界定，结合《中华人民共和国民法典》第四百七十条、第四百八十八条的内容来看，合同的主要内容应包括合同标的、数量、质量、价款、报酬等。从体系解释的角度来讲，《中华人民共和国民法典》第四百九十六条规定的"重大利害关系条款"，应当包括合同的主要内容，例如数量、质量、价款、报酬等，而背靠背支付条款属于合同价款的范畴，关系到分包人的核心利益，应当构成与分包人有重大利害关系的条款。

其次，如果背靠背条款构成格式条款的，则总承包人应当采用合理的方式提示分包人；而如果分包人要求总承包人进行说明的，则总承包人应当对条款予以解释。也就是说，在背靠背条款构成格式条款时，总承包人至少应当举证证明对格式条款尽到了提示义务。

但最为关键的是，假设背靠背条款属于格式条款，如果总承包人没有尽到提示义务，导致分包人没有注意的，则分包人可以主张背靠背条款不构成合同内容。这里不构成合同内容在学理上被称为"未订入合同"，也就是该条款虽然形式上写入了合同，但分包人可以向法院主张背靠背条款不构成合同的内容；如果背靠背条款不构成合同内容，也就谈不上条款的效力问题。但需要注意的是，主张不构成合同内容，从条文的规定来看，其前提条件是"对方没有注意或理解"。而背靠背条款在施工分包合同中十分常见，且付款条件作为施工合同的关键条款之一，分包单位作为有经验的商事主体，不可能没有注意到背靠背条款的约定，或对背靠背条款的理解产生歧义，因而不能以该规定为由主张背靠背条款不构成合同内容，或者该主张不应被法院支持。正如本文的典型案例，分包人认为总承包人绿某公司未就合同中明显限制付款条件的条款进行合理的提示说明，并主张背对背条款不应发生法律效力，但没有被法院支持。

（2）《中华人民共和国民法典》第四百九十七条规定了三种格式条款无效的情形。在背靠背支付条款构成格式条款的情形下，如果分包人无法按照《中华人民共和国民法典》第四百九十六条的规定主张格式条款不构成合同内容的（如前所述，不构成合同内容，则不存在有效或无效的问题），则还可以尝试按照《中华人民共和国民法典》第四百九十七条的规定主张格式条款无效。但从该条规定来看，即便是格式条款，也并非意味着条款无效，只有存在不合理地免除、减轻自身责任、加重对方责任或排除对方主要权利或其他违反法律的禁止性规定的情形，才可能导致格式条款的无效。

《中华人民共和国民法典》第七百八十八条规定："建设工程合同是承包人进行工程建设，发包人支付价款的合同。"也就是说，对施工合同来讲，承包人的主要义务是按合同约定施工，同时其享有与之相对应的工程款支付请求权。

对于分包合同中的背靠背支付条款来讲，上游承包人向下游分包单位支付的款项以业主或建设单位的付款为前提，该等约定并没有排除下游分包单位的工程款权利，只是在付款条件、付款期限等方面作出特别的安排；在建设单位资金不到位、欠付上游承包人工程款的情形下，此类约定属于上下游单位共担风险的条款，下游分包单位的工程款权利并不丧失。因此，从这个角度来说，背靠背支付的约定并不满足格式条款无效的情形，也不违反法律、行政法规的强制性规定，不宜认为无效。但从另一个角度来讲，分包人与建设单位之间并无合同关系，如果上游承包人对分包人的工程款支付情况以建设单位的支付情况为前提，则可以理解为上游承包人减轻或免除了自身的工程款支付义务，因此在一定程度上符合格式条款无效的情形，实践中可能存在部分法院以此为由直接认定背靠背条款无效。例如，山东省聊城市中级人民法院在某民事判决书中认为，背靠背条款构成格式条款，应当无效，但该案例没有论述背靠背支付条款为何构成格式条款，有欠妥当。

（3）施工合同的双方主体均是有经验的商事主体，在合同明确约定背靠背付款的条件下，下游分包单位应当对于上游承包人的付款期限有充分的预估，并能够合理预见在建设单位未支付款项的情况下，下游分包单位的工程款存在难以落实的情形。

另外，诚实信用原则是民法中的帝王原则，在分包合同有效的情形下，如果分包单位接受了背靠背支付条款，而后又以该条款为格式条款为由，主张该条款无效的，违反了诚实信用原则，也不应值得鼓励。因此，即使背靠背条款定性为格式条款，也属于施工合同双方真实的意思表示，在合同有效的情况下，应当具备法律效力。

3.关于上游总承包人释明义务的问题

从上述的分析来看，一般而言，背靠背支付条款不构成格式条款，从这个角度来讲，提供格式条款的承包人也就没有特殊的释明义务。

即使背靠背条款构成格式条款的，从《中华人民共和国民法典》第四百九十六条的规定来看，上游总承包人应当负有相应的提示义务，但如前面所讨论的，提供格式条款一方负有提示的义务，其目的是保护另一方不对格式条款的内容产生误解或未能关注到格式条款的内容。例如在保险合同中，通常会存在大量的免责或免赔条款，此时作为投保人（尤其是自然人），其并非专业人士，对于保险合同中的条款、保险的理赔程序、赔偿条件、免责条件等并不熟悉，因此作为提供格式合同的保险公司，应当负有向投保人作出书面或口头提示、解释的义务，如果保险公司没有尽到提示或说明义务，导致投保人产生了误解或没有注意到条款的内容的，则投保人可以向法院主张该格式条款"不构成合同内容"。

但从另一角度来说，施工分包合同的双方均属于从事建设工程承包业务的商事主体，分包单位作为有经验的承包人，其应当对于在分包合同市场中存在背靠背条款的约定有充分的认识；同时，背靠背条款属于合同中的关键条款之一，也是施工分包合同中的常见条款，作为有经验的承包人，其也不可能忽略背靠背条款的存在，更不会对背靠背条款的理解产生歧义。因此，即使上游承包人没有尽到提示义务，分包人也不应当没有注意或对背靠背条款产生误解，因而不能按照《中华人民共和国民法典》的规定主张背靠背条款"不构成合同内容"。从这个角度来说，上游承包人仍然没有必要对背靠背条款作出特别提示。

综合以上讨论，通常来讲，上游总承包人不负有向下游分包单位对背靠背条款作出特别提示的义务；即使背靠背条款构成格式条款，而上游承包人未进行提示或说明的，该背靠背条款仍属于双方的真实意思表示，应当构成合同的内容，且在合同有效的情况下，具备相应的法律效力。

五、实务指引

通过上述分析，笔者认为，背靠背条款并不满足格式条款的特征，一般不宜认定为格式条款，因而上游承包人也无须对此类条款起到提示、说明的义务。对下游承包人来讲，应当充分重视背靠背条款的法律后果，一旦接受了背靠背支付的约定，其后又想以格式条款的理由去推翻该约定的，很难在实践中被支持。

对上游承包人来讲，从减轻争议的角度出发，笔者也建议：

（1）在分包合同中，将业主、建设单位与总承包人的付款条件作为合同附件或在背靠背条款中，直接将业主、建设单位的付款条件明确告知分包单位。同时，针对背靠背支付条款的内容，建议在专用条款中予以约定，同时采用字体加粗、加下划线等方式，以起到提示分包单位特别关注的作用。

（2）避免直接使用类似于"按业主的工程款支付情况同比例支付"的约定，应在分包合同中，将分包合同的付款约定与业主或建设单位的支付节点和比例进行关联。

（3）必要时，要求分包单位出具相应的承诺书，明确分包单位知晓、理解分包合同中关于背靠背支付安排、业主的付款节点安排以及在业主欠付款项的情况下分包单位的款项也无法落实等内容。

第五节　背靠背支付条款不属于"霸王条款"，一般应认为有效，但总承包单位应"积极行权"

一、实务疑难点

由于背靠背条款对于分包单位困扰已久；对上游总承包人来讲，又是其风险管理的手段，因而在相应的分包合同中也通常会加入背靠背条款。从上一个问题的分析来看，背靠背条款一般不属于格式条款，上游总承包人也无须对背靠背条款作出提示。

虽然背靠背条款不构成格式条款，但实践中分包单位也会认为背靠背属于"霸王条款"，应认定无效。而背靠背条款是否有效，关系到上游总承包单位的风险管理手段是否可行，同样关系到分包单位能否突破背靠背条款的约定主张工程款，对双方的权利、义务都有较大影响。

二、法条链接

1.《中华人民共和国民法典》（中华人民共和国主席令第四十五号）

第一百五十一条 一方利用对方处于危困状态、缺乏判断能力等情形，致使民事法律行为成立时显失公平的，受损害方有权请求人民法院或者仲裁机构予以撤销。

第一百五十九条 附条件的民事法律行为，当事人为自己的利益不正当地阻止条件成就的，视为条件已经成就；不正当地促成条件成就的，视为条件不成就。

2.《北京市高级人民法院关于审理建设工程施工合同纠纷案件若干疑难问题的解答》（京高法〔2012〕245号）

分包合同中约定总包人收到发包人支付工程款后再向分包人支付的条款的效力如何认定？

分包合同中约定待总包人与发包人进行结算且发包人支付工程款后，总包人再向分包人支付工程款的，该约定有效。因总包人拖延结算或怠于行使其到期债权致使分包人不能及时取得工程款，分包人要求总包人支付欠付工程款的，应予支持。总包人对于其与发包人之间的结算情况以及发包人支付工程款的事实负有举证责任。

三、典型案例

【案例：中建某局与沈阳祺某公司纠纷案】

2013年9月14日，大某建设与中建某局签订《宝马新工厂建设工程（施工总承包）建设工程施工合同》，由中建某局承建宝马公司的"宝马新工厂"项目。

合同签订后，中建某局将部分工程分包给沈阳祺某公司，双方签订了《宝马新工厂建设工程土方工程施工专业分包合同》（以下简称"分包合同"），合同约定：若因建设单位（发包人）不能按时支付给承包人工程款而导致承包人未按照合同约定时间向分包人支付工程款时，不视为承包人违约，分包人必须保证工程施工的正常进行，不得以任何理由擅自停工或采取其他任何未经承包人同意的做法。

祺某公司承建的工程于2014年12月16日完成并经竣工验收。大某建设依据基础及回填工程进度审核造价121828599元，向中建某局支付了审核款的40%即48731493.60元人民币工程款。中建某局于2014年1月29日扣除相关费用后向祺某公司汇款4000万元。

此后，因中建某局未足额支付工程款，祺某公司向法院提起诉讼，要求中建某局支付所有工程款。中建某局认为，分包合同已约定以大某建设付款为前提条件的"背靠背"条款，不违反法律规定，应为有效，当前中建某局已足额支付工程款，甚至存在超付。

对此，最高人民法院认为：关于"背靠背"付款条件是否已经成就，中建某局提出双方约定了在大某建设未支付工程款的情况下，中建某局不负有付款义务。但是，中建某局的该项免责事由应以其正常履行协助验收、协助结算、协助催款等义务为前提，作为大某建设工程款的催收义务人，中建某局并未提供有效证据证明其在盖章确认案涉工程竣工后至本案诉讼前，已积极履行以上义务，对大某建设予以催告验收、审计、结算、收款等。相反，中建某局工作人员房某的证言证实中建某局主观怠于履行职责，拒绝祺某公司要求，始终未积极向大某建设主张权利，该情形属于法律规定的附条件的合同中当事人为自己的利益不正当地阻止条件成就的，视为条件已成就的情形，故中建某局关于"背靠背"条件未成就、中建某局不负有支付义务的主张，理据不足。

四、法律分析与实务解读

"霸王条款"并非法律概念，一般而言，特指权利、义务明显偏向一方、对合同另一方明显不公平的条款，在工程合同中，此类条款常见于建设单位与承包人以及承包人与分包人的施工合同中。而对于分包人来讲，通常会认为背靠背支付条款属于典型的"霸王条款"，应当认为无效，其主要理由在于分包人与建设单位之间无合同关系，但在分包合同中，上游承包人对分包人的付款却以建设单位的付款为前提，违背了合同相对性原则，对分包人显失公平。

但笔者认为，背靠背条款并不违反法律、行政法规的禁止性规定，也没有违反合同相对性原则，且不存在其他无效的情形，因而原则上应认为有效。首先，法律、法规或其他规范性法律文件，并没有明确提及或禁止在施工合同中约定背靠背条款，且如上一篇所分析，背靠背条款也不属于格式条款。其次，合同相对性原则一般是指合同主体、权利义务等内容的相对性，即合同内容一般不约束第三人，而背靠背条款属于施工总承包单位与分包单位就工程款支付的约定，并不涉及第三方主体或给第三方主体设定权利、义务，因此没有违反合同相对性原则。此外，背靠背条款也并没有违反公平原则，《中华人民共和国民法典》第一百五十一条规定的显失公平原则，其适用前提是"一方利用对方处于危困状态、缺乏判断能力等情形"，而施工单位属于有经验的商事主体，不存在缺乏判断能力的情形，因而也不能以此为由主张背靠背条款显失公平。因此，背靠背条款不属于霸王条款，应当认为有效。本文法条链接部分列举的北京市高级人民法院的规定较为典型，也与本文最高人民法院的观点比较接近。

司法实践中，也有直接支持背靠背条款的案件，例如广东省佛山市中级人民法院在某民事判决书中认为："对于2017年1月至9月的运营费用。双方均确认《合作协议书》涉及的六个镇街公共自行车系统运营服务期已于2017年9月到期，虽然合同履行期限已经届满，但双方就合同履行期间的权利、义务仍应按照合同约定履行。因顺德区环境运输和城市管理局龙江分局的复函确认2017年1月至9月期间的款项尚未支付，故按照《合作协议书》的约定，该段期间的运营费用支付条件尚未成就，随某公司应按约积极履行协助催款义务并实际收取后再行主张。"该案件中所涉的合同属于买卖和技术服务合同，但施工合同与此类合同存在较大差异；施工合同涉及工程建设的多方利益主体，包括农民工、材料商、劳务单位等，因而法院对于施工合同中的背靠背条款相对而言更为谨慎，往往从平衡双方利益、公平原则等角度对背靠背支付条款的约定进行综合考量。正如本文案例中，最高人民法院回避了背靠背条款的效力问题，而从上游承包人主观上是否积极向建设单位主张工程款权利，是否事实上积极协助分包单位追讨工程款的角度进行考量；在该案件中，因承包人未举证证明积极向建设单位索要工程款，反而有相反的证据证明承包人怠于履行催款义务、对分包人的诉求置之不理，法院基于前述情形，将背靠背条款解释为"附条件"的条款，而承包人不正当阻止条件的成就，则视为支付条件已经满足，从而支持了分包人的工程款给付诉求。

综合以上分析，本文案例中最高人民法院的观点具有较大的指导意义和参考价值，实践中有较多法院也采用了类似观点，笔者再列举两则案例，供读者参考：

（1）上海市第二中级人民法院在某民事判决书中认为："现立某公司业已按约完成施工，美某公司亦应当按约支付相应的工程款……美某公司抗辩认为，双方在合同中约定付款方式附有条件，即施工过程中的付款比例总体应略低于建设单位（业主）给美某公司的付款比例，若因业主支付迟延而不能满足上述支付条件时，则按业主支付比例进度付款。由于业主目前仅支付给美某公司的工程款为其与业主之间合同价款的75%，故美某公司按约目前仅需支付立某公司75%的工程款即可。对此本院认为合同约定付款方式系双方合意之结果，虽然合同约定美某公司按照业主支付进度付款，但依据诚实信用原则，美某公司负有积极向业主主张工程款之义务以确保其与立某公司之间的合同得以履行。案涉工程早已完工并交付使用，合同约定的2年质保期也已届满，然美某公司作为总包方一直没与业主就整个工程结算，对此美某公司未能提出正当理由，亦未向业主提起诉讼主张工程款，鉴于美某公司在合理期限内怠于向业主主张工程款，故美某公司再以此作为拒付全额工程款的抗辩理由，本院不予支持。"

（2）河南省安阳市文峰区人民法院在某民事判决书中认为："原、被告签订的'分包合同'第六条第六项……通常称为'背靠背'条款。该条款属于平等民事主体间对自己民事权利的处置，也未违背《中华人民共和国合同法》第五十二条的规定，应属有效条款。但是承包方，也即分包合同的发包方，应当举证证明不存在因自身原因而造成业主付款条件未成就的情形，并举证证明其已积极向业主主张权利，业主仍未就分包工程付款。若因承包人拖延结算或怠于行使其到期债权，致使分包人不能及时取得工程款，分包人要求承包人支付欠付工程款的，应予支持。本案中，涉案工程已于2014年2月24日交付使用，被告十某化建此时已可要求第三人五某公司支付相应工程款，但十某化建截止庭审结束也未向本院提交证据证实其已积极向业主或五某公司主张了权利，故可以认定其怠于行使权利，对其关于支付工程款条件尚未成就的辩解意见不予采纳，对原告要求其支付拖欠工程款的要求予以支持。"

五、实务指引

通过以上分析可知，虽然背靠背支付条款原则上应认为有效，但由于施工合同的特殊性，实践中往往需要上游承包人履行相应的协助义务，否则此类条款可能不被支持。由此，笔者从两个层面给出建议。

1. 对上游承包人来讲，应当注意：

（1）背靠背支付条款并非对下游分包人延期支付款项的"尚方宝剑"，承包人应积极协助分包人对分包工程进行验收、结算等工作。

（2）在建设单位延期支付工程款，可能影响分包人的工程款时，应当向建设单位积极催讨，包括发送书面催款函、律师函等催收文件。

（3）如果工程缺陷责任期已过，承包人仍未结清分包人款项，应当以诉讼的方式向建设单位追讨工程款，否则可能会被视为怠于行使权利，从而不能以背靠背支付条款为由拒付分包人工程款。

2. 对分包人来讲，建议：

分包合同的缔约过程中，分包人对于背靠背条款谈判空间较少，只能被动接受，但这并不意味着在建设单位欠付款项的情形下，分包人的工程款无法向承包人主张。一旦分包合同约定的付款时间届满，分包人应向承包人以书面的形式进行催款；必要时，向法院提起诉讼，尤其是针对长达数年的款项，应尽早提起诉讼，以免因诉讼时效等原因导致权利主张困难。

第六节　分包合同无效，背靠背支付条款不能参照适用

一、实务疑难点

在建设工程施工合同中，经常存在借用资质、违法分包、转包等违法行为，因而施工合同纠纷首先的争议焦点之一就是合同的效力问题。而对于分包合同来讲，实践中违法分包、层层转包的行为十分常见，因而分包合同经常存在无效的情形。此时，如果分包合同约定了背靠背支付条款，那么在合同无效时背靠背条款是否有效，或是否应当参照适用，实践中存在不同的观点。无论该条款是否有效，均会对合同签约双方的权利、义务造成较大的影响。因此，笔者针对这种情况，结合相关的司法案例予以分析。

二、法条链接

《中华人民共和国民法典》（中华人民共和国主席令第四十五号）

第七百九十三条　建设工程施工合同无效，但是建设工程经验收合格的，可以参照合同关于工程价款的约定折价补偿承包人。

三、典型案例

【案例：天津宇某公司与天津瑞某公司纠纷案】

2013年7月13日，天津宇某公司与保某公司签订《天津市建设工程施工合同》，约定保某公司将案涉项目发包给宇某公司承建。

此后，宇某公司与第三人国某公司签订《天津市建设工程施工劳务分包合同》，宇某公司将其承包的部分内容分包给第三人国某公司施工。劳务合同签订后，国某公司与天津瑞某公司签订《建设工程施工劳务分包合同》，国某公司将其承包的案涉工程全部转包给瑞某公司施工。

天津瑞某公司签订合同后，将涉案工程交付唐山诚某公司天津分公司刘某岭等人施工。

施工过程中，瑞某公司于2015年1月提前撤场。2015年1月10日，瑞某公司、宇某公司、保某公司、方某监理公司相关现场负责人签订现场踏勘记录表，对瑞某公司已完工程量进行确认。

2015年2月17日，天津宇某公司作为甲方、天津瑞某公司法人唐某作为乙方、天津瑞某公司作为丙方签订协议，协议内容为：关于案涉项目，甲乙丙三方经友好协商达成如下协议：……四、剩余价款付款时间：甲方收到保某公司支付的全部工程款后，再向乙方或丙方支付剩余工程款。若保某公司未向甲方支付全部工程款，甲方无须向乙方或丙方支付任何款项……

案涉工程发承包关系如图5-6所示。

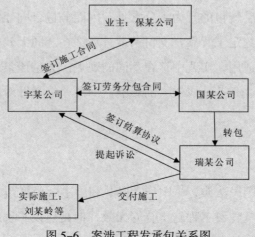

图5-6 案涉工程发承包关系图

结算协议签订后，保某公司按照合同约定已付宇某公司合同价款的 82%，余款至今未付，瑞某公司遂起诉宇某公司支付剩余工程款。

诉讼过程中，宇某公司提出结算协议明确约定，宇某公司收到保某公司支付的全部工程款后，再向瑞某公司支付，现保某公司未向宇某公司支付全部工程款，故瑞某公司无权向宇某公司主张相应的工程款项，更不应当支付利息。

对此，一审法院认为：虽然瑞某公司与宇某公司签订的协议约定，剩余工程款是以建设单位付款为宇某公司向瑞某公司付款的前提条件，但由于该约定不公平、不合理，一审法院不予采信。

二审天津市高级人民法院支持了一审法院的观点，宇某公司不服，向最高人民法院申请再审。

对此，最高人民法院认为：瑞某公司与国某公司签订的《建设工程施工劳务分包合同》无效，但其已将施工工程交付，瑞某公司有权就已完工程主张折价补偿。结算协议虽然约定"甲方（宇某公司）收到保某公司支付的全部工程款后，再向乙方（唐某）或丙方（瑞某公司）支付剩余工程款；若保某公司未向甲方支付全部工程款，甲方无须向乙方或丙方支付任何款项。"但是，自 2015 年签订《协议》，至二审判决之日，保某公司一直未能向宇某公司支付全部工程款，该期间已经超出了合理期间。原判决综合案件情况判令宇某公司向瑞某公司支付欠付工程款，同时判令保某公司在欠付宇某公司工程款范围内承担给付责任，并自签订协议之日计算利息，能够保护建筑工人的利益，并无明显不当。

四、法律分析与实务解读

分包合同无效的，背靠背支付条款能否适用，实践中存在不同的观点。肯定观点认为，合同无效的，有关价款支付的约定属于合同清理条款，仍对双方具有约束力；否定观点则认为，背靠背支付条款不属于合同清理条款，合同无效的，背靠背支付的约定也无效。对此，笔者更认同第二种观点，主要理由如下：

《中华人民共和国民法典》出台之后，废除了原有的司法解释，新旧司法解释以及《中华人民共和国民法典》对于无效合同的处理方式有细微的变化，具体如表 5-1 所示。

无效合同的处理规定 表5-1

2004年版《最高人民法院关于审理建设工程施工合同纠纷案件适用法律问题的解释》第二条（已失效）	《中华人民共和国民法典》第七百九十三条	《最高人民法院关于审理建设工程施工合同纠纷案件适用法律问题的解释（一）》第二十四条
建设工程施工合同无效，但建设工程经竣工验收合格，承包人请求参照合同约定支付工程价款的，应予支持	建设工程施工合同无效，但是建设工程经验收合格，可以参照合同关于工程价款的约定折价补偿承包人	当事人就同一建设工程订立的数份建设工程施工合同均无效，但建设工程质量合格，一方当事人请求参照实际履行的合同关于工程价款的约定折价补偿承包人的，人民法院应予支持

《中华人民共和国民法典》第一百五十七条规定："民事法律行为无效、被撤销或者确定不发生效力后，行为人因该行为取得的财产，应当予以返还；不能返还或者没有必要返还的，应当折价补偿。有过错的一方应当赔偿对方由此所受到的损失；各方都有过错的，应当各自承担相应的责任。法律另有规定的，依照其规定。"结合该规定，合同无效的，无法返还财产的，应当折价补偿。而对于施工合同来讲，承包人的工作已经物化到建设工程实体之中，无法进行返还，因此应当折价补偿。《中华人民共和国民法典》出台之后的新版司法解释也采用了这一表述。

而在2004年版司法解释中，针对施工合同无效，承包人可以"参照合同约定支付工程价款"，该表述与《中华人民共和国民法典》以及配套的新版司法解释明显不同。从法条的演变以及内容来看，工程款的支付时间不应当属于"折价补偿"的范畴，因而背靠背条款的约定不应当参照适用。在《中华人民共和国民法典》出台之前，最高人民法院在相关的案件中就持有前述观点，例如最高人民法院在某民事判决书中认为："'参照合同约定支付工程价款'主要指参照合同有关工程款计价方法和计价标准的约定。江西通某公司主张'参照'应当包括合同对支付条件的约定，其与业主泉某公司未完成结算，本案所涉合同约定的工程款支付条件尚未成就，其应在付款条件成就时承担向黄某盛的付款义务，于法无据，本院不予支持。"又如最高人民法院在某民事裁定书中认为："'请求参照合同约定支付工程价款'规定的原意应当是参照合同约定确定工程价款数额，主要指工程款计价方法、计价标准等与工程价款数额有关的约定，而双方间关于付款节点约定的条款，不属于可以参照适用的合同约定。"

另外需要注意的是，在分包合同无效时，必然会涉及违法分包、转包等情形，此时如果认为背靠背条款仍应当参照适用，则不利于保障下游承包人的工程款权益，进而可能损害建筑工人的利益，不利于社会和谐稳定，也有违公平原则。例如，在本文的案例中，法院从公平原则的角度，在分包合同无效的情形下，对于背靠背支付条款的效力予以了否定。

综合以上分析，在分包合同无效的情形下，背靠背条款不应参照适用，因此对双方不具有约束力。

五、实务指引

即使分包合同有效，法院在适用背靠背条款时仍可能会从平衡双方的利益角度着手，对背靠背条款的适用相对谨慎。而如果分包合同无效，从司法实践来看，背靠背条款很难被作为"折价补偿"的条款来运用。

因此，从上游承包人风险转移的角度来讲，在合同签约时应当注意避免分包合同无效，例如签约时应重点审查分包单位的资质，分包单位是否存在挂靠等情形。一旦分包合同涉及无效的，承包人意图通过背靠背条款来转嫁发包人延期付款的风险则会落空。

第七节　发包人一般不能以承包人未开具发票为由拒付工程款[①]

一、实务疑难点

在建设工程施工合同关于工程款支付的条款中，合同双方通常会约定将承包人开具发票作为发包人支付工程款的前提条件。但如果承包人未能按照合同约定开具发票，发包人是否有权以此为由拒付工程款？司法实践中也不乏发包人以承包人未开具发票作为拒付工程款的抗辩事由的案例，但不同法院对该问题的判定存在差异，合同条款的具体表述以及对建设工程合同的性质和发承包双方主要合同义务的理解等因素均对法院处理该问题产生影响。

二、法条链接

1.《中华人民共和国发票管理办法》（2019年修正）

第十九条　销售商品、提供服务以及从事其他经营活动的单位和个人，对外发

---

① 本篇由上海市建纬律师事务所张志国律师供稿。

生经营业务收取款项，收款方应当向付款方开具发票。

2.《中华人民共和国民法典》（中华人民共和国主席令第四十五号）

第五百二十六条 当事人互负债务，有先后履行顺序，应当先履行债务一方未履行的后履行一方有权拒绝其履行请求。先履行一方履行债务不符合约定的，后履行一方有权拒绝其相应的履行请求。

第七百八十八条 建设工程合同是承包人进行工程建设，发包人支付价款的合同。

建设工程合同包括工程勘察、设计、施工合同。

三、典型案例

【案例：湖南为某公司与竹市建某公司合同纠纷案】

2013年2月3日，发包方为某公司与承包方竹市建某公司签订《建设工程施工合同》，其中第六条约定：工程结算款由承包方凭税务局建筑安装发票及结算单向发包方结取工程款。2015年8月9日，案涉工程竣工验收合格。2015年8月10日，竹市建某公司编制工程结算书，2015年8月14日，竹市建某公司将该结算书及图纸一套送交为某公司。

本案二审中，为某公司上诉请求包括责令竹市建某公司履行开具建筑安装税务发票的先行义务。为某公司认为，双方签订的《建设工程施工合同》合法有效，竹市建某公司没有按合同约定向为某公司开具建筑安装税务发票，违约，此为先行义务，竹市建某公司应当履行。

竹市建某公司辩称提供建筑安装发票不是合同的主要义务，是附属义务，为某公司不能以此为理由抗辩其履行交付工程款的主义务。

二审法院经审理认为，双方约定"工程结算款由承包方凭税务建筑安装发票及结算单向发包方结取工程款。"此约定明确了竹市建某公司应当提供税务建筑安装发票结取工程款，竹市建某公司应依约定履行该义务。但是提供税务发票并不是竹市建某公司的合同主义务，也不是为某公司支付工程款的对价义务，竹市建某公司已完工经验收合格并交付，为某公司不能因此而主张付款条件不成就。

为某公司不服二审判决，申请再审认为原审法院关于"竹市建某公司未提供发票不是合同主义务，也不是为某公司支付工程款的对价义务"的认定是错误的，适用法律不当。双方签订的《建设工程施工合同》第六条明确约定：工程结算款由承包方凭税务局建筑安装发票及结算单向发包方结取工程款。该条约定是双方真实意思表示，没有违背法律强制性规定，应认定合法有效。合同双方将开具税务安装发票作为合同主义务进行了明确约定。

竹市建某公司针对为某公司的再审申请提交书面意见称，为某公司不能以竹市建某公司未提交发票为由拒绝支付拖欠工程款的利息。提供发票的义务不是建设工程施工合同的主义务，而是附随义务。建设工程承包人的主义务是依法、依合同完成工程建造并交付工程。

最高人民法院经审理，裁定认为企业法人应当依法履行纳税义务，但本案系建设工程施工合同纠纷，提供税务发票不是竹市建某公司在履行案涉合同过程中的主义务，更不是为某公司拒绝支付工程款的理由。为某公司在竹市建某公司已完成案涉工程建设，且工程已验收合格并交付的情况下，主张工程款支付条件不成就，没有事实和法律依据，不予支持。

四、法律分析与实务解读

工程款的支付与发票开具的先后顺序，首先应考虑合同中的具体约定。从文义解释的角度来说，在合同有明确约定发包人付款前承包人须开具发票的情况下，承包人未按照合同约定开具发票似乎已经构成了发包人拒付工程款的充足理由，也就是民法上的先履行抗辩权。但是先履行抗辩权不仅与债务的先后履行顺序有关，也与债务性质相关。

1. 关于对先履行抗辩权的理解

《中华人民共和国民法典》第五百二十六条的规定，所谓先履行抗辩权，是指依照合同约定或法律规定负有先履行义务的一方当事人，未按合同约定履行义务或者履行义务严重不符合约定条件时，相对方为保护自己的期限利益或为保证自己履行合同的条件而中止履行合同的权利。

先履行抗辩权本质上是对违约的抗辩，但抗辩的范围不应无限扩张，而应仅限于对价义务，也即一方不履行对价义务的，相对方才应享有抗辩权，只有对等关系的义务才存在先履行抗辩权的适用条件。如果双方所负义务不是对等关系的义务，即便存在先后履行顺序，也不应适用先履行抗辩权。而支付工程款和开具发票显然并不具备对等关系，这一点也与对建设工程合同性质及发承包双方主要合同义务的理解有关。

2. 关于对建设工程合同主要合同义务的理解

合同法上的义务，根据义务产生的基础及在合同中的地位可以分为主给付义务、附随义务等。《中华人民共和国民法典》第四百九十条、第五百六十三条等规定中也都提及了"主要义务""主要债务"的概念。所谓主要义务，是指根据合同性质决定的直接影响合同的成立及当事人订约目的的义务。主要义务与合同当事人的缔约目的紧密相连，对主要义务的不履行将会导致债权人订立合同目的的无法实现，债务人的违约行为会构成根本违约。

根据《中华人民共和国民法典》第七百八十八条的规定，建设工程施工合同作为一种双务合同，承包人的主要义务是完成合同项下的工程建设，发包人的主要义务是依约支付工程款项。依据其合同性质，发包人的支付工程款义务与承包人的开具发票义务显然是两种不同性质的义务，后者并非合同的主要义务，仅仅是属于合同履行中的附随义务，两者不具有对等关系。承包人违反该附随义务并不构成根本违约，发包人不能仅因此行使先履行抗辩权。

此外，司法实践中还存在法院援引税法的相关规定不予支持发包人的抗辩理由的案例，比如最高人民法院在某民事裁定书中认为，章某正作为实际施工人已经完成工程施工，并交付金某坤公司，其主合同义务已经履行完毕，金某坤公司应当向章某正支付工程款。而章某正开具增值税发票仅是该合同的附随义务，与金某坤公司支付工程款的主合同义务并不是对等对价的。且依据《中华人民共和国发票管理办法》第三条的规定，开具发票的行为发生在收款之后，而不是发生在收款之前；因此，金某坤公司并不能以章某正未提供发票这一附随义务来拒绝履行其主合同义务。

综上所述，在承包人未按合同约定开具发票的情况下，发包人不能以此为由拒绝履行合同主要义务即支付工程价款。

五、实务指引

根据司法实践中最高人民法院的裁判倾向以及上述分析可知，在建设工程施工合同纠纷中，如果合同仅约定了支付工程款和开具发票的先后履行顺序，而未约定发包人在承包人未开具发票情形下有拒付工程款的权利，则发包人适用先履行抗辩权拒付工程款存在一定的障碍，盖因先履行抗辩权应当建立在合同双方各自所负义务是对价义务的基础上。而建设工程施工合同中，与发包人支付工程款的主义务相对等的义务应为承包人完成工程建设并验收合格，承包人开具发票作为附随义务显然与支付工程款不具有对等性。

因此，在实务操作中，如果合同当事人不仅约定了支付工程款和开具发票的先后履行顺序，还进一步明确约定了如承包人不及时开具发票，发包人有权拒绝支付工程价款。此种情况意味着双方在合同约定中将开具发票视为与支付工程价款同等的义务，发包人据此得以行使先履行抗辩权，以承包人未开具发票为由拒付工程款。该观点也为最高人民法院民事审判第一庭编著的《民事审判实务问答》一书所采纳。

第八节　施工合同无效，承包人的利润可能被扣减[①]

一、实务疑难点

从工程造价角度，建筑安装工程费用按照费用构成要素划分主要包括人工费、材料费、施工机具使用费、企业管理费、利润、规费、税金七个方面。在施工合同有效的情况下，承包人完成工程建设，并竣工验收合格，理应获得包含上述全部费用构成要素在内的全部建安费用；在施工合同无效的情况下，《中华人民共和国民法典》第七百九十三条第一款规定："建设工程施工合同无效，但是建设工程经验收合格的，可以参照合同关于工程价款的约定折价补偿承包人。"本条规定明确了无效合同参照合同约定支付工程价款的一般原则。根据本条法律规定，经竣工验收合格的工程，施工合同被认定无效后，合同双方均可以请求参照合同关于工程价款的约定折价补偿承包人。

但是《中华人民共和国民法典》并未对如何"参照"、如何"折价补偿"作出规定，也就是说当事人可主张的工程价款范围却缺乏明确法律规定。特别是费用构成中的利润部分，"折价补偿"时承包人是否有权主张，发包人又是否有权请求扣除，司法实践中即便最高人民法院层面亦存在不同判例观点。

二、法条链接

1.《中华人民共和国民法典》（中华人民共和国主席令第四十五号）

第一百五十七条　民事法律行为无效、被撤销或者确定不发生效力后，行为人

[①] 本篇由上海市建纬律师事务所张志国律师供稿。

因该行为取得的财产,应当予以返还;不能返还或者没有必要返还的,应当折价补偿。有过错的一方应当赔偿对方由此所受到的损失;各方都有过错的,应当各自承担相应的责任。法律另有规定的,依照其规定。

第七百九十三条 建设工程施工合同无效,但是建设工程经验收合格的,可以参照合同关于工程价款的约定折价补偿承包人。

建设工程施工合同无效,且建设工程经验收不合格的,按照以下情形处理:

(一)修复后的建设工程经验收合格的,发包人可以请求承包人承担修复费用;

(二)修复后的建设工程经验收不合格的,承包人无权请求参照合同关于工程价款的约定折价补偿。

发包人对因建设工程不合格造成的损失有过错的,应当承担相应的责任。

2.《最高人民法院关于审理建设工程施工合同纠纷案件适用法律问题的解释(一)》(法释〔2020〕25号)

第二十四条 当事人就同一建设工程订立的数份建设工程施工合同均无效,但建设工程质量合格,一方当事人请求参照实际履行的合同关于工程价款的约定折价补偿承包人的,人民法院应予支持。

实际履行的合同难以确定,当事人请求参照最后签订的合同关于工程价款的约定折价补偿承包人的,人民法院应予支持。

3.《北京市高级人民法院关于审理建设工程施工合同纠纷案件若干疑难问题的解答》(京高法〔2012〕245号)

无效建设工程施工合同中的工程价款如何确定?

建设工程施工合同无效,但工程经竣工验收合格,当事人任何一方依据《最高人民法院关于审理建设工程施工合同纠纷案件适用法律问题的解释》第二条的规定要求参照合同约定支付工程折价补偿款的,应予支持。承包人要求发包人按中国人民银行同期贷款利率支付欠付工程款利息的,应予支持。发包人以合同无效为由要求扣除工程折价补偿款中所含利润的,不予支持。

三、典型案例

【案例1:徐州万某公司、祥某公司纠纷案】

2011年10月9日,万某公司作为甲方,祥某公司作为乙方,共同签订《建筑工程施工承包合同》,因案涉工程以新农村安居房的名义建设,但万某公司并未办理合法的报建手续，违反了《中华人民共和国土地管理法》的强制性规定，故一、二审法院均认为案涉的施工合同无效。

关于无效合同工程价款问题，二审法院经审理认为，施工合同虽无效，但祥某公司已对案涉工程进行了施工，且案涉工程已被万某公司接收使用。因此，根据《最高人民法院关于审理建设工程施工合同纠纷案件适用法律问题的解释（一）》第二条的规定，万某公司应参照合同的约定，向祥某公司支付相应的工程款。由于万某公司作为发包方，对案涉合同的无效负有主要责任，故祥某公司不能收取的案涉工程的管理费、利润合计2208061.48元，实为祥某公司因合同无效而遭受的损失，应由万某公司承担主要责任；同时，祥某公司作为施工方，疏于审查万某公司的建设手续是否齐全，即与其订立施工合同，对于合同无效，亦有一定过失。两相比较，二审酌定万某公司应负担该损失的90%，由其赔偿给祥某公司，其余10%的管理费、利润损失，由祥某公司自行承担。

万某公司不服二审判决，申请再审称，一、二审法院已经查明案涉工程为"三无"工程，并以此为由认定双方的施工合同无效。然而，二审法院却支持了祥某公司主张要求万某公司赔偿工程利润损失的上诉请求，适用法律有误。对于无效合同的处理首先必须适用《中华人民共和国合同法》第五十八条的规定，损失赔偿范围仅限于直接损失，不包括可得利益的损失。《最高人民法院关于审理建设工程施工合同纠纷案件适用法律问题的解释（一）》第二条规定的无效施工合同参照双方约定结算，应当指的是人、机、料成本的计费方法参照无效合同约定的工程计费方法计算工程款，而不应包括参照双方约定的利润计算方法计取工程利润。且所谓的"参照"并不是"按照"。祥某公司主张的2208061.15元工程利润损失不应予以支持。

《最高人民法院关于审理建设工程施工合同纠纷案件适用法律问题的解释（一）》第二条规定："建设工程施工合同无效，但建设工程经竣工验收合格，承包人请求参照合同约定支付工程价款的，应予支持。"《中华人民共和国合同法》第五十八条规定："合同无效或者被撤销后，因该合同取得的财产，应当予以返还；不能返还或者没有必要返还的，应当折价补偿。有过错的一方应当赔偿对方因此所受到的损失，双方都有过错的，应当各自承担相应的责任。"本案经鉴定，土建、安装的管理费及利润合计2208061.48元，实为祥某公司因合同无效而遭受的损失。双方对《建设工程施工承包合同》无效均有过错，故不应仅由祥某公司承担不利后果，而使万某公司因此获益。因此，二审判决根据双方过错程度，酌定万某公司应负担祥某公司因合同无效而遭受的损失1987255.33元，并无不当。

【案例2：潍坊雅某公司、晟某公司纠纷案】

2013年4月20日，雅某公司作为发包人与承包人晟某公司签订《建设工程施工合同》。一审法院经审理认为，雅某公司与晟某公司对案涉工程先进行实质性谈判，签订《工程承包协议书》，后通过招标投标签订《建设工程施工合同》，违反法律强制性规定，双方所签《工程承包协议书》和《建设工程施工合同》无效。

针对无效施工合同工程价款中包含的利润归属问题，雅某公司上诉称，因合同无效，规费和利润应由双方分享，雅某公司应分得50%。建设成本之外的规费、利润应视为合同无效导致的损失，由双方按照过错责任大小分别承担，不应由施工方单方享有。

晟某公司答辩称，雅某公司主张施工合同无效，规费和利润应由双方分享，缺乏法律依据，不符合《最高人民法院关于审理建设工程施工合同纠纷案件适用法律问题的解释（一）》第二条的规定。雅某公司对施工合同无效有重大过错，不应享有比施工合同有效更多的利益。

最高人民法院经审理认为，雅某公司与晟某公司签订的建设工程施工合同无效，晟某公司将建筑材料、劳动力等物化在案涉项目中，根据《中华人民共和国合同法》第五十八条的规定，雅某公司应折价补偿。折价补偿的标准应按照验收合格的建设工程的实际价值结算，施工合同约定的工程款计价方式符合建筑市场行情，接近建设工程的实际价值。参照《最高人民法院关于审理建设工程施工合同纠纷案件适用法律问题的解释（一）》第二条的规定，鉴定意见按照施工合同约定的材料计价标准"济南信息价"进行鉴定并无不当。

在雅某公司与晟某公司之间，案涉工程的价值为工程造价，包括规费和利润。案涉工程项目由雅某公司占有，雅某公司应按照工程造价补偿晟某公司。司法救济的目的是使双方的利益恢复均衡，如果自折价补偿款中扣减部分规费和利润，则雅某公司既享有工程项目的价值，又未支付足额对价，获得额外利益，不符合无效合同的处理原则。故雅某公司主张在工程造价中扣除50%的利润和规费，缺乏依据。

四、法律分析与实务解读

根据上述法律和司法解释规定以及对上述案例的简要梳理可知，建设工程施工合同被认定无效，但建设工程已经竣工验收且质量合格的，当事人请求参照实际履行的合同关于工程价款的约定折价补偿承包人的，人民法院应予支持。这是合同无效情况下工程价款处理的基本原则。但是，对于折价补偿的工程价款范围是否包含利润等费用，实务中最高人民法院层面主要存在两种审判观点：

第一种意见认为，建设工程施工合同无效，建设工程验收合格的，发包人应当返还承包人在建设工程中的造价成本，造价成本与合同价款的差价应当认定为损失，发承包双方按照造成合同无效的过错承担责任。该意见的法理基础为《中华人民共和国民法典》第一百五十七条的规定。

第二种意见认为，建设工程施工合同确认无效后，建设工程验收合格的，承包人请求参照合同约定支付工程价款的，人民法院应当支持。此种意见主要是以工程质量是否合格，作为按照合同约定结算工程款的标准。该意见认为，司法救济的目的是使双方的利益恢复均衡，如果自折价补偿款中扣减部分规费和利润，则发包人既享有工程项目的价值，又未支付足额对价，反而因合同无效获得了额外利益。如在合同无效的情形下，发包方获得了比合同有效前提下更大的利益，亦有违公平原则。而参照合同约定支付工程款，有利于平衡双方当事人之间的利益关系。

上述两种意见是最高人民法院在处理无效合同工程价款利润归属问题时的两种主流观点。此外也有地方高级人民法院出台司法解释对该问题的处理进行了明确，如北京市高级人民法院 2012 年出台的《北京市高级人民法院关于审理建设工程施工合同纠纷案件若干疑难问题的解答》第 17 条也明确指出，发包人以合同无效为由扣除利润的，不予支持。

综上所述，针对无效合同工程价款中的利润归属问题，最高人民法院层面的主流处理意见倾向于支持或部分支持承包人支付利润的诉请。除以上意见所提及的理由外，从社会实际考虑，在建筑市场上，与建设单位相比，施工企业本就处于相对弱势的地位，在无效合同大量存在的现状下，如果支持发包人从折价补偿的工程价款中扣除利润，将进一步加大施工企业的生存压力。

但是也有地方高级人民法院在上述两种主流处理意见外，认为没有资质的实际施工人挂靠有资质的施工单位施工导致合同无效的情况下，所获利益不应得到支持。例如，江苏省高级人民法院在某民事判决书中认为："关于定额利润，因汤某庆没有施工资质，根据司法解释中关于收缴违法所得的规定，没有资质的实际施工人挂靠有资质的施工单位施工获得的利益不应予以支持,故原审法院对该定额利润不予支持,并无不当。建设主管行政部门对该利润部分依法可予以收缴。"

五、实务指引

工程实务中,为避免对合同被认定无效后的价款折价补偿范围产生争议,首先在缔约阶段,发承包双方均应重视合法合规问题,双方当事人在签署合同时应当具备能够基本判断合同效力是否存在瑕疵的能力,避免所签合同被认定无效,通过切实履行合同维护己方合法权利。

其次,对于存在效力瑕疵的施工合同,双方应当把握结算协议的独立性和约束力。施工合同无效,并不会影响双方达成的结算协议的效力,因此,合同双方应加强在施工过程中的资料管理、过程结算,在竣工验收合格后尽快达成结算协议,将工程有关费用一并在结算协议中固定下来。

再次,如无法达成结算协议的,可结合公平原则和相关司法判例,请求人民法院对施工合同无效负有主要责任的一方主张的利润索赔予以合理扣减或部分支持。

第九节　分包合同无效的,管理费可视总承包人的实际管理情况来确定

一、实务疑难点

在上一篇中讨论了施工合同无效时,承包人的利润存在被扣减的可能。而如果施工总承包单位存在转包、挂靠等情形时,相应的施工分包合同无效,而此类分包合同又往往约定了相应的管理费用,此时该部分管理费用如何计取,是否也应当扣减,实务中争议较大,在类似的案件中,法院对此的认定也存在一定的差异。本文将结合几个较为典型的案例,对此予以讨论。

二、法条链接

1.《中华人民共和国民法典》(中华人民共和国主席令第四十五号)

第一百五十七条　民事法律行为无效、被撤销或者确定不发生效力后,行为人因该行为取得的财产,应当予以返还;不能返还或者没有必要返还的,应当折价补

偿。有过错的一方应当赔偿对方由此所受到的损失；各方都有过错的，应当各自承担相应的责任。法律另有规定的，依照其规定。

2.《建设工程质量管理条例》（2019年修正）

第六十一条 违反本条例规定，勘察、设计、施工、工程监理单位允许其他单位或者个人以本单位名义承揽工程的，责令改正，没收违法所得，对勘察、设计单位和工程监理单位处合同约定的勘察费、设计费和监理酬金1倍以上2倍以下的罚款；对施工单位处工程合同价款2%以上4%以下的罚款；可以责令停业整顿，降低资质等级；情节严重的，吊销资质证书。

三、典型案例

【案例1：江苏某建与孙某纠纷案件】

2011年5月20日，凤阳县教育局（发包人）与江苏某建（承包人）在安徽省凤阳县签订《工程施工承包合同》，将案涉工程交由江苏某建施工。

2011年7月15日，江苏某建项目部（发包人，甲方）与孙某（乙方）签订《工程内部承包合同书》，约定由乙方施工案涉工程，合同约定：若承揽的项目获得安徽省优工程（黄山杯），甲方按与业主承包合同对乙方给予造价的2%作为奖励（与甲方和业主承包合同要求一致）；合同价格：审计结算价下浮8%，此价款包括但不限于所有的施工材料、人员工资、风险费用、大小型机械设备费用、保险、利润、税金以及乙方为履行合同应承担的其他费用。

之后，案涉项目开始施工，并最终于2013年9月3日验收合格。但双方对于工程结算发生争议，江苏某建认为为孙某垫付了工程款，向法院提起诉讼要求其返还；孙某提起反诉，要求江苏某建支付工程款、赔偿款等。

诉讼过程中，双方对于《工程内部承包合同书》关于结算下浮8%发生争议，孙某认为该部分属于管理费，因合同无效，江苏某建无权收取管理费。

对此，最高人民法院认为：《工程内部承包合同书》约定结算价下浮8%，其本质属于江苏某建收取的管理费，本院予以确认。实际施工人孙某并不具备施工资质而借用江苏某建名义，对违反禁止转包明知，其不应从违法行为中获利；对于孙某依据《工程内部承包合同书》无效而主张不予扣除管理费的上诉请求，本院不予支持。同时，因案涉《工程内部承包合同书》无效，江苏某建主张按照协议约定收取8%的管理费也依据不足，一审法院根据本案合同履行的实际情况等因素,将双方约定的按照审计结算价下浮8%调整为下浮4%并无不当,本院予以维持。

【案例2:葛某华与海某公司纠纷案】

2012年7月28日,瑞某公司作为发包人,海某公司作为承包人,双方签订《施工合同》,由海某公司承包案涉工程。

2012年11月26日,海某公司案涉项目部作为甲方,葛某华作为乙方,双方签订《经营责任书》,约定由海某公司委派葛某华作为案涉项目的经营负责人对工程实施经营承包,合同造价暂定1亿元(最终以审计为准)。该责任书约定,葛某华应上交公司利润为工程总造价的5.1%。

《经营责任书》签订后,葛某华组织人员进行施工。2015年8月30日,案涉工程竣工。

之后,因海某公司未按约定支付工程款,葛某华向法院提起诉讼,要求海某公司支付工程款。诉讼过程中,《经营责任书》因违法分包而被认定无效。同时,双方关于向海某公司上缴5.1%的约定发生争议,葛某华认为《经营责任书》无效,该部分约定亦无效,海某公司不应当收取管理费或利润。

对此,一审法院按照《经营责任书》的约定,在葛某华的应得工程款中扣除了5.1%的管理费。

但在二审过程中,最高人民法院认为:葛某华与海某公司签订的《经营责任书》因违反法律的强制性规定而无效,合同中有关利润的约定亦无效。海某公司依据无效合同主张葛某华应向其支付利润不符合法律规定,原审判决认定葛某华应按《经营责任书》的约定向海某公司支付利润不当,本院予以纠正。鉴于案涉工程施工过程中,海某公司金华分公司向葛某华支付了工程进度款并代扣代缴了工程税金,工程竣工后,亦办理了工程资料的交接等,本院酌定葛某华向海某公司支付300万元实际劳务成本。

四、法律分析与实务解读

从工程造价构成的角度来说,工程价款包括人工费、材料费、机械费、企业管理费、规费及税金。而《工程造价术语标准》GB/T 50875—2013第2.2.20条将"企业管理费"定义为:"施工单位为组织施工生产和经营管理所发生的费用。"结合住房和城乡建设部、财政部颁发的《建筑安装工程费用项目组成》（建标〔2013〕44号）的规定，企业管理费主要包括施工企业的管理人员工资、办公费、差旅费等为工程项目发生的有关生产经营费用。因此，从造价构成的角度来说，企业管理费属于工程造价的组成部分，也是承包人为工程项目管理而实际发生的费用，因而即使施工合同无效的，在工程质量合格的前提下，该部分管理费用一般应按照折价补偿的原则，参照合同约定进行结算。

实践中，对于管理费的争议更多的是在承包人向下分包时发生。例如，施工总承包单位通过出借资质、转包的方式，将其承接的工程交给个人实施，并收取一定的管理费（或由相对方上缴一定比例的利润等）；在前述模式下，承包人的主要盈利模式就是向实际施工人收取管理费，并未实际组织施工生产及经营管理，而是将工程的经营风险转嫁给实际施工人。在此情况下，承包人对下签订的施工合同因转包、违法分包或挂靠而无效，此时约定的管理费应如何认定，是否仍适用折价补偿的原则，往往争议较大。

在承包人转包、违法分包、出借资质的情形下，其在相应的施工分包合同中约定的有关管理费，一般属于违法行为所得的收益，即非法所得，而违法所得可能面临被收缴的问题[①]。实践中部分地方法院对于此类情形下的管理费就不予支持，例如《江苏省高级人民法院关于审理建设工程施工合同纠纷案件若干问题的解答》第6条规定："出借资质的一方或者转包人要求按照合同约定支付管理费的，根据《最高人民法院关于审理建设工程施工合同纠纷案件适用法律问题的解释》第四条的规定，不予支持。"

在施工分包合同无效的情形下，相应的管理费约定也应当无效，对双方应当不具备法律约束力。而该部分管理费的实质是承包人向下游分包商或实际施工人收取的费用，对下游的分包商或实际施工人而言，该管理费的性质并非是其应当取得的工程价款的范畴，因此并不适用《中华人民共和国民法典》第七百九十三条关于工程价款折价补偿的原则来处理。而按照《中华人民共和国民法典》第一百五十七条关于民事法律行为无效的处理原则，合同无效时，如果一方取得了相应的财产且无法返还的，则应当对其进行折价补偿。参照该规定，在分包合同无效的情形下，承包人能否参照无效的分包合同的约定来收取管理费，需要考量其相对方，也就是下

---

① 《最高人民法院关于审理建设工程施工合同纠纷案件适用法律问题的解释》（法释〔2004〕14号）（现已失效）第四条规定："承包人非法转包、违法分包建设工程或者没有资质的实际施工人借用有资质的建筑施工企业名义与他人签订建设工程施工合同的行为无效。人民法院可以根据《中华人民共和国民法通则》第一百三十四条规定，收缴当事人已经取得的非法所得。"

游分包商或实际施工人是否实际接受了承包人的管理；如果下游分包商或实际施工人接受了管理，则可以视为承包人为项目实际发生了经营管理费用，且物化到了下游分包商或实际施工人承包的项目中，因而应当对承包人进行折价补偿，从而可参照分包合同的约定，承包人可获得一定的管理费。

例如在案例1中，合同约定的管理费为8%，法院认为施工总承包单位与实际施工人均存在违法行为，双方均不能因违法行为而获益，因而酌情支持了4%的管理费，平衡了双方的利益。而在案例2中，法院并未参照合同约定的管理费标准对施工总承包单位的管理费予以计算，而是根据施工总承包单位实际付出的管理成本，酌情支持了部分管理费。由此可见，在挂靠、转包等情形下，承包人能否收取相应的管理费，需要结合其是否实际参与了管理并实际为工程项目发生了经营管理费用来予以评判。

五、实务指引

在承包人挂靠、转包情形下，虽然按照合同约定，在民事层面承包人仍可能获取相应的管理费，但在行政管理层面，根据《建设工程质量管理条例》第六十一条等相关规定，相应的违法所得仍然会被予以收缴，而挂靠、转包等情形下约定的管理费，显然属于违法所得的范畴。由此可见，承包人应注意在源头上避免违法、违规行为的发生。但如果已经面临相应的行政监管，或合同纠纷，则应从个案的角度出发，积极梳理有关的证据资料，例如施工过程中实际参与管理的资料，包括派驻项目管理人员、对外签订机械租赁合同、定期主持有关工程例会等，来证明实际对项目进行了管理，并争取说服法官或监管人员不存在违法、违规行为。

第十节　施工合同约定发包人欠付工程款的，承包人不得停工的约定一般有效

一、实务疑难点

在当前的房地产开发市场中，随着市场融资环境的变化、国家对于房地产市场的调控，以及部分开发商盲目多元化、加大金融杠杆等情况，导致在大量施工合同中，发包人存在延期付款、拖欠工程款的情形；同时，部分施工合同还会约定在发

包人欠付工程款的情形下，承包人不得采用停工等方式进行催讨。此类约定是否有效，对于承包人的权益影响较大；如果有效，对承包人如何采取有效的救济措施，也是实践中较为关注的难点问题。

二、法条链接

《中华人民共和国民法典》（中华人民共和国主席令第四十五号）

第一百四十三条 具备下列条件的民事法律行为有效：

（一）行为人具有相应的民事行为能力；

（二）意思表示真实；

（三）不违反法律、行政法规的强制性规定，不违背公序良俗。

第五百六十三条 有下列情形之一的，当事人可以解除合同：

（一）因不可抗力致使不能实现合同目的；

（二）在履行期限届满前，当事人一方明确表示或者以自己的行为表明不履行主要债务；

（三）当事人一方迟延履行主要债务，经催告后在合理期限内仍未履行；

（四）当事人一方迟延履行债务或者有其他违约行为致使不能实现合同目的；

（五）法律规定的其他情形。

以持续履行的债务为内容的不定期合同，当事人可以随时解除，但是应当在合理期限之前通知对方。

三、典型案例

【案例：云南中某公司与贵某公司纠纷案】

2013年8月2日，贵某公司作为发包方与承包方中某公司签订了《建设工程施工合同》，由中某公司负责案涉项目的施工；合同约定：若发包人未能及时付款，承包人不得停工，须保证工程进度继续施工，发包人必须在3个月内补清欠款。

中某公司于2013年11月14日进场施工。案涉项目于2014年8月25日封顶。2014年10月16日，双方签订了《协议书》，约定：封顶后发包人应支付承包人已完工程量80%的工程款。现由于发包人受各种因素影响，未能按预定计划开盘销售，造成发包人不能按合同约定支付工程款，对此情况，承包人表示充分理解。为保证工程的顺利进行及竣工，现经发、承包人友好协商达成协议如下：一、承包人承建工程全面封顶产生进度款为7448万元，按合同约定，发包人应支付该进度款的80%即5958万元，经双方协商，封顶进度款核定为5600万元。二、发包人自2014年8月26日起按月承担承包人进度款垫付款利息。

此后，贵某公司仍未支付工程款，中某公司于2015年3月26日向贵某公司发出《停工通知》。

2015年12月10日，双方再签订《协议书》，明确贵某公司应于2016年1月20日前支付进度款5600万元，截至2016年的工程进度款利息为896万元（按月利率1%计息）。协议签订后，承包人按发包人书面通知恢复施工，并按发包人合理要求的施工进度确保完成。

由于发包人最终仍未按约定支付工程款，中某公司向法院提起诉讼，要求发包人支付工程款并赔偿停工损失。诉讼过程中，贵某公司认为，合同约定发包人未能及时付款的，承包人也不得停工，承包人擅自停工导致工期延误的，应当向发包人赔偿损失。

对此，云南省高级人民法院认为：双方当事人在2013年8月2日签订的《建设工程施工合同》专用条款第26条约定"若发包人未能及时付款，承包人不得停工，须保证工程进度继续施工，发包人必须在3个月内补清欠款。"而贵某公司自双方在2014年10月16日签订的《协议书》中确定应付封顶进度款为5600万元后，至今仍然未付清相应款项。故承包人中某公司有权停止施工，贵某公司认为中某公司无权停工且停工原因为中某公司擅自停工的主张，不能成立，其据此主张中某公司承担延误工期损失500万元的上诉理由，亦不能成立，本院不予支持。因案涉工程停工系贵某公司单方违约行为所导致，客观上也确实因此导致中某公司实际产生了停工损失，贵某公司应向中某公司承担相应损失。但因中某公司针对停工损失提交的证据均为其单方证据，在贵某公司不予认可的情况下，不能作为确定损失的依据，故本院酌情认定贵某公司应向中某公司承担的停工损失为100万元。

四、法律分析与实务解读

在发承包市场中，发包人占有更多的主动权，因而施工合同条款对于承包人来讲，相对更为严苛。而在当前的市场环境中，随着发包人的付款条件越来越严苛，以及发包人的资金状况不稳定，如果合同约定发包人欠付工程款时，承包人不能采取追讨、停工等手段，显然对承包人的权利影响过大。笔者曾在服务客户的过程中，多次遇到类似的咨询。对此，笔者分析如下。

1. 关于发包人欠付工程款，承包人不得追讨、不得停工约定的效力问题

建设工程施工合同的本质是发包人支付工程款，承包人进行施工。根据《中华人民共和国民法典》第五百二十六条以及第五百二十七条的规定，如果发包人欠付工程款的，承包人停工权的法律依据是先履行抗辩权及不安抗辩权；也就是说，在合同对于承包人的停工权未作约定的情况下，承包人可以根据法律规定行使相应的停工权。

一般而言，民事法律行为自成立时生效，只要双方意思表示真实，不违反法律、行政法规的强制性规定，则一般均认为有效。就本文案例来讲，因合同约定发包人欠付工程款，承包人不得停工的前提是三个月内补足工程款，该约定是发承包双方真实的意思表示，应认为有效；因此如果发包人在该期限内仍没有支付的，则不得停工就对承包人不具有约束力，承包人仍然可以结合先履行抗辩权及不安抗辩权的规定，行使停工的权利。

此外，对于施工合同来讲，属于典型的商事合同，发承包双方均是有经验的商事主体，因此，如果合同明确约定发包人欠付工程款，承包人不得停工、不得追讨，则属于承包人对自身权利的处分，并没有违反法律的强制性规定，因此原则上也不应认为无效。

2. 约定有效的情形下，司法实践中存在被调整的空间

建设工程合同是承包人进行工程建设，发包人支付价款的合同，履行付款义务是发包人的法定职责。而发包人是否按约支付款项，又关系到承包人以及各工程建设参与方的切身利益。从这个角度来说，此类约定在司法实践中可能会被予以调整，具体来讲：

（1）《中华人民共和国民法典》第八百零三条规定："发包人未按照约定的时间和要求提供原材料、设备、场地、资金、技术资料的，承包人可以顺延工程日期，并有权请求赔偿停工、窝工等损失。"第八百零七条规定："发包人未按照约定支付价款的，承包人可以催告发包人在合理期限内支付价款。发包人逾期不支付的，除根据建设工程的性质不宜折价、拍卖外，承包人可以与发包人协议将该工程折价，也可以请求人民法院将该工程依法拍卖。建设工程的价款就该工程折价或者拍卖的价款优先受偿。"

结合以上规定，发包人未按约定支付款项的，则承包人有权要求发包人赔偿损失，并可以催告发包人付款，且承包人对建设工程享有优先受偿的法定权利。基于此，如果合同中约定在发包人延期付款的情形下，承包人不得催告发包人、也不得停工，则该类约定损害了承包人的法定权利，进而损害了包括农民工在内的其他多方主体的利益，由此损害了社会秩序和公共利益，法院可能会从公平原则的角度对此适当进行调整。

（2）《最高人民法院关于审理建设工程施工合同纠纷案件适用法律问题的解释（一）》第四十二条规定："发包人与承包人约定放弃或者限制建设工程价款优先受偿权，损害建筑工人利益，发包人根据该约定主张承包人不享有建设工程价款优先受偿权的，人民法院不予支持。"根据该司法解释，约定放弃或限制建设工程优先受偿权且损害建筑工人利益的，则该约定在司法实践中将得不到支持。类似地，发承包双方约定发包人延期付款，承包人不得采用追讨的措施，而追讨措施显然也包括了要求发包人付款并向发包人主张优先受偿的权利；另一方面，放弃追讨工程款的后果显然相对于放弃建设工程价款优先权的后果更为严重，更不利于保护建筑工人的利益。从这个角度来说，在发包人延期付款的情形下，如果已经损害了建筑工人的利益，则承包人放弃追讨工程款的约定在司法实践中被调整的可能性较大。

3. 即使约定承包人放弃追讨工程款、停工的权利，承包人仍可以解除合同

支付工程款属于施工合同项下发包人的主要义务，如果发包人长期延期支付工程款、拖欠工程款，则构成根本违约，即使合同限制了承包人不得追讨工程款或停工的措施，承包人仍然可以根据《中华人民共和国民法典》第五百六十三条的规定行使法定解除权。

此外，如果施工合同约定发包人延期支付工程款时承包人可以解除合同，则承包人可按照合同约定的程序行使合同解除权。例如，《建设工程施工合同（示范文本）》GF—2017—0201通用条款"16.1.3 因发包人违约解除合同"约定："除专用合同条款另有约定外，承包人按第16.1.1项'发包人违约的情形'约定暂停施工满28天后，发包人仍不纠正其违约行为并致使合同目的不能实现的，或出现第16.1.1项'发包人违约的情形'第（7）目约定的违约情况，承包人有权解除合同，发包人应承担由此增加的费用，并支付承包人合理的利润。"

五、实务指引

通过以上分析可知，施工合同关于发包人欠付工程款，承包人不得停工或追讨

的约定一般认为有效，因而对于承包人行使停工权或追讨工程款构成一定的约束。在此情况下，如果贸然停工可能反而构成工期延误等违约责任，因而建议承包人可以行使法律规定的合同解除权，具体来讲，可以分两步走：

（1）向发包人发出书面通知，告知其违约行为并要求其在一定期限内付款，同时注明由此造成的工期延误以及其他一切损失均由发包人承担。

（2）如发包人收到书面通知后在规定期限内仍未付款的，则承包人再向发包人发出解除合同的通知，同时可以在通知书中声明对工程享有优先受偿权。

第十一节 垫资不同于工程款和借款，工程垫资一般应在合同中约定

一、实务疑难点

一般而言，施工合同应约定一定的预付款比例，供施工单位购买周转材料、搭建临时设施并作为工程开工建设的启动资金。但随着建筑市场竞争的日趋激烈，以及建设单位对于资金周转速度的提高，往往在施工合同中约定不支付预付款，甚至还存在进度款延后支付的情况，例如在项目到达正负零时才开始支付进度款，此种情况下是否属于垫资，实践中争议较大。本文将结合多个案例，针对垫资的问题予以系统分析。

二、法条链接

1.《政府投资条例》（国务院令第七百一十二号）

第二十二条 政府投资项目所需资金应当按照国家有关规定确保落实到位。

政府投资项目不得由施工单位垫资建设。

2.《保障农民工工资支付条例》（国务院令第七百二十四号）

第二十三条 建设单位应当有满足施工所需要的资金安排。没有满足施工所需要的资金安排的，工程建设项目不得开工建设；依法需要办理施工许可证的，相关行业工程建设主管部门不予颁发施工许可证。

政府投资项目所需资金，应当按照国家有关规定落实到位，不得由施工单位垫资建设。

三、典型案例

【案例：轻某公司与升某公司纠纷案】

2012年5月3日，武汉升某公司出具《中标通知书》，载明：经我公司招标专家评议，案涉工程总承包中标单位为轻某公司。2012年5月8日，升某公司（甲方）与轻某公司（乙方）签订《"案涉"工程总承包合同》，其中约定：本合同价款采用预估算总价方式确定，属本合同规定范围内承包工程的合同总价约为人民币16000万元；乙方为推动工程顺利进行，为甲方垫资人民币4000万元，并于合同签订后七个工作日内将垫资款4000万元支付至双方共管账户……甲方自垫资款到账日起，按年利率7%计算支付乙方利息；不足一年时，按月计息。

之后，轻某公司向共管账户汇入4000万元。

2013年11月14日，升某公司向轻某公司出具一份《关于请求延期归还工程垫资款的函》，因工程未能及时完工，要求对垫资款项归还期顺延至2014年9月。次日，双方签订补充协议，对垫资款及利息支付作出进一步约定。

2014年至2015年，因升某公司仍未及时归还垫资款，轻某公司又多次向升某公司催款无果，最终向法院提起诉讼，要求升某公司返还4000万元垫资款，并支付违约金2600万元。

诉讼过程中，经法院审理查明，案涉项目的施工由第三人负责，轻某公司也未参与实质性管理。同时，各方对于案涉合同的性质是否构成垫资发生争议，轻某公司认为案涉合同属于建设工程合同，应当构成垫资；而升某公司认为双方之间应属于民间借贷法律关系，不存在垫资的事实。

对此，法院认为：垫资是指承包方在合同签订后，不要求发包方先支付工程款或者支付部分工程款，而是利用自有资金先进场进行施工，待工程施工到一定阶段或者工程全部完成后，由发包方再支付垫付的工程款。本案中，虽然升某公司与轻某公司签订的《"案涉"工程总承包合同》中将4000万元约定为"垫资款"，但双方并未约定轻某公司利用自有资金先进场组织施工企业进行施工，待工程施工到一定阶段或全部完成后，再由升某公司支付垫付工程款；而是约定轻某公司事先将4000万元款项交付给升某公司使用，升某公司每年向其支付利息和管理费。并且，根据审理查明的事实，轻某公司虽参与了一定的工程

> 管理，但其并未履行工程总承包人应尽的对涉案工程设计、采购、施工监理等方面的管理职责，而是将案涉工程分包、工程价格与采购价格的最终审定权交由发包人升某公司。轻某公司与升某公司之间的多次往来函件，仅就4000万元款项和孳息的归还时间、方式及数额进行协商，对于建设工程施工事宜双方在函件中并未提及。故从《"案涉"工程总承包合同》及相关补充协议的约定和实际履行情况来看，双方以"垫资"为名，行资金拆借之实，4000万元不属于工程垫资款，而是借款。

四、法律分析与实务解读

一直以来，承包人深受垫资施工问题的困扰，一方面，施工合同的利润并不高，承包人垫资的利息会进一步压缩其利润空间；另一方面，承包人的资金运作能力相比发包人而言相对较弱，如过度垫资导致资金链断裂，会使得项目难以推进，同时导致农民工、分包商、供应商的款项发生拖欠，进而可能引发群体性事件。因此，垫资施工一直是施工行业长期存在的问题，涉及的利益主体众多，也是施工合同纠纷高发地带。在此背景下，国务院在2019年颁布的《政府投资条例》《保障农民工工资支付条例》中均明确提及了不得要求施工单位垫资的规定，但前述规定没有对何为"垫资"作出说明，因而在实际操作中对于垫资的理解存在不同的认知。有鉴于此，笔者就垫资的问题，从相关定义及司法认定的角度入手，分析如下。

1. 关于垫资的定义

根据笔者有限的检索，关于垫资的官方说法，最早出现在1996年由原建设部、国家发展计划委员会及财政部联合发布的《关于严格禁止在工程建设中带资承包的通知》[①]（建建〔1996〕第347号）中，其中第三条规定："各级建设行政主管部门要加强对工程建设实施阶段有关环节的管理，在严格查验计划部门的立项和决策批文及有关机构出具的资金到位的文件后，方可办理工程施工的有关手续。对于建筑安装施工的年度建设资金到位率不足30%的工程项目，有关部门不得进行招标、议标，不予发放施工许可证。"

2006年，原建设部又联合国家发展改革委、财政部和中国人民银行发布《关于严禁政府投资项目使用带资承包方式进行建设的通知》（建市〔2006〕6号），其中第一条对于垫资也作出了规定："带资承包是指建设单位未全额支付工程预付款

---

① 该文件于2006年1月4日被原建设部、国家发展改革委、财政部、中国人民银行联合发布的《关于严禁政府投资项目使用带资承包方式进行建设的通知》（建市〔2006〕6号）所替代。

或未按工程进度按月支付工程款（不含合同约定的质量保证金），由建筑业企业垫款施工。"

从上述官方对于垫资的定义来看，从行政监管的角度而言，如果合同未约定预付款、未实际支付预付款，或工程进度款大比例拖欠，则构成垫资的可能性较大。

2. 司法实践中关于垫资的界定

最高人民法院民事审判第一庭曾认为[①]："所谓垫资是指，承包方在合同签订后，不要求发包方先支付工程款或者支付部分工程款，而是利用自有资金先进场进行施工，待工程施工到一定阶段或者工程全部完成后，由发包方再支付垫付的工程款。垫资施工的方式一般包括：带资施工、形象节点付款、低比例形象进度付款和工程竣工后付款等。"该观点在多个司法案件中被采用，除了正文引用的案例外，最高人民法院在某民事裁定书中也采用了类似观点。但在司法实践中，对于垫资的界定还存在以下几个争议焦点：

1）关于垫资是否必须在合同中明确

《最高人民法院关于审理建设工程施工合同纠纷案件适用法律问题的解释（一）》第二十五条规定："当事人对垫资和垫资利息有约定，承包人请求按照约定返还垫资及其利息的，人民法院应予支持，但是约定的利息计算标准高于垫资时的同类贷款利率或者同期贷款市场报价利率的部分除外。当事人对垫资没有约定的，按照工程欠款处理。当事人对垫资利息没有约定，承包人请求支付利息的，人民法院不予支持。"从该规定来看，垫资需要在合同中明确约定，如果未约定垫资的，则一般不宜认定为垫资。但另一方面，如果合同约定了垫资，但未必就一定构成垫资，例如本文案例就是典型的名为垫资，但实为借贷或融资行为。

2）垫资与工程欠款的区分

如上述讨论，垫资需要在合同中予以明确，例如明确约定垫资及垫资利息。一方面，如果仅约定了垫资未约定利息的，则承包人无法要求发包人支付垫资利息；另一方面，如果约定的垫资利息高于市场报价利率的，则超过的部分无效。

而如果合同未约定垫资的，一般按照工程欠款处理。例如，最高人民法院在某民事裁定书中认为："本案虽实际有垫资行为发生，但双方并未在合同中对垫资和垫资利息有明确约定，二审法院判决芷某管委会、芷某公司支付的利息是欠付工程款的利息，而非垫资利息，不适用《最高人民法院关于审理建设工程施工合同纠纷

---

① 最高人民法院民事审判第一庭.最高人民法院建设工程施工合同司法解释的理解与适用[M].北京：人民法院出版社，2004.

案件适用法律问题的解释》[①]第六条关于垫资利息的规定，并无不当。"

类似地，如前文所讨论的，在行政监管层面，在发包人未支付预付款、大比例拖欠进度款等情形下，虽然在事实上也符合垫资施工的特征，但在审判实务中，一般直接按照工程欠款处理，很少被认定为垫资。例如，河北省高级人民法院在某民事判决书中认为："京某公司主张省某建为垫资施工，但施工合同中并无任何关于垫资的内容，而是明确约定了京某公司根据工程形象进度按月支付进度款，实际履行中虽然存在京某公司迟延支付进度款的情形，但亦属于京某公司违约而非垫资。"

针对工程欠款而言，即使未约定利息的，按照《最高人民法院关于审理建设工程施工合同纠纷案件适用法律问题的解释（一）》的规定，承包人也有权按照市场报价利率要求发包人支付工程款的利息；如果约定了工程欠款的利息，则按约定执行，且可以超过市场报价利率。这属于垫资和工程款之间在法律适用层面存在的重大区别，针对不同的情形之间的区分，具体如表5-2所示。

垫资与工程欠款的区别　　　　　　　　表5-2

情形	是否构成垫资	是否认定为工程欠款	利息
约定垫资及利息	一般构成垫资	否	按约定处理；利率不得高于LPR
约定垫资，未约定利息	一般构成垫资	否	不支付利息
未约定垫资	不构成垫资	是	未约定利息的，按LPR
未约定垫资	不构成垫资	是	约定利息的，按约定执行，且可以高于LPR

从以上分析来看，是否构成垫资，与承包人的切身利益密切相关。如果构成垫资，则垫资的利息有上限，因而在施工合同纠纷中，发包人往往会主张承包人构成垫资而非工程欠款，以企图达到降低延期付款违约责任的目的。站在承包人的角度，从其承揽工程的目的来讲，其本意并不希望垫资，但因发包人的原因出现要求延期支付进度款、不予支付预付款等情形时，如果此类情形在未明确约定的情况下认定为垫资，则实践中几乎每一个施工合同都会存在垫资的情况，而在构成垫资的情况下，反而不利于保护承包人的切身利益。因此，笔者倾向于认为，在审判实务中，施工合同未约定预付款、未按形象进度足额支付款项等情况一般不应认定为垫资，宜按工程欠款处理。

---

① 该司法解释被《最高人民法院关于审理建设工程施工合同纠纷案件适用法律问题的解释（一）》第二十五条所取代。

3）垫资与借贷的区分

本文的典型案例属于名为垫资，实为民间借贷的典型案件。无论是垫资还是民间借贷，都需要有明确的意思表示，即双方对于垫资或借贷的行为都要有明确的约定；但除此之外，还需要从交易的本质出发，去判断是否构成垫资或者借贷。

例如本文的典型案例中，虽然发承包双方在合同中约定了垫资，但事实上，承包人根本未进行施工，实际施工由第三人完成，且在合同履约过程中，发承包双方之间的沟通、协商都是针对"垫资款"本身，而对于施工过程中应当发生的其他履约行为，例如购买原材料、租赁机械、现场管理、参与工程例会等均没有相关的记录；相反，相关的"垫资款"却是由发包人直接进行支配，因而事实上并不符合"带资施工"的特征，因此不构成垫资，本质上属于借款行为。

站在承包人的角度而言，对于垫资与借款，其更希望从借款的角度去认定；原因仍在于垫资的利息存在上限，而借款的利息标准可以超过市场报价利率。但如果在施工合同中对于垫资的约定较为明确，则承包人主张构成民间借贷的，无法被法院支持。例如，在海某公司与穗某公司施工合同纠纷案件中，施工合同约定由承包人海某公司垫资施工到结构封顶，在结构封顶后发包人将海某公司垫资额的全部已完工程造价对应的工程款付至85%；海某公司实际投入9000万元后，双方达成《会议纪要》，约定就该部分垫资款项的投资回报为2520万元；后向法院起诉时主张该部分款项属于借款，并要求发包人支付回报款2520万元，但最高人民法院认为：结合施工合同的约定，海某公司作为承包人，其投入到案涉工程的资金应认定为工程垫资款；虽然《会议纪要》将海某公司实际投入的9000万元确定为融资成本，但海某公司在案涉工程中赚取利润的方式主要是获取工程款，而非工程垫资款的利息，故《会议纪要》关于融资成本的约定不能改变海某公司投入的是工程垫资款的属性，更不能由此直接认定海某公司和穗某公司之间构成普通的民间借贷关系。

五、实务指引

对承包人来说，垫资施工的危害极大，稍有不慎可能导致公司资金链断裂，甚至破产。例如，温州市中某公司是温州第一家特级资质企业，但因在安徽承接的两个项目中，先后垫资超过2亿元，导致其资金链断裂，并于2014年向法院申请破产。该案例对广大施工企业具有深刻的警示意义。对此，针对垫资施工的问题，承包人应注重从以下角度进行风险防范：

（1）在承接项目时，应首先对开发商、建设单位的资信情况、资金实力进行调查，不能为了扩大企业规模而盲目承接项目。在当前发承包市场环境下，要秉持"剩者为王"的理念，企业经营以稳健为主。

（2）对招标投标文件、合同条款进行合法、合规性审查，针对明显不合理的付款方式或明确要求垫资的条款，应谨慎对待。

（3）将建设单位的有关付款约定，背靠背转移至下游分包商、供应商，避免建设单位款项不到位的情况下，又需要向下游垫付大量工程款。

（4）合理利用地方政府部门、主管部门等发布的相关文件，推进工程过程结算，尽可能保障工程进度款的落实；如建设单位拖欠严重的，应及时评估建设单位的资金恶化情况，及时止损并采用停工、解除合同的方式尽快退场，避免损失扩大。例如，发生于2020—2021年期间，中国恒某商票无法兑付、企业信用破产的情况，如未能及时、尽早发现并止损的，则损失将难以估量。

第六章
竣工验收与结算

第一节 发包人擅自使用包括发包人将工程交由第三方施工、发包人接收钥匙等情形

一、实务疑难点

对于发包人来讲，工程尽快投入使用能尽早发挥其相应的经济价值，因而实践中存在大量未经竣工验收，发包人就将项目投入使用的情形。如果发包人擅自使用，则根据相应的司法解释，由此产生的质量责任可能无法向承包人索赔，但对于擅自使用如何理解，实践中哪些情形可能构成擅自使用，则有待进一步讨论。

二、法条链接

《最高人民法院关于审理建设工程施工合同纠纷案件适用法律问题的解释（一）》（法释〔2020〕25号）

第十四条 建设工程未经竣工验收，发包人擅自使用后，又以使用部分质量不符合约定为由主张权利的，人民法院不予支持；但是承包人应当在建设工程的合理使用寿命内对地基基础工程和主体结构质量承担民事责任。

三、典型案例

【案例：正某公司与云某公司纠纷案】

2012年12月，正某公司与云某公司口头约定，由云某公司将其开发的案

涉工程发包给正某公司全垫资承建，双方未签订书面的建设工程施工合同。

之后，因承包人资金问题，工程陷入停工。2014年3月8日，云某公司向正某公司发出《立即复工通知》，内容为："根据双方的约定和该项目工程的建设现状，为避免对我方造成更大的经济损失，请贵公司接此通知后，于2014年3月15日前恢复该工程建设，完成后续工程建设任务。否则，我公司有权单方解除与贵公司的建设工程施工合同关系，有权要求贵公司按评估部门评估的工程价款总额的5%按日承担违约金，有权要求贵公司赔偿我方所造成的一切经济损失"。

2014年3月13日，正某公司向云某公司发出《回复函》，主要内容为：发包人未足额支付工程款，导致春节期间工人上访，无法继续施工。

2014年7月8日，云某公司向正某公司发出《通知》，内容为：我公司已解除与你公司承建的案涉工程的事实合同关系；为了不影响我公司正常的建筑工程施工，我方现通知你公司在五天内撤出你公司滞留在案涉工程施工现场的你方人员和置放在该工地上的建筑设备……

正某公司退场后，云某公司又将工程交由他人继续施工，未与正某公司就已完工程进行验收。

后承包人正某公司向法院提起诉讼，要求支付工程款，发包人云某公司以质量不合格为由提出反诉，要求承包人赔偿质量缺陷损失1300万元。

诉讼过程中，对于发包人是否擅自使用、案涉工程是否存在质量问题发生争议，对此法院认为：建设工程竣工后，发包人应当根据施工图纸及说明书、国家颁发的施工验收规范和质量检验标准及时进行验收。验收合格的，发包人应当按照约定支付价款，并接收该建设工程。建设工程竣工验收合格后，方可交付使用；未经验收或者验收不合格的，不得交付使用。本案中，云某公司自认在未通知正某公司的情况下，另行组织其他公司继续施工，包括屋面粉刷、窗台修整等。另外，云某公司在二审中也自认通过房屋抵债等方式，对外销售部分房屋。上述事实表明，云某公司已经接受了正某公司的施工部分，现正某公司主张云某公司支付已施工的工程价款符合法律规定。

四、法律分析与实务解读

本案具有一定的代表性，对于理解何为"擅自使用"具有较大的参考价值。本案中，由于发包人没有足额支付工程款，导致承包人停工，因而承包人行使停工权有法律依据；而发包人因承包人的停工，又擅自解除合同，并委托第三人施工，其存在明显的过错。因此，法院在认定时，结合发包人擅自解除合同并委托第三人施工以及双方未对已完工程的质量进行验收确认等事实，综合认定发包人视为认可了承包人的已完工程，也即前述事实构成了发包人的"擅自使用"，而后发包人再以工程质量瑕疵、质量问题等为由进行索赔的，法院不予支持。

对于发包人未经竣工验收擅自使用后的质量责任承担问题，实务中一般并无太多争议，如发包人擅自使用的，应视为已完工程质量合格。但对于如何去认定发包人擅自使用，属于实务操作的层面，也与发承包双方的权益密切相关，笔者结合其他司法案例，对于实践中常见的几种擅自使用的情形进行探讨。

1. 工程已由第三方施工

本文案例属于由第三方施工的典型案例，承包人停工之后，发包人未与其协商擅自委托第三方施工，且没有对已完工程的质量进行确认，因而视为认可了工程质量，构成擅自使用。陕西省高级人民法院在某民事判决书中也有类似观点："郑某足所完成的工程虽未经过竣工验收，但在停工之后，总包方尧某公司已将该工程交由第三人施工，视为总包方对该部分已完成工程质量的认可。"

2. 发包人接收钥匙

实践中，承包人要主张发包人擅自使用，按照谁主张谁举证的原则，承包人必须有相应的证据。而发包人接收案涉工程的钥匙属于较为典型的证据，虽然其证明力不如双方共同盖章确认的工程接收证明，但在发包人擅自使用的情形下，往往不会出具工程移交文件，此时承包人向发包人交付钥匙往往成为关键性证据。在笔者曾办理过的一个工程案件中，代理承包人诉发包人要求支付工程款，但发包人提出质量问题并列举大量证据，而笔者代表承包人向法庭提交了发包人未经竣工验收擅自使用的证据，即承包人向发包人交付了钥匙，同时结合其他间接证据证明发包人确实提前使用，最终避免了发包人的质量抗辩，成功要回了工程款。最高人民法院在某民事裁定书中也认为："本案中，海某公司在案涉工程尚未竣工验收的情况下，接收了116套房屋的钥匙并对外销售房屋，构成擅自使用"。

3. 发包人将工程转让

此种情形实践中相对较少，但一般也应构成擅自使用。例如，最高人民法院在某民事再审判决书中认为："工程未经竣工验收，但北方某公司取得该工程后，与泓某公司签订《资产转让合同》，将工程转让给泓某公司，并由泓某公司办理了相关产权证书,应视为工程竣工验收合格。"

4. 其他实际使用的情形

由于工程实践的多样性,发包人实际使用的表现形式也存在多样性,无法进行穷尽列举,除了上述列举的几种较为典型的擅自使用的情形外,笔者再整理几种实际使用的情形供读者参考:

(1)发包人对外出租。例如发包人投资建设的目的就在于对外租赁,如商业综合体、产业园区等,此时如果发包人已经实际对外出租,本质上就属于发包人占有的工程,承包人已完成了工程的移交,应视为实际使用和工程已竣工验收合格。

(2)发包人存放物品。此种情形实践中十分常见,工程尚未经过竣工验收程序,发包人就已经逐步将物品存放于在建工程,例如发包人悬挂公司标志牌、存放会议设备、进行会议接待等,往往构成擅自使用。例如,最高人民法院在某民事裁定书中认为:"案涉工程至今并未进行竣工验收,但建某集团已经撤出施工场地,案涉工程作为整体处于隆某公司的支配和控制下,隆某公司在接管案涉工程后即悬挂公司标志牌以及在厂房内存放物品的行为构成对案涉工程的使用,隆某公司主张应当按照规划用途使用才能视为使用,无事实与法律依据。"又如最高人民法院在某民事裁定书中认为:"金某公司在其上诉状中陈述'在现场临时存放生产所需的机器、设备、材料,接待相关行业、政府、其他方面的参观、考察、现场观摩会议等',由于上述行为只有在其实际控制、管理案涉工程的情况下才能实现,因此,二审判决关于在案涉工程没有办理竣工验收的情况下,金某公司接收了该工程,已对案涉工程实际使用的事实认定并无不当。"

但如果发承包双方在事前约定,在工程交付之前,存放特定物品的,则一般不构成实际使用。例如,最高人民法院在某民事裁定书中认为:"关于海某公司是否擅自使用案涉工程的问题。双方当事人在《承诺书》第二条载明:'厂房先行交付甲方使用为设备存放性质,不影响乙方承担质量责任……'。上述条款明确约定案涉工程可以作为'存放使用',不能证明海某公司系擅自使用案涉工程。因此,龙某公司的该项主张,缺乏事实和法律依据,本院不予支持。"

(3)发包人举办投产仪式。类似于工程开工时,承包人可能会举办相应的开工仪式,在项目完成建设之后,发包人投入使用时往往会举办相应的投产仪式。开工仪式标志着工程正式进入到施工阶段,而投产仪式则意味着项目的正式投入使用。因此,实践中,如果发包人未经竣工验收,就举办相应投产仪式的,可能会构成实际使用,从而视为工程已经竣工验收合格。例如,最高人民法院在某民事裁定书中认为:"案涉工程双方当事人没有办理竣工验收手续,南某水泥未经竣工验收即于 2011 年 12 月 30 日进行点火投产仪式,初步表明已经投入使用。南某水泥称点火投产仪式仅为配合宣传,但未就此举证予以证明。"

五、实务指引

对于发包人未经竣工验收擅自使用的情形,往往构成承包人对于发包人质量索赔的抗辩,因而对于发包人来讲,应当注意避免提前占有工程,或者在提前投产与放弃对承包人的质量索赔之间进行利弊和潜在的收益与损失进行权衡。

而对于承包人来讲,主张发包人提前投入使用的,应当举证证明发包人未经过竣工验收程序即占有、使用在建工程,对此应当结合前述发包人提前使用的情形,注重相应证据的搜集,例如:①在将工程交付给发包人时,应当办理工程移交文件,至少应当在交付钥匙时要求发包人出具相关的收据;②采用拍照、录制视频等方式搜集发包人实际占有、使用的证据,例如发包人已经提前占有项目并开始生产或办公等。

第二节 对以房抵款协议性质的认定,应区分工程款履行期限是否届满

一、实务疑难点

自 2016 年以来,房地产行业面临史上最为严厉的宏观调控措施,至今也未见明显的放松迹象,对地产行业产生了极大的影响。有学者[①]以西安市为例,指出 2016 年的调控措施使得 2017 年西安的商品房销售面积、销售增速均同步回落,且房地产企业资金来源开始出现转折性下降。而在此前,2009 年的调控政策出台后,也有学者[②]将宏观调控施行后针对房地产企业的各类财务指标进行了详细的对比和分析,并得出地产调控导致房地产企业财务绩效严重恶化的结论。

2016 年的地产调控政策伴随着国家提出金融去杠杆的政策背景,始于 2020 年 1 月的新型冠状病毒疫情,以及国家对于房地产企业提出的三道红线的要求,对房

---

① 刘蔚.房地产调控政策影响分析——以西安市为例 [J]. 甘肃金融, 2017(11).
② 张水英.宏观调控下房地产企业的财务绩效变化研究 [J]. 统计与决策, 2013(2).

地产开发企业造成了深远的影响。在房地产企业融资趋紧、房屋销售增速回落等背景下，企业现金流恶化。

在前述情形下，当发包人现金流恶化、难以支付工程款时，往往采取"以房抵工程款"的方式向施工企业支付工程款。但以房抵款在实践中往往存在各类争议，例如直接在以房抵款协议中约定，发包人未按期支付工程款的，房屋直接归承包人所有，此类约定是否有效等。

二、法条链接

《中华人民共和国民法典》（中华人民共和国主席令第四十五号）

第四百零一条 抵押权人在债务履行期限届满前，与抵押人约定债务人不履行到期债务时抵押财产归债权人所有的，只能依法就抵押财产优先受偿。

第四百二十八条 质权人在债务履行期限届满前，与出质人约定债务人不履行到期债务时质押财产归债权人所有的，只能依法就质押财产优先受偿。

三、典型案例

【案例：汉某公司与华某公司纠纷案】

2014年6月26日，华某公司为甲方，汉某公司为乙方，双方签订《建设工程施工合同》约定：合同计划开工日期2014年6月16日，计划竣工日期2015年12月16日。

2016年4月18日，汉某公司编制工程总价为28601561.64元的《工程结算书》，在首页的建设单位一栏处盖有华某公司的公章，施工单位一栏处盖有汉某公司公章及其法定代表人陈某平的印鉴。

2016年6月1日，双方签订《补充协议》约定："1.双方确认：至今本建设工程款结算总价为28601561.64元，其中300万元停工费的税金及公司管理费由甲方承担，乙方只需出具25601561.64元工程款金额的建安发票……2. 2017年5月30日前甲方付清所有上述工程款项，具体支付时间为：……如甲方未如期支付上述工程款项的任何一笔，则所有工程款项均已到期，乙方可立即要求甲方一次性支付所有工程款。甲方可依据本项目销售回款情况提前支付乙方工程款，如果工程款提前付到总价的80%，余款20%应于2017年5月30日前一次性付清。3.为保证上述工程款项的支付，甲方提供超出前述工程款约30%价值未销售的所有门面及可售房产与乙方一起到德安县房管局进行锁定,并承诺解锁后销售的所有商业门面及可售房产按销售款的70%支付乙方工程款(房产的锁定及解除费用由甲方承担,销售款包含甲方商业收入和住宅三层的收入,具体住宅楼层待甲方开盘时甲乙双方再确认)。4. 因房产销售受政府、市场等诸多因素影响,如甲方未能如期销售房产及回笼资金,致使不能及时支付乙方相关款项的,为妥善处理本建设工程款结算总价款支付事宜,双方一致同意:由甲方将本协议附件1(双方所确认的以房抵款的房产)所列房产按照八五折的价格冲抵应支付给乙方的全部款项,乙方同意按照前述优惠折让后的房价接受冲抵本建设工程款结算总价款。5. 甲方配合乙方签署本协议附件1所列房产的相关合同及办理合同备案、交付、不动产登记等相关手续(因办理前述手续所产生的税费根据国家规定由双方各自承担)。如甲方签订协议后不积极配合乙方对上述房产进行锁定或按前款约定标准支付工程款,则所有上述工程款项均已到期,乙方可立即要求甲方一次性支付所有工程款或将锁定的商业门面及可售房产按附件1确认过价格的八五折抵给乙方……"

因华某公司未按《补充协议》履行,仅支付300万元,故汉某公司诉至法院要求华某公司给付工程款25601561.64元。

诉讼过程中对于双方签订的以房抵工程款协议(补充协议)的效力发生争议,汉某公司认为《补充协议》系流质条款,应属无效。

对此,一审江西省九江市中级人民法院认为:《补充协议》关于将79套商铺按八五折价格出售给汉某公司的约定并非为债权实现提供担保,而是华某公司难以支付剩余工程款时,通过将其开发的商铺折价抵偿给施工人的方式,实现双方权利义务平衡的一种安排。该项安排并不违反法律、行政法规的强制性规定,汉某公司关于流质条款的主张不成立,不予采信。

二审江西省高级人民法院认为:所谓流质契约,是指在债务履行期限届满前,担保权人与抵押人或者出质人所达成的,如果债务人在债务履行期满后不履行债务,担保权人可以取得担保物的所有权的约定。相关流质条款的立法本意,是避免出现担保或抵押物的价值远远超过被担保债权的数额,债务人不履行债务后,抵押物或担保物的所有权直接转为担保权人所有,从而导致担保人或抵押人的合法权益受到损害。但本案中,《补充协议》关于将79套商铺按八五折价格出售给汉某公司的约定并非为债权实现提供担保,而是华某公司难以支付剩余工程款时,通过将其开发的商铺折价抵偿给施工人的方式,实现双方权利义务平衡的一种处置，且该项处置符合双方当事人的本意，并不违反法律、行政法规的强制性规定，应属有效。

四、法律分析与实务解读

以房抵工程款，顾名思义，一般指房地产企业将开发的商品房折价抵付给施工企业，以作为其支付给施工企业的工程款的行为。一般而言，实践中存在两种较为常见的情形，其一为债务履行期限届满之前约定以房抵工程款，例如在合同中直接约定发包人将以房屋直接抵承包人的工程款、结算款等；另一种情形则为债务履行期限届满后的以房抵工程款，例如发包人现金流紧张，难以按合同约定支付工程款，此时发承包双方达成以房抵工程款协议，约定以房屋来抵顶应付承包人的工程款，本文的案例应属于后者。笔者针对两类情形简要进行探讨。

1. 债务履行期限届满之前达成的以房抵款协议

在债务履行期限届满前，如果双方达成了以房抵款协议，可以结合原《中华人民共和国物权法》关于禁止流质、流押的规定，此类协议的效力往往存疑。一方面，因债务履行期限未满，债权未确认，房屋的价值可能高于债权，因而如果直接执行房屋，有失公平。另一方面，因履行期限未满，此时达成以房抵款协议时，可能会损害第三人的利益，例如第三人后期购买了该房屋，则与第三人的利益相冲突；如果从法益的角度来衡量，工程款属于债权，而第三人购买房屋后所涉及物权以及居住权问题，也应优先予以保护。

实践中有观点认为此类以房抵款的协议从性质上讲构成担保，例如，《九民会议纪要》第45条规定："当事人在债务履行期届满前达成以物抵债协议，抵债物尚未交付债权人，债权人请求债务人交付的，因此种情况不同于本纪要第71条规定的让与担保，人民法院应当向其释明，其应当根据原债权债务关系提起诉讼。经释明后当事人仍拒绝变更诉讼请求的，应当驳回其诉讼请求，但不影响其根据原债权债务关系另行提起诉讼。"

从《九民会议纪要》的规定来看，如果发包人支付工程款的履行期限未届满的，此时如果达成以房抵工程款协议，则司法实践中一般会被认为构成担保，因而如果在该类协议中约定房屋直接归承包人所有的，较难得到法院支持。参照《中华人民共和国民法典》第四百零一和第四百二十八条关于抵押、质押担保的规定，此类协议只能就房屋优先受偿，而无法取得房屋的所有权。

另外，需要注意的是，如果在债务履行期限届满前，双方约定如发包人到期未履行债务，承包人可按约定的价格取得房屋的，最高人民法院对此认为[①]，折价作为担保物权的实现方式，原则上须是债务已届履行期限时对抵押物的折价，以缔约时的价格取得抵债物，本质上属于流质或流押条款，应依法认定无效。

2. 债务履行期限届满之后达成的以房抵款协议

对于债务履行期限届满后达成的以房抵款协议，则属于发承包双方对于在发包人难以支付工程款的情形下，达成的一种折中的安排，一般而言应属于有效。《九民会议纪要》第44条也规定："当事人在债务履行期限届满后达成以物抵债协议，抵债物尚未交付债权人，债权人请求债务人交付的，人民法院要着重审查以物抵债协议是否存在恶意损害第三人合法权益等情形，避免虚假诉讼的发生。经审查，不存在以上情况，且无其他无效事由的，人民法院依法予以支持。"

不同于履行期限届满前达成抵款协议，可能因构成流质或流押条款而无效，而如果在履行期限届满后，即便在以房抵款协议中约定房屋归承包人所有的，该约定并没有违反法律的禁止性规定，因而不宜认为约定无效。例如在本文案例中，双方已经完成了结算，确认了工程结算总价，基于双方的结算价格，又达成了以房抵工程款的补充协议，该协议属于双方对于工程款支付方式的安排，符合当事人的本意，因而法院认为有效。

五、实务指引

结合以上讨论，以房抵工程款的协议，一般而言应认为有效，但在实操过程中需要区分签订协议时工程款履行期限是否届满、债权是否确认来认定其性质。针对以房抵款协议的性质问题，笔者建议承包人重点关注两个层面：

（1）工程结算之前签的以房抵工程款协议，从性质上讲一般应认为构成担保，承包人无法要求发包人直接交付房屋。实践中部分发包人会直接在施工合同中约定结算时用房屋冲抵一部分结算款，此种约定属于典型的债务履行期限届满前达成的以房抵款协议，如最终发生争议的，承包人有权不接受房屋。

（2）如果在工程结算时，发包人要求以房抵款的，承包人应当充分考虑房屋的变现能力，此时一旦接受以房抵款的，如房屋无法及时变现，不利于承包人回收资金。尤其在当前房地产长期调控的背景下，大部分地区的房屋流动性、变现能力极差，对于以房抵款应予以谨慎处理。

[①] 最高人民法院民事审判第二庭.《全国法院民商事审判工作会议纪要》理解与适用[M]. 北京：人民法院出版社，2019.

第三节　签订以房抵工程款协议后，原工程款债权一般不消灭

一、实务疑难点

按照此前的讨论，当工程款债务履行期限届满后达成的以房抵款协议，并未违反法律的规定，应认为有效。在此前提下，原工程款债权是否消灭，承包人是否还可以要求发包人支付工程款，实践中对此争议较大。笔者在检索相关的司法判决时也发现，法院对此的认识并不统一，甚至是地方人民法院与最高人民法院的判决也存在一些冲突。对此，笔者结合实践中的典型案件，探讨一下当前审判实践中对此类问题的认定趋势。

二、法条链接

《中华人民共和国民法典》（中华人民共和国主席令第四十五号）

第一百一十九条　依法成立的合同，对当事人具有法律约束力。

三、典型案例

【案例：昕某公司与浙江元某公司纠纷案】

2013年3月30日，浙江元某公司与昕某公司签订《补充协议》，双方对工程项目概况、工程造价、工期、工程质量标准及工程款的结算等进行了约定。同年10月30日，元某公司与昕某公司又签订一份《建设工程施工合同》，约定：由元某公司承建案涉工程。合同签订后，元某公司依约进行了施工。

2015年8月6日，昕某公司与元某公司签订《终止协议》，双方达成一致终止合同履行，并对退场后的结算和工程款支付期限作了安排。

2016年7月28日至8月19日，元某公司向昕某公司出具《工程款相抵房屋确认书》22份。该22份确认书载明，元某公司委托昕某公司分别与高某玲等签订22套商铺房买卖合同，并确认了每套商铺的单价、面积、总价及上述房款从元某公司工程款中扣除等，该22套商铺的总价款为1914.99万元。昕安某公司分别与元某公司指定的购房人高某玲等签订了《商品房买卖合同》，并向购房人出具了购房款的收据。上述商铺因不具备向当地房屋管理部门备案和过户条件，故均未在房产管理部门办理备案登记和过户。

后因昕某公司未按照《终止协议》支付工程款，元某公司诉至法院，要求支付工程款。诉讼过程中，元某公司认可《工程款相抵房屋确认书》中的5套商铺从应付工程款中扣除，其余17套房屋的款项不应在购房款中抵扣。而昕某公司认为22套房屋的款项均应当从工程款中扣除。

对此，安徽省高级人民法院认为：仅凭元某公司出具《工程款相抵房屋确认书》，及其指定的购房人与昕某公司签订《商品房买卖合同》的事实，尚不足以认定昕某公司主张的以其商铺抵扣应付工程款，从而消灭相应金额的工程款债务。17套商铺既未交付元某公司或其指定的购房人实际占有使用，亦未办理所有权转移登记，昕某公司并未履行《商品房买卖合同》约定的义务，故其主张的以商铺抵付相应工程款的抗辩理由不能成立。

最高人民法院认为：昕某公司已就案涉17套商铺与元某公司以及元某公司指定的购房人一一签订《工程款相抵房屋确认书》和《商品房买卖合同》，并向指定购房人出具了购房款收据。元某公司与昕某公司关于案涉17套商铺抵计相应工程价款的合意已经形成，该房款应从昕某公司尚欠的工程款中予以扣除。在《工程款相抵房屋确认书》和《商品房买卖合同》成立生效的情况下，双方所约定抵顶的建设工程价款债权消灭，昕某公司负担向元某公司指定的购房人转移房屋所有权的债务。原审法院未将上述17套商铺房款所抵顶的建设工程价款从昕某公司尚欠的工程款中予以扣除不当，本院予以纠正。

四、法律分析与实务解读

本文案例的特殊之处在于，发承包双方签订以房抵款协议之后，由发包人与承包人指定的购房人签订房屋买卖合同，此种情形下，相当于以房屋买卖合同的形式，履行了以房抵款协议，即以房抵款协议已转化为房屋买卖合同。根据法律规定，依法成立的合同对双方均具有约束力，因此原则上发承包双方都应当遵守并履行。而在本文案例中，一审安徽省高级人民法院认为房屋尚未办理登记手续，买卖合同尚未履行，因而不宜冲抵购房款，原工程款债权仍存在；但最高人民法院认为在买卖合同生效的情形下，应当由发包人履行交付房屋的义务，因而原工程款债权消灭。

在司法实践中，经笔者检索，也有类似判例与前述最高人民法院的观点相似，例如在实际施工人吕某与发包人之间的工程合同纠纷案件中，发承包双方完成结算后，签订以房抵债协议，约定以 6257 元 /m^2 的价格冲抵工程款，承包人在出售房屋时发包人无条件配合；后承包人又向法院提起诉讼要求支付工程款，对此法院认为：以房抵债协议约定了房屋价格计算标准和具体面积，并约定了如何履行，说明承包人自愿放弃了现金兑付工程款的方式，且房屋五证齐全、具备交付条件，承包人应受该协议约束，在不能证明该协议无法履行的情况下，承包人不能再请求发包人以现金方式支付工程款。

对于以房抵工程款的协议尚未转化为房屋买卖合同时，例如双方仅签订了抵债协议，并没有就抵债协议如何履行作出安排，也未与第三人签订房屋买卖合同，按照当前的司法审判趋势，一般而言此类约定并不消灭旧债。例如，最高人民法院民事审判第二庭认为[1]，如果消灭旧债，对债权人十分不利，为保护债权人的利益，只要双方当事人没有约定新债成立时旧债同时消灭，宜认定为新债清偿，若债务人不履行新债的，债权人既可以根据新债主张继续履行、违约责任，也可以恢复旧债的履行。按照该观点，在发承包双方签订以房抵款协议后，虽然工程款债权并未消灭，但如果协议并未明确约定承包人有选择权的，则应当首先履行新债，即应首先要求交付房屋；只有在新债履行不能的情况下，承包人才具有选择权，或要求发包人继续交付房屋，或要求发包人以现金形式支付工程款。

上述观点在最高人民法院的相关案件中也得到了印证，例如在安顺市万某公司、湖南家某公司建设工程施工合同纠纷案中，发承包双方签订《会议纪要》，约定以发包人自有的商铺依次冲抵工程款 1200 万元，因双方并未约定原工程款债权消灭，因而最高人民法院认为，《会议纪要》中并未约定原支付工程款的旧债消灭，故该《会议纪要》在性质上应属于新债清偿协议，即约定债务人在不免除旧债的情况下向债权人负担新债，新债清偿时旧债一并消灭。除当事人有特别约定外，债权人或债务人对于履行新债或旧债均不具有选择权；新债应优先于旧债履行，只有新债不能履行，新债清偿协议目的不能实现，或者存在其他导致新债清偿协议无效、应予撤销的情形，才回到旧债的履行；若赋予债权人对于新、旧债的履行选择权，会使得债务人应履行的债务内容处于无法预期的状态，不符合交易的稳定性要求，不利于平衡债权人与债务人的利益。

笔者也曾办理过类似的案件，在该案中，发承包双方约定以房屋冲抵工程款，但发包人迟迟不履行交付房屋的义务，笔者代理承包人起诉至法院要求支付工程款及利息，一审法院全部支持了承包人的诉请，但二审过程中，发包人提出房屋可以继续履行、承包人未配合办理房屋过户等手续，由此双方产生了争议，虽然二审最终维持原判，但案件也曾一度陷入僵持。

---

[1] 最高人民法院民事审判第二庭.《全国法院民商事审判工作会议纪要》理解与适用[M]. 北京：人民法院出版社，2019.

五、实务指引

根据本文的分析,发承包双方签订以房抵工程款协议的,即便是原工程款债权未消灭,如果承包人直接主张工程款的,仍会存在一定的障碍。因此,对于承包人来讲,签订以房抵工程款协议应当尤其注意:

(1)建议在协议中加入承包人保留追索工程款的权利,避免发包人因遭遇交付房屋拖延、交付不能等情形时,承包人的权利主张存在一定困难。例如,①约定发包人交付房屋的期限,如逾期未能签订买卖合同、办理登记等情形的,承包人仍可以主张工程款债权。②约定只有当办理完过户手续后才发生冲抵工程款的效果,未过户之前,承包人仍可以要求支付工程款。

(2)签订以房抵款协议后,如发包人未按约定办理手续的,应在过程中及时催告并保存证据,以此作为发包人不履行交付义务的证据,并为后续主张工程款债权作准备。

(3)如以房抵款协议中直接约定了房屋冲抵工程款,或以房抵债协议已经转化为房屋买卖合同的,应当在相关的协议、买卖合同中约定发包人逾期交付房屋的违约金,增加违约成本,从而督促发包人履约。

第四节 以房抵工程款协议签订后,抵款房屋被查封,承包人作为受让人可以排除法院执行

一、实务疑难点

发承包双方签订以房抵工程款协议后,到最终实际办理房屋过户手续,可能会间隔较长的时间。此时如果发包人陷入债务风波,可能会导致相关的房产被查封。在此情形下,承包人能否以抵款协议来排除法院的强制执行,则是十分关键的问题。在房产被第三人查封之后,如果房屋受让人无法排除法院的执行,发包人的现金流又处于断裂的边缘,则受让人的权益将会受到较大的影响。

二、法条链接

《最高人民法院关于人民法院办理执行异议和复议案件若干问题的规定》(2020年修正)

第二十八条 金钱债权执行中,买受人对登记在被执行人名下的不动产提出异议,符合下列情形且其权利能够排除执行的,人民法院应予支持:

(一)在人民法院查封之前已签订合法有效的书面买卖合同;

(二)在人民法院查封之前已合法占有该不动产;

(三)已支付全部价款,或者已按照合同约定支付部分价款且将剩余价款按照人民法院的要求交付执行;

(四)非因买受人自身原因未办理过户登记。

三、典型案例

【案例1:四川建某公司与紫某公司纠纷案】

建某公司是案涉楼盘二期、三期土建、水电安装工程的施工方。因大邑银某公司拖欠建某公司工程款 6830778 元,双方于 2013 年 7 月 11 日签订《协议书》,约定大邑银某公司以包括案涉 13 套房屋在内的 15 套房屋共 2819.53m² 作价 7330778 元抵偿欠付工程款,房款超出的 500000 元由建某公司支付给大邑银某公司,建某公司可以将抵偿的房屋出售,大邑银某公司配合购房人办理权属证书;双方在《协议书》中还约定了其他事项;《协议书》附表明确了 15 套房屋的房号、面积和价格等事项。

协议签订后,大邑银某公司将抵债 15 套房屋的钥匙交给建某公司。除抵偿协议中约定的价值 526344 元的 17 栋 3 单元 6 层 12 号房屋外,2016 年 4 月 28 日,建某公司与大邑银某公司签订了十四份《商品房买卖合同》,约定建某公司购买《协议书》附表中约定的其他 14 套房屋,房屋价款与《协议书》附表约定一致。17 栋 3 单元 6 层 12 号房屋由大邑银某公司自行出卖,所得价款由大邑银某公司收取充抵协议书约定的 500000 元。《商品房买卖合同》签订后,其中 37 栋 3 单元 6 层 12 号和 40 栋 1 单元 6 层 12 号房屋的买卖合同在登记机关进行了合同备案。2016 年 4 月 29 日,大邑银某公司开具了 14 份《商品房买卖合同》约定房屋的销售不动产统一发票。

紫某公司在与宁波银某公司、大邑银某公司、孙某生、徐某珍、孙某添、马某纳等借款合同纠纷一案中申请诉讼财产保全,成都市中级人民法院于 2018 年 5 月 21 日作出 160 号裁定,对包括案涉 13 套房屋在内的房产、股权等财产在 30760000 元范围内予以查封,目前借款合同纠纷案件在审理过程中。2018

年 7 月 23 日，建某公司对 160 号裁定中的案涉 13 套房屋提出执行异议，成都市中级人民法院审查后认为建某公司的异议成立，于 2018 年 8 月 20 日作出 804 号裁定，裁定中止对案涉 13 套房屋的执行。紫某公司不服裁定，向四川省成都市中级人民法院提起诉讼。

关于建某公司能否排除法院的强制执行问题，一审及二审四川省高级人民法院均认为建某公司不满足《最高人民法院关于人民法院办理执行异议和复议案件若干问题的规定》第二十八条规定的执行异议的条件，因而不能排除强制执行。

但在再审过程中，最高人民法院推翻了一、二审法院的观点，指出：紫某公司对大邑银某公司享有的是普通借贷债权，而建某公司作为案涉工程项目的承包人对案涉房屋享有建设工程价款优先受偿权，建某公司工程款债权优先于紫某公司的普通债权得到受偿，案涉房屋系工程款债权的物化载体，本案不适用《最高人民法院关于人民法院办理执行异议和复议案件若干问题的规定》第二十八条，建某公司就案涉房屋享有的权利足以排除紫某公司的强制执行。

【案例2：黄某生与金某公司纠纷案】

2011 年 11 月 18 日，正某公司与建设单位平某公司签订《建设工程施工合同》，约定由正某公司承建案涉项目 1~7 号楼、地下 B 区工程 II 标段的土建、装饰、安装工程，其中案涉项目 3~7 号楼的土建工程由陶某建、黄某生、黄某平等人实际施工，陶某建与正某公司签订有内部协议一份。

2012 年 12 月 4 日，黄某生（乙方、认购方）与平某公司（甲方、卖方）签订了一份《"案涉项目"商品房认购协议》（编号 146），协议约定：黄某生认购平某公司开发的案涉项目 4 幢 1 单元 1001 号房，建筑面积 148.09m^2，认购价格为 487897 元，定金 487897 元，付款方式为现金，即签署《商品房买卖合同》之日支付房价款 487897 元；2012 年 12 月 6 日平某公司给黄某生出具收到 487897 元购房款的收据。上述认购协议、购房合同实际上都是约定以工程款抵付购房款，平某公司对此也予以认可。

因平某公司与金某公司之间的其他案件纠纷，金某公司于 2014 年 11 月 27 日向法院申请强制执行。在执行中，法院查封了平某公司名下的 12 套房屋，其中包括黄某生认购的房产。黄某生由此提出案外人执行异议之诉。

诉讼过程中，各方对于黄某生是否享有足以排除强制执行的权利存在争议。经法院查实，案涉工程的实际施工人是黄某生、黄某平、陶某建，以房抵工程款由实际施工人具体操办。

对此，法院认为：本案中以房抵款的行为，就其性质而言，属于正某公司以工程协议折价形式行使工程款优先受偿权，并将该权利让与黄某生。案涉房屋买卖虽未办理相关登记，但因其性质不同于一般消费者与房屋开发商之间的商品房买卖，黄某生基于上述购房协议对合同标的物即案涉项目4幢1单元1001室享有的权利优于一般债权。故黄某生主张停止对该房屋的执行并解除司法查封措施的请求正当。

四、法律分析与实务解读

在签订以房抵款协议后，由于发包人与其他债权人之间的债权债务纠纷，导致第三人申请法院将发包人的房产等财产予以查封，在此情形下，承包人或承包人指定的房屋受让人能否提起执行异议之诉，以排除法院的保全或执行措施，从而使得房产尽快予以变现并收回相应的工程款，是实践中极为关键的问题。

本文选取的两个案例均有一定的代表性，案例1属于承包人直接与发包人签订以房抵款协议，而案例2属于实际施工人与发包人签订抵款协议，笔者针对两种情形分别进行探讨。

1. 关于承包人作为房屋受让人能否排除强制执行的问题

案例1经过了一波三折，一审及二审法院均认为以房抵款不能阻却执行，但在再审过程中被最高人民法院予以改判，也由此可见此类案件的争议性。

一般而言，房产受让人能否排除强制执行，需要考察是否满足最高人民法院关于执行异议的规定，根据该规定，排除执行需要满足四个条件：①查封之前已签订买卖合同；②已合法占有不动产；③支付大部分价款；④非自身原因导致未办理过户。

在案例1中，一审、二审法院认为承包人在签订买卖合同之后，并没有主动完成以房抵款和履行买受人的义务，从而导致房屋被查封，因此其不能排除法院的强制执行。该观点表面上与执行异议的规定相契合，却曲解了立法的本意。例如，最高人民法院在某民事裁定书中解释道："从《最高人民法院关于人民法院办理执行异议和复议案件若干问题的规定》第二十八条规定的条文本意看，该条规定的是无过错不动产买受人的权利保护问题,以物抵债受让人并非属于前述不动产买受人范围,并不能适用该条的规定予以保护……案涉《青岛市商品房预售合同》《商品房预售合同补充协议》等协议实为消灭康某公司与中某公司之间的债权债务关系,最终实现债的清偿,这与购买不动产而订立的买房合同存在差异,并不能适用前述司法解释的规定……"在该案中,提出执行异议的一方实为混凝土供应商,其与建设单位之间存在混凝土买卖合同关系,而基于混凝土买卖合同签订的以房抵款协议及相关的购买协议,与《最高人民法院关于人民法院办理执行异议和复议案件若干问题的规定》中的"买受人"有着本质的区别,其不享有不动产物权的期待权,本质上仍是债权请求权,因而最高人民法院认为不能适用该规定;同时,在该案中,混凝土供应商的债权仅属于普通债权,并不能优先于采取保全措施的债权人,因此不享有足以排除强制执行的权利。

而在案例1中,与发包人签订以房抵款协议的是建设工程的总承包人,其工程款债权享有法定的优先权,基于建设工程价款优先权签订的抵款协议,本质上是将工程款物化到房产之中,因而其对房产所享有的权利也应优先于其他一般债权。在此情形下,第三人查封房产时,承包人就可依据工程款债权以及优先权的理由来排除法院的执行。

2. 关于实际施工人作为房屋受让人能否排除强制执行的问题

在案例2中,实际施工人受让房产后,房产被第三人查封,实际施工人由此提起执行异议之诉,法院在判决说理部分强调了该案件本质上仍是承包人与发包人之间就工程以协议折价的方式行使工程价款优先权,从而支持了实际施工人的主张,其判决思路与案例1中的最高人民法院的观点较为相似。即在以房抵工程款协议中,则一般认为房屋的受让人(即承包人、实际施工人等)不具备物权的期待性,其不属于真正的房屋买受人,因此不宜适用《最高人民法院关于人民法院办理执行异议和复议案件若干问题的规定》的相关规定,仍应从债权顺位的角度出发,考察以房抵工程款的债权与查封房产的债权之间的顺位关系。

在案例2中,实际施工人与承包人之间存在内部承包或挂靠的法律关系,在办理以房抵工程款协议时,由实际施工人以承包人的名义办理,因而属于实际施工人承继了承包人的权利。由于承包人享有建设工程价款优先权,其工程款债权优先于普通债权,而查封房产的债权即便是有抵押的债权人,其顺位也劣后于有优先权的工程款债权,因此可以排除强制执行。

需要注意的是,如果与建设单位签订以房抵款协议的是材料供应商、分包单位,或者是转包、违法分包情形下的实际施工人，则前述单位并不享有建设工程价款优先受偿权，因而工程款债权仅是普通债权；同时，在以房抵款中的受让人不适用《最高人民法院关于人民法院办理执行异议和复议案件若干问题的规定》相关条款的情形下，其债权顺位将劣后于有抵押担保等权利的债权人，一般也较难产生排除强制执行的效果。

五、实务指引

在以房抵工程款的情形下，若房屋被查封时，房屋受让人能否排除强制执行，各地的法院审判尺度可能不同。但从抵债协议的本质来看，一般宜认为其属于债权的属性，即便签订了相关的买卖合同，在未办理不动产登记的情况下，抵款协议仅能产生债法上的效果，受让房屋的承包人享有抵债房产的登记请求权和交付请求权，此类请求权的权利位阶应当次于抵押权人等权利人享有的担保物权。

因此，为避免签订以房抵款后的争议，笔者建议：

（1）在签订协议时，就约定如果抵款的房屋被查封、无法过户的，发包人应承担一定的违约责任，且承包人有权要求发包人支付工程款。

（2）在签订以房抵款协议时，在协议中注明承包人享有的建设工程价款优先受偿权。

（3）针对不享有优先受偿权的供应商、分包单位，如签订以房抵款协议的，应尽快按照协议约定办理房产登记、过户手续，以免因第三人的保全措施而导致权利主张困难。

第五节　施工合同无效，质量保证金一般应参照合同约定进行扣留

一、实务疑难点

一般而言，施工合同无效，但只要工程竣工验收合格则可以参照合同约定支付工程价款。但如果合同无效，质量保证金的性质如何认定，能否同样参照适用，或者承包人是否有权要求不扣留工程质量保证金，值得进一步讨论。

二、法条链接

1.《中华人民共和国民法典》（中华人民共和国主席令第四十五号）

第七百九十三条 建设工程施工合同无效，但是建设工程经验收合格的，可以参照合同关于工程价款的约定折价补偿承包人。

建设工程施工合同无效，且建设工程经验收不合格的，按照以下情形处理：

（一）修复后的建设工程经验收合格的，发包人可以请求承包人承担修复费用；

（二）修复后的建设工程经验收不合格的，承包人无权请求参照合同关于工程价款的约定折价补偿。

发包人对因建设工程不合格造成的损失有过错的，应当承担相应的责任。

2.《建设工程质量保证金管理办法》（2017年修正）

第二条 本办法所称建设工程质量保证金（以下简称"保证金"）是指发包人与承包人在建设工程承包合同中约定，从应付的工程款中预留，用以保证承包人在缺陷责任期内对建设工程出现的缺陷进行维修的资金。

缺陷是指建设工程质量不符合工程建设强制性标准、设计文件，以及承包合同的约定。

缺陷责任期一般为1年，最长不超过2年，由发、承包双方在合同中约定。

第六条 在工程项目竣工前，已经缴纳履约保证金的，发包人不得同时预留工程质量保证金。

采用工程质量保证担保、工程质量保险等其他保证方式的，发包人不得再预留保证金。

三、典型案例

【案例：通某公司与南通某建纠纷案】

2011年1月7日，通某公司（甲方）和南通某建（乙方）签订《工程协议书》，约定由南通某建承建案涉项目；协议书中对于工程计价方式、付款方式进行了详细的约定，其中双方对于质保金约定为：政府主管部门对工程项目总体竣工验收合格后，由乙方向甲方提交工程结算报告，甲方在收到乙方工程结算报告后60日内完成结算审核并支付至总工程款的95%。剩余5%部分作为保修金,在乙方按有关规定完成保修任务的前提下,工程竣工满一年10日内付2%,剩余部分按国家有关规定执行。

案涉项目未进行招标投标,在未取得施工许可证、规划手续不完备的情况下南通某建即进场施工。施工过程中,通某公司共向南通某建支付工程款3000万元。2012年春节期间双方发生矛盾,南通某建停止施工。2012年7月,通某公司向河北省唐山市路南区人民法院另案提起诉讼,要求解除《工程协议书》,在该案中,因规划手续等不健全,《工程协议书》被确认无效。

2013年6月,南通某建被强制退场,后续施工由通某公司另行委托。

后南通某建向河北省高级人民法院提起诉讼,要求通某公司支付已完工程的款项。针对其中的质保金问题,南通某建认为《工程协议书》已被生效判决确认无效,质保金保留条款也对双方不具有法律约束力,且南通某建退场后,第三方继续承建,其已经按施工合同和法律法规重新交纳保证金并承建至完工,不应再扣留南通某建的质保金。

一审过程中,一审法院并未扣留南通某建的质量保证金;但在最高人民法院的二审过程中,最高人民法院认为:案涉《工程协议书》虽被确认无效,但建设工程实行质量保修制度,工程质量保证金一般是用以保证承包人在工程质量保修期内对建设工程出现的质量缺陷进行维修的资金。虽然工程质保金可以由当事双方在合同中约定,但从性质上讲,工程质量保证金是对工程质量保修期内工程质量的担保,是一种法定义务,故不应以合同效力为认定前提。同时,双方对质保金的约定,属于结算条款范畴。因此,在合同约定的条件满足时,工程质量保证金才应返还施工人。一审法院未按照合同约定,扣留相应的工程质保金存在不当,本院予以纠正。

四、法律分析与实务解读

在本文案例中,一审法院河北省高级人民法院认为合同无效,就将承包人应得的已完工程价款全部判给了承包人,并未扣留质保金。实践中,部分法院也可能存在类似的判决。例如,在姚某某与周某某的建设工程施工合同纠纷案中,上海市高级人民法院曾认为,姚某某认为质保金中的10%未届付款期,依据的是其与周某某订立的合同,因该合同无效,对双方不具有法律约束力,故其主张在支付周某某的工程款本金中扣除10%质保金的上诉意见,本院不予支持(姚某某为实际施工人,周某某是其分包人)。

上述观点，在当前的工程法律体系下，有失偏颇。正如本文案例中最高人民法院的观点，工程质量保证金属于法定担保，是工程建设行业的特殊制度，不应以合同有效与否来认定质量保证金的扣留。笔者检索近些年的相关司法案例，当前多数法院均持有该观点，且在最高人民法院审理的多个案件中得以确认，例如：①吉林鸿某公司的建设工程施工合同纠纷中，最高人民法院认为，案涉合同因串标而无效，但原审法院在查明事实的基础上认定发包方在应付工程款中扣留总造价5%的质量保证金，待法律规定的质保期限届满且无质量问题发生时予以返还，并无不当。②在煜某公司与西某公司的施工合同纠纷中，最高人民法院认为，煜某公司依据其与西某公司签订的《劳务分包协议》向西某公司主张工程款，该协议虽因西某公司违法转包而无效，但其中关于工程价款的约定仍可参照适用；该协议约定，煜某公司接受西某公司与建设单位签订的施工合同中约定的支付方式。案涉工程建设单位彬县世某公司与西某公司结算时暂扣了工程质量保证金。原审法院据此扣除质量保证金，并无不当。

结合以上讨论以及相关的司法观点，施工合同无效的，承包人能否主张返还质量保证金，依赖于合同对于质量保证金的约定。此种处理做法，类似于施工合同无效的情形下，有关的结算、清理条款仍可以参照适用。而根据《建设工程质量保证金管理办法》第二条的规定，质量保证金是从应付的工程款中预留的一部分资金，其款项的性质仍属于工程款的一部分。而质量保证金通常在工程竣工验收、结算之后扣留，因而合同中关于质量保证金的扣留方法，也应属于工程价款的结算办法，是双方在工程竣工后或施工完毕后的清理条款。因此，即便合同无效，双方对于质量保证金的约定也可参照适用；由此，质量保证金也应按合同约定进行扣留，只有合同约定的质量保证金返还期限届满，承包人才可以要求发包人返还相应的质保金。

五、实务指引

结合以上的讨论可知，施工合同无效的情形下，一般而言仍应参照合同约定扣留质量保证金。近年来，关于质量保证金出台过不少规定，在合同无效的情形下，承包人要求提前支付质量保证金，存在一定的争取空间，例如：

（1）根据《建设工程质量保证金管理办法》第六条的规定，如果在工程竣工前已经缴纳履约保证金的，不得再同时预留工程质量保证金。因此，如果已经预留履约保证金、履约担保的，承包人可以主张不应再同时扣留质量保证金。

（2）2019年6月，住房和城乡建设部发布《关于加快推进房屋建筑和市政基础设施工程实行工程担保制度的指导意见》（建市〔2019〕68号），其中明确指出："强化工程质量保证银行保函的应用。以银行保函替代工程质量保证金……"在当前国家大力推进工程担保的制度背景下，且合同无效，原合同约定已不具备适用的前提基础，即便参照合同进行结算的，对于质量保证金，应当允许承包人以工程质量保证金保函来替代质量保证金，以缓解承包人的资金压力，推进承包人及时与有关分包单位、材料供应商及农民工结清相应的分包款项或工资；同时也能保障建设单位的利益，既符合了当前的政策背景，也维护了双方的切身利益，属于多赢的局面。因此，承包人可与发包人协商，以保函的形式替代现金形式的质量保证金，而发包人满足承包人的合理诉求，也顺应了当前的政策导向，有利于市场交易秩序的维护和社会稳定。

第六节　施工合同无效且验收不合格，承包人也能获得一定的工程款

一、实务疑难点

在司法审判实践中，如果施工合同无效，但工程验收合格的，承包人有权要求参照合同约定支付工程款，且性质属于折价补偿；而如果验收不合格，如直观地理解，可能会认为承包人无权获得工程款。但在验收不合格的情形下，承包人仍投入了一定的劳动力、机械等成本，如果其不享有相应的工程款请求权，或无权要求对该部分投入进行补偿，则似乎也有欠妥当。对此，笔者结合最高人民法院的案件，对此进行探讨。

二、法条链接

《中华人民共和国民法典》（中华人民共和国主席令第四十五号）

第七百九十三条　建设工程施工合同无效，但是建设工程经验收合格的，可以参照合同关于工程价款的约定折价补偿承包人。

建设工程施工合同无效，且建设工程经验收不合格的，按照以下情形处理：

（一）修复后的建设工程经验收合格的，发包人可以请求承包人承担修复费用；

（二）修复后的建设工程经验收不合格的，承包人无权请求参照合同关于工程价款的约定折价补偿。

发包人对因建设工程不合格造成的损失有过错的，应当承担相应的责任。

三、典型案例

【案例：李某刚与依兰县某公司纠纷案】

2010年6月中旬，李某刚挂靠昊某开发公司对案涉小区（A、B两栋高层）及某镇商业街工程项目进行开发建设。司某杰挂靠昊某建筑公司与李某刚口头达成建设工程施工承包协议，承包了该工程。

2010年7月25日，司某杰进场开始前期临建、临电、设备安装等项目施工，并于当年8月17日正式开槽（A栋高层），基槽挖完后，因开发商手续不全被迫停工。后于2011年8月复工，至当年11月末停工。2012年4月，因开发商资金不足等原因再次停工。此后施工单位的建筑材料、设备开始逐步撤离施工现场。

2011年4月8日，司某杰开始对某镇商业街的9栋商业及住宅楼进行施工，该工程已于2011年11月末完工，并交付使用，但该部分工程未竣工验收。

后双方对于工程款支付问题发生争议，司某杰向法院提起诉讼，要求李某刚支付欠付工程。案涉工程发承包关系如图6-1所示。

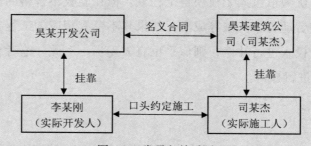

图6-1 发承包关系图

在再审过程中，李某刚提交了工程质量鉴定意见书，认为司某杰施工的A、B栋楼地基基础质量存在缺陷，该部分的工程款不应向司某杰支付。

对此，再审最高人民法院认为：案涉小区A、B栋工程地基基础工程质量不合格，司某杰无权请求参照施工合同约定主张该部分工程款。李某刚将案涉工程发包给无建筑施工资质的个人即司某杰承包施工，其对合同无效及工程质量缺陷应当有所预见。根据本案现有证据，无法证明案涉工程的发包方、施工方、监理方和设计单位对桩基部分严格履行了法定结构验收，因而发包人李某刚对于案涉项目质量不合格及造成的损失亦具有过错。因此，针对该部分款项，由双方各自负担50%。

四、法律分析与实务解读

根据《中华人民共和国民法典》第七百九十三条的规定，施工合同无效的，如果工程验收不合格，则承包人首先应当修复，经过修复后工程验收合格的，则可以参照合同约定进行结算，但应当扣除修复费用；而如果修复后仍然不合格的，则无权参照合同约定要求发包人支付工程款。

在正文最高人民法院再审的案件中，实际发包人将工程发包给实际施工人，而在施工过程中又未对已完工程进行验收，对于工程质量问题也存在相应的过错，基于此，法院酌情判断双方各承担50%的责任，并支持了承包人50%的工程价款。在该案中，虽然工程存在质量问题，也未最终进行修复，但承包人仍得到了部分工程款。由此来看，施工合同无效且工程验收不合格的，承包人也有可能获得一定的工程款。

结合《中华人民共和国民法典》的规定，笔者认为施工合同无效且验收不合格的，一般可按以下原则处理：

（1）如果工程竣工验收不合格，承包人能否请求支付工程价款取决于工程的可修复性以及工程修复后是否验收合格。如果工程不具备可修复性，则工程就没有相应的使用价值或交换价值，承包人就不应享有工程款支付请求权。例如工程主体质量不合格，结构存在重大施工质量问题，投入使用会存在安全隐患，则工程不具备使用条件且修复存在较大难度，此时承包人无权要求支付工程款。

（2）如果工程可以修复，且修复后经验收合格的，则承包人有权要求参照合同约定支付工程款，但需要承担修复费用。如果修复后仍然验收不合格的，承包人无权要求参照合同约定要求支付工程款；但由于工程可修复，因而在修复之后仍具备使用价值，因此承包人仍可以获得相应的工程款。

（3）实践中，因发承包双方在合同履行过程中矛盾激化，如工程出现质量不合格的，发包人可能不同意要求承包人进行修复。此种情形下，如双方对于工程的可修复性意见不统一，则需要依赖于专业的鉴定机构对工程质量问题的可修复性进行评估，如评估后认为工程质量可以修复的，则承包人有权参照约定进行结算，并将修复费用予以扣除；而如评估后工程质量不可修复的，则承包人一般无权获得工程款。

（4）如果发包人对于质量问题的产生也存在过错的，则相应免除承包人的部分责任。此时即便工程无法继续修复，也应按双方的过错比例，酌情补偿承包人部分工程款。

五、实务指引

《中华人民共和国民法典》中关于无效合同验收不合格的处理原则，其宗旨在于判断已完工程能否修复并通过验收，同时结合双方对于质量问题的过错予以综合考量。本文案例具有一定的代表性，施工合同无效，且施工质量不合格，也最终未进行修复，但承包人仍得到了部分工程款。鉴于此，结合前述讨论，笔者从发承包双方两个角度给出相应的管理建议。

（1）对承包人来讲：①应注重施工过程中的工程质量控制，并保存好过程中的验收通过文件，在分部分项工程通过验收后，应当尽到相应的照管义务，避免照管不当或其他原因导致已完工程的毁损，从而导致最终验收未能通过。②虽然工程验收不合格时，理论上承包人仍可以获得一定的工程款，但承包人交付合格的工程属于其法定义务，从价值取向以及当前工程质量责任终身制度的角度，承包人应当对工程质量问题予以高度重视，不能心存侥幸。

（2）对发包人来讲：避免自身的过错引起相应的工程质量问题，例如：①避免设置不合理的工期，或在合同约定工期的情形下，仍不合理要求承包人加快施工进度、进一步压缩工期，此时可能导致发包人对最终的质量问题承担一定的责任。②对于承包人已完工程的部分，及时组织人员按法定程序进行验收，以免承担验收不及时的责任。

第七节　总价合同解除的，工程价款结算有约定的按约定；未约定的，可通过司法鉴定解决

一、实务疑难点

合同的解除分为法定解除与约定解除，实践中，因发承包双方各自的原因，发生合同解除的情形也较为常见。例如，发包人资金链紧张，难以继续开发项目，承

包人工期延误达到合同约定的解除条件等，都可能引起施工合同的解除。对于施工合同来讲，实务中最大的争议问题在于合同解除后的工程款结算问题，尤其是固定总价合同中途解除如何结算，是实务中的难点问题。本文将结合最高人民法院的公报案例，来探讨施工合同解除时的价款结算方式。

二、法条链接

《中华人民共和国民法典》（中华人民共和国主席令第四十五号）

八百零六条 承包人将建设工程转包、违法分包的，发包人可以解除合同。

发包人提供的主要建筑材料、建筑构配件和设备不符合强制性标准或者不履行协助义务，致使承包人无法施工，经催告后在合理期限内仍未履行相应义务的，承包人可以解除合同。

合同解除后，已经完成的建设工程质量合格的，发包人应当按照约定支付相应的工程价款；已经完成的建设工程质量不合格的，参照本法第七百九十三条的规定处理。

三、典型案例

【案例：方某公司与隆某公司纠纷案】

2011年9月1日，隆某公司与方某公司签订《建设工程施工合同》约定：由方某公司为隆某公司的建设工程施工。工程名称为海南某文化产业创意园商业广场。合同约定：开工日期为2011年5月8日，竣工日期为2012年6月30日，工期419天。工程单价1860元/m^2，单价一次性包死，合同总价款68345700元。

2011年5月15日，方某公司开始施工；2012年6月13日，方某公司、隆某公司与相关单位组织主体验收。2012年6月19日，方某公司发出《通知》，要求隆某公司于2013年6月23日前支付欠付的1225.14万元工程款，否则将停止施工。2012年6月25日，隆某公司发出《通知》，内容为：方某公司不按约履行合同，拖延工程进度，不按图施工，施工力量薄弱，严重违约，导致工程延误，给隆某公司造成了巨大的经济损失，要求解除合同，要求方某公司接到通知的一日内撤场、拆除临舍。之后，双方解除合同，方某公司撤场。

合同解除后，隆某公司另行与第三人签订施工合同。2012 年 7 月 9 日，方某公司向法院提起诉讼，要求隆某公司支付拖欠进度款 22439200 元，并要求隆某公司承担违约责任。诉讼过程中，隆某公司提出反诉，认为方某公司存在工期延误，应承担违约责任并赔偿损失。

关于合同解除后的结算方法，一审法院委托鉴定机构鉴定，按照当地定额计算出施工图预算总价款 89098947.93 元，而合同约定的总价款为 68246673.60 元，得出合同价与预算价相比下浮比例为 76.6%，并以方某公司已完工程定额预算 40652058.17 元按 76.6% 下浮后计算得出已完工程合同价。

而二审过程中，最高人民法院认为：根据本案的实际，确定案涉工程价款，只能通过工程造价鉴定部门进行鉴定的方式进行。通过鉴定方式确定工程价款，司法实践中大致有三种方法：一是以合同约定总价与全部工程预算总价的比值作为下浮比例，再以该比例乘以已完工程预算价格进行计价；二是以已完施工工期与全部应完施工工期的比值作为计价系数，再以该系数乘以合同约定总价进行计价；三是依据政府部门发布的定额进行计价。如采用第三种方法即依据政府部门发布的定额计算已完工工程价款，则已完工工程价款应是 40652058.17 元，而隆某公司应支付的全部工程价款与合同约定的总价款较为接近，符合当事人的预期。另外，政府部门发布的定额属于政府指导价，依据政府部门发布的定额计算已完工程价款亦符合"价款或者报酬不明确的，按照订立合同时履行地的市场价格履行；依法应当执行政府定价或者政府指导价的，按照规定履行"等相关规定，审理此类案件，除应当综合考虑案件实际履行情况外，还特别应当注重双方当事人的过错和司法判决的价值取向等因素，以此确定已完工程的价款。一审判决没有分清哪一方违约，仅依据合同与预算相比下浮的 76.6% 确定本案工程价款，然而，该比例既非定额规定的比例，也不是当事人约定的比例，一审判决以此种方法确定工程价款不当，应予纠正；方某公司提出的以政府部门发布的预算定额价结算本案已完工工程价款的上诉理由成立，应予支持。

四、法律分析与实务解读

本文是最高人民法院公报案例（2015 年第 12 期），属于总价合同解除后如何结算的典型案件。在该案中，最高人民法院指出，针对总价合同中途解除的，一般可按照三种方式确定已完工程价款。实务中，有观点可能认为，合同解除的，则原合同中的约定对双方无约束力，即合同解除存在溯及力。基于此，笔者首先对合同解除的法律后果进行探讨，而后针对合同解除的结算方式逐一进行分析。

1. 合同解除后的法律后果

根据《中华人民共和国民法典》第五百六十六条的规定："合同解除后，尚未履行的，终止履行；已经履行的，根据履行情况和合同性质，当事人可以请求恢复原状或者采取其他补救措施，并有权请求赔偿损失。"合同解除的直接法律后果是合同关系的消灭，合同终止履行。而如果合同解除具有溯及力，则合同解除前已经履行的部分，当事人可以要求恢复原状；而如果合同解除没有溯及力，则对于已经履行的部分对于双方当事人仍具有约束力。

对于建设工程合同来讲，合同解除如果允许双方当事人采用恢复原状的措施，则需要对已完工程进行拆除，无异于对社会资源造成极大的浪费，对合同双方均没有任何好处，甚至会造成损失的进一步扩大。因此，对于施工合同来讲，合同解除原则上没有溯及力，合同已经履行完毕的部分，对双方来讲均具有法律约束力。因此，如果已完工程质量合格的，发包人仍应当按照合同约定支付工程款。《中华人民共和国民法典》第八百零六条也同样规定，合同解除后，已完工程质量合格的，应按照合同约定支付工程款。

因此，施工合同解除的，原合同中关于工程款支付、结算的约定，仍对双方有约束力。例如，上海市高级人民法院在其审理的某施工合同纠纷案件中认为，双方约定工程造价下浮14%作为结算价格，虽然该约定以工程竣工为前提，但仍可以作为合同解除后双方的结算依据。

2. 总价合同解除后的结算方法

对于单价合同来讲，合同解除后的结算，一般仍可参照合同约定的单价，结合承包人已经完成的工程量，得出相应的已完工程价款。但对于总价合同的解除，在合同没有约定解除后的结算方法时，则如何结算往往是实务中的难点。

结合本文案例中最高人民法院的论述，一般而言，固定总价合同如果中途解除的，已完工程的结算有多种方法，笔者针对每种方法的特点分别进行分析。

1）以固定总价为基数，按已完工程量占全部工程量的百分比进行结算。即已完工程结算价＝固定总价 × 已完工程量/全部工程量

采用此种方法需要注意工程量计算口径的问题，对于不同的分部分项工程，其工程量的计量单位、所消耗的人工、材料、机械台班也均存在差异，因此不同的分

部分项工程的单位工程量所对应的工程价款和承包人的利润均是不同的。例如，地下工程所对应的工程量可能占全部工程量的 20%，但所对应的工程价款可能占到 30%~40%。又如工程后期的装饰装修工程可能仅占到全部工程量的一小部分，但可能是承包人较大的利润来源。因此，此种结算方法可能无法反映真实的工程价款，在应用时应当注意工程量的计算口径。

2）比例折算法，即已完工程结算价款=（已完工程量按定额计算的价款/全部工程量按定额计算的价款）×固定总价

此种方法的计算本质在于，将已完工程量和全部工程量按照当地定额折算成相应的工程价款，从而计算出完工百分比，并乘以合同固定总价从而得出已完工程价款结算金额。这种方法避免了上述第 1）种计算方法导致的计算口径不一致的问题，相对于第 1）种方式更为合理。

3）按照已完工期与应完工期进行折算，即已完工程结算价款=（已完工程实际工期/全部工程完工工期）×固定总价

此种方式属于本文案例中最高人民法院提到的计算方法，但笔者认为该种方法的适用与工程实际情况通常不符合。主要原因在于，承包人投入工程的资金、材料、成本等并不是随着工期、进度进行等额投入，且已完工程的实际工期可能还会因各类因素导致延误，因而如以工期作为折算比例并计算出已完工程价款的，可能与实际情况存在较大偏离。

4）直接按照工程所在地定额进行结算

本文案例就采用了该方法，但该方法本质上属于按实结算的方法，在合同约定固定总价的情形下，采用此种方法一般与当事人的约定并不直接相符。因此，在适用时需结合双方合同履约情况、过错程度，以及与采用其他结算方法进行综合比较和考量后，再作综合的判断。例如，因承包人违约导致合同解除的，如按照定额直接进行计算，往往得出的工程价款较高，反而会使得承包人作为违约方受益。而本文案例中，承包人并不存在违约的情形，合同解除原因反而系发包人欠付工程款及违法解除导致，且按照定额直接计算并不显著高于合同约定的价款，对于发承包双方都相对公平合理，因此按照定额进行结算符合该案件的实际情况。

五、实务指引

考虑到总价合同解除后如何结算一直是发承包双方的争议焦点，为减少后期的

争议，建议从以下方面着手：

（1）在施工合同签订时，明确合同解除后的结算方式，以减少合同解除后的争议，降低后期双方因结算争议导致的成本增加。

（2）对于承包人来讲，获取工程款的前提是工程质量合格，因此承包人应注意获取过程中的质量合格证明文件。同时，如施工合同中途发生解除的，双方应核对确认已完工程量，并确认已完工程的质量是否合格。如果双方对于已完工程的质量是否合格达不成一致意见，可以共同委托第三方检测机构对已完工程的质量进行鉴定和评估。

（3）对于固定总价合同，如合同中途解除的，双方可参照前述几种结算方式就结算问题进行协商，如仍无法协商一致，则再向法院提起诉讼，并申请司法鉴定。

第八节　发包人原因导致合同解除，承包人可要求发包人补偿预期利润

一、实务疑难点

施工合同履约过程中，如果因一方违约导致合同解除的，守约方一般可以主张因对方违约而导致的自身的损失。与此同时，在合同正常履行完毕的情况下，守约方本可以获得的利润，也即守约方的预期可得利益因合同解除而丧失。那么，对于承包人来讲，如果因发包人原因导致施工合同解除，承包人能否要求发包人赔偿因合同解除而丧失的预期利润；如果能够要求发包人赔偿，则赔偿标准或范围如何确定和计算，也是一个难题。

二、法条链接

《中华人民共和国民法典》（中华人民共和国主席令第四十五号）

第五百八十四条　当事人一方不履行合同义务或者履行合同义务不符合约定，造成对方损失的，损失赔偿额应当相当于因违约所造成的损失，包括合同履行后可以获得的利益；但是，不得超过违约一方订立合同时预见到或者应当预见到的因违约可能造成的损失。

三、典型案例

【案例：中建某局与康某公司纠纷案】

2010年11月7日，发包人山东康某公司与承包人中建某局签订《建设工程施工合同》，由中建某局负责康某制药生产车间项目的土建、装饰等全部内容的施工，签约合同价款为5080万元。合同专用条款约定：如非因承包方原因造成承包人合同不能全部履行，发包人要承担实际完成造价和合同价之间差额部分4%的预期利润，并承担承包人因过大投入造成的损失。

合同履行过程中，因康某公司资金不到位、存在延期付款的情况，经多次协商未果后，中建某局于2012年3月3日向康某公司发出解除合同通知。康某公司对于解除合同的通知未予以回复。

此后，中建某局向法院提起诉讼，要求康某公司支付欠付工程款，同时要求康某公司赔偿因解除合同造成的预期利润损失。诉讼过程中，经法院查明，针对该施工合同的实际完成造价为1166303元。

一审法院认为预期利润损失缺乏法律依据，未予以支持。但二审山东省高级人民法院认为：案涉施工合同明确约定，如非承包人原因导致合同解除的，发包人应当赔偿相应的预期利润损失。本案中，由于康某公司在合同履行期限内没有支付工程款，构成根本违约，也是导致合同被解除的根本原因，中建某局依据合同的约定向康某公司主张预期利润损失，具有事实和法律依据，本院予以支持。一审法院在已认定合同有效且康某公司未支付工程款的情况下，以"中建某局提出的预期利润问题，缺乏事实依据及法律依据"为由，未支持中建某局基于合同约定及法律规定可以主张的预期利润损失，系适用法律错误。因此，康某公司应当向中建某局支付（50800000元－1166303元）×4%=1985347.88元的预期利润损失。但是，根据原审判决认定，中建某局针对预期利润损失提出的诉讼请求为1888382.15元，因此，本院以支持1888382.15元的预期利润损失为限。

二审判决后，康某公司不服，向最高人民法院申请再审。再审过程中，最高人民法院确认了二审法院的观点，驳回了康某公司的再审申请。

四、法律分析与实务解读

对承包人来讲，所谓建设工程的预期利润，是指承包人在完成建设工程施工合同项下全部工作内容后可以获得的相应利润，也即预期可得利益。在现有的法律体系中，对于预期可得利益的保护已有明确的法律规定。除了《中华人民共和国民法典》之外，2009年最高人民法院曾在《关于当前形势下审理民商事合同纠纷案件若干问题的指导意见》（法发〔2009〕40号）中对可得利益的计算作出相应的规定："人民法院在计算和认定可得利益损失时，应当综合运用可预见规则、减损规则、损益相抵规则以及过失相抵规则等，从非违约方主张的可得利益赔偿总额中扣除违约方不可预见的损失、非违约方不当扩大的损失、非违约方因违约获得的利益、非违约方亦有过失所造成的损失以及必要的交易成本。"

因工程建设相对于一般的买卖、租赁等合同来说更为复杂，承包人的预期可得利益的索赔能否得到支持，以及多大程度地得到支持，较难有统一的标准，需要结合具体的案情予以考虑。针对发包人违约等情形导致合同解除时，承包人预期利润的索赔，笔者认为可以从以下方面予以考虑。

1. 预期利润有明确的合同依据，则被法院支持的可能性较大

违约方能否合理预见违约可能导致对方预期利润的损失，是预期利润索赔能否得到支持较为关键的因素。因此，如果合同对预期利润的计算规则和具体金额有着明确的约定，则被法院支持的可能性较大。例如在本文案例中，双方对于施工合同解除时预期利润的赔偿标准进行了明确的约定，该约定并不违反法律的规定，属于双方的真实意思表示，因而对双方均有约束力。因此，在该案中，因发包人逾期支付工程款构成根本违约，法院最终按合同约定支持了承包人的预期利润损失。

如果合同没有约定预期利润的索赔，则可能因举证不能而导致不被支持。例如，在向某（苏州）公司与江苏华某公司施工合同纠纷案件中，因发包人多次未按约支付工程款导致合同解除，承包人按照当地工程费用计算规则中的工程利润率标准计算并向法院主张预期可得利润的赔偿，但法院认为该计算规则仅是通常的计算方式，最终该利润能否产生、又有多少，尚取决于其生产状况、原材料、时间、工艺、管理人员以及市场情况等诸多因素，并以此为由驳回了承包人的可得利益诉请。在该案中，如果合同中约定了预期利润按照当地工程量计算规则中的工程利润率标准进行计算，则可能是完全不同的结果。

2. 承包人对于施工合同解除存在过错的，也应承担相应的责任

从过错归责的角度来讲，如发包人原因导致合同解除的，则基于发包人的过错，承包人可以要求发包人承担预期利润损失。但如果承包人对于合同解除同样存在过错，则该部分损失一般在双方之间分摊。例如在山西某信与国某建设之间的施工合同纠纷中，因发承包双方对合同解除都存在一定过错，法院根据双方的过错程度，认定未完工程预期利润的 70% 由发包人承担。

而如果承包人本身构成重大违约，则相应的预期利润索赔可能无法得到支持。例如，在丽江建某公司与丽江翔某公司之间的施工合同纠纷中，最高人民法院认为，当事人据以主张可得利益损失的前提，是自己按照合同的约定全面、适当履行己方的合同义务；就本案而言，丽江建某公司的施工行为导致工程质量存在严重问题，在该等违约事实的情形下，其主张可得利益损失缺乏法律依据。

3. 预期可得利益的评判标准

在合同对于预期可得利益的赔偿没有约定的情况下，并不意味着承包人的该诉请无法得到法院支持，但法院在裁判利润等有关预期可得利益的损失时通常较为谨慎。在此种情况下，往往需要承包人对可得利益的具体金额承担举证责任，同时法院也会结合双方合同的履行情况、发包人的违约程度来酌情支持。

苏州市中级人民法院曾在一起案件中对于可得利益作出较为经典的论述。在该案中，施工合同未对可得利益作出约定，诉讼中，经鉴定机构鉴定得出合同解除导致承包人的利润损失约 600 万元。对此，苏州市中级人民法院认为，对本案合同最终解除主要是发包人违约导致，承包人在履行合同过程中亦存在违约行为，对此亦负有一定责任，故在计算可得利益损失时，应当相应减轻发包人的责任。另外，因本案合同解除而不再继续履行，承包人在遭受损失的同时，亦无需再付出因合同解除而未施工工程的管理成本、税费成本、人材机成本，且本案中施工班组退场费用、临时设施补差费用等已经在停工损失中予以认定，故相应承包人因此获利部分及已在停工损失中计算的费用应当予以扣除。最后，考虑到建设工程施工利润与施工方内部的管理等有很大关系，工程是否有利润、利润大小具有不确定性。综合上述事实与理由，参照司法鉴定意见，法院酌情认定发包人应赔偿承包人合同解除的预期可得利益为 300 万元。

结合以上分析，一般而言，对于承包人主张预期利润的诉求应满足：①发包人存在违约行为；②承包人存在损失的结果和事实；③发包人的违约行为与损失结果之间有因果关系；④不存在免责事由，例如不可抗力；⑤签订合同时能够合理预见；

⑥应扣除有关费用、仅计算纯利益，例如应扣除发包人违约导致承包人避免支出的成本、为获得有关利益所必须支出的交易成本、承担的商业风险等。如需量化有关损失，可将上述条件用公式近似表述为：承包人预期利润赔偿额＝预期利润损失总额—不可预见的损失（免责部分）—承包人自身原因导致的损失—承包人因发包人违约获得的利益—必要的交易成本。

五、实务指引

对于一般的建设工程项目来讲，地基与基础工程及主体结构的施工风险和难度往往较大，承包人获取的利润空间也较少；而安装工程和装饰装修工程的施工风险和难度均较小，却往往是承包人较大的利润来源。因此，发包人的原因导致施工合同解除的，如果不赋予承包人索赔预期利润的权利，无疑将极大地侵害承包人的利益。

但实践中关于可得利益的主张往往因约定不明、举证难度较大等原因，较难获得法院的支持。对此，笔者建议：

（1）在施工合同中明确约定如发包人原因引起合同解除的，应赔偿相关的可得利益损失或利润损失；如发包人接受的，可附上相应的计算标准。

（2）合理利用可预见的规则，例如在签约时就对可得利益进行约定。或在合同履约过程中，对于发包人情形可能导致承包人重大损失、可得利益损失的，及时向发包人进行披露，例如向发包人发函要求按合同履约，如违约的将造成相关的损失，并将损失在函件中予以明确披露。

（3）避免自身存在过错，例如存在工期违约或质量违约等。

（4）诉讼过程中，如难以证明预期利润的，应依法申请司法鉴定。

第九节　工程未结算，工程款诉讼时效一般不起算

一、实务疑难点

在建设工程领域，承包人向发包人索要工程款，属于行使其债权请求权，同样也适用诉讼时效制度。但由于施工合同履行周期长，履行过程中出现设计变更、施工变动、工期延长、停窝工等情形，容易导致发承包双方在工程款结算环节存在争

议，进而引发有关工程款诉讼时效的问题。因此，本文结合相关案例，就工程款诉讼时效问题进行系统梳理，以厘清工程款诉讼时效的问题。

二、法条链接

《中华人民共和国民法典》（中华人民共和国主席令第四十五号）

第一百八十八条 向人民法院请求保护民事权利的诉讼时效期间为三年。法律另有规定的，依照其规定。

诉讼时效期间自权利人知道或者应当知道权利受到损害以及义务人之日起计算。法律另有规定的，依照其规定。但是，自权利受到损害之日起超过二十年的，人民法院不予保护，有特殊情况的，人民法院可以根据权利人的申请决定延长。

三、典型案例

【案例：裕某公司与暨某公司纠纷案】

2007年5月8日，江西省裕某公司承建了新余市暨某公司发包的桩基工程项目，该工程于2008年8月27日全部施工完毕。

2007年11月7日，暨某公司与裕某公司签订了一份《建设工程施工合同》，约定由裕某公司承建某住宅楼S3号、S4号的桩基工程，合同约定：竣工决算方式最终以市机关事务管理局审核造价为准。随后，裕某公司组织了工程施工并竣工。2011年12月30日，新余市财政投资评审中心出具《造价审核结果确认表》，确认该工程的造价为4021115.19元。

2007年11月7日，暨某公司（甲方）与裕某公司（乙方）又签订一份《建设工程施工合同》，合同约定：裕某公司承建某城城管桩桩基工程，合同工期60天。此后，裕某公司组织了施工，并于2008年8月6日竣工。

此后，双方对于工程质量问题、裕某公司是否存在工期延误以及工程款的结算发生争议，裕某公司于2012年8月16日向法院提起诉讼，要求暨某公司支付欠付工程款。

诉讼过程中，暨某公司提出诉讼时效抗辩，认为案涉项目发生于2007年、2008年，而裕某公司直到2012年才提起诉讼，已经超过了诉讼时效。一、二审法院均未支持暨某公司的时效抗辩，暨某公司向最高人民法院申请再审。

对此，最高人民法院认为：在诉讼标的为工程款的情况下，诉讼时效的起

> 算日应为应付工程款之日,应付而未付,则诉讼时效开始起算。就本案而言,裕某公司与暨某公司签订《建设工程施工合同》,涉及三部分工程内容,除2011年12月30日新余市财政投资评审中心出具《造价审核结果确认表》明确裕某公司承建的某住宅楼桩基工程价款外,其余两部分工程价款一直存有争议、未能确定,故谈不上工程款的应付时间,以及裕某公司知道或者应当知道其权利受到损害或者侵害的问题。一、二审判决据此将裕某公司向一审法院起诉要求暨某公司支付工程款的时间,即2012年8月16日,作为暨某公司应付工程款之日,进而认定裕某公司的诉讼请求并未超过诉讼时效期间,并无不当。

四、法律分析与实务解读

工程款诉讼时效的特殊性在于,工程款的支付并未一次性支付,而是分阶段支付。例如,工程预付款一般在开工前支付,工程进度款在施工过程中按期支付,而结算款在双方结算完成之后一定期限内支付。因此,针对工程款的诉讼时效问题,可以分别针对进度款与结算款来探讨。

1. 工程进度款的诉讼时效问题

实务中,关于工程进度款的支付一般以实务工程量作为支付依据,即按照承包人实际完成的工程量结合承包人的报价进行计取并支付。因此,施工过程中各阶段的工程进度款一般都可以直接确定(除去有争议的款项外)。而根据法律规定,诉讼时效的时间从债权受到侵害之日起算。因此,如果合同约定的进度支付时间届满,而发包人仍未支付进度款,则从理论上来说,进度款的诉讼时效应开始计算。

虽然进度款存在定期支付的情况,例如每月或每季度计量并支付一次,但发包人的实际支付情况受到其资金落实以及其内部审批等因素的限制,因而实践中,发包人的进度款支付经常存在延期、交叉、重叠等情况。因此,如果针对每一期进度款分别考虑诉讼时效的问题,基本没有可操作性。

《中华人民共和国民法典》第一百八十九条规定:"当事人约定同一债务分期履行的,诉讼时效期间自最后一期履行期限届满之日起计算。"结合该规定,实务中有观点认为,工程进度款在工程施工期间内分期进行支付,在性质上可归属于同一类型债务,因而有关进度款的诉讼时效则应当在最后一期进度款履行届满之前起算。笔者认为该观点也略欠妥当,从前述规定来看,如属于"同一债务"且分期履行的,则时效从最后一期履行届满之日起算,而进度款和结算款,都属于工程款的范畴,应当属于"同一债务",从这个角度来说,不能仅因进度款和结算款的叫法不同而将时效割裂看待。同时,在结算阶段,往往也要对已支付的进度款进行审查、确认,例如是否存在欠付、超付等问题,并在结算中一并处理;从这个角度来说,实践中,单纯考虑进度款的诉讼时效,一般并没有实际的意义。

2. 工程竣工结算款的诉讼时效问题

实践中,相对于进度款的时效,工程结算款的诉讼时效问题更值得讨论,结合本文的案例,针对工程结算款的诉讼时效,其宗旨还是判断承包人的工程款权利是否已开始受到侵害。因工程结算问题的复杂性,实际结算过程中可能存在不同的情形,经笔者梳理,在当前的司法实践中以下几种情况较为常见:

(1)发承包双方未完成结算,双方对于结算金额一直存有争议,则本质上属于发承包双方之间的债权债务关系、债权金额未确定,此时诉讼时效并未起算,承包人可以随时要求履行,一般情况下时效自要求履行之日起算(例如提起诉讼)。例如,承包人提出结算后发包人未及时审核、结算期间届满但因发包人原因结算未完成、合同约定以审计作为结算依据但迟迟未出具审计结果等情形,都会导致工程结算价不确定,因此不应当起算诉讼时效。本文的案例就属于这一情形中的典型案例。

(2)双方虽然完成了结算,但对于结算款的支付时间和期限未作出约定,一般而言,同样也不应当起算诉讼时效。例如,江苏省高级人民法院在其审理的某施工合同纠纷案件中认为,案涉工程于 2008 年 8 月 20 日经竣工验收合格,双方虽然进行了结算,但没有约定结算款的支付时间,承包人于 2017 年提起诉讼,发包人认为双方完成了结算,工程款从结算之日至今已过诉讼时效。对此,二审法院常州市中级人民法院和再审江苏省高级人民法院均认为,在双方未对付款时间或期限存在约定的情况下,工程款的诉讼时效应从苏某公司(承包人)向华某公司(发包人)主张权利之日起算。

(3)如双方在结算过程中,承包人提出明确的工程款主张,并要求发包人履行债务的,则视为承包人已经知道自身的权利将要受到侵害,诉讼时效应当起算;此后,如承包人再以双方未最终结算为由,认为时效未起算的,可能不被支持。例如,在黑龙江省建某集团、东某大学建设工程施工合同纠纷中,发承包双方虽然对结算金额存有争议,但承包人于 2008 年提起仲裁,2009 年 4 月仲裁委作出裁决并支持了承包人的部分主张,但该裁决于 2009 年 7 月被发包人申请撤销,而后长达数年,承包人未向发包人主张工程款或结算,直到 2018 年 1 月 17 日向发包人发出催款函。对此,最高人民法院认为:建某集团与东某大学因工程款给付纠纷提起仲裁时,即应当知晓自己权利受到侵害，法院撤销该仲裁裁决后，建某集团应及时主张给付案涉工程款，其诉讼时效自 2009 年撤销仲裁裁决的裁定生效之日起重新计算，此后建某集团直到 2018 年才发出催款函，已过诉讼时效期间。

五、实务指引

工程款的诉讼时效问题与承包人的利益密切相关，且金额一般都较大。实践中，因工程款涉及的利益主体较多，关系到分包单位、供应商以及农民工等多方，因此法院在认定工程款是否超过诉讼时效时一般均持谨慎态度，极少有案件仅因诉讼时效而败诉。但这并不意味着承包人可以放任债权超过时效期间，导致潜在风险的发生。对于防范诉讼时效的风险，笔者建议：

（1）工程完工后，如发包人尚欠付进度款的，可向发包人书面致函要求支付欠付的进度款，并以此为由推进后续的验收、备案、结算等程序。

（2）工程竣工验收合格之后，及时向发包人报送结算资料。如双方对于部分结算内容存在争议，可以先就无争议的部分先行结算并要求发包人支付；对有争议的部分再另行处理，以免结算款长期陷入无法确定的状态，导致承包人的资金被长期占用。

（3）如果发承包双方已完成结算，但发包人拖欠结算款的，应当注意每年定期进行书面催收，尤其春节前是承包人催收工程款的最佳时机，应利用这一节点进行款项催收，及时回收资金，也能起到中断时效的效果。

第十节　工程款超过诉讼时效的，承包人可要求发包人再次对账

一、实务疑难点

实务中，承包人往往碍于与发包人之间的关系，当发包人延期支付款项时未及时进行催收，导致工程款超过诉讼时效的情况发生，笔者也代理过多个类似的案件。对承包人来讲，工程款少则百万，多则千万甚至数亿，如果因诉讼时效问题导致承包人的实体权益受损，则显然得不偿失。然而，如果工程款已经超过了诉讼时效，承包人是否还有救济途径，例如发催款函是否能起到时效重新起算的法律后果；如不能的，承包人该如何处理，则是实务中的难点问题。

二、法条链接

《最高人民法院关于审理民事案件适用诉讼时效制度若干问题的规定》（2020年修正）

第十九条 诉讼时效期间届满，当事人一方向对方当事人作出同意履行义务的意思表示或者自愿履行义务后，又以诉讼时效期间届满为由进行抗辩的，人民法院不予支持。

当事双方就原债务达成新的协议，债权人主张义务人放弃诉讼时效抗辩权的，人民法院应予支持。

超过诉讼时效期间，贷款人向借款人发出催收到期贷款通知单，借款人在通知单上签字或者盖章，能够认定借款人同意履行诉讼时效期间已经届满的义务的，对于贷款人关于借款人放弃诉讼时效抗辩权的主张，人民法院应予支持。

三、典型案例

【案例：周某新与于某荣、某化工公司纠纷案】

周某新承建某石化公司案涉项目的一期和二期工程的部分工作内容。2012年1月17日和2013年2月1日，某化工公司镇江项目部分别向周某新出具结算单，针对周某新承包的一期和二期工作的结算金额分别为359万元和60.68万元。

周某新于2015年2月17日收到2万元工程款，其后未再收到案涉工程款项。2019年1月31日，周某新向某化工公司邮寄催款通知函，要求某化工公司支付尚欠的结算款。此后，周某新向法院提起诉讼，要求某化工公司支付欠付款项。

诉讼过程中，某化工公司认为工程款已过诉讼时效。对此，法院认为：案涉项目完成结算之日，时效应开始起算；周某新最后一笔款收款时间为2015年2月17日，则时效从2月18日重新起算。此后期间，周某新未举证证明其在上述期间内向某化工公司主张权利，亦未提供证据证明本案存在诉讼时效中断、中止的情形，周某新向某化工公司邮寄催款函的时间已经超出了诉讼时效的期间，因此本案针对某化工公司是否尚欠工程款已无查实的必要。

四、法律分析与实务解读

上述案例是较为典型的案件,承包人在诉讼时效期间未积极主张工程款,过了诉讼时效之后再试图以催款函等方式索要工程款,此时往往对承包人十分不利。根据最高人民法院的时效规定,如果诉讼时效届满,发包人能重新作出同意履行债务的意思表示的,则诉讼时效应重新起算。

实践中,时效届满后的处理方式,常用的方法是再次发催款通知或与发包人重新对账。对于两种方法能否使得诉讼时效重新起算,笔者进一步分析如下。

1. 向发包人发出催款通知

类似本文案例,时效届满之后,承包人单方发送催款函,并不能表明发包人同意履行债务,因而根据诉讼时效的规定,难以达到重新起算诉讼时效的结果。但在某些特殊情况下,可能会达到发包人对工程款债务重新确认的结果。参照最高人民法院的时效规定,债务人在通知单上签字或者盖章的行为,在一定情形下,可以理解为债务人对于原债务的重新确认,时效重新起算。

类似地,如果发包人在承包人发出的催款函上盖章的,则通常可以起到诉讼时效重新起算的效果。实践中,如果工程款已过诉讼时效,要求发包人在催款函中盖章难度较大。通常情况下,承包人发送催款函后,发包人可能仅在信函回执单上盖章、签收。这种情况下,也难以起到时效中断的效果。例如,重庆市涪陵区人民法院就其审理的某案件中作出的民事判决书中认为,工某公司签收是在挂号信的回执单而非通知单上签字,是挂号信接收中的一个程序性行为,此仅表示收到实某公司的欠款催收函,并无其他任何法律意义;同时,实某公司所发催款函是其债权请求权的表现形式,并非要约;即便认可该函系要约,工某公司在回执上的内容亦不构成承诺,双方事实上并未就债权债务达成一致意见,对原债务并未重新确认,故判决驳回实某公司诉讼请求。

2. 发承包双方重新对账

实务中有观点认为,如果工程款超过诉讼时效,双方重新对账的,应视为对债权债务的重新确认,此时时效应重新起算。但需要注意的是,对账行为只是对债务金额的确认,如果发包人在对账单中并未作出承诺还款的意思表示,或承包人在对账单中没有催款的意思表示,则双方重新对账的行为并不能当然视为发包人对超过诉讼时效的债务放弃诉讼时效抗辩。例如,《最高人民法院关于债务人签收"贷款对账签证单"的行为是否属于对已经超过诉讼时效的原债务的履行进行重新确认问题的复函》认为，债务人对原债务的重新确认，是指债权人要有催收逾期贷款的意思表示，债务人签字或盖章认可并愿意继续履行债务。

因此，如果在对账单中，发包人没有付款承诺的意思表示，或承包人没有催款的意思表示，则诉讼时效可能仍无法重新起算。

五、实务指引

因工程款涉及多方利益主体，还关系社会大局的稳定，因而近年来施工合同纠纷案件仅因诉讼时效问题而被驳回的情形并不常见，但如果超过诉讼时效，承包人在诉讼过程中将十分被动。因此，承包人应避免出现时效瑕疵，并应尽力采取如下补救措施：

（1）向发包人发送催款函，明确要求其在一定期限内还款。为避免发包人对催款函不予确认，应注意同时在EMS单据封面写明"催款""承诺还款"以及具体的金额，并可寄送至发包人的法定代表人。

（2）与发包人直接负责人员进行电话催讨，并进行全程录音，录音内容应包括：发包人欠付款项的金额、未来支付计划、支付时间等。

（3）与发包人协商，放弃部分工程款或相应利息，从而进行重新对账，并在对账单中注明承诺支付或限期支付等。

（4）如进入诉讼阶段的，应举证过程中的催款记录和过程，如无相关书面证据的，可要求相关经办人员出庭作证，并对催讨过程进行回忆和描述，必要时和对方经办人员当庭对质。

第十一节 合同约定以政府审计作为结算依据的，按约定执行；对政府审计有异议的，承包人可提起复议或诉讼

一、实务疑难点

审计问题是工程项目结算中的常见问题，对于非政府投资项目来说，承包人上报结算后，发包人通常会聘请第三方造价咨询公司进行审计，且往往会对承包人的送审价进行核减，然后双方再达成最终结算；对于政府投资项目来讲，由于项目性

质和资金来源的特殊性，往往需要面临政府审计，因而在政府投资项目的施工合同中，也通常会约定最终结算以政府审计为准。对于政府投资项目的审计问题，能否以审计结果作为结算依据，以及如果承包人对审计结果有异议，或审计结果长期无法落实，则承包人该如何处理，属于实践中的疑难问题。

二、法条链接

1.《中华人民共和国宪法》（2018年修正）

第九十一条 国务院设立审计机关，对国务院各部门和地方各级政府的财政收支，对国家的财政金融机构和企业事业组织的财务收支，进行审计监督。

审计机关在国务院总理领导下，依照法律规定独立行使审计监督权，不受其他行政机关、社会团体和个人的干涉。

第一百零九条 县级以上的地方各级人民政府设立审计机关。地方各级审计机关依照法律规定独立行使审计监督权，对本级人民政府和上一级审计机关负责。

2.《中华人民共和国审计法》（2021年修正）

第十八条 审计机关对本级各部门（含直属单位）和下级政府预算的执行情况和决算以及其他财政收支情况，进行审计监督。

三、典型案例

【案例：弘某公司与天某公司纠纷案】

2012年12月1日，天某公司作为发包人（甲方）与弘某公司作为承包人（乙方）签订《建设工程施工合同》，由弘某公司承包案涉项目。合同专用条款23.2条约定：本合同价款采用可调价格合同方式确定，合同价款调整方法：以《四川省建设工程工程量清单计价定额（2009年版）》及相关配套文件执行，材料价格按当地市场价；工程总价以政府审计部门审核造价为结算价。

2015年6月30日，发包方天某公司（甲方）、承包方弘某公司（乙方）与工程款实际支付方阎某公司（丙方）签订了《支付协议》，约定工程款实际由阎某公司支付。

2015年11月25日，案涉项目竣工验收，工程实际已投入使用。

2016年4月2日，阎某公司向案涉项目各施工单位发出通知：为加快工程竣工决算送审工作进度，请各施工单位尽快完善工程竣工决算相关资料，及时报送至我处统一送交市审计机关审核。

2016年6月3日,弘某公司向天某公司报送了两份竣工结算书,一份为《竣工结算书》,载明结算总价为95948998元;另一份为《消防竣工结算书》,载明结算价为2879167元。同年10月31日,阆中市土地储备中心在上述竣工结算书上签注"同意送审,以审计结论为准"。后审计机关对上述工程结算书进行了初步审核,针对第一份结算书的审定结算造价为62727409.5元,针对第二份结算书的审定结算造价为3284006.36元。

2018年5月24日,阆某公司、天某公司通知弘某公司对工程审计结果签字确认,弘某公司认为阆中市审计局未通知其前往审计局办理手续,且审计局系针对天某公司与阆中市人民政府签订的《投资协议书》进行审计,因而至今未去审计局。至今,审计机关未作出最终审计结论。

之后,弘某公司向法院提起诉讼,要求天某公司、阆某公司支付工程结算款3000余万元;天某公司、阆某公司认为合同约定以政府审计作为结算依据,当前尚未形成审计结论,因此工程款支付条件尚未成就。

对此,一审法院认为:本案中,专用条款约定合同总价以政府审计部门审核造价为结算价。因此,在弘某公司向发包人报送竣工结算报告和结算资料后,阆某公司送交阆中市土地储备中心同意,报送阆中市审计机关进行审核,符合合同约定。在阆中市政府审计部门未作出审核造价前,本案缺乏结算依据。至于阆中市政府审计部门未作出正式的工程造价审核结论的原因,阆某公司称系因弘某公司不去审计部门履行相应程序,弘某公司辩称未得到审计部门的通知。但是,弘某公司自己提供的证据证明,阆某公司已于2018年5月24日通知弘某公司去审计部门履行法律程序。无论审计部门是否需要弘某公司履行程序,但是在合同存在"工程总价以政府审计部门审核造价为结算价"的约定,且根据阆某公司在2016年4月21日向弘某公司发出的通知,弘某公司已经知道其报送的竣工资料结算书需经阆中市审计部门审核的情况下,在阆某公司通知弘某公司去审计部门后,弘某公司应当去审计部门了解、问询相关情况。弘某公司拘泥于需要审计部门通知才去审计部门,是对自身权益的漠视。根据现有证据,无法确定本案工程价款,进而无法判断发包人的工程款支付比例是否到位。

最终,一审法院驳回了弘某公司的诉讼请求;弘某公司不服,经过上诉和再审程序后,均未能改变一审结果。

四、法律分析与实务解读

本文的案例值得进行深思，施工合同约定了以政府审计结果作为结算依据，而承包人自 2016 年 6 月上报结算文件后，至案件于 2019 年 12 月被最高人民法院驳回再审申请，均没有得到最终的审计结论，以至于该项目的最终合同价款一直未能确定，承包人的工程款多年未能落实。该案件是政府审计作为结算依据的典型案例，值得承包人在项目承接与合同签约阶段予以高度关注。为厘清政府审计的问题，应首先讨论政府审计与施工合同之间的法律关系。

1. 政府审计的性质及其与施工合同的关系

结合《中华人民共和国宪法》第九十一条、第一百零九条，以及《中华人民共和国审计法》第十八条的规定，政府审计属于审计单位对于各级政府的财政收支情况的一种审计监督行为，而审计机关本身也属于国家机构的组成部分，因此政府审计，一般属于政府内部的一种行政监督行为。

而对于施工合同来讲，属于市场交易主体之间达成的一种商事交易，属于民事法律关系。而民事法律关系与政府内部的行政监督职能，一般应不存在交叉，即政府审计不应对施工合同的履行及施工合同的结算产生影响。

但对于政府投资项目来讲，因涉及政府财政资金，而财政资金的使用，最终必然要接受审计机关的审计。因此，政府投资项目的发包人为规避最终的审计风险，往往在招标阶段将"最终结算以政府审计为准"等类似条款写入招标文件及施工合同中。例如，《浙江省审计条例》第二十七条第二款规定："建设单位可以在招标文件中载明并与承接项目的单位在合同中约定审计结果作为工程结算的依据，并定期向审计机关报送项目建设情况。"在前述条款被写入施工合同后，实践中产生了大量因政府审计问题引起的工程结算争议。

2. 合同约定以政府审计作为结算的效力问题

民商事合同遵循意思自治，如果施工合同约定工程结算以政府审计为准，则一般应认为有效。最高人民法院曾在《关于建设工程承包合同案件中双方当事人已确认的工程决算价款与审计部门审计的工程决算价款不一致时如何适用法律问题的电话答复意见》中也作出了明确的规定："只有在合同明确约定以审计结论作为结算依据或者合同约定不明确、合同约定无效的情况下，才能将审计结论作为判决的依据。"

即对于以政府审计作为结算依据的，应当是明确、具体，不应产生歧义；如约定不明，则不应产生相应的法律效力。例如，在最高人民法院审理的中铁某局与重庆某工的案件中，双方承包合同约定，合同暂定价为8000万元，最终结算价以业主审计为准。但对于业主如何审计、是否聘请第三方审计、审计的具体标准、期限、程序等均未作任何约定，后因业主改制，项目须经政府机关审计，因此一方主张最终结算应按政府审计结果为准。对此，最高人民法院认为，国家审计机关对工程建设单位进行审计是一种行政监督行为，审计人与被审计人之间因国家审计发生的法律关系与本案当事人之间的民事法律关系性质不同。因此，在民事合同中，当事人对接受行政审计作为确定民事法律关系依据的约定，应当具体明确，而不能通过解释推定的方式。

在上述最高人民法院公报案例中，合同仅约定了"结算价按照业主审计为准"，但"业主审计"有多种情形，例如业主聘请第三方造价咨询机构进行审核，又如业主内部预算管理人员进行审核等，因此该等约定并不能得出双方一致同意最终结算以政府审计为准。类似地，在深圳市奇某公司、绵阳市某医院施工合同纠纷案件中，施工合同约定"剩余款项待工程竣工结算经相关部门审核后，扣除工程质保金一次性付清"，对于该约定是否构成以政府审计结果作为结算依据发生争议，二审法院支持了以审计局的审计结论作为结算依据的观点，但在再审中，最高人民法院认为该约定不能得出双方约定结算以审计局审计结果为准的结论，并对案件予以了改判。

回到本文的典型案例，该案件中施工合同约定为"工程总价以政府审计部门审核造价为结算价"，该约定明确将政府审计作为工程结算价，意思表示相对准确、具体，因而应当对双方都有约束力。

3. 承包人对政府审计结果的救济途径

根据以上讨论，政府投资项目如果明确约定以政府审计结果作为结算依据的，发承包双方原则上应当受此约束；但实际上，该条款将建设工程造价的决定权交给了政府审计机关，建设工程开工后，可能存在因设计变更、建设工程规划指标调整等客观原因，发承包双方经协商一致后，根据施工现场的实际情况结合合同约定或市场价格，通过补充协议、会议纪要、往来函件、签证文件等形式变更工程价款、工期等内容，但到工程结算审计阶段，如果审计机关因行政审计依据的差异，对此类变更不予认可，就将导致发承包双方基于合同履行的预期利益落空。实践中更为常见的是，建设单位以政府审计为由，拖欠工程款、拖延结算，对工程变更、设计变更不予确认，造成承包人资金回收困难，降低了资金使用率和政府公信力。

而如果承包人对于审计机关的审计结果有异议的，虽然最终实现突破审计结果来进行结算存在极大的难度，但承包人仍有一定的救济措施，例如：

1）对审计机关提起行政复议或行政诉讼

《中华人民共和国审计法》第四十八条规定："被审计单位对审计机关作出的有关财务收支的审计决定不服的，可以依法申请行政复议或者提起行政诉讼。被审计单位对审计机关作出的有关财政收支的审计决定不服的，可以提请审计机关的本级人民政府裁决，本级人民政府的裁决为最终决定。"结合前述规定，政府审计机关的审计行为是直接发生在审计机关和被审计单位之间的行政监督活动，《中华人民共和国审计法》《中华人民共和国审计法实施条例》等法律规定均未提及该审计结果影响到建设工程其他参与方利益时的救济途径。

因此，如果承包人对政府审计结果有异议的，由于其本身并非被审计单位，可能不具备提起行政复议、行政诉讼的主体资格；而发包人虽然可能具备主体资格，但由于其与审计机关之间的特殊关系，发包人往往不具备主观提起行政复议或诉讼的意愿，从而使得承包人的救济途径存在一定困难。司法实践中也有类似观点，例如在重庆市万州建某公司与沐川县审计局审计决定二审案件中，法院认为，沐川县审计局于2015年2月15日作出的审计决定未对重庆市万州建某公司合法权益造成必然的、直接的影响，上诉人与该审计决定不具有利害关系，因此诉讼主体不适格。

但是，《中华人民共和国行政复议法》第二条规定："公民、法人或者其他组织认为具体行政行为侵犯其合法权益，向行政机关提出行政复议申请，行政机关受理行政复议申请、作出行政复议决定的，适用本法。"《中华人民共和国行政诉讼法》第二条规定："公民、法人或者其他组织认为行政机关和行政机关工作人员的行政行为侵犯其合法权益的，有权依照本法向人民法院提起诉讼。"根据前述规定，如果承包人认为审计机关的审计结论对其的工程款权益产生影响的，承包人有权提起行政复议或行政诉讼。司法审判实践中也有类似观点，例如在重庆勇某公司与重庆市北碚区审计局行政撤销二审案中，法院认为：被诉审计报告是北碚审计局依照《中华人民共和国审计法》第二十二条及《中华人民共和国审计法实施条例》第二十条之规定作出的财务收支审计行为，具有可诉性……被诉审计报告对勇某公司（案涉工程的承包人）的权利义务已经产生实际影响，勇某公司对审计报告不服的，可以提起行政诉讼。在该案中，承包人虽然提起了撤销政府审计报告的行政诉讼，但法院审理后认为，审计局的审计依据、审计程序合法，并判决驳回了承包人的诉讼请求。

2）对发包人提起民事诉讼，必要时启动司法鉴定程序纠正审计意见

如果施工合同明确约定最终以政府审计结果作为结算依据，则政府审计结果应当对双方都有约束力。但政府审计仍应以施工合同约定的计价依据、计价方法作为审计依据，例如合同约定为固定总价合同，则审计机关的审计应以总价合同为依据，如果按单价合同的逻辑和思维进行审计，则属于明显的审计依据错误。

对于审计机关的审计依据明显与合同约定不符的，则承包人有权对审计结果提出异议，并向发包人提起诉讼，同时可启动造价鉴定程序以纠正审计意见。例如，在重庆勇某公司与重庆市同某公司合同纠纷案中，最高人民法院审理认为：虽然勇某公司与同某公司签订的"建设管理协议"约定勇某公司的投资金额以经法定审计部门审计的金额为准，但重庆市北碚区审计局作出的碚审建报（2015）42号、46号、50号《审计报告》均是以2008年《重庆市建设工程费用定额》为依据，与勇某公司及同某公司在协议中约定的计价标准不符，在勇某公司对此不予认可的情形下，不能作为确定勇某公司投资金额的依据；当事人可申请审计部门按照协议约定另行审计，或者委托工程造价咨询机构按照协议约定予以造价鉴定，以确定投资金额……一审法院直接采用重庆市北碚区审计局作出的碚审建报（2015）42号、46号、50号《审计报告》确定勇某公司的投资金额，属于对基本事实认定不清，于是撤销重庆市高级人民法院的判决，并发回重庆市高级人民法院重审。

五、实务指引

以政府审计作为结算依据，对发承包双方都会产生较大影响。对发包人来说，要想达到以政府审计作为最终的结算依据的，必须在合同签约阶段进行明确约定；如在合同中未明确约定政府审计，而是事后要求政府审计并以此作为结算结果的，不应对承包人不发生法律效力。

对于承包人来讲，约定政府审计作为结算依据的，会对承包人的工程结算款项的落实产生较大影响，尤其是政府审计的周期往往较长，可能使得工程结算长期拖延。因此，建议承包人在签约和履约阶段加强相应的管理措施，例如：

（1）如建设单位要求以政府审计作为结算依据的，建议在合同中约定结算、审计的期限；

（2）进入结算审计阶段，承包人应首先上报工程结算文件，而后积极与建设单位沟通、跟进政府审计情况，必要时前往政府审计部门进行咨询与沟通；

（3）如政府审计存在拖延，应书面向建设单位及审计部门催促，如仍没有审计结果的，可向法院提起诉讼，并启动司法鉴定程序予以解决；

（4）承包人对审计结果存在异议的，应及时向建设单位、审计部门提出异议，并指出审计报告中的错误或不合理之处；必要时，也可向有关主管部门提起行政复议，或向法院提起行政诉讼；如审计结果存在明显错误的，也可向法院提起民事诉讼，并申请司法鉴定以纠正审计结果。

第七章
建设工程款价款优先权

第一节 关系公共利益等项目属于不宜折价、拍卖的工程，不适用优先受偿权

一、实务疑难点

自原《中华人民共和国合同法》实施以来，就确立了建设工程价款优先权制度，该制度在建设工程领域中受到了广泛的关注，也是实务中的热点问题，对于保障解决农民工工资支付困难等实务痛点问题发挥着重要的作用。然而，对于承包人优先权的行使，一般需依赖于建设工程本身，也就是需要对工程进行折价、拍卖，而如果工程本身不适合拍卖或折价，则承包人可能就难以行使优先权。实践中，对于哪些属于"不宜折价、拍卖"的工程，尚未存在明确的法律规定，因而有必要对此进行系统梳理。

二、法条链接

《中华人民共和国民法典》（中华人民共和国主席令第四十五号）

第八百零七条 发包人未按照约定支付价款的，承包人可以催告发包人在合理期限内支付价款。发包人逾期不支付的，除根据建设工程的性质不宜折价、拍卖外，承包人可以与发包人协议将该工程折价，也可以请求人民法院将该工程依法拍卖。建设工程的价款就该工程折价或者拍卖的价款优先受偿。

三、典型案例

【案例：新郑市某医院与中某公司合同纠纷案】

2013年12月16日，中某公司与新郑市某医院签订《补充协议书》一份，约定由中某公司承建新郑市某医院新址项目。

2014年元月9日，中某公司与新郑市某医院就新郑市某医院新址工程又签订《协议》一份，工程承包方式、承包范围与2013年12月16日中某公司与新郑市某医院签订的《补充协议书》内容相同。

2015年2月4日，新郑市某医院与中某公司经协商，双方签订《解除建设工程施工合同协议书》，内容为：双方所签订的关于中某公司承包新郑市某医院的所有案涉建设工程施工合同，鉴于中某公司在施工过程中，不能履行相应职责，施工人员少、管理混乱、资金不到位、原材料经常供应不及时、工人工资发放不到位等原因，导致工程工期延误，已严重损害了新郑市某医院的合法权益，违反了合同的约定，现中某公司已不具备施工能力，并主动要求解除合同……

双方解除合同后，中某公司退出工地，中某公司与新郑市某医院和各施工班组对中某公司退出工地前施工的工程量进行了实际丈量。但后续双方对于工程量及工程价款无法达成一致意见，中某公司向法院提起诉讼，并主张就案涉工程享有优先受偿权。

对此一审河南省高级人民法院认为：新郑市某医院为事业单位法人，本案工程内容具有一定的社会公益性，并不适宜折价、拍卖。而中某公司中途退出施工现场，是因其在施工过程中，施工人员少、管理混乱、资金不到位、原材料经常供应不及时、工人工资发放不到位等自身原因造成，故中某公司主张的对建设工程的价款在工程折价或者拍卖的价款优先受偿的理由，不予支持。

二审最高人民法院维持了一审判决。

四、法律分析与实务解读

在本文案例中，案涉项目为人民医院，从项目性质来说，显然是关系到公共利益、社会福祉，因此法院认为医院项目不适宜折价、拍卖，从而未支持承包人的优先受偿权。实践中，对于医院项目不适合拍卖，应当较为容易理解，一般而言也不太会有争议，除了医院项目外，还有哪些项目不宜拍卖，法律及司法解释都没有作出明确的规定。

原《中华人民共和国合同法》起草委员会组长梁慧星教授认为，不宜折价、拍卖的建设工程，应当解释为法律禁止流通物[①]，包括：公有物，如国家机关办公的房屋建筑物及军事设施；公用物，如公共道路、桥梁、机场、港口，及公共图书馆、公共博物馆等。

最高人民法院曾在2018年公布的《最高人民法院关于审理建设工程施工合同纠纷案件适用法律问题的解释（二）》的征求意见稿中，列举了几类不宜折价、拍卖的项目：①修复后的建设工程经竣工验收不合格；②建设工程属于事业单位、社会团体以公益目的建设的教育设施、医疗设施及其他社会公益设施；③建设工程属于国家机关已投入使用的办公用房或者军事建筑；④建设工程属于设备安装等附属工程；⑤消费者购买承包人承建的商品房，并已经办理商品房预告登记或者产权变更手续。但前述规定在2019年实施的正式稿件中被删除；同样，《中华人民共和国民法典》实施后的司法解释对此也没有作出明确规定。

基于此，笔者结合司法实践，对于实践中常见的可能属于不宜折价拍卖的项目，整理如下：

1. 质量不合格的工程

建设工程价款优先权的基础是承包人的工程款，如果发包人未欠付工程款的，则也就不存在优先权的问题。因此，如果建设工程质量不合格（修复后也不合格），则承包人不仅可能无法要求发包人支付工程款，反而要向发包人承担违约责任。在此情形下，则承包人的优先受偿权就成了无源之水。

例如，在冠某公司、丰某公司建设工程施工合同纠纷案中，承包人要求发包人支付工程款并主张优先受偿权，但因工程质量不合格且未进行修复，山东省高级人民法院对此认为，工程建设是百年大计，工程质量问题涉及人民群众的生命财产安全。因此，就工程建设施工而言，确保工程质量是对工程承包人最基本的要求。本案所涉工程属商住和多层住宅项目，承包人应当严格执行国家法律规定的标准，按照施工合同要求，加强现场施工管理，严把工程质量关，建设完成质量合格的工程。这既是建筑企业的法定义务，也是工程承包人的主要合同义务。因案涉工程存在较

---

① 梁慧星.合同法第二百八十六条的权利性质及其适用[J].山西大学学报（哲学社会科学版），2001（3）.

多质量问题，承包人请求支付工程价款，缺乏必要的前提条件，其主张支付工程款利息、优先受偿权并赔偿损失，没有事实依据。

2. 关系社会公共利益、公众安全的项目

正如本文的医院项目，以及梁慧星教授列举的较为常见的公共道路、桥梁、机场、港口、公共图书馆、公共博物馆等，均属于关系到社会公共利益和人民福祉的项目，一般而言不宜折价、拍卖，实践中对此争议并不大。

笔者曾处理过一个水源地项目的纠纷案件，承包人提出对该项目享有优先权，但水源地项目关系到当地数百万乃至千万人民的饮用水安全问题，意义重大，因此也应当属于不适合折价、拍卖的项目。

3. 国家机关已投入使用的办公用房或者军事建筑

该类项目也可以从社会公共利益、公众安全的角度进行理解。对于国家机关已经投入的办公建筑，关系到国家机关及公共事务的正常运转，牵涉国家和人民的根本利益，而军事建筑涉及国家安全，因此针对前述两类建筑，应属于不宜折价、拍卖的建筑，承包人的优先受偿权应退而求其次。例如，海南省高级人民法院曾就其审理的某案件作出的民事判决书中认为，南某研究院是海南省人民政府创办的事业单位，本案案涉工程是南某研究院综合楼项目，系已投入使用的办公用房，按照建设工程的性质不宜折价、拍卖，王某华要求对案涉工程行使优先受偿权的诉讼请求本院不予支持。

4. 违法建筑

违法建筑一般而言指未经过规划审批，未办理建设工程规划许可等手续的建筑，此类建筑可能会面临拆除等风险，因而实践中有观点认为既然违法建筑面临拆除的后果，则不存在折价、拍卖的前提。例如，最高人民法院曾就其审理的某案件作出的民事裁定书中认为，案涉工程至本案一审庭审时仍未办理建设工程规划许可证、建设工程施工许可证，属于违法建筑，其不能依法取得相应物权，且相关工程一直处于停工状态，原审判决据此认定案涉工程属于依现状不宜折价、拍卖的建设工程，进而对南某公司就案涉工程价款享有优先受偿权的主张不予支持，并无不当。

但事实上，对于在案件审理过程中未办理相关审批手续的项目，其仍然可以通过事后补正的方式进行补救；即便最终仍未取得相应手续的，违法建筑并不一定会面临拆除的风险，因而实践中也有观点认为违法建筑也可以折价、拍卖。例如，最高人民法院曾在某执行裁定书中认为，对违法建筑的法定处理机关为县级以上地方人民政府规划主管部门；处理方式包括停止建设、限期改正并处罚款、限期拆除、没收实物或违法收入等；而在违法建筑被相关部门行使公权力拆除或自行拆除前，违法建筑仍具有一定的使用价值。

对比以上两种观点，笔者认为后一种观点更为合理，对于违法建筑是否适合折价、拍卖，不宜一刀切地进行认定，而应根据具体情况予以认定。例如，主管部门已经将工程项目定性为违法建筑，且必须限期拆除的，此时的违法建筑则没有任何使用价值，也就不存在折价或拍卖的基础；而如果在案件审理中，虽然工程项目缺乏部分手续，但后期仍可以补正的，或违法建筑无须进行拆除的，此时该建筑仍具备一定的价值，如果就此否定承包人的权利，则对承包人也显失公允。

5. 消费者购买承包人承建的商品房

根据《最高人民法院关于建设工程价款优先受偿权问题的批复》（现已失效）第二条的规定，消费者交付购买商品房的全部或者大部分款项后，承包人就该商品房享有的工程价款优先受偿权不得对抗买受人。虽然该文件已经被废止，但对于优先权的适用仍有一定的参考价值。对于已付购房款的消费者而言，从维护社会稳定的角度出发，承包人的优先权一般不能对抗该消费者。

但需要注意的是，司法实践中对于此类购房的消费者，可能仍需要满足已经交付全部或大部分款项的条件，如果仅仅是认购或支付定金等情况的，则不能对抗承包人的优先权。例如，在东某公司、济南华某公司建设工程施工合同纠纷案件中，二审山东省高级人民法院认为，华某公司作为发包人未按照约定支付工程款，承包人万某公司请求其承建工程的价款就其承建工程部分折价或者拍卖的价款优先受偿的，应予以支持；华某公司虽主张案涉部分房屋已出售、部分房屋为回迁安置房屋，但未提供消费者交付全部或大部分购房款的相关证据，对此一审法院未作认定，相关权利人可在万某公司行使优先权的过程中依法另行主张权利。

6. 附属工程

此类工程能否折价拍卖存在一定的争议，部分法院认为附属工程不影响建设工程的拍卖或折价，例如四川省资阳市中级人民法院曾就其审理的某案件作出的民事判决书中认为，建设工程包括土木工程、建筑工程、线路管道和设备安装工程及装修工程。本案争议的消防、通风工程属于线路管道工程，属于建筑工程的范围，根据法律规定，其工程款在该建设工程的价款范围内享有优先受偿权，一审法院没有支持优先受偿权的诉讼请求不当，依法应予纠正。

对此，笔者倾向于认为，如果附属工程与建筑物无法独立分割，且承包人的承包范围仅针对该附属工程，此时如果需要实现优先权，必须将附属工程及相应的建筑物整体拍卖、折价，其折价、拍卖的范围超出了承包人对应的承包范围或工程款所对应的范围，因而此时应认为附属工程不宜折价、拍卖。司法实践中，前述观点也在相关的案件中得到印证，例如在居某发与扬州光某公司建设工程施工合同纠纷案件中，江苏省高级人民法院认为，本案涉及的是水电安装工程，系无法独立存在或者分割后影响主建筑使用功能的附属工程，故不宜折价、拍卖，故上诉人并不享有建设工程价款优先受偿权。

7. 发包人不享有建筑物所有权

该观点主要源自全国人大常委会法制工作委员会编制的《中华人民共和国合同法释义》[①]，其认为如工程的所有权不属于发包人，承包人就不得将该工程折价。该观点在部分司法实践中也被采纳，例如广东韶关市中级人民法院曾就其审理的某案件作出的民事裁定书中认为，案涉工程中有10000m^2的房屋所有权人系鼎某公司；中某公司作为案涉工程的发包人，其并未享有案涉工程的全部所有权，在未取得共有人鼎某公司的同意，且无法区分案涉工程中属于中某公司所有的部分的情况下，案涉工程不宜折价处理或拍卖，故中某公司主张享有案涉工程折价、拍卖价款的优先受偿权因缺乏事实依据而不能成立。

对于发包人不享有建筑物所有权，从而认为工程不宜折价、拍卖，其主要原因在于可能会侵害第三人利益，导致实践中存在较大的操作难度。例如，在发包人不是工程项目的所有权主体时，如果法院对工程项目采取强制执行的措施，则第三人通常以自己是所有权人为由来提起执行异议之诉，以阻却相应的执行措施。笔者认为，该观点存在一定的不合理之处。对于工程是否属于不宜折价、拍卖，与工程在实践中拍卖可能存在操作难度属于两个层面的问题，不能从实际拍卖存在一定的困难，或技术上难以操作的角度，来衡量建设工程的性质是否属于适合折价、拍卖。

参照最高人民法院2019年实施的《最高人民法院关于审理建设工程施工合同纠纷案件适用法律问题的解释（二）》（现已失效）第十八条的规定，装饰装修工程的发包人不是建筑物所有权人的，装饰装修工程的承包人不享有优先权；但该观点在2021年实施的《最高人民法院关于审理建设工程施工合同纠纷案件适用法律问题的解释（一）》中被予以删除，即装饰装修工程的发包人是否属于建筑物所有权人，不是评判承包人是否享有优先权的标准。

---

① 全国人大常委会法制工作委员会. 中华人民共和国合同法释义 [M]. 北京：法律出版社，2009.

类似地，即使发包人不属于工程项目的所有权人，也不应影响发包人与承包人之间的建设工程合同关系，或否认承包人的优先受偿权。例如，实践中可能存在名义发包人与实际发包人的情形，如果建设工程合同建立在名义发包人与承包人之间，而建设工程的所有权又归属于实际发包人（实际发包人与名义发包人通常存在某种关联），在此情形下，如果认为名义发包人不是建设工程的所有权人，进而否认承包人的优先受偿权，显然不利于承包人的权利保护，也会使得实践中存在大量类似操作来架空优先权。

因此，笔者认为，不宜将发包人是否属于建筑物所有权人作为评判建设工程是否适合折价、拍卖的标准。

五、实务指引

本文系统梳理了实践中常见的几种可能属于"不宜折价、拍卖"的工程项目，并结合相关的司法观点对相应的工程类型是否适合拍卖、折价进行了分析。

对于"不宜折价、拍卖"的工程，承包人在诉讼中提出优先受偿权的，法院一般不予支持。针对此类工程，由于承包人的优先权无法保障，因而在追讨工程款时承包人的债权无法优先于其他债权人，也无法将工程进行拍卖，因此工程款的实现将会存在一定的难度。

有鉴于此，承包人在承建此类项目时，应注意避免发生大量垫资的情形，以免建设单位的资金不到位、发生延期支付，而承包人在后期维权时又无法通过折价、拍卖的方式来行使优先权，最终会使得承包人的工程款存在无法回收的风险。

第二节　实际施工人一般不享有建设工程价款优先受偿权

一、实务疑难点

建设工程价款优先权制度确立了承包人可以享有优先权，其权利位阶将高于抵押权、质押权等其他担保物权，从而有利于保障建筑工人的利益。然而，对于实际施工人是否享有优先受偿权，实务中争议极大，不同的法院均可能存在不同的认定，甚至最高人民法院也曾出现过不同的判决。基于此，笔者结合最高人民法院的案例及当前的司法解释，对此予以探讨。

二、法条链接

1.《最高人民法院关于审理建设工程施工合同纠纷案件适用法律问题的解释（一）》（法释〔2020〕25号）

第三十五条 与发包人订立建设工程施工合同的承包人，依据《中华人民共和国民法典》第八百零七条的规定请求其承建工程的价款就工程折价或者拍卖的价款优先受偿的，人民法院应予支持。

2.《江苏省高级人民法院关于审理建设工程施工合同纠纷案件若干问题的解答》（2008年6月26日）

实际施工人是否享有建设工程价款优先受偿权？

实际施工人在总承包人或者转包人不主张或者怠于行使工程价款优先受偿权时，就其承建的工程在发包人欠付工程价款范围内可以主张优先受偿权。

三、典型案例

【案例：吴某全与丰都某建合同纠纷案】

2015年8月1日，发包人福某公司与承包人丰都某建签订《建设工程总承包合同》，由丰都某建负责案涉项目的施工。

2015年8月25日，丰都某建与吴某全签订《建设工程内部承包合同》，将案涉项目交由吴某全实际施工。同日，福某公司作为甲方、丰都某建作为乙方、吴某全作为丙方签订了《补充协议》，三方在协议中确认案涉项目实际施工人为吴某全，且工程保证金（1050万元）也由吴某全负责缴纳。

随后，吴某全组织工人进场施工。吴某全于2015年11月13日向福某公司以及丰都某建发出停工通知书。案涉项目于2015年11月14日正式停工。

2016年1月，吴某全向法院提起诉讼，要求丰都某建、福某公司退还保证金1050万元，支付工程款、停窝工损失等，并要求确认建设工程价款优先受偿权。

诉讼过程中，对于吴某全是否享有优先受偿权，各方发生争议。

一审法院认为，吴某全是案涉项目的实际施工人，应在发包人欠付工程款的范围内享有优先权。二审过程中，一审法院的观点被予以推翻。

> 再审过程中，最高人民法院对此认为：本案中，吴某全与丰都某建签订的《建设工程内部承包合同》为无效合同，吴某全并非承包人而是实际施工人。司法解释规定的是发包人只在欠付工程价款范围内对实际施工人承担责任，即实际施工人有条件向发包人主张工程价款，但并未规定实际施工人享有工程价款的优先受偿权。《中华人民共和国合同法》也仅规定承包人享有工程价款优先受偿权，亦未规定实际施工人也享有该项权利。因此，吴某全主张其享有工程价款优先受偿权并无事实和法律依据，二审不予支持并无不当。

四、法律分析与实务解读

一般而言，实际施工人指最终实际投入人力、财力、物力，并实际组织施工的个人或法人，但由于工程实践的复杂性，难以用单一的解释去界定实际施工人的概念与内涵。在 2004 年版《最高人民法院关于审理建设工程施工合同纠纷案件适用法律问题的解释》出台之后，在法律层面赋予了实际施工人法律内涵及法律地位，即实际施工人一般是指承包人转包、违法分包之后的实际施工主体，或借用施工企业资质的一方主体。在 2018 年 12 月 29 日《最高人民法院关于审理建设工程施工合同纠纷案件适用法律若干问题的解释（二）》发布之后，对于建设工程价款优先权的问题作出了新的规定。同时，最高人民法院认为[①]，只有与发包人签订施工合同的承包人才有权享有优先受偿权，司法解释规定实际施工人有条件向发包人主张工程价款，但实际施工人不宜直接向发包人主张优先受偿权，实际施工人不应享有优先受偿权。

《中华人民共和国民法典》实施之后，2018 年发布的《最高人民法院关于审理建设工程施工合同纠纷案件适用法律若干问题的解释（二）》关于优先权的规定被《最高人民法院关于审理建设工程施工合同纠纷案件适用法律问题的解释（一）》所吸收，即根据现行《最高人民法院关于审理建设工程施工合同纠纷案件适用法律问题的解释（一）》第三十五条的规定，建设工程价款优先权应限定在与建设单位直接签订合同的承包人，换言之，实际施工人一般不享有优先权。

当前，从司法解释的内容来看，对于实际施工人是否享有优先权是作了一定的限制，即优先权限定在与建设单位直接签订合同的承包人，因而如果是承包人再次转包或违法分包给实际施工人的，从司法解释以及最高人民法院的倾向性意见来看，

[①] 最高人民法院民事审判第一庭. 最高人民法院建设工程施工合同司法解释（二）理解与适用 [M]. 北京：人民法院出版社，2019.

前述情形下实际施工人不享有优先权。即便是在 2018 年版《最高人民法院关于审理建设工程施工合同纠纷案件适用法律若干问题的解释（二）》发布之后，最高人民法院形成了倾向性意见，但实务中的争议并未得到缓解，不同法院对此的认定、甚至最高人民法院审理的案件仍存在不同的观点。

为梳理实务中对于实际施工人能否享有优先权，有学者[①]对于相应的裁判文书进行了系统梳理并采集了两个样本进行统计分析：在样本 1 中，实际施工人直接起诉发包人要求其支付工程款，并主张优先权，此类案件共收集了 186 个，经统计，在 186 个案件中被法院驳回优先权的有 151 个，支持优先权的有 35 个，支持率不足 20%；而在样本 2 中，该作者选取了 26 个案件，此类案件属于实际施工人直接提起建设工程价款优先受偿权确认之诉，且欠付的工程价款已经确认，在 26 个案件中有 18 个案件得到了支持。

由此可见，对实际施工人是否享有优先权的问题，实务中争议之巨大，尚难以形成统一的共识和裁判原则。笔者认为，对此类问题，可以针对挂靠情形以及转包、违法分包的情形进行区分对待：

（1）在挂靠情形下，也就是实际施工人属于借用承包人的资质与建设单位签订施工合同的，如本书第二章所讨论，此时应按建设单位是否明知来区分内部关系与外部关系。如果建设单位明知挂靠的，此时在建设单位与实际施工人之间直接成立事实上的发承包关系或施工合同关系（因实际施工人不具备资质，该施工合同无效）。在此情况下，实际施工人就属于《最高人民法院关于审理建设工程施工合同纠纷案件适用法律问题的解释（一）》第三十五条所规定的"与发包人订立建设工程施工合同的承包人"，此时实际施工人就享有建设工程价款优先受偿权。

而如果建设单位对挂靠不知情的，则施工合同在建设单位与承包人之间形成，实际施工人与建设单位之间不存在施工合同关系，则此时实际施工人的优先权也就无从谈起。实践中，在挂靠情形下实际施工人能否突破合同相对性直接起诉建设单位，也存在较大争议，而《最高人民法院关于审理建设工程施工合同纠纷案件适用法律问题的解释（一）》第四十三条规定的实际施工人突破合同相对性起诉建设单位的情形，也只列明了转包和违法分包的情形，因而从严格恪守合同相对性的角度来说，挂靠情形下实际施工人一般也无权起诉建设单位。在此逻辑之下，挂靠情形下，实际施工人对建设单位一般不享有诉权，也就无从谈起优先权的问题。而如果

---

① 唐倩. 实际施工人的建设工程价款优先受偿权实证研究 [J]. 中国政法大学学报，2019（4）.

建设单位明知挂靠的,此时"实际施工人"就成为"承包人",实际施工人可以直接起诉建设单位,也能依照司法解释的规定,主张优先受偿权。

根据笔者检索,上述处理原则在最高人民法院审理的案件中得到了印证。例如,在金某大酒店、戴某忠之间的施工合同纠纷案中,金某大酒店通过第三人的介绍直接与戴某忠进行谈判,并由戴某忠借用资质与金某大酒店签订施工合同,双方发生纠纷后,金某大酒店认为戴某忠作为实际施工人不享有优先权,但并未被法院予以支持。

(2)在违法分包、转包的情形下,由于《最高人民法院关于审理建设工程施工合同纠纷案件适用法律问题的解释(一)》第三十五条的限制,实际施工人享有优先受偿权将会存在一定障碍。例如在本文的典型案例中,吴某全属于转包情形下的实际施工人,其与建设单位之间不存在施工合同关系,因而此种情形下实际施工人的优先受偿权难以被支持。此时,优先权的提出主体一般应当是与建设单位直接签订施工合同的转包人或违法分包人。

但从优先受偿权的立法目的、立法宗旨,以及维护社会公平正义的角度来看,实际施工人作为实际组织人、材、机并投入资源、资金的一方,如果其丧失相应的优先权,或其工程款债权保障不到位,则也会损害其雇佣的建筑工人的利益。因此,从这个角度来说,实务中仍会有部分法院支持其优先权。其中,江苏省高院的规定具有一定的参考价值:如果总承包人或者转包人不主张或者怠于行使工程价款优先受偿权时,实际施工人承建的工程在发包人欠付工程价款范围内可以主张优先受偿权。

五、实务指引

结合以上分析及案件统计情况来看,目前认为实际施工人不享有优先权的观点仍占大多数。但在建设单位明知挂靠的情形下,实际施工人的优先受偿权仍有一定的争取空间。基于此,笔者提出如下实务建议:

(1)在挂靠情形下,实际施工人可以搜集建设单位明知挂靠的证据,并主张与建设单位构成事实上的施工合同关系,从而具备相应的请求权基础,此时优先权争取的空间较大。

(2)转包和违法分包情形下,实际施工人的主张优先权存在一定的法律障碍,但仍可以考虑利用地区的差异性规定,或地方高级人民法院不同的裁判尺度来争取,例如在江苏省,如果总承包人怠于行使优先权,则实际施工人可以在其工程款的范围内直接行使优先权,其在法律上类似于代位权的性质。

（3）如果发包人、转包人欠付工程款导致实际施工人对下无法支付建筑工人工资的,此时可以向法院说明如不享有优先权,将会损害建筑工人利益,以从公平原则和维护社会稳定的角度来争取相应权利。

第三节　工程款债权转让的,优先权一般同时转让

一、实务疑难点

实践中,承包人出于尽快回笼资金等考虑,并不直接向发包人主张工程款,而是将工程款债权转让给第三方。在此情况下,受让人能否享有建设工程价款优先权,实践中存在不同的做法。本文将结合相关案例,对此进行探讨。

二、法条链接

1.《中华人民共和国民法典》（中华人民共和国主席令第四十五号）

第五百四十五条　债权人可以将债权的全部或者部分转让给第三人,但是有下列情形之一的除外：

（一）根据债权性质不得转让；

（二）按照当事人约定不得转让；

（三）依照法律规定不得转让。

当事人约定非金钱债权不得转让的,不得对抗善意第三人。当事人约定金钱债权不得转让的,不得对抗第三人。

第五百四十七条　债权人转让债权的,受让人取得与债权有关的从权利,但是该从权利专属于债权人自身的除外。

受让人取得从权利不应该因从权利未办理转移登记手续或者未转移占有而受到影响。

2.《最高人民法院关于审理建设工程施工合同纠纷案件适用法律问题的解释（一）》（法释〔2020〕25号）

第三十五条　与发包人订立建设工程施工合同的承包人,依据《中华人民共和国民法典》第八百零七条的规定请求其承建工程的价款就工程折价或者拍卖的价款

优先受偿的，人民法院应予支持。

3.《江苏省高级人民法院关于审理建设工程施工合同纠纷案件若干问题的解答》（2008年6月26日）

工程款债权转让的，建设工程价款优先受偿权是否一并转让？

建设工程价款优先受偿权依附于工程款债权，承包人将建设工程价款债权转让的，建设工程价款优先受偿权随之转让。受让人是否实际享有建设工程价款优先受偿权，仍应进行实体审查。

三、典型案例

【案例1：建某公司与西某山庄、中建某公司合同纠纷案】

2001年11月30日，西某山庄（甲方）就其所属的某酒店工程，与中建某公司（乙方）签订《建设工程施工合同》。

2004年4月14日，中建某公司因改制重组需要，将工程款债权转让给建某公司，并向西某山庄送达债权转让通知，西某山庄予以签收。

后西某山庄拖欠工程款，建某公司提起诉讼，主张：

（1）西某山庄支付工程款及窝工损失共计2300余万元；

（2）建某公司对该部分工程价款依法享有优先受偿权。

对于建某公司是否享有优先权，西某山庄认为：建某公司是施工合同以外的第三人，既不是合同约定的施工方，也不是建设项目的承包人，因此建某公司对案涉工程行使优先受偿权于法无据。

对此，最高人民法院认为：中建某公司向建某公司转让的债权合法有效，建某公司具有诉讼主体资格。建某公司基于债权受让并提起诉讼，因而对案涉工程也享有优先受偿权。

【案例2：李某祥与乐某某公司等纠纷案】

2014年3月至2016年，李某征以李某桂建筑队的名义先后与乐某某公司签订多份工程施工合同，并实际为乐某某公司施工炭黑仓库东侧及北侧地面工程、车间逃生楼梯、车间控制室改造、修筑路面、污水处理池、消防沙池等工程。2018年7月10日,东营市中级人民法院裁定受理了乐某某公司的破产清算申请。2018年7月10日,东营市中级人民法院作出民事决定,指定东营某清算事务所有限公司担任乐某某公司管理人。2018年9月10日,李某征向乐某某公司管理人申报了工程债权。在债权申报后,乐某某公司管理人委托审计公司对李某征施工的工程进行了审计,并依据审计结果对李某征的工程债权进行了确认,经确认,李某征工程债权总额为564796元。李某征以签订债权转让协议书的方式,将案涉工程债权转让给了李某祥,并于2021年1月6日将债权转让事宜通知了乐某某公司的管理人。李某祥对乐某某公司管理人认定的债权总数额无异议,但认为其应享有建设工程价款优先受偿权,并于2021年4月15日向乐某某公司管理人提出书面异议。2021年5月22日,乐某某公司管理人予以书面回复,认为李某祥的异议不成立,李某祥为此提起本案诉讼。上述关系如图7-1所示。

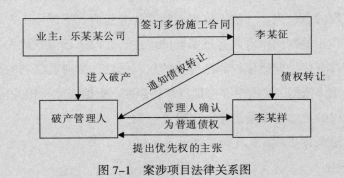

图7-1 案涉项目法律关系图

关于李某祥是否享有优先权,法院认为:①李某祥与李某征所签工程债权转让协议,系双方当事人的真实意思的表示,不违反法律、行政法规的强制性规定,并依法通知了乐某某公司管理人,债权转让行为合法有效,李某祥有权向乐某某公司主张债权。②李某征与乐某某公司存在建设工程施工合同关系,李某征对其施工的工程享有工程价款优先受偿权,在工程债权转让后,建设工程价款优先受偿权也一并转让,受让人李某祥有权主张工程价款优先受偿权。③在管理人通知申报的债权为普通债权后,李某祥对管理人未予确认工程价款优先权的行为提出异议,并在法定时限内向本院提起诉讼,李某祥向本院起诉请求确认其对案涉工程享有工程价款优先受偿权,未超法律规定的异议期间。④李某祥工程债权所依托的虽不是乐某某公司厂区主体建设工程,但在主体建设工程变价时，李某祥的债权所对应的辅助工程也将实现变价，并不属于不能折价、拍卖的工程。

鉴于上述理由，李某祥享有建设工程价款优先权。

四、法律分析与实务解读

本文的两个案例均认可工程款转让的，优先权一并转让，其中案例 1 为最高人民法院 2007 年第 12 期公报案例，具有较大的参考价值。

司法实务中，对于工程款债权转让优先权是否转让的问题，也曾出现过不同的观点。要厘清这一问题，笔者首先从优先权的行使主体出发，对这一问题进行分析。

1. 建设工程优先权的行使主体

结合《最高人民法院关于审理建设工程施工合同纠纷案件适用法律问题的解释（一）》第三十五条的规定，建设工程优先权的行使主体应当是与发包人具有合同关系的建设工程的承包人，一般不应当包括其他分包商、实际施工人等主体。最高人民法院也曾在相关判例中对此有过明确的论述：建设工程价款优先受偿权系法定优先权，因其具有优于普通债权和抵押权的权利属性，故对其权利的享有和行使必须具有明确的法律依据，实践中亦应加以严格限制。根据法律及相关司法解释规定，行使优先受偿权的主体应仅限于建设工程承包人。

2. 工程款债权转让后，优先权是否一并转让

1）支持意见

实践中，针对这一问题有两种观点，正文中最高人民法院的公报案例即是典型的支持性观点，即认为优先权依附于工程款债权，工程款转让的，相应的优先权一并转让。同时，在《民事审判法律适用疑难问题解答》（2015 年第 5 期）中，最高人民法院认为，施工人依法转让建设工程价款债权的，相关工程的价款优先受偿权一并转让，受让人可因此享有建设工程价款优先受偿权。除此之外，部分地方法院也对此持有肯定态度，其中江苏省高级人民法院的规定较为典型。

2）否定意见

持有这类观点者认为，建设工程优先权的立法宗旨在于保障农民工的利益，具有人身属性，且现行法律、司法解释均没有明确工程款转让的优先权一并转让，因此承包人如果转让工程款债权的，相应的优先权消灭。例如，最高人民法院曾在其

2019年执行的某异议案件中认为：重庆新某公司在申请执行过程中，将其享有的案涉项目工程价款债权转让给张某明，以抵销应当支付给张某明的工程价款债务。债权转让属于当事人意思自治范畴，债权人转让权利的，从权利随之转让，但专属于债权人自身的除外。建设工程价款优先受偿权为法定优先权，其设立初衷在通过保护承包人的建设工程价款债权进而确保建筑工人的工资权益得以实现，专属于承包人。在建设工程价款债权转让时，该工程价款的优先受偿权是否随之一并转让，并无明确的裁判意见。就本案而言，张某明通过债权转让所取得的债权可以被认定为普通金钱债权。

3）小结

结合前述两种意见，笔者认为，对于工程款债权转让，其优先权是否转让，仍应当从优先权的立法本意出发，即维护承包人及相关利益主体的合法权益，尤其是农民工主体的生存权问题。从这个方面来讲，工程款属于承包人专属的债权有一定的合理性。但是，如果承包人转让工程款债权，工程款优先权不能一并转让的，无疑对于承包人转让债权的难度大幅增加，且转让金额会存在一定的折价；而如果优先权能够一并转让的，承包人在与受让人谈判时将会有更强的议价能力。从这个角度来讲，允许承包人转让工程款债权时，相应的优先权一并转让的，也有利于保障承包人及相关利益主体的利益，符合建设工程价款优先权的立法本意。

五、实务指引

结合以上讨论，鉴于当前司法实践中对于工程款债权转让的，相应的优先权是否转让存在观点不一的现象。虽然目前主流观点应当是优先权可以一并转让，但也存在不少地方法院明确规定，工程款债权转让的，相应的优先权消灭，例如河北省《建设工程施工合同案件审理指南》（冀高法〔2018〕44号）第37条规定："建设工程价款优先受偿权与建设工程价款请求权具有人身依附性，承包人将建设工程价款债权转让的，建设工程价款的优先受偿权消灭。"

因此，承包人在转让优先权时，建议针对当地特殊规定或司法案件进行整理，以获取当地的裁判尺度。同时，在转让协议中，对于后续发生优先权争议的事宜进行提前约定，例如转让债权时一并转让优先权的，优先权的主张由受让人自行提出，与承包人无关，以免后期法院不支持优先权时双方再生争议。

第四节　承包人对建设项目的预期收益可以享有优先受偿权

一、实务疑难点

承包人虽然享有建设工程价款优先受偿权,但针对不适合进行拍卖、折价的工程来讲,承包人的优先权可能会得到限制。例如,对于机场、高速公路、公共图书馆等民生工程或涉及公共利益的项目,通常来讲不适合进行拍卖,因此承包人的优先权可能得不到支持。但对于有些项目来讲,虽然不能直接拍卖,但项目本身会存在现金流或预期收益,则承包人能否针对该收益进行优先受偿,则是实践中值得关注的问题。

二、法条链接

《中华人民共和国民法典》(中华人民共和国主席令第四十五号)

第八百零七条　发包人未按照约定支付价款的,承包人可以催告发包人在合理期限内支付价款。发包人逾期不支付的,除根据建设工程的性质不宜折价、拍卖外,承包人可以与发包人协议将该工程折价,也可以请求人民法院将该工程依法拍卖。建设工程的价款就该工程折价或者拍卖的价款优先受偿。

三、典型案例

【案例:江门某行与广东中某公司等执行异议之诉】

中某公司、新某公司是某公路工程的施工单位,因建设单位瑞某公司欠付工程款,施工单位向法院提起诉讼,要求瑞某公司支付工程款。2013年3月,法院作出生效判决,要求瑞某公司向中某公司、新某公司支付欠付工程款。

因瑞某公司欠付江门某行贷款本金及利息,2012年12月17日,广东省高级人民法院作出民事判决,要求瑞某公司清偿贷款本金4.3亿元及利息,且江门某行对该高速公路的收益权所得款项优先受偿。

施工单位在执行过程中,第三人江门某行提出执行异议之诉,认为江门某行的债权优先于施工单位的债权;执行异议之诉中,施工单位提出针对高速公路的收益权享有优先权。一审法院支持了江门某行的诉请,否定了施工单位的优先权；二审过程中，广东省高级人民法院对一审进行了纠正，认为施工单位享有优先权，且优先于江门某行。

江门某行不服，向最高人民法院申请再审，对此，最高人民法院认为：因案涉工程为公路建设工程，属于特殊建设工程，无法直接拍卖或折价，该工程的主要经济价值即体现在其通行费用上，故对其收益即年票补偿款作为优先受偿权的行为对象符合实际情况。再审申请人江门某行认为案涉公路年票补偿款不属于工程价款优先受偿权的对象的申请理由不成立。

四、法律分析与实务解读

实践中，存在收益权或现金流的工程项目主要集中在采用PPP等模式运作或一些特许经营项目，例如高速公路、污水处理厂等。此类项目往往关系公共利益，因而在项目特征上，属于不适合进行拍卖、折价的项目，因而承包人无法直接就工程拍卖所得价款而优先受偿。因此，承包人在此情况下如何实现优先权，需进一步结合优先权的性质来予以探讨。

对于建设工程价款优先受偿权的法律性质，实务中主要有三种观点：①不动产留置权；②法定抵押权；③法定优先权。对于前述三种观点的具体理由或合理性问题，此处不作过多的讨论，但无论是不动产留置权、法定抵押权还是法定优先权，均具有"优先受偿"的特性。之所以在留置权、抵押权等担保物权之外另行设立建设工程价款优先受偿权，并在债权清偿顺序上进一步优先于抵押权等担保物权，主要是考虑到保护建筑行业的特殊弱势群体及广大的建筑工人的利益。因此，如果仅由于无法折价、拍卖就否定承包人的优先权，则与优先权的制度与立法本意并不吻合。

《中华人民共和国民法典》第四百一十二条规定："债务人不履行到期债务或者发生当事人约定的实现抵押权的情形，致使抵押财产被人民法院依法扣押的，自扣押之日起，抵押权人有权收取该抵押财产的天然孳息或者法定孳息，但是抵押权人未通知应当清偿法定孳息义务人的除外。"

参照该规定以及抵押权等担保物权优先受偿的特性，如工程项目存在收益权或现金流，则此类经营收益应属于孳息的范畴；结合上述有关建设工程价款优先受偿权在权利性质上属于不动产留置权或法定抵押权，则当工程项目不能通过拍卖、折价的方式来实现优先权时，应当允许承包人就孳息进行优先受偿，以实现其工程款债权，从而起到保障工程建设各方权益，尤其是保障建筑工人利益的作用。而针对高速公路、特许经营类等存在收费的项目，允许承包人针对项目未来的收益权或现金流行使建设工程优先受偿权，也符合项目的实际情况，在不损害公共利益的情况下，保障了承包人及建筑工人等各方的利益，具有可操作性。

五、实务指引

本文的案例具有一定的代表性，拓宽的优先权的内涵，使得优先权的行使方式不仅仅局限于对工程的拍卖，还包括针对建设项目未来的收益权或现金流量行使优先受偿权，从而可以保障承包人工程款债权的实现。

对承包人来讲，无论是以何种方式行使优先权，均应及时向发包人进行主张，以免因超过法定期限而丧失权利。另外需要注意的是，发包人往往也会让承包人放弃针对项目的收益权行使优先权，此种情形下，原则上相关的约定仍然有效；承包人若要在约定放弃优先权的情形下主张优先受偿权，仍需要举证证明放弃优先权损害了建筑工人的利益。

第五节　建设工程价款优先受偿权从应付工程价款之日起算

一、实务疑难点

建设工程价款优先权的起算时间关系到优先权的行使期限以及权力的消灭时间，因而在实践中备受关注。如果优先权开始起算后，承包人未能在法定期限内及时主张工程价款优先权的，则将面临丧失优先权的风险。

对于优先权何时起算，实践中存在几个较为关注的问题，例如工程结算之后双方又另行约定付款时间的，优先权如何起算等。本文结合司法实践中的相关案例，对于优先权的起算问题进行系统探讨。

二、法条链接

《最高人民法院关于审理建设工程施工合同纠纷案件适用法律问题的解释（一）》（法释〔2020〕25号）

第四十一条　承包人应当在合理期限内行使建设工程价款优先受偿权，但最长不得超过十八个月，自发包人应当给付建设工程价款之日起算。

三、典型案例

【案例：深某公司与中建某局合同纠纷案】

2015年3月，深某公司与中建某局签订了《总承包文件》，约定由中建某局对案涉项目总承包工程进行施工，工期为381天，合同价款为349563485元。

2015年5月19日，建设单位深某公司确定中建某局为案涉项目工程的中标单位。5月20日，深某公司与中建某局签订了《备案合同》，约定由中建某局对案涉项目工程进行施工，工程范围为建设单位所发图纸及工程量清单中全部内容，开工日期为2015年5月21日，竣工日期为2016年6月4日，合同价款为461107845元。该合同于2015年6月5日办理了备案登记。

2015年6月12日，中建某局进场施工，案涉项目工程于2016年12月22日竣工验收。

2017年9月11日，深某公司与中建某局签订了《总承包结算文件》，确认案涉工程中建某局承建部分结算造价为357160650元，支付时间为2017年12月12日。

2017年12月20日至2018年7月25日期间，中建某局多次发函向深某公司索要工程款。2018年4月9日，深某公司发函至中建某局，称"……我司承诺，所欠付工程款于2018年9月底前支付至结算额的97.5%，并按合同约定支付延期付款利息。若我单位至2018年9月底前仍不能按合同约定支付贵单位工程款，我单位愿按合同约定承担相应违约责任。"2018年7月25日，中建某局发函至深某公司，称"……贵单位已于2018年4月9日向我单位发送……的承诺函，贵单位承诺于2018年9月底之前连本带利支付工程款至97.5%……否则我单位将通过法律等手段保障我单位权益。"

后深某公司仍未支付工程款，中建某局向法院提起诉讼，要求支付工程款，并主张优先受偿。

对于优先权的问题，深某公司认为，按照双方在《总承包结算文件》中的约定，应给付建设工程价款的日期是2017年12月12日，中建某局已经丧失优先权。

对此，法院认为：首先，承包人行使建设工程价款优先受偿权的期限自应当给付建设工程价款之日起算，本案中，双方于2017年9月11日签订了《总

> 承包结算文件》，后双方通过函件形式协商一致将应付工程价款之日变更至2018年9月底，中建某局于2018年12月4日起诉主张建设工程价款优先受偿权，其行使优先受偿权期限并未超过法定期限。虽然深某公司主张案涉工程竣工日期为2016年12月22日，中建某局行使建设工程价款优先受偿权已经超过法定期间，但其上述主张无法律依据，不能成立。最后，深某公司自签订《总承包结算文件》后，长期未支付剩余工程款，且数额巨大，基于公平原则中建某局享有优先受偿权的主张亦应得到支持。综上，中建某局享有对案涉工程价款的优先受偿权。

四、法律分析与实务解读

1. 关于优先权起算时间的法律演变

2002年施行的《最高人民法院关于建设工程价款优先受偿权问题的批复》（现已失效）是对于优先权起算时间较早的规定，其中第四条规定："建设工程承包人行使优先权的期限为六个月，自建设工程竣工之日或者建设工程合同约定的竣工之日起计算。"

最高人民法院于2018年颁布、2019年起施行的《最高人民法院关于审理建设工程施工合同纠纷案件适用法律问题的解释（二）》（现也已失效）第二十二条规定："承包人行使建设工程价款优先受偿权的期限为六个月，自发包人应当给付建设工程价款之日起算。"

2021年正式施行的《最高人民法院关于审理建设工程施工合同纠纷案件适用法律问题的解释（一）》对于优先权的起算时间作出了进一步修订，主要将期限从6个月改为18个月，同时起算时间仍沿袭了2018年版的司法解释，即从"应当给付建设工程价款之日起算"。

相对于2002年规定的从竣工之日起算而言，如今规定的从"应付工程款之日"起算相对更为合理。对于竣工之日如何理解，实践中往往争议极大，例如承包人提交竣工报告作为竣工之日，还是竣工验收合格作为竣工之日，又或者对于竣工之日还存在其他的解释。此外，竣工之日并不意味着承包人的工程款债权就已确定，如以竣工之日就起算优先权，对于发承包双方结算周期较长的项目而言，显然不利于保护承包人的权利，使得优先权的制度落空。因此，目前对于优先权从"应付工程款之日"较为合理。然而，工程建设的现实情况较为复杂，对于何为应付款之日，需要结合具体的情况予以讨论。

2. 关于应付款之日的理解

对于应付款之日，如果发承包双方明确约定，则一般以约定的付款时间为应付款时间，例如双方约定完成结算后的一定期间后发包人支付结算款，则该期限届满的时间应作为优先权的起算时间。

而如果双方对于付款时间约定不明，或未明确约定的，则可以参照《最高人民法院关于审理建设工程施工合同纠纷案件适用法律问题的解释（一）》第二十七条的规定作为应付款时间："利息从应付工程价款之日开始计付。当事人对付款时间没有约定或者约定不明的，下列时间视为应付款时间：

（一）建设工程已实际交付的，为交付之日；

（二）建设工程没有交付的，为提交竣工结算文件之日；

（三）建设工程未交付，工程价款也未结算的，为当事人起诉之日。"

即，如果双方对于付款约定不明或没有约定时，如果工程已交付，则交付之日作为优先权的起算时间；如果没有交付的，则提交结算文件之日作为优先权的起算时间；而如果工程未交付，也未结算的，则起诉之日作为优先权起算时间。前述情形大致将优先权起算时间的特殊情况考虑在内，但还存在两种情形容易产生歧义。

1）关于分期支付工程款的优先权起算问题

实践中，工程款的支付一般都是分期进行，例如进度款按月或季度进行计量并支付，此种情况下，由于施工合同尚未履行完毕，如果承包人以进度款或阶段性付款期限届满为由主张优先权的，一般无法获得法院支持。结合《最高人民法院关于审理建设工程施工合同纠纷案件适用法律问题的解释（一）》第二十八条列出的"应付款时间"的三种情形，其时间节点均处于施工合同已基本履行完毕的节点，或工程已交付，或已完成结算，因此，对于分阶段或分期付款的情形，优先权的起算时间仍应以双方结算之后工程结算价款的应付时间作为优先权的起算节点。

另外需要关注的是，即使双方进行了结算，结算款的支付也可以分期进行，例如双方完成结算时，往往还会扣留一部分质量保证金，该部分款项可能要在工程竣工验收合格之后两年才予以支付，但这并非意味着优先权在质量保证金期满才起算。对于质量保证金而言，其虽然是工程款的一部分，但质量保证金的目的在于为保障工程质量而缴纳，不应以返还质量保证金的时间作为应付款的认定时间或优先权的起算时间[1]。在此种情况下，一般以质量保证金之前的最后一笔款项（即结算款）

---

[1] 最高人民法院民事审判第一庭. 最高人民法院新建设工程施工合同司法解释（一）理解与适用[M]. 北京：人民法院出版社，2021.

的支付期限届满的时间作为优先权的起算时间。

2）双方对于应付款的履行期限延长的问题

实践中会存在发承包双方另行约定付款时间的问题，此时优先权的期限是否能够顺延或重新起算，往往也会产生争议。例如本文案例中，发承包双方在2017年9月11日完成了竣工结算，结算款的最迟支付时间为2017年12月12日，该节点应作为优先权的起算时间；而后，发承包双方通过书面往来文件，对于付款时间作出重新安排，即在2018年9月底支付结算款。因此，如果另行约定付款时间无法使得优先权重新计算的，则在前述情形下，承包人的优先权已消灭。

实践中对此有不同的观点，如果允许双方任意延长付款时间，从而使优先权无限期顺延，则可能会损害其他债权人的利益。也有观点认为另行约定延长付款时间的，优先权仍从最后一期付款时间届满时起算（即应当重新起算），本文案例即为该观点的典型代表。

笔者赞同后一种观点，即一般而言，另行约定付款期限的，优先权的起算时间应重新计算。正如同本文案例，在发包人迟迟未支付款项的情况下，双方对于付款时间另行作出安排，如果仅以此为由认为承包人的优先权已过法定期间，显然也不利于承包人的权益保障。但需要注意的是，如果双方恶意串通，延缓付款期限，其目的在于拖延、阻碍银行抵押权等第三人债权的行使，则此类行为可能因恶意串通损害第三人利益而无效，从而原付款日期仍可能会被作为优先权的起算时间。

五、实务指引

在当前建设工程发承包市场中，发包人因融资需要，往往就在建工程办理抵押等方式进行融资，而承包人的优先权一旦丧失，则工程款债权将劣后于抵押权、质押权等相关权利，从而导致承包人面临工程款无法追回的风险。

有鉴于此，承包人应高度重视优先权的行使，避免权利超过法定期限。对此，笔者建议：

（1）完善合同对于付款时间的约定，尤其是工程竣工验收之后，针对工程结算以及结算之后的付款作出相应安排。

（2）对于可能发生逾期结算、逾期付款的项目，应当予以高度重视并重点监控。

（3）对于可能发生优先权超过期限的项目，应当及时起诉，以免因优先权起算时间的争议导致相关权利的丧失。

第六节　诉讼并非提出建设工程价款优先受偿权的唯一途径

一、实务疑难点

建设工程优先权是保障承包人工程款债权的一种特殊制度，通常来讲优先权都会在诉讼中提出，但这是否是提出优先权的唯一方式，在实践中却较少被讨论或提起，本文将结合最高人民法院的案例，来讨论优先权的提出方式。

二、法条链接

《中华人民共和国民法典》（中华人民共和国主席令第四十五号）

第八百零七条　发包人未按照约定支付价款的，承包人可以催告发包人在合理期限内支付价款。发包人逾期不支付的，除根据建设工程的性质不宜折价、拍卖外，承包人可以与发包人协议将该工程折价，也可以请求人民法院将该工程依法拍卖。建设工程的价款就该工程折价或者拍卖的价款优先受偿。

三、典型案例

【案例：昆明某建与北京某公司第三人撤销之诉】

2011年8月，昆明某建与金某公司签订《建设工程施工合同》，约定由昆明某建承建案涉项目的土建、水电安装部分的工程。昆明某建于2013年5月底完成了案涉项目工程，于2013年6月15日将案涉项目工程移交给了金某公司。金某公司在接收了该工程后，未按合同约定与昆明某建进行结算，昆明某建分别于2013年11月26日、2014年9月10日向金某公司发出催告函，要求金某公司与昆明某建进行结算，该催告函载明了昆明某建享有优先权。金某公司收到了催告函，并于2013年11月28日向昆明某建出具了《协商意见》，表示会在两个月内与昆明某建进行结算，并认可昆明某建对案涉项目工程享有优先受偿权，但金某公司仍未在此期限内与昆明某建进行结算。

2014年2月19日，北京某公司与金某公司签订了《信托贷款合同》及其《补充协议》，约定由北京某公司向金某公司提供总金额不超过人民币5000万元的信托贷款。同时，北京某公司与金某公司签订了《在建工程抵押合同》及其《补充协议》，约定用金某公司案涉项目中未销售部分的264套房屋提供抵押担保。另外，北京某公司还与他人签订了多个担保合同及其补充协议。之后，北京某公司向金某公司发放了人民币 42450000 元的信托贷款。截至 2015 年 2 月 28 日，金某公司尚欠信托贷款本金人民币 37998328.77 元，欠贷款利息人民币 47250.01 元以及罚息和复息等费用。为此，北京某公司向云南省昆明市真元公证处申请公证"签发执行证书"，云南省昆明市真元公证处于 2015 年 3 月 17 日作出公证并发放《公证书》。北京某公司依据该《公证书》向昆明中院申请执行，昆明中院即对案涉项目中未销售部分的 238 套房屋予以查封。

因金某公司拖欠工程款，昆明某建诉至法院，最终法院作出民事判决，其中确认了昆明某建的工程款 3162.38 万元及优先权。

该判决作出后，北京某公司提起撤销之诉，要求法院撤销昆明某建就案涉项目的建设工程价款优先权。

一审以及二审云南省高级人民法院均认为昆明某建仅发函主张享有优先权，并未以诉讼的方式行使优先权，因而已经超过了法定期限，因此撤销了昆明某建的建设工程价款优先权。

再审过程中，最高人民法院认为：根据法律规定，发包人逾期不支付建设工程价款的，承包人既可以与发包人协议将该工程折价，也可以申请人民法院将该工程依法拍卖来行使建设工程价款优先受偿权。即承包人享有的建设工程优先受偿权系法定权利，不需要经法院确认即享有。本案所涉案涉项目工程于 2013 年 6 月 7 日竣工，金某公司未按照合同约定与昆明某建进行结算。昆明某建与金某公司协商以案涉项目房产折抵部分工程款，并于 2013 年 11 月 26 日向金某公司发出催告函，要求金某公司尽快结算并声明享有建设工程价款优先受偿权，而金某公司也于 2013 年 11 月 28 日向昆明某建出具《协商意见》，表示会在两个月内进行结算，并认可昆明某建对案涉工程享有优先受偿权。昆明某建行使案涉建设工程价款优先受偿权符合法律规定，原一审、二审判决关于昆明某建发函仅主张享有优先受偿权，而没有行使优先受偿权，起诉主张案涉工程享有优先受偿权已经超过了除斥期间的认定确有错误，本院予以纠正。

四、法律分析与实务解读

对于优先权的行使方式，从《中华人民共和国民法典》的法条规定来看，主要有两种：①承包人通过诉讼的方式行使建设工程价款优先权，即请求人民法院依法拍卖；②承包人可以通过协商的方式与发包人达成协议，就工程进行折价。

实践中有观点认为建设工程价款优先权必须以诉讼的方式提出，因为是否享有优先权、优先权的范围以及是否超过相应的期限都需要法院审理后才可确定，本文案例中的一审和二审法院就是该观点的典型代表。但该观点明显与《中华人民共和国民法典》相冲突，缺乏法律依据。除了以诉讼的方式提出之外，《中华人民共和国民法典》还规定了"与发包人协议就该工程折价"的方式来达到行使优先权的目的。

对于协议折价如何理解，实践中存在较大的争议。或许有观点会认为，既然是协议折价，就需要双方协商一致并达成协议，即需要取得发包人对优先权的认可。这一认识也值得商榷，正如本文案例中最高人民法院的观点，优先权系法定权利，无需经过法院确认即可享有，自然也无需得到发包人的认可或确认。例如，针对以诉讼的方式行使优先权的情形，承包人只需向法院提出优先权的意思表示，无须通知或经发包人认可，而法院在最终判决中确认承包人的优先权，是对承包人的优先权赋予了法律上的效力，并不代表优先权需要以诉讼作为前置条件，或必须法院确认才能享有。类似地，对于采取与发包人协商折价抵偿的方式行使优先权，也不意味着双方必须达成一致，但承包人必须具备行使优先受偿权的意思表示。

承包人在请求发包人支付欠付工程款时[①]，一并主张享有或行使建设工程价款优先受偿权，司法实践中一般予以认可。例如本文案例中，承包人在工程竣工后，因发包人拖延结算，承包人向发包人书面催告，要求结算并声明了优先权，最高人民法院在该案中确认了以书面声明作为行使优先权的方式之一。最高人民法院在2021年5月的一份再审裁定书中再次确认了该观点，在该案中，发承包双方在2008年7月完成了结算，承包人于2008年1月、2008年11月、2010年8月、2010年10月、2012年10月、2014年10月、2016年10月先后多次向发包人发出催款函，并在催款函中主张了优先受偿权，后承包人向法院提起诉讼，但发包人认为承包人未及时提起诉讼，因而优先权已超过法定期限。对此，最高人民法院认为，法律并没有规定建设工程价款优先受偿权必须以何种方式行使，因此只要承包人在法定期间内向发包人主张过优先受偿的权利，即可认定其已经行使了优先权。发包

---

① 最高人民法院民法典贯彻实施工作领导小组. 中华人民共和国民法典合同编理解与适用（三）[M]. 北京：人民法院出版社，2021.

人称承包人仅在"催款函"中宣示优先受偿的权利，不属于建设工程价款优先受偿权的行使方式，没有法律依据。

五、实务指引

通过前述讨论，可以看出诉讼并非是提出优先权的唯一方式，为避免承包人的优先受偿权超过法定期限，笔者建议：

（1）如发包人拖延结算的，应当书面致函发包人，要求发包人尽快办理结算，并在书面文件中声明享有建设工程价款优先权。

（2）与发包人完成结算之后，如发包人在一定期限内仍未予以付款的，承包人应立即书面致函催促，督促发包人尽快支付工程款，并在书面文件中明确主张建设工程价款优先权，同时要求与发包人协商就工程进行折价。如发包人长期拖欠款项的，在正式提起诉讼之前，为避免受到诉讼时效及优先权的行使期间的限制，应定期向发包人书面催款，同时一并主张优先权。

（3）需要关注到部分地方高级人民法院并不支持发函的方式提出优先权，例如江苏省高级人民法院《关于审理建设工程施工合同纠纷案件若干问题的解答》第十八条规定："承包人通过发函形式主张建设工程价款优先受偿权的，不认可其行使的效力。"因此，如在发函后一定期间内工程款仍未落实的，建议直接提起诉讼或仲裁，避免地方法院的裁判尺度差异而导致优先权不被支持。

第七节　发包人破产的，承包人应及时提出建设工程价款优先权

一、实务疑难点

在工程建设行业中，发包人在投资项目时经常采用各类融资的手段，但如果项目运营不当，或宏观经济层面发生较大的变动，一旦发生资金面收紧等情形，发包人可能会陷入资金链断裂的风险，更为甚者可能出现破产的局面。例如，在2021年，备受市场瞩目的房地产开发龙头企业恒某地产发生债务危机，出现商票无法兑付等信用危机。面对此类情形，发包人一旦破产，承包人的工程款债权如何行使，其建设工程价款优先权能否得到保障，是否优于发包人的职工工资等债权，是实务中值得关注的难点问题。

二、法条链接

1.《中华人民共和国企业破产法》（中华人民共和国主席令第五十四号）

第十八条 人民法院受理破产申请后，管理人对破产申请受理前成立而债务人和对方当事人均未履行完毕的合同有权决定解除或者继续履行，并通知对方当事人。管理人自破产申请受理之日起两个月内未通知对方当事人，或者自收到对方当事人催告之日起三十日内未答复的，视为解除合同。

管理人决定继续履行合同的，对方当事人应当履行；但是，对方当事人有权要求管理人提供担保。管理人不提供担保的，视为解除合同。

第一百零九条 对破产人的特定财产享有担保权的权利人，对该特定财产享有优先受偿的权利。

第一百一十三条 破产财产在优先清偿破产费用和共益债务后，依照下列顺序清偿：

（一）破产人所欠职工的工资和医疗、伤残补助、抚恤费用，所欠的应当划入职工个人账户的基本养老保险、基本医疗保险费用，以及法律、行政法规规定应当支付给职工的补偿金；

（二）破产人欠缴的除前项规定以外的社会保险费用和破产人所欠税款；

（三）普通破产债权。

破产财产不足以清偿同一顺序的清偿要求的，按照比例分配。

破产企业的董事、监事和高级管理人员的工资按照该企业职工的平均工资计算。

2.《最高人民法院关于审理建设工程施工合同纠纷案件适用法律问题的解释（一）》（法释〔2020〕25号）

第三十六条 承包人根据《中华人民共和国民法典》第八百零七条规定享有的建设工程价款优先受偿权优于抵押权和其他债权。

三、典型案例

【案例：六某公司与鲁某化肥厂优先受偿权纠纷】

2014年1月20日，鲁某化肥厂作为发包人与承包人六某公司签订《工程承包合同》。

后在合同履行过程中，双方就工程承包范围、计价方式等合同内容进行变更并签订补充协议书。补充协议书中关于工程款支付方式约定为：①同主合同付款条件。②甲方（鲁某化肥厂）收到乙方（六某公司）竣工结算书之日起30天内完成工程决算审核，如甲方在45个日历天内仍未审核完毕，甲方应按乙方上报的工程结算价款为准付给乙方。

六某公司对案涉工程进行施工后，于2014年9月11日将案涉工程交付给鲁某化肥厂。2016年3月，六某公司向鲁某化肥厂报送了结算材料。2018年10月29日法院作出第一次民事裁定，受理鲁某化肥厂的破产清算申请。2020年4月10日法院作出第二次民事裁定，确认六某公司6822169.32元债权。2019年3月25日，六某公司向鲁某化肥厂管理人申报债权。2020年1月3日，鲁某化肥厂管理人向六某公司出具《关于债权申报的答复》，其上载明，管理人确认债权数额为6822169.32元；对于六某公司要求确认的建设工程优先受偿权请求，管理人认为因已经超过六个月的期限不予支持（注：按最新司法解释，期限已改为18个月）。

事后，六某公司向法院提起诉讼，要求确认优先受偿权。

一审及二审法院均驳回了六某公司的优先权诉请，六某公司不服，认为优先权应当从2019年11月15日起算，并向最高人民法院申请再审。

对此，最高人民法院认为：双方签订的补充协议书约定，甲方（鲁某化肥厂）收到乙方（六某公司）竣工结算书之日起30天内完成工程决算审核，如甲方在45个日历天内仍未审核完毕，甲方应按乙方上报的工程结算价款为准付给乙方。根据已经查明的事实，六某公司于2016年3月即向鲁某化肥厂报送结算材料。按照上述补充协议约定，在鲁某化肥厂未按时审核的情况下，六某公司不仅能够据此确定工程款数额，而且在其提交工程结算资料45个日历天后即获得主张工程价款的权利。也即，在鲁某化肥厂未按时审核的情况下，该条不仅能够确定工程款的结算数额，也可据此确定应付工程款时间。六某公司2019年3月25日向管理人鲁某化肥厂申报债权并主张建设工程价款优先受偿权，已远超法定期限。鲁某化肥厂管理人作为破产管理人，调查债务人财产状况，制作财产状况报告，管理和处分债务人的财产是其应当履行的法定职责。管理人鲁某化肥厂对债权人六某公司的债权数额进行审计确认，系依法履行管理职责的行为，其确认工程价款债权数额的时间不能作为应当给付建设工程价款的起算日期。六某公司关于建设工程价款优先受偿权应当自2019年11月5日起算的主张不能成立。

四、法律分析与实务解读

在 2021 年的建筑行业市场环境中,尤其是在房地产行业,发包人资不抵债的新闻层出不穷。以恒某地产为代表的房地产开发企业因房地产调控、融资环境趋紧等因素,导致出现债务危机,随时可能面临资金崩盘或破产的风险。在本文案例中,发包人破产后,承包人因优先权提出的时间超过了法定期限,从而未得到法院的支持。因此,在发包人破产的情形下,首先应当厘清优先权的起算时间。

1. 破产情形下,优先权的起算时间

1)发包人破产时工程尚未竣工

发包人进入破产程序,如果项目未完工的,一般已经陷入了停工状态。此时管理人介入之后,一般面临施工合同继续履行或者解除的问题。

如果双方达成复工协议,则依据复工协议的约定执行,即按照复工协议来确定优先权的起算时间。而如果双方未能达成复工协议的,则按照《中华人民共和国企业破产法》第十八条的规定,施工合同一般应视为解除。此时,参照《中华人民共和国民法典》第八百零六条第三款的规定:"合同解除后,已经完成的建设工程质量合格的,发包人应当按照约定支付相应的工程价款……",承包人的工程款请求权已经形成,因此一般而言,合同解除之后,优先权的期限开始计算。如果承包人以合同解除,双方未进行结算为由,主张付款期限未开始,因而优先权未起算,一般不被支持。例如,最高人民法院在发布的某指导案例中认为:"根据《中华人民共和国破产法》第十八条之规定,案涉建设工程施工合同在法院受理破产申请后已实际解除,本案建设工程无法正常竣工……承包人行使优先受偿权的期限自合同解除之日起计算。"

2)发包人破产时工程已经竣工

发包人破产时如果工程已经竣工的,则可以理解为施工合同已基本履行完毕,承包人除了相应的质量保修等义务外,工程款的债权已经确认,发包人应按合同约定支付工程款。在此种情况下,优先权的起算时间应按照合同约定执行。

正如本文案例中,发包人破产时,发承包双方已经完成了结算:按照双方达成的协议,在承包人报送结算资料后的一定期限内,若发包人未提出异议的,则应按照承包人的结算资料进行结算且视为应付款时间,此时优先权也应当起算。但承包人却在双方完成结算后,从未提出过优先受偿权,直到两年后发包人进入破产程序,承包人才向管理人申报债权并提出优先受偿权。此时,显然已经过了优先受偿权的法定期限，承包人的该项诉请也最终未能得到支持。如果承包人丧失了优先受偿权，则工程款债权只能作为普通债权，按照普通债权的清偿比例，最终能收回的工程款比例较低，本文案例的教训可谓深刻。

2. 建设工程价款优先受偿权在破产程序中的清偿顺位

根据《中华人民共和国企业破产法》的规定，对破产企业的特定财产有担保权的，则可以享有优先受偿的权利，即相对破产费用、共益债务，以及其他工资、税款等债务而言，对特定财产有担保的债权人，优先就该财产进行分配，此类权利在实践中被称为"别除权"。例如，发包人进入破产程序，但对于发包人的某个已完工程，银行对此享有抵押权，则此时该工程就应从发包人的破产财产中剔除出去，优先分配给银行。

由此可见，承包人如不享有建设工程价款优先受偿权的，则根据《中华人民共和国企业破产法》的规定，只能作为普通债权进行申报，而在普通债权之前，需要优先清偿各类有财产担保的债权人、破产费用、共益债务以及工资、税款等之后，才轮到承包人的普通债权，此时承包人很可能将颗粒无收。

而如果承包人享有建设工程价款优先受偿权的，则根据司法解释的规定，建设工程价款优先受偿权优先于抵押权和其他债权，也就是说，即便在破产程序中，对特定财产享有担保的权利人，例如对发包人的在建工程享有抵押权等的权利人，其清偿顺序也应当劣后于享有建设工程价款优先受偿权的工程款债权。而对于破产企业所欠的职工工资、税款等共益债务，也都劣后于享有建设工程价款优先受偿权的工程款债权，此时对于保障承包人的工程款具有重大的意义。

五、实务指引

结合以上分析以及本文的案例，承包人在破产程序中申报工程款债权时应注意以下事项：

（1）注意在优先受偿权的法定期限18个月内行使权利。尤其应当注意在发包人可能出现资不抵债时，及时向发包人催款，并同时提出优先受偿权。

（2）避免出现类似本文案例的情形，即在发包人进入破产程序，才向管理人主张优先受偿权。如果在破产程序过程中从未提出过优先权，往往可能已经超过了法定期限。

（3）如管理人要求继续履行施工合同的，应注意签订补充协议，约定工程款的付款期限、结算时间等，并按照补充协议的约定，及时提出优先受偿权。

第八节　装饰装修工程的承包人享有优先权的前提是装修工程具备折价、拍卖的条件

一、实务疑难点

装饰装修工程的优先权问题一直以来有些争议，从 2018 年的《最高人民法院关于审理建设工程施工合同纠纷案件适用法律问题的解释（二）》（现已废止），到《中华人民共和国民法典》施行后的《最高人民法院关于审理建设工程施工合同纠纷案件适用法律问题的解释（一）》，对于装饰装修工程优先权的规定作了细微的调整。笔者将结合两个典型案例，对装饰装修工程的承包人是否享有优先权，以及优先权行使的条件进行分析和讨论。

二、法条链接

《最高人民法院关于审理建设工程施工合同纠纷案件适用法律问题的解释（一）》（法释〔2020〕25 号）

第三十七条　装饰装修工程具备折价或者拍卖条件，装饰装修工程的承包人请求工程价款就该装饰装修工程折价或者拍卖的价款优先受偿的，人民法院应予支持。

三、典型案例

【案例1：东某公司与金某公司合同纠纷案】

2014 年 3 月 10 日，东某公司作为发包人，与承包人金某公司签订《"案涉项目"建筑装饰工程施工合同》，约定由金某公司就案涉项目 1~5 层进行装修施工。

合同履行过程中，因东某公司不能按时足额支付装饰工程进度款，导致不能正常施工，双方签订了相关的补充协议后金某公司继续施工，并于 2016 年 1 月 16 日、2016 年 1 月 25 日，向东某公司送达竣工申请单、交工通知。

2016 年 1 月 30 日，案涉项目移交东某公司；2016 年 3 月 24 日，金某公司向东某公司提交工程结算单、竣工验收报告等结算资料，结算单载明的结算金

额合计 6185 万元。

后因东某公司未足额支付装修工程款，金某公司诉至法院，并主张就装修款优先受偿。

就优先权问题，一审法院认为案涉工程的发包人和建筑物所有权人均是东某公司，因此金某公司享有优先权。

东某公司对一审判决不服，向最高人民法院上诉，二审过程中，东某公司提交案涉项目 101~114 室的房屋产权人不属于东某公司的证明文件，并认为案涉工程部分产权不属于东某公司，金某公司对该部分房产的拍卖价款不享有优先权。

对此最高人民法院认为：东某公司提交了 14 套房产不属于东某公司的证明文件，而金某公司未提交相反的证据予以推翻，根据《最高人民法院关于审理建设工程施工合同纠纷案件适用法律问题的解释（一）》的规定，金某公司的优先权范围应当排除上述 14 套房产。

【案例2：鸿某公司与建某公司合同纠纷案】

2013 年 12 月，鸿某公司（甲方、发包人）与建某公司（乙方、承包人）签订《幕墙施工合同》，由建某公司负责案涉项目外立面石材幕墙工程的施工。

合同签订后，建某公司按要求入场施工，完工后撤场。工程存在部分施工项目甩项。后双方对于甩项部分的扣款、质保金返还等结算问题产生争议，建某公司向法院提起诉讼，要求鸿某公司支付工程款，并对案涉工程拍卖或者变卖的价款享有优先受偿权。

对于优先权的问题，法院认为：根据《最高人民法院关于审理建设工程施工合同纠纷案件适用法律问题的解释（一）》的规定，装饰装修工程具备折价或者拍卖条件的，装饰装修工程的承包人请求工程价款就该装饰装修工程折价或者拍卖的价款优先受偿的，人民法院应予支持。考虑到本案系幕墙装饰工程，不同于水晶吊顶灯安装、中央空调外机安装等具有相对独立性的装饰装修工程，幕墙与楼房主体形成紧密附合，不具备折价或拍卖条件，故对该项诉讼请求，法院不予支持。

四、法律分析与实务解读

《最高人民法院关于装修装饰工程款是否享有合同法第二百八十六条规定的优先受偿权的函复》（现行有效）规定，装修装饰工程的发包人不是建筑的所有权人或者承包人与该建筑物的所有权人之间没有合同关系时，承包人不享有优先权，且享有优先权的承包人只能在建筑物因装修装饰而增加价值的范围内优先受偿。

2018年版《最高人民法院关于审理建设工程施工合同纠纷案件适用法律问题的解释（二）》基本吸收了2004年《最高人民法院关于装修装饰工程款是否享有合同法第二百八十六条规定的优先受偿权的函复》中的观点，同样规定如果装饰装修工程的发包人不是建筑物的所有权人，则承包人不享有优先权。本文案例1中，因发包人不享有建筑物的全部产权，因而承包人对于产权在第三人名下的部分不享有优先受偿权，该判决结果正是沿袭了最高人民法院2004年的《最高人民法院关于装修装饰工程款是否享有合同法第二百八十六条规定的优先受偿权的函复》以及2018年版的《最高人民法院关于审理建设工程施工合同纠纷案件适用法律问题的解释（二）》中的观点。

而2020年版的《最高人民法院关于审理建设工程施工合同纠纷案件适用法律问题的解释（一）》出台之前，原计划完全吸收2018年版的《最高人民法院关于审理建设工程施工合同纠纷案件适用法律问题的解释（二）》中关于装饰装修优先权的规定，但全国人大法制工作委员会提出[①]："装饰装修通常具有附属性，仅因装饰装修工程未按照合同约定进行支付便对建设工程整体进行处分，是否妥当或可行，建议再作研究。"基于此，《最高人民法院关于审理建设工程施工合同纠纷案件适用法律问题的解释（一）》表述为"装饰装修工程具备折价或者拍卖条件"的情形下，承包人可享有优先权。

此处"具备折价或拍卖条件"与发包人是否属于建筑物的所有权人存在一些区别，不应将两者进行混同。装饰装修工程的发包人可以是建筑物的所有权人，也可以是使用权人。例如租赁情形下，租赁方对建筑物享有使用权，其为了满足自身对建筑物使用的需要，可就建筑物进行装修。因此，租赁方可与承包人签订装修合同，但如果到期未支付装修款，承包人请求就装修款优先受偿的，如果按

[①] 最高人民法院民事审判第一庭. 最高人民法院新建设工程施工合同司法解释（一）理解与适用 [M]. 北京：人民法院出版社，2021.

照 2018 年版的《最高人民法院关于审理建设工程施工合同纠纷案件适用法律问题的解释（二）》，则无法得到支持；但按照 2020 年的《最高人民法院关于审理建设工程施工合同纠纷案件适用法律问题的解释（一）》，则需要结合是否具备折价或拍卖条件来考虑。

正如在案例 2 中，北京市第二中级人民法院认为，幕墙装饰工程已经与主体工程紧密混合，因此不具备拍卖条件。结合该法院的观点来看，笔者认为装修工程是否具备折价或拍卖条件，需要考虑以下几个因素：

（1）装饰装修工程的优先权前提并不是看发包人是否属于建筑物所有权人，而是看装修工程是否可以从主体工程中独立出来单独折价或拍卖。例如，空调设备、高端家具等，此类可以单独折价的设施，则具备相应的拍卖或折价基础，承包人可以就此享有优先权；此时即便发包人仅是建筑物的使用人，因该部分装修工程可以单独拆分，因此进行拍卖或折价并不会损害所有权人的利益。

（2）如果装修工程已经与主体工程混合，无法单独拍卖或折价，则此种情形下如果装饰装修工程的承包人要实现优先权，则必须将整个工程拍卖。此时需要考虑整个工程是否具备拍卖或折价的前提，例如发包人同样欠付总承包人工程款，总承包人也申请将整个工程拍卖，此时应理解为满足折价或拍卖的条件。否则，装饰装修工程的承包人不宜仅因发包人欠付装饰装修款而对工程进行整体处分，如此做法不利于维护各方的合法利益。

（3）即便工程整体可以拍卖，根据《最高人民法院关于装修装饰工程款是否享有合同法第二百八十六条规定的优先受偿权的函复》文中的规定，装饰装修工程优先权的范围也仅限于使得建筑物价值增加的部分。参照该规定来看，针对装饰装修工程的价值应当能够单独进行计算，如无法单独计算的，则即使工程可以整体拍卖，也无法拆分出装饰装修部分的价值，因而也难以确定与之对应的优先权范围，从这个角度来说，此类情形就不具备拍卖、折价的条件。例如，开发商建设的精装修商品房，此类装修工程的造价或价值已相对成熟，一般可以单独进行评估、计算，因而装饰装修工程的承包人通常可以主张就该部分的价值优先受偿。

五、实务指引

结合上述讨论，装饰装修工程的承包人也享有相应的优先权，但其优先权的行使需要满足一定的条件，相对于总承包人来说，装饰装修工程优先权的行使会存在

一定的难度。从有利于保障装饰装修工程承包人权益的角度,笔者建议:

(1) 在签订装饰装修合同时,注意核实发包人的资信情况,以及建筑物的所有权是否属于发包人。

(2) 在签订装饰装修合同时,注意核实装饰装修工程是否独立于主体工程,如装饰装修工程与主体建筑混合的,则较难进行拍卖或折价,从而优先权难以保障,此时宜注意合同履行过程中发包人的付款情况,避免出现付款延误或垫资施工;必要时,可在签约时要求发包人提供付款担保。

(3) 对于装饰装修工程使得建筑物价值增加的部分,建议在装修合同中进行约定。在明确约定计算方法的情形下,司法实践中可能会依据双方的约定进行认定;如未进行约定的,则需要通过技术手段进行鉴定,可能会存在一些操作难度。

第九节　垫资一般可以优先受偿,而索赔款项能否优先受偿,需结合具体情形进行区分

一、实务疑难点

建设工程价款优先权作为一种特殊的制度,在施工合同纠纷中有着重要的作用,在关键时刻,也是保障承包人工程款的一种重要手段。而实践中,对于优先受偿权的范围有哪些,存在一定的争议。本文通过一则小案例,结合相关的规定和司法解释,对此来进行分析。

二、法条链接

《最高人民法院关于审理建设工程施工合同纠纷案件适用法律问题的解释(一)》(法释〔2020〕25号)

第四十条　承包人建设工程价款优先受偿的范围依照国务院有关行政主管部门关于建设工程价款范围的规定确定。

承包人就逾期支付建设工程价款的利息、违约金、损害赔偿金等主张优先受偿的,人民法院不予支持。

三、典型案例

【案例：宇某公司与文某公司合同纠纷案】

2010年3月28日，文某公司（甲方）与宇某公司（乙方）签订《工程承包合同》，约定由宇某公司负责案涉工程，工程内容包括电站的首部取水枢纽工程（低坝方案）、引水隧洞及渠道、前池、泄溢道、压力管、升压站、主副厂房工程及值班生活用房、机电设备及安装工程、金属结构设备及安装、临时工程等。

合同履行过程中，因土地征用、拆迁、施工用电、施工场地等问题，导致出现工期延误以及停工、窝工的情况。2013年7月8日，宇某公司向监理及文某公司邮寄送达相关的索赔报告单，要求文某公司承担人工误工补偿、机械闲置补偿、增加管理费补偿等合计1989.30万元。文某公司及监理对此未明确答复，宇某公司又于2013年9月23日经公证后再次补充邮寄索赔报告单，追加申报人工误工、机械设备闲置、管理费补偿合计312.36万元。

文某公司收到上述两次报告单后仍未予以回复，后宇某公司向四川省高级人民法院提起诉讼，要求支付欠付工程款及相应的停窝工损失，并要求就工程款以及工期延误增加的人工费、机械设备费、管理费行使优先受偿权。

经一审四川省高级人民法院委托鉴定机构鉴定，并经审理确认，宇某公司的工程价款合计3971.28万元；因工期延误产生的人工误工、机械闲置、管理费等损失共计948.50万元。针对工期延误产生的损失，一审法院并未支持宇某公司的优先权主张。宇某公司不服，上诉于最高人民法院。

对此，最高人民法院认为，对于优先受偿权的范围，根据司法解释的规定，承包人就逾期支付建设工程价款的利息、违约金、损害赔偿金等主张优先受偿的，人民法院不予支持。因文某公司原因造成宇某公司工期延误损失，不属于建设工程价款优先受偿权的权利行使范围，故宇某公司主张将工期延误损失确认为工程价款优先受偿权范围，于法无据。

四、法律分析与实务解读

建设工程价款优先权的出台初衷在于保障农民工的工资，因而有观点认为优先权的范围仅包括承包人为建设工程应当支付的工人工资、材料款等实际支出费用。2002年6月20日颁布的《最高人民法院关于建设工程价款优先受偿权问题的批复》

（该文件已失效）即持该观点。但是，由于该观点在司法实践中的操作性不强，即便是要从承包人的工程款中计算工人工资、材料费等实际支出费用，所需要花费的诉讼成本也较高。根据《最高人民法院关于审理建设工程施工合同纠纷案件适用法律问题的解释（一）》的规定，优先权的范围按照住房和城乡建设部关于建设工程价款的范围确定，即优先权的范围就是承包人应得的全部工程价款。例如，按照《建筑安装工程费用项目组成》（建标〔2013〕44号）的规定，工程价款包括了人工费、材料费、机械费、施工机具使用费、企业管理费、利润、规费和税金，因此前述有关费用，应当均属于优先权的范围。

除此之外，根据《最高人民法院关于审理建设工程施工合同纠纷案件适用法律问题的解释（一）》的规定，工程款利息、违约金、损害赔偿金不属于优先权的受偿范围。对于工程款利息、违约金一般不存在争议，但如何理解损害赔偿金可能存在一些不同的解释，例如工程索赔是否属于损害赔偿金的范畴，以及垫资利息能否优先受偿，则颇具争议，笔者对这两项内容进一步予以讨论。

1. 索赔款项是否属于优先权的范围

索赔款项是否可以纳入优先权的范围，还是应当归入司法解释中的"损害赔偿金"范畴，从优先权的范围内剔除。对此，笔者认为对于索赔款项是否属于优先权的范围的判断，仍应当回归优先权的本质，即优先权的范围应当是工程价款，而不是损失或违约金。

就本文的典型案例来讲，承包人就工期延误向发包人寄送了有关索赔报告，而该部分索赔针对的是工期延误导致的损失，应属于损害赔偿的范畴，该部分损失也不会物化到建设工程中，因而不应理解为工程价款。从这个角度来说，该种情形下的索赔款项就不属于优先权的范围，本文案例中法院将工期延误损失与工程价款单独列支，也印证了有关承包人损失的索赔款项不属于工程价款，从而不纳入优先权的范围。

另一方面，如果索赔款项构成工程价款的一部分，则应当纳入优先权的范围。例如，施工总承包模式下，发包人进行了设计变更，但不同意办理签证并增加价款，此时承包人向发包人提出索赔。在此情形下，如果索赔成立，则该索赔针对的是设计变更引起的工程量增减变化，而工程量增减变化显然构成工程价款的增加，也同时物化到了工程之中，因而属于优先权的范围。

因此，索赔款项是否可以优先受偿，需要考虑索赔所指向的对象，如果索赔属于损失的范畴，则不在优先权的范围内；如果索赔的是工程款的一部分，已经物化到实体工程之中,则应当优先受偿。

2. 垫资款及垫资利息是否作为优先受偿权的范围

垫资能否优先受偿在实践中有一定争议。从优先权的制度角度来说,承包人为工程建设而付出的实际支出应属于优先权的范围。针对垫资的情形,承包人进场施工时,必然因支付工人工资、购买材料、租赁机械等产生实际支出;另一方面,垫资的本质属于承包人代为支付了本应当由发包人支付的工程款,因而本质上垫资就属于承包人应得的工程价款。因此,无论从哪个角度理解,正常情况下承包人的垫资款已物化到工程之中,因而合法的垫资款应当予以保护,即垫资款一般应属于优先受偿权的范围。

《最高人民法院关于审理建设工程施工合同纠纷案件适用法律问题的解释(一)》明确规定工程款的利息无法优先受偿,而如前所述,承包人的垫资款本质上也属于承包人应得的工程价款,但垫资的利息属于发包人使用承包人资金所付出的资金成本,其并没有物化到建设工程之中;另一方面,如果发承包双方对垫资没有约定的,则按照《最高人民法院关于审理建设工程施工合同纠纷案件适用法律问题的解释(一)》第二十五条第二款的规定,该部分垫资视为工程欠款,而工程欠款的利息也不在优先权的范围内。因而,从以上两个方面来讲,垫资的利息不宜作为优先受偿权的范围。

需要注意的是,如果名义上为垫资,但实际上构成民间借贷,则所谓的垫资款也不属于优先权的范围。例如,湖北省高级人民法院在其审理的某民间借贷纠纷案件中认为,发承包双方在合同中约定了4000万元"垫资款",但双方并未约定承包人利用自有资金先进场组织施工企业进行施工,待工程施工到一定阶段或全部完成后,再由发包人支付垫付工程款,而是约定承包人事先将4000万元款项交付给发包人使用,发包人每年向其支付利息和管理费。在此种情况下,法院认为,双方以"垫资"为名,行资金拆借之实,4000万元不属于工程垫资款,而是借款,不在建设工程价款优先受偿权的行使范围之内。

在名为垫资实为借款的情形下,发承包双方约定承包人"垫资",而后发包人给予承包人"垫资"的补偿,其本质上可以理解为承包人的投资行为,即付出垫资款的本金以获得利息收益。类似地,如果发承包双方约定承包人垫资,而后发包人给予承包人其他收益,例如分配一定的房屋,则也是投资行为。在前述情况下,垫资均不属于承包人优先受偿的范围。

针对上述名为垫资实为借贷的情形,《江苏省高级人民法院关于审理建设工程施工合同纠纷案件若干问题的意见》第二十一条也作出了类似规定："未用于建设工程的借款以及发包人应当支付的违约金或者因为发包人违约所造成的损失不属于建设工程价款优先受偿权的受偿范围。"

五、实务指引

结合以上讨论，索赔款项能否优先受偿，需要具体问题具体分析。对于垫资款及利息，一般而言垫资可以优先受偿，利息则不能。针对承包人的优先权问题，笔者提出以下管理建议：

（1）如需要垫资的，建议在合同中明确约定垫资及垫资利息。但考虑到施工合同签约由发包人占据强势地位，承包人如事实上存在垫资的客观情况的，应注意搜集、保存垫资施工的证据，例如对外支付的工资、材料费、机械租赁费等凭证。

（2）如发包人要求承包人垫资的，应注意避免直接将"垫资款"支付给发包人，再由发包人采购工程材料的行为，此种情形下一般均会被认定为借贷或投融资行为，从而无法获得该部分的优先权。

（3）针对索赔事项，建议与发包人协商办理签证以增加工程价款，从而有利于保障诉讼阶段针对该部分款项的优先权。

第十节　放弃优先权的约定如损害建筑工人利益的，则约定无效

一、实务疑难点

实践中，发包人基于银行融资等需要，往往要求承包人放弃建设工程价款优先受偿权，使得银行等金融机构的抵押权能够优先行使，从而发包人能够顺利获取融资。但工程款的优先权往往又涉及包括分包、材料商以及农民工等第三方利益主体，因而实务中对于放弃优先权的约定是否有效，一直以来都是各方关注的热点和难点问题。

二、法条链接

《最高人民法院关于审理建设工程施工合同纠纷案件适用法律问题的解释（一）》（法释〔2020〕25号）

第四十二条 发包人与承包人约定放弃或者限制建设工程价款优先受偿权，损害建筑工人利益，发包人根据该约定主张承包人不享有建设工程价款优先受偿权的，人民法院不予支持。

三、典型案例

【案例：华某资产与凤某公司合同纠纷案】

2013年2月27日，借款人金某公司与贷款人某银行福州分行签订《房地产开发项目贷款合同》，约定金某公司就其案涉项目向某银行福州分行贷款38000万元。同日，某银行福州分行与金某公司签订《抵押合同》，约定金某公司以其某处地块土地使用权为上述贷款合同项下全部债务提供抵押担保。其中，第6.1条第（6）项约定，如抵押财产为土地使用权或在建工程的，抵押人承诺将抵押财产后续阶段的在建工程、现房一并作为主合同项下的抵押财产，并在具备抵押条件时在房地产登记机关或有权部门所允许的最早时间内及时签署相关文件并办理有关抵押手续。

同日，承包人苏州凤某公司向某银行福州分行出具了《承诺书》："……我单位（或本人）向贵行承诺如下：一、就上述抵押物，我单位放弃《中华人民共和国合同法》第二百八十六条的规定享有的优先权，以使贵行依抵押权享有对抵押物完整的优先权……三、如我单位违反上述承诺，对上述工程（在抵押物的范围内）行使《中华人民共和国合同法》第二百八十六条规定的优先权的，我单位所获得的价款或建筑物本身即应无条件地归贵行，用于清偿发包人或借款人所欠贵行的贷款本息和费用，贵行有权直接向受诉人民法院主张该权利……六、我单位承认：贵行对有关抵押合同和借款合同的签署和执行，是建立在对上述承诺信赖的基础上的。本承诺书的各项承诺，均构成对我单位的可强制执行的、具有法律约束力的义务和责任。七、本承诺书自我单位签署之日生效。一旦贵行与发包人之间的抵押合同生效，本承诺书即成为该合同的组成部分。"

因金某公司拖欠工程款，凤某公司向福建省高级人民法院提起诉讼，福建省高级人民法院于2014年7月16日作出民事调解，调解书达成以下协议：一、凤某公司、金某公司一致同意解除讼争《建设工程施工合同》《补充协议》及项下附件等相关合同；二、金某公司同意支付凤某公司工程款126561566元

（含福安市人力资源和社会保障局代垫的 1300 万元农民工工资），并同意该款项在凤某公司所施工的案涉项目工程范围内优先受偿；三、凤某公司在取得 126561566 元工程款后一个月内应偿还福安市人力资源和社会保障局代垫的 1300 万元农民工工资……

2015 年 12 月 2 日，某银行福州分行与华某资产签订转让协议，将案涉工程的贷款及利息转让给华某资产。华某资产向法院提起诉讼，以凤某公司承诺放弃工程款优先权为由，要求法院判令凤某公司将其通过民事调解书行使建设工程价款优先受偿权所得价款在 126561566 元范围内归华某资产所有，用于清偿金某公司所欠的贷款本息和费用。

2018 年 7 月 27 日，福建省宁德市中级人民法院作出执行分配方案，凤某公司作为建设工程价款的优先权人，实际受偿 68939365 元，受偿比例为 54.47%。案涉关系如图 7-2 所示。

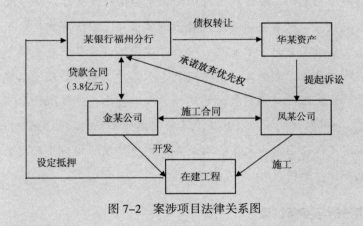

图 7-2 案涉项目法律关系图

诉讼过程中，各方对于凤某公司放弃优先权的效力发生争议。

对此最高人民法院认为：建设工程价款优先受偿权虽作为一种法定的优先权，但现行法律并未禁止放弃或限制该项优先权，且基于私法自治之原则，民事主体可依法对其享有的民事权利进行处分。《最高人民法院关于审理建设工程施工合同纠纷案件适用法律问题的解释（一）》的规定包含了两层意思：一是承包人与发包人有权约定放弃或者限制建设工程价款优先受偿权，二是约定放弃或者限制建设工程价款优先受偿权不得损害建筑工人利益。案涉《承诺书》虽系作为承包人的凤某公司向作为发包人债权人的某银行福州分行作出，而非直接向发包人金某公司作出，但《承诺书》的核心内容是凤某公司处分了己方的建设工程价款优先受偿权，因而判断凤某公司该意思表示、处分行为的效力必然仍要遵循司法解释的立法精神，即建设工程价款优先受偿权的放弃或者限制，不得损害建筑工人利益。

本案中，尚无证据显示凤某公司出具的《承诺书》存在合同无效的法定情形，但华某资产的诉讼主张能否得到支持，仍要讨论凤某公司放弃建设工程价款优先受偿权的承诺，是否客观上产生了损害建筑工人利益的后果。就本案而言，金某公司在凤某公司就案涉项目施工后并未支付工程款以至双方涉诉。政府部门亦于2014年1月间为凤某公司垫付建筑工人工资1300万元。金某公司与凤某公司虽于2014年7月16日在法院组织下达成调解协议，金某公司同意向凤某公司支付工程款126561566元，并同意该款项在凤某公司施工的案涉项目工程范围内优先受偿，且凤某公司应在收到前述工程款后偿还政府部门垫付款项。但直到2018年7月27日福建省宁德市中级人民法院作出执行分配方案，凤某公司在调解书中确定的工程价款通过行使优先受偿权仅实际获得分配68939365元。后经法院裁定，凤某公司亦进入破产清算程序。以上事实足以说明，在本案中，若还允许凤某公司基于意思自治放弃建设工程价款优先受偿权，必然使其整体清偿能力恶化，影响正常支付建筑工人工资，从而导致侵犯建筑工人利益。华某资产虽主张政府部门垫付的建筑工人工资已经通过执行款项得到了受偿，但是凤某公司取得相应执行款正是其行使建设工程价款优先受偿权的结果。一审法院认定《承诺书》中凤某公司放弃优先受偿权的相关条款因损害建筑工人利益而无效，并无错误。

四、法律分析与实务解读

上述案件是承包人放弃优先权的典型案例，由最高人民法院二审审理后生效，具有较大的实务参照价值。对于承包人放弃优先权的问题，笔者结合该案件，从两个方面进行讨论。

1. 在不损害建筑工人利益的前提下，自愿放弃优先权原则上应当有效

在2018年版的《最高人民法院关于审理建设工程施工合同纠纷案件适用法律问题的解释（二）》出台之前，对于承包人放弃优先权是否有效的观点存在极大的争议。

有效说的学者认为，民事权利属于私权利，可以自由处分，只要符合意思自治原则，即为有效。即使存在违背当事人真实意思表示之情形，尚有合同法规定的撤

销权制度对已放弃的建设工程价款优先权进行救济；工程价款优先权作为法定权利和私权，理论上当事人可行使也可放弃。

而无效说的学者认为，工程价款优先权是为保护建筑工人利益而设立，如果允许其放弃，将会使其立法目的落空，使得权利行使归于随意，故而排除意思自治，认定其为无效；且工程价款优先权涉及的利益、秩序、原则或者准则，一旦纳入行政管理抑或为法律政策规制后，其不可避免地涉及公权力。

最高人民法院也曾在某施工合同纠纷案件中对优先权进行论述："建设工程价款优先受偿权的性质为具有担保性质的民事财产权利，属于私权范畴，友某公司有权选择行使或放弃……工程价款优先受偿权虽然旨在赋予承包人优于抵押权的法定优先权进而间接保障建筑工人、材料商的合法权益，但并未规定该优先权的行使、放弃需征得建筑工人、材料商的同意，友某公司主张因其未征得上述人员同意，放弃优先权的意思表示无效，缺乏法律依据。"

从原《中华人民共和国合同法》的制定到后来的司法解释，确立建设工程优先权的立法本意在于保障承包人以及相关利益主体的合法权益，尤其是保障农民工工资得到落实和支付。从民法法理上来讲，如果不违反法律的禁止性规定和社会公序良俗，民事主体有权自由处分其财产权利，包括放弃财产权利或限制该财产权利，因而承包人自愿放弃优先权的，则属于对自身私权利的处分，在不损害第三人利益的前提下，尤其是在不损害建筑工人利益的情形下，该放弃行为应当认定有效。

2. 承包人放弃建设工程价款优先权，并损害建筑工人利益的，应当认定无效

自2018年版的《最高人民法院关于审理建设工程施工合同纠纷案件适用法律问题的解释（二）》出台之后，对于承包人放弃建设工程价款优先受偿权的效力，以有效为前提，无效为例外。其判断的标准主要看放弃优先权是否损害建筑工人的利益。

例如，在本文案例中，承包人向金融机构作出放弃优先权的承诺，但因发包人欠付工程款，导致承包人无力支付工人工资；而承包人通过优先受偿权获得了54.47%的工程款，从而得以支付相应的农民工工资。也就是说，如果在该案中，承包人放弃优先权有效，则承包人的工程款债权将劣后于金融机构的债权，使得承包人无法通过优先受偿权来获得该部分工程款，进而农民工工资无法得到支付，从这个角度来说，则显然损害了建筑工人的利益。因此，在该案中应认定放弃优先权无效。

实践中，对于如何界定放弃优先权对建筑工人的利益产生影响，需要结合具体的案件情况来予以综合考量。本文最高人民法院审理的案件属于放弃优先权的典型案例，但实践中，考虑到农民工身份的特殊性，法院在认定放弃优先权的效力时往往会更偏向于承包人的利益。

五、实务指引

结合以上论述，目前对于承包人放弃优先权的效力问题，一般以有效为原则，无效为例外。而无效的原因或判断标准，需要以是否损害建筑工人利益作为标准和尺度。

由于建设工程优先权关涉承包人能否在发包人资金短缺的情况下，优先回收工程款债权，对于承包人的实体权益影响较大。而在实践中，发包人为了向银行等金融机构办理融资需要，有时会要求承包人向发包人或贷款银行出具放弃优先权的承诺。在此情形下，建议承包人从以下方面加强风险管理：

（1）密切关注发包人的债务状况，是否存在可能影响工程款支付的情况。

（2）对于商品房项目，达到预售条件后要注意关注发包人的销售及回款情况，如销售情况良好，则工程款债权无法收回的可能性较小。

（3）在施工前期发现发包人的财务状况不佳，且进度款支付延后，则应以放弃优先权显失公平、发包人进度款支付不到位导致农民工工资无法支付等为由，向法院提起诉讼，申请撤销放弃优先权的承诺。

（4）如进入诉讼程序，则应注意搜集建筑工人的工资支付情况、分包单位及有关供应商的款项支付情况，必要时可请相关工人出庭作证，以说明放弃优先权已侵害到了建筑工人的利益。

第八章
内部承包与分包管理

第一节　内部承包与转包或挂靠之间的区分

一、实务疑难点

内部承包制度在施工企业内部普遍盛行，但实践中，存在大量以内部承包的名义，实际行使违法行为的情形。例如，内部承包往往与转包或挂靠之间存在极为相似的表现形式。而对于如何鉴别内部承包和转包、挂靠之间的区别，是实践中较为复杂和疑难的问题，笔者将结合司法案例及相关规定，对于内部承包与相关违法行为之间的区别进行讨论。

二、法条链接

《建筑工程施工发包与承包违法行为认定查处管理办法》（建市规〔2019〕1号）

第八条　存在下列情形之一的，应当认定为转包，但有证据证明属于挂靠或者其他违法行为的除外：

（一）承包单位将其承包的全部工程转给其他单位（包括母公司承接建筑工程后将所承接工程交由具有独立法人资格的子公司施工的情形）或个人施工的；

（二）承包单位将其承包的全部工程肢解以后，以分包的名义分别转给其他单位或个人施工的；

（三）施工总承包单位或专业承包单位未派驻项目负责人、技术负责人、质量管理负责人、安全管理负责人等主要管理人员，或派驻的项目负责人、技术负责人、质量管理负责人、安全管理负责人中一人及以上与施工单位没有订立劳动合同且没有建立劳动工资和社会养老保险关系，或派驻的项目负责人未对该工程的施工活动进行组织管理，又不能进行合理解释并提供相应证明的；

（四）合同约定由承包单位负责采购的主要建筑材料、构配件及工程设备或租赁的施工机械设备，由其他单位或个人采购、租赁，或施工单位不能提供有关采购、租赁合同及发票等证明，又不能进行合理解释并提供相应证明的；

（五）专业作业承包人承包的范围是承包单位承包的全部工程，专业作业承包人计取的是除上缴给承包单位"管理费"之外的全部工程价款的；

（六）承包单位通过采取合作、联营、个人承包等形式或名义，直接或变相将其承包的全部工程转给其他单位或个人施工的；

（七）专业工程的发包单位不是该工程的施工总承包或专业承包单位的，但建设单位依约作为发包单位的除外；

（八）专业作业的发包单位不是该工程承包单位的；

（九）施工合同主体之间没有工程款收付关系，或者承包单位收到款项后又将款项转拨给其他单位和个人，又不能进行合理解释并提供材料证明的。

两个以上的单位组成联合体承包工程，在联合体分工协议中约定或者在项目实际实施过程中，联合体一方不进行施工也未对施工活动进行组织管理，并且向联合体其他方收取管理费或者其他类似费用的，视为联合体一方将承包的工程转包给联合体其他方。

三、典型案例

  【案例：张某德与某建筑公司合同纠纷案】

1996年6月20日，韩某公司与某建筑公司签订《建设工程施工合同》，将案涉工程承包给某建筑公司施工。1996年6月30日、1999年5月3日，某建筑公司又通过与周某树、张某德等签订《内部承包协议》《补充协议》，将部分工程交由周某树、张某德等施工。

施工过程中，因韩某公司存在资金困难的问题，案涉工程多次停工。

此后，张某德向法院提起诉讼，要求某建筑公司支付工程款。诉讼过程中，某建筑公司认为张某德属于内部承包，不是案涉工程的实际施工人。但最高人民法院认为：从合同约定看，该《内部承包协议》《补充协议》具备了建设工程分包合同施工范围、施工工期、施工质量、价款支付、材料供应等实质性内容。

从合同履行来看，张某德持有案涉工程的全套技术资料、财务账簿、工程预决算资料、施工签证及项外签证等，并提供了购买建筑材料的协议、欠据、收据等，证明其对案涉工程进行了施工。而某建筑公司并没有向张某德施工的工程投入任何材料、提供任何资金，除发包方韩某公司供材外，建筑材料及机械设备全部是张某德自行投入。因此，张某德与某建筑公司之间名为内部承包，实为分包关系，张某德为实际施工人。

四、法律分析与实务解读

1. 内部承包的定义

建筑行业关于内部承包的规定，最早起源于1987年原国家计委、财政部、中国人民银行联合发布的《关于改革国营施工企业经营机制的若干规定》（现行有效），其中第二条规定："施工企业内部可以根据承包工程的不同情况，按照所有权与经营权适当分离的原则，实行多层次、多形式的内部承包经营责任制，以调动基层施工单位的积极性。"

由此，内部承包在国内逐步得到了发展，从鼓励施工企业内部人员的角度来说，内部承包制度无疑有利于激发内部承包人的积极性，有助于为企业创造利润，实现内部承包人和施工企业的双赢局面。

2. 内部承包与违法行为之间的区分

内部承包制度设立的初衷在于提高企业内部人员的积极性，但在实际操作过程中，却存在大量以内部承包之名，行违法分包、转包或挂靠之实的情况，本文最高人民法院的案例就是典型的情形。

从住房和城乡建设部的规定来看，未派驻主要项目管理人员、派驻的项目管理人员与施工企业之间无社保关系或没有进行实质性管理的，均可能属于名为内部承包实为转包或挂靠的情形。因工程实际情况纷繁复杂，在司法实践中对于认定内部承包与挂靠、转包或违法分包等违法行为之间的差别，存在多种表现形式。例如，湖北省高级人民法院曾在某案件中从三个方面对名为内部承包实为挂靠或转包的行为进行了详细的论述：①海某公司并未为薛某许交纳五险一金；薛某许虽然从项目部领取工资，但项目部的资金来源也是薛某许自筹，应认定海某公司并未向薛某许支付过劳动报酬。因此，虽然双方之间有劳动合同，但薛某许并非海某公司内部员工。②从内部承包协议的条款来看，海某公司实际是将其承包的工程交由薛某许完成。合同实际履行中，也是薛某许筹集资金，自行组织施工技术人员、机械设备，而非薛某许利用海某公司的生产资料及相关的经营管理权完成案涉工程项目的施工。薛某许在项目中的施工行为并非作为海某公司员工而进行内部承包的职务行为，而是作为第三方转包的个人行为，该合同内容不是企业与内部员工之间的权利、义务。③在资产所有权上，薛某许承包经营的资产并非海某公司所有；海某公司将工程发包给薛某许，是将工程发包，而非将海某公司内部资产发包给内部员工经营，薛某许用于承包经营的资产并非海某公司所有。

此外，江苏省南通市中级人民法院曾发布《关于建设工程实际施工人对外从事商事行为引发纠纷责任认定问题的指导意见（试行）》，其中明确规定："区分是行政隶属关系还是挂靠、转包、违法分包关系，可根据以下情形综合分析判断：施工合同约定的建筑单位与现场施工方之间有无产权关系、有无统一的财务管理；施工合同约定的建筑单位与施工现场的项目经理或其他现场实际施工人员之间有无合法的人事或劳动关系以及社会保险关系。"

结合前述的相关观点，建设工程内部承包的典型特征应包括：①内部承包人是建筑企业的内部成员，双方存在上下级间行政隶属上的管理关系；②内部承包协议的内容是关于企业与员工之间权利、义务的约定；③内部承包人还要接受施工企业的行政管理，遵守其规章制度，比如安全生产、劳动保险等方面的管理；④在资产所有权上，内部承包人承包经营的资产为企业所有；⑤施工企业参与了项目管理。

如果前述条件之中未能满足其一的，均可能会被认为是转包、违法分包或挂靠。实务中，内部承包人与施工企业之间是否存在劳动关系和社保关系通常很容易判断并举证。但关于施工企业是否实际参与了管理、是否也承担了管理责任、是否对内部承包人提供技术、资金、资源等方面的支持，往往成为内部承包与转包、违法分包或挂靠之间的界限。例如，内部承包协议约定工程的质量、安全等均由内部承包人负责，如发生质量、安全事故也与施工企业无关。此类约定显然不符合内部承包的特征，施工企业作为建设工程施工合同的签约主体，其对工程安全、质量应承担无过错责任，即便采用内部承包的形式，施工企业对工程也应承担管理责任，该等责任较难通过协议安排来进行转移。相反，此类相关的责任概括转移至内部承包人的约定，反而可能被作为挂靠或转包的证据。

从另外一个层面来讲，实务中大量的内部承包均由内部承包人实际负责项目的资金筹措、对外采购材料、租赁机械等施工活动，此种情况就属于内部承包人并未实际承包企业的资产，往往也属于以内部承包的名义行使有关违法行为。

五、实务指引

从合法、合规的角度，施工企业应注意避免发生挂靠、转包等情形。如采用内部承包模式的，应注意从以下方面加强合规措施：

（1）内部承包人与施工企业签订内部承包协议之前，应当先签订劳动合同，并缴纳社保。如果先签订内部承包协议，后补签劳动合同、补交社保的，则可能因补签而导致内部承包协议存在合规风险。

（2）从合同约定的角度，应合理约定工程的风险分配方式。建议避免约定工程质量、安全等各类风险全部由内部承包人承担。实务中，部分企业会在内部承包协议中约定将施工总承包合同中关于总包的风险、责任与义务均转移给内部承包人，此类概括转移责任、风险的约定因不符合内部承包的特征，因而也往往存在转包或挂靠的嫌疑，且承包人的有关法定义务也难以通过合约的方式予以转嫁，建议谨慎对待。

（3）从合同履行的角度，施工企业应当对内部承包人进行实质性管理，提供技术、资金、资源支持，并对项目的质量、安全、技术、财务等方面进行管理。例如，协助内部承包人进行安全技术交底，提供内部承包人资金、融资支持，协助其对外采购材料、租赁设备。如果施工企业仅收取一定的管理费，或者就业主的工程款收取一定的比例，但未实际参与管理并对内部承包人提供资源支持，则也可能存在转包、违法分包的嫌疑，应注意避免。

（4）从规避、减轻承包人责任或风险的角度来讲，施工企业应注意委派相应的人员对内部承包人实施全过程管理，以免内部承包人存在超越内部权限等情形损害承包人的利益。例如，定期对项目现场的质量、安全等问题进行检查，指派总部管理人员定期参与现场会议等；此外，可协助内部承包人推进项目的进展（例如向发包人追讨进度款），或协助内部承包人参与业主的谈判或会议等。

第二节　挂靠属于出借资质承揽项目，转包属于项目的转让，两者法律后果有所差异

一、实务疑难点

转包与挂靠在实务中存在极强的相似性，往往很难区分。虽然转包和挂靠情形下相关施工合同与协议均无效，但两种情形对于实际施工人的权益主张以及诉讼策略的影响均有一定的差异。关于转包和挂靠之间的区别问题，以及针对转包和挂靠情形分别如何选取相对较优的诉讼方案，是实务中的难点问题。

二、法条链接

1.《建筑工程施工发包与承包违法行为认定查处管理办法》（建市规〔2019〕1号）

第七条　本办法所称转包，是指承包单位承包工程后，不履行合同约定的责任和义务，将其承包的全部工程或者将其承包的全部工程肢解后以分包的名义分别转给其他单位或个人施工的行为。

第九条　本办法所称挂靠，是指单位或个人以其他有资质的施工单位的名义承揽工程的行为。前款所称承揽工程，包括参与投标、订立合同、办理有关施工手续、从事施工等活动。

2.《建设工程质量管理条例》（2019年修正）

第六十一条　违反本条例规定，勘察、设计、施工、工程监理单位允许其他单位或者个人以本单位名义承揽工程的，责令改正，没收违法所得，对勘察、设计单位和工程监理单位处合同约定的勘察费、设计费和监理酬金1倍以上2倍以下的罚款；对施工单位处工程合同价款2%以上4%以下的罚款；可以责令停业整顿，降低资质等级；情节严重的，吊销资质证书。

第六十二条　违反本条例规定，承包单位将承包的工程转包或者违法分包的，责令改正，没收违法所得，对勘察、设计单位处合同约定的勘察费、设计费25%以上50%以下的罚款；对施工单位处工程合同价款0.5%以上1%以下的罚款；可以责令停业整顿，降低资质等级；情节严重的，吊销资质证书。

工程监理单位转让工程监理业务的，责令改正，没收违法所得，处合同约定的监理酬金25%以上50%以下的罚款；可以责令停业整顿，降低资质等级；情节严重的，吊销资质证书。

3.《最高人民法院关于审理建设工程施工合同纠纷案件适用法律问题的解释（一）》（法释〔2020〕25号）

第四十三条 实际施工人以转包人、违法分包人为被告起诉的，人民法院应当依法受理。

实际施工人以发包人为被告主张权利的，人民法院应当追加转包人或者违法分包人为本案第三人，在查明发包人欠付转包人或者违法分包人建设工程价款的数额后，判决发包人在欠付建设工程价款范围内对实际施工人承担责任。

三、典型案例

【案例：瑞某公司与白某强合同纠纷案】

2011年3月21日，承包人中某公司中标瑞某公司某项目；2011年4月1日，中某公司与白某强签订《内部承包合同》，约定白某强对案涉施工全过程进行负责，中某公司收取管理费。

后因工程款支付问题各方发生争议，白某强诉至法院。诉讼过程中，关于中某公司与白某强之间属于挂靠还是转包，最高人民法院认为：中某公司与白某强之间并非挂靠关系，而系转包关系。一般而言，区分转包和挂靠主要应从实际施工人（挂靠人）有没有参与投标和合同订立等缔约磋商阶段的活动加以判断。转包是承包人承接工程后将工程的权利、义务概括转移给实际施工人，转包中的实际施工人一般并未参与招标投标和订立总承包合同，其承接工程的意愿一般是在总承包合同签订之后；而挂靠是承包人出借资质给实际施工人，挂靠关系中的挂靠人在投标和合同订立阶段一般就已经参与，甚至就是其以被挂靠人的代理人或代表的名义与发包人签订建设工程施工合同。因此，一般而言，应当根据投标保证金的缴纳主体和资金来源、实际施工人（挂靠人）是否以承包人的委托代理人身份签订合同、实际施工人（挂靠人）有没有与发包人就合同事宜进行磋商等因素，审查认定属于挂靠还是转包。本案中，中某公司中标在前，白某强与中某公司签订内部承包合同在后，实际施工人白某强并未以承包人中某公司的委托代理人身份签订合同，也没有与发包人瑞某公司就合同事宜进行磋商，故认定中某公司与白某强为挂靠关系，没有事实依据。

四、法律分析与实务解读

前述案例中,关于挂靠和转包的关系和区分已进行了较为详细的说明。结合《住房和城乡建设部关于印发建筑工程施工发包与承包违法行为认定查处管理办法的通知》(建市规〔2019〕1号)的规定,挂靠的典型特征在于借用资质并承揽工程的行为,即实际施工人实际参与项目的承揽,而转包指施工企业承接项目后再转给实际施工人。

一般而言,挂靠存在两层法律关系,即建设工程合同关系与挂靠法律关系,挂靠情形下往往涉及实际施工人借用资质与建设单位直接对接承接项目,例如参与招标投标、竞争性谈判、协商等过程,而后以施工企业的名义,或代表施工企业与建设单位签订施工合同,并实际组织施工。具体法律关系如图8-1所示。

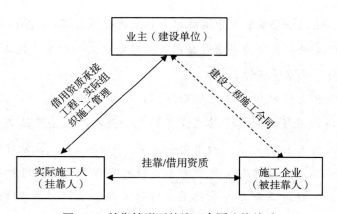

图8-1 挂靠情形下的施工合同法律关系

而转包的法律关系更为线性、简单明了,如图8-2所示。

图8-2 转包情形下的施工合同法律关系

挂靠情形下,因挂靠人(实际施工人)存在借用资质的情形,因此其与施工企业(被挂靠人)之间的内部承包协议(挂靠协议)无效;而因施工企业与建设单位之间签订的施工合同,实际由挂靠人借用资质签订,其效力一般而言以发包人是否明知挂靠进行区分(参见本书第二章"借用资质签订的施工合同是否有效,应当区分发包人是否知情"中的论述)。

而在转包情形下，一般而言，由施工企业参与项目前期的竞争性谈判、招标，并直接由施工企业与建设单位签订。因此，如果不存在其他导致合同无效的行为，则转包情形下，建设单位与施工企业之间的施工合同一般有效。而施工企业承接项目后，仅收取相关的管理费，未实际参与项目的实施，直接转包给实际施工人，施工企业与实际施工人之间的协议因构成转包而无效。

结合以上讨论，挂靠本质上属于出借资质并承揽项目的行为，而国家对于资质有着较为严格的监管规定，资质问题涉及建筑市场的交易秩序问题。因此，从价值取向上来看，对于挂靠的行为监管、处罚也都会严于转包，例如《建设工程质量管理条例》对于出借资质的施工单位的处罚是施工合同价款的2%~4%；而对于将项目转包的承包人的处罚则是施工合同价款的0.5%~1%。另外，挂靠与转包除了表现形式不同之外，关于施工企业与建设单位以及施工企业与实际施工人之间的合同或协议的效力也存在差异。同时，在转包情形下，实际施工人可以直接依据《最高人民法院关于审理建设工程施工合同纠纷案件适用法律问题的解释（一）》第四十三条以发包人为被告主张工程款权利，但该条司法解释的规定并不包含挂靠情形下的实际施工人。

五、实务指引

在司法实践中，区分转包和挂靠的意义在于，转包情形下实际施工人可以突破合同相对性，直接依据《最高人民法院关于审理建设工程施工合同纠纷案件适用法律问题的解释（一）》第四十三条的规定起诉建设单位。

鉴于实务中挂靠与转包有较高的相似度，对于挂靠和转包之间的区分从证据角度往往较难举证。因此，对于实际施工人而言，从利益最大化的角度，如发生工程款争议的，应尽力主张转包而非挂靠，从而套用司法解释的规定，以突破合同相对性起诉建设单位。

而对于建设单位而言，在发包项目时应注重对承包人转包、违法分包及挂靠行为的限制，避免承包人发生类似违法行为，可在施工合同中对于转包、挂靠等行为作出禁止性规定，并设定高额的违约金及合同解除权来约束承包人。

最后，对承包人来说，如果存在违法行为，就会存在被查处的可能，情节严重的（例如发生质量、安全事故），则可能面临停业整顿、吊销资质证书等处罚，同时还会构成对建设单位的违约，因此承包人在承包项目时，应注意相应的合规性。

第三节 挂靠人只能起诉合同相对方，发包人明知挂靠的，合同相对方为发包人

一、实务疑难点

《最高人民法院关于审理建设工程施工合同纠纷案件适用法律问题的解释(一)》第四十三条赋予实际施工人突破合同相对性直接起诉发包人的权利，但该条司法解释中的实际施工人仅涉及违法分包和转包两种情形，并未就挂靠情形下实际施工人的权利作出明确规定。鉴于挂靠和转包在实务中较为类似，因而在挂靠情形下实际施工人能否直接起诉发包人，实务中存在较大争议，本文尝试对此问题予以分析。

二、法条链接

《最高人民法院关于审理建设工程施工合同纠纷案件适用法律问题的解释（一）》（法释〔2020〕25号）

第四十三条 实际施工人以转包人、违法分包人为被告起诉的，人民法院应当依法受理。

实际施工人以发包人为被告主张权利的，人民法院应当追加转包人或者违法分包人为本案第三人，在查明发包人欠付转包人或者违法分包人建设工程价款的数额后，判决发包人在欠付建设工程价款范围内对实际施工人承担责任。

三、典型案例

【案例：中某公司与朱某军合同纠纷案】

2015年8月26日，中某公司与朱某军签订《挂靠协议》，挂靠期间为两年，即2015年8月26日起至2017年8月25日止。2016年11月2日，某县国土资源局与中某公司签订施工合同。案涉项目计划于2016年10月23日开工，实际开工日期为2016年11月2日，完工日期为2016年12月10日，竣工验收日期为2017年2月23日。

2018年3月12日，中某公司向某县国土资源局出具的《工作联系函》载明："我公司中标的由贵单位2016年发包的'案涉'工程，一直由挂靠在我单位的朱某军先生与贵局实际联系并承包本项目……"

后因发包人欠付工程款,朱某军向法院起诉,要求中某公司支付欠付工程款,某县国土资源局在欠付范围内承担连带责任。(诉讼过程中,某县国土资源局明确认可案涉工程的招标投标及合同的签订、施工、结算均由朱某军以中某公司名义进行,后中某公司发出《工作联系函》后,其才得知中某公司、朱某军系挂靠关系)

一审法院支持了朱某军的相关诉请,并判决中某公司与某县国土资源局就欠付工程款承担连带责任。中某公司不服,上诉于青海省高级人民法院,并认为朱某军无权越过中某公司向发包人某县国土资源局索要工程款。二审法院维持了一审判决。

中某公司不服,向最高人民法院申请再审,认为中某公司无须就欠付工程款承担责任。

对此,最高人民法院认为:①依据司法解释的规定,实际施工人可向发包人、转包人、违法分包人主张权利。但中某公司系被挂靠方,不属于转包人、违法分包人或发包人,原判决以该规定为法律依据判决中某公司承担给付工程款的责任,适用法律错误,本院予以纠正。②朱某军借用中某公司的资质与某县国土资源局签订案涉施工合同,中某公司作为被借用资质方,欠缺与发包人某县国土资源局订立施工合同的真实意思表示,中某公司与某县国土资源局不存在实质性的法律关系。本案中,朱某军作为案涉工程的实际施工人与发包人某县国土资源局在订立和履行施工合同的过程中,形成事实上的法律关系,朱某军有权向某县国土资源局主张工程款。

四、法律分析与实务解读

1. 挂靠人是否属于实际施工人

在《最高人民法院关于审理建设工程施工合同纠纷案件适用法律问题的解释》(法释〔2004〕14号)出台之前,实际施工人并非法律概念,也不是建筑行业的专门性术语。最高人民法院曾在2004年的施工合同司法解释答记者问时指出,从建筑市场的情况看,承包人与发包人订立建设工程施工合同后,往往又将建设工程转包或者违法分包给第三人,第三人就是实际施工人。类似地,最高人民法院曾在2016年8月24日发布的《关于统一建设工程施工合同纠纷中"实际施工人"的司法认定条件的建议的答复》中称,"实际施工人"是指依照法律规定被认定为无效的施工合同中实际完成工程建设的主体,包括施工企业、施工企业分支机构、工头等法人、非法人团体、公民个人等，是司法解释确定的概念，目的是为了区分有效施工合同的承包人、施工人、建筑施工企业等法定概念。

可见，实际施工人应当是无效的施工合同中的承包人，其主要目的在于区别有效合同下的承包人，因而实际施工人是无效合同的情形下实际对工程投入了人力、资金、物力的承包人。因此，挂靠情形下，如果挂靠人实际对项目进行了资源投入并组织施工，则对工程享有权利，也应赋予其实际施工人的地位。最高人民法院在2018年判决的一再审案件中也明确指出："涉案合同虽无效，但仍然在实际施工人（挂靠人）、发包人与被挂靠人之间存在着参照合同约定支付工程款的债权债务关系。"

2. 挂靠人能否直接起诉发包人

1）挂靠人原则上不能直接起诉发包人

在转包情形下，《最高人民法院关于审理建设工程施工合同纠纷案件适用法律问题的解释（一）》明确赋予了实际施工人突破合同相对性直接起诉发包人的权利，但并未对挂靠作出规定，由此导致实务中存在一定争议。

合同相对性是合同法律体系下基本的法律原则，一般而言不得进行任意突破。司法解释之所以赋予了实际施工人突破合同相对性起诉发包人的诉权，其核心原因在于保障农民工的工资支付，以维护社会稳定。近年来，一系列类似的法律法规也陆续出台。例如，针对农民工工资支付的难题，国务院专门制定了《保障农民工工资支付条例》，就农民工工资支付难题，尤其是建设工程领域的民工工资支付问题作出专门性规定。由此可见，国家对于农民工工资支付的难题已经在实施一系列应对措施。

回到实际施工人突破合同相对性原则起诉发包人的问题，在司法解释仅明确规定违法分包、转包情形下的实际施工人可突破合同相对性的情形下，一般也不宜扩大解释为挂靠人也可突破合同相对性。尤其是在《中华人民共和国民法典》正式出台后，合同相对性的原则再一次被强调提及。例如，《中华人民共和国民法典》第四百六十五条明确规定："依法成立的合同，仅对当事人具有法律约束力，但是法律另有规定的除外。"而此前的《中华人民共和国合同法》第八条规定："依法成立的合同，对当事人具有法律约束力。"可见，《中华人民共和国民法典》相对于原《中华人民共和国合同法》而言，更加强调了合同相对性的原则，除了法律明确规定外，合同仅对合同双方当事人具有约束力。因此，无论是违法分包、转包还是挂靠，原则上均不得突破合同相对性直接起诉发包人。

在此情形下，如果仍将司法解释赋予实际施工人起诉发包人的权利进行扩大解释，则显然与当前《中华人民共和国民法典》形势下严格适用合同相对性的原则相违背。

因此，一般而言，挂靠人无权依据司法解释的规定直接起诉发包人，其可以依据挂靠协议起诉其合同相对方，即被挂靠人。最高人民法院也曾在黄某涛、北京某集团建设工程施工合同纠纷中认为："在挂靠关系下，挂靠人系以被挂靠人名义订立和履行合同，其与作为发包人的建设单位之间不存在合同关系。对实际完成施工的工程价款，其仅能依照挂靠关系向被挂靠人主张，而不能跨越被挂靠人直接向发包人主张工程价款。"

2）发包人明知挂靠的情形下，实际施工人可以直接起诉发包人

根据本书第二章"借用资质签订的施工合同是否有效，应当区分发包人是否知情"中的分析，在发包人明知挂靠的情形下，则实际施工人与发包人之间基于真实的意思表示，形成事实上的施工合同关系；而被挂靠人与发包人之间基于虚假的意思表示，相应的施工合同不成立。基于此，实际施工人基于与发包人之间事实上的施工合同关系，可以直接起诉发包人要求支付工程款。

回归到正文案例中，实际施工人以承包人的名义参与和发包人之间的招标投标及施工合同的签订，且施工过程中双方之间合同履行、结算等均是在实际施工人与发包人之间直接发生，基于此，最高人民法院认为实际施工人与发包人之间形成了事实上的合同关系，而被挂靠人欠缺与发包人之间订立合同的意思表示，因而认定实际施工人可直接起诉发包人。

五、实务指引

相对于转包和违法分包，挂靠行为存在于为承揽工程而借用资质的情形中，因其存在扰乱国家资质管理的行为，存在较大的过错，从这个层面来讲，司法解释未赋予挂靠人突破合同相对性的情形，存在一定的价值取向。

结合前述讨论，挂靠情形下，无论发包人是否明知，实际施工人一般只能向其合同相对方主张权利，在发包人明知挂靠时，其合同相对方为发包人；而在发包人不知情时，其合同相对方为被挂靠人。不同于转包可以一并起诉承包人和发包人的情形，挂靠情形下实际施工人只能起诉合同相对方，也在一定程度上对于其工程款的保障程度不及转包的情形。因此，建议在实际操作中，尽量减少类似违法行为，谨慎采用挂靠的模式承包工程。

第四节　发包人指定分包的，不影响分包合同的效力，但承包人应加强对指定分包的管理

一、实务疑难点

建设工程领域，发包人直接指定分包单位的情形较为常见。对于指定分包合同的效力，现行法律法规并没有明确作出评价。但在《中华人民共和国建筑法》《建设工程质量管理条例》等法律法规中，规定了发包人不得指定设备、材料。那么，如果发包人指定设备、材料供应商或分包商的，是否会导致相应的分包合同效力瑕疵，则有必要进行一定的讨论。

二、法条链接

1.《中华人民共和国建筑法》（2019 年修正）

第二十五条　按照合同约定，建筑材料、建筑构配件和设备由工程承包单位采购的，发包单位不得指定承包单位购入用于工程的建筑材料、建筑构配件和设备或者指定生产厂、供应商。

2.《建设工程质量管理条例》（2019 年修正）

第二十二条　设计单位在设计文件中选用的建筑材料、建筑构配件和设备，应当注明规格、型号、性能等技术指标，其质量要求必须符合国家标准的规定。

除有特殊要求的建筑材料、专用设备、工艺生产线等外，设计单位不得指定生产厂、供应商。

三、典型案例

【案例：合某公司与圣某公司合同纠纷案】

2012 年 2 月 14 日，合某公司（甲方）、中某公司（乙方，总承包施工单位）及圣某公司（丙方）签订《"案涉项目"木地板指定分包工程承包合同》，合同约定甲方和乙方将案涉项目的相关木地板制作及安装工程委托丙方负责。

合同签订后，2012 年 5 月 11 日，圣某公司进场施工。2013 年 8 月 6 日，案涉项目木地板制作和安装工程竣工验收合格。

后因合某公司拖欠材料款，圣某公司向法院提起诉讼。诉讼过程中，关于

> 指定分包合同是否有效，法院认为：合某公司与圣某公司及中某公司签订的指定分包工程承包合同，系双方当事人真实意思表示，不违反法律、行政法规的强制性规定，圣某公司具有相应的施工资质，故该合同应为合法有效。

四、法律分析与实务解读

虽然在工程实践中指定建筑材料、建筑构配件和设备的生产厂、供应商被法律禁止，相关的部门规章也对指定分包作出禁止性规定，例如《房屋建筑和市政基础设施工程施工分包管理办法》第七条规定："建设单位不得直接指定分包工程承包人。任何单位和个人不得对依法实施的分包活动进行干预。"但值得关注的是，在《建筑工程施工转包违法分包等违法行为认定查处管理办法（试行）》（建市〔2014〕118号）第五条的规定中，将指定分包认定为违法发包。也即如果指定分包构成违法发包，虽然无法直接按照《最高人民法院关于审理建设工程施工合同纠纷案件适用法律问题的解释（一）》的规定，认定相应的分包合同无效，但在行政监管层面给予了直接的否定性评价（即构成违法行为）。而前述文件在2019年发布《住房和城乡建设部关于印发建筑工程施工发包与承包违法行为认定查处管理办法的通知》（建市规〔2019〕1号）时，删除了指定分包构成违法发包的规定。当前，对于违法发包是否导致合同无效，尚无明确规定。而指定分包不构成违法发包时，对合同效力的影响还需进一步探讨。

基于上述情况，笔者倾向于认为，《中华人民共和国建筑法》《建设工程质量管理条例》对于禁止指定材料商的规定，其出发点在于防止利益输送的情况。例如，设计单位在图纸上指定设备材料，可能存在设计单位、发包人与个别材料单位存在利益输送的可能性，因而在法律层面对此作出禁止性规定。但该规定更多的是管理上的要求，并不必然因指定而导致签订的相关合同无效。合同是否无效，应当从合同约定的内容是否违反了法律、行政法规的强制性规定，是否损害了建设工程质量安全及公共利益等角度出发进行评判。因此，对于发包人指定材料、供应商、分包单位等情形的，虽然存在不合规问题，但目前认为不构成违法发包，因而一般认为不影响分包合同的效力。

五、实务指引

《最高人民法院关于审理建设工程施工合同纠纷案件适用法律问题的解释（一）》第十三条规定："发包人具有下列情形之一，造成建设工程质量缺陷的，应当承担过错责任：……（三）直接指定分包人分包专业工程。"发包人指定材料商，虽然并不影响分包合同的效力,但如果分包商导致工程质量缺陷的,发包人应当承担相应责任。

实践中,发包人指定分包的,往往目的在于加强对承包人的管理,例如避免承包人对材料商的付款延误,导致材料不能按期进场而延误工期。类似于本文案例,指定材料供应商时,相应合同往往由发包人、供应商、承包人三方签订,使得法律关系较为复杂,导致权利、义务的边界不清晰,增加了承包人的合同履约风险。对此,建议承包人可采取以下措施:

(1)厘清分包合同的签约主体,一般而言,分包合同仍由总包与分包签订,并将相应的权、责、利进行明确,例如约定分包款由承包人支付,以保障对分包的控制权,并设定背靠背条款,避免因发包人延期支付导致垫付分包款;同时可以约定因材料供应不及时等原因导致工期延误的,或因分包单位原因被发包人索赔的,由分包单位承担责任。

(2)实践中发包人要求签订三方合同,通常是由于发包人出于直接付款和对分包管理的需要,此种情形下,总包实质上仅是对发包人提供配合义务,此时需要注意因分包单位原因导致的质量、工期等问题的责任承担。

(3)如果指定分包单位发生根本违约的,必然会对工程质量和工期产生影响,此时承包人可以行使法定解除权,将分包合同解除。但同时需注意,贸然解除分包合同可能会面临对发包人的违约,因此建议:①向发包人发送联系函,告知指定分包单位的违约情况;②为保障项目实施,要求指定分包单位采取的整改措施;③说明指定分包单位违约造成承包人的各项损失以及可能对工程进度等问题产生的影响;④提出解除分包合同的建议以及告知如不解除指定分包合同将面临损失进一步扩大的风险。

第五节　未经发包人同意签订的分包合同存在违法分包的风险

一、实务疑难点

实践中,部分发包人出于项目管理的需要,通常会要求承包人在分包时需要经过发包人的同意,或将有关分包合同在发包人处备案。如果此时承包人未经发包人同意即将有关专业工程进行分包的,则分包合同的效力如何,实务中的观点不一。

尤其是在总承包合同中并未对分包作出特别约定的情况下,能否仅以未经发包人同意为由,就认定分包合同无效,实践中对此问题的争议更大。

二、法条链接

1.《中华人民共和国建筑法》(2019年修正)

第二十九条 建筑工程总承包单位可以将承包工程中的部分工程发包给具有相应资质的分包单位;但是,除总承包合同中约定的分包外,必须经建设单位认可。施工总承包的,建筑工程主体结构的施工必须由总承包单位自行完成。

2.《建设工程质量管理条例》(2019年修正)

第七十八条 本条例所称肢解发包,是指建设单位将应当由一个承包单位完成的建设工程分解成若干部分发包给不同的承包单位的行为。

本条例所称违法分包,是指下列行为:

(一)总承包单位将建设工程分包给不具备相应资质条件的单位的;

(二)建设工程总承包合同中未有约定,又未经建设单位认可,承包单位将其承包的部分建设工程交由其他单位完成的;

(三)施工总承包单位将建设工程主体结构的施工分包给其他单位的;

(四)分包单位将其承包的建设工程再分包的。

本条例所称转包,是指承包单位承包建设工程后,不履行合同约定的责任和义务,将其承包的全部建设工程转给他人或者将其承包的全部建设工程肢解以后以分包的名义分别转给其他单位承包的行为。

3.《最高人民法院关于审理建设工程施工合同纠纷案件适用法律问题的解释(一)》(法释〔2020〕25号)

第一条 承包人因转包、违法分包建设工程与他人签订的建设工程施工合同,应当依据《中华人民共和国民法典》第一百五十三条第一款及第七百九十一条第二款、第三款的规定,认定无效。

三、典型案例

【**案例1:四某公司与龙某公司、红某医院合同纠纷案**】

2010年10月28日,发包人红某医院与承包人四某公司签订《建设工程施工合同》,约定由四某公司承包红某医院综合楼建设工程。四某公司将该工程中的通风工程、火灾自动报警等部分工程分包给龙某公司进行施工。但该分包行为未经过红某医院的同意，且龙某公司也未与四某公司签订书面承包合同，就进入施工现场对上述工程进行了施工。红某医院综合楼工程于2013年1月27日投入使用，龙某公司施工的通风及火灾自动报警工程于2014年6月29日验收合格。

后分包人龙某公司与四某公司就工程结算等问题发生争议诉至法院，双方对于分包合同是否有效发生争议。对此，最高人民法院认为：四某公司将通风及火灾自动报警工程分包给龙某公司，未签订书面分包合同，龙某公司为该部分工程的实际施工方，由于四某公司与红某医院签订的《建设工程施工合同》中未约定可以对外分包，红某医院亦不予认可，该分包工程的行为违反了法律的禁止性规定，一、二审法院认定龙某公司与四某公司之间的建设工程分包合同无效正确。

【案例2：豪某公司与中某公司合同纠纷案】

2008年3月17日，桃某公司（后变更为"黄某公司"）向中某公司发出中标通知书，确定中某公司为案涉工程的中标单位。2008年4月26日，桃某公司与中某公司签订《建设工程施工合同》及《合同补充协议条款》。

因中某公司不具备幕墙施工资质，2009年8月8日，中某公司（甲方）与豪某公司（乙方）签订《幕墙施工合同》，将案涉工程的幕墙工程分包给豪某公司施工。

合同履行过程中，建设单位出具《某假日酒店金属网纹采购及变形缝封堵等工程评审意见》，其中载明："2011年1月29日下午，某假日酒店项目筹建处在某房产会议室组织召开某假日酒店金属网纹采购及变形缝封堵等工程招标会……考虑到后续施工的衔接配合和方便管理，业主邀请豪某公司进行议价……"。

后因分包合同工程款支付与结算问题，豪某公司向法院起诉，并主张分包合同未经过建设单位的认可，应认定无效。

对此，法院认为：从外装饰工程竣工资料、《某假日酒店金属网纹采购及变形缝封堵等工程评审意见》等证据来看，黄某公司知晓并认可豪某公司对外装饰幕墙工程进行施工，豪某公司认为中某公司将幕墙工程分包给豪某公司未经建设单位同意，幕墙分包工程属违法分包的主张与事实不符，不予采信。《幕墙施工合同》系中某公司与豪某公司的真实意思表示，且不违反法律法规的效力性强制性规定，应认定为合法有效。

四、法律分析与实务解读

结合本文的两个案例来看，对于建设工程分包，未经发包人同意是否影响合同效力，主要存在两种观点。一种类似于案例1中的观点，即未经发包人同意的，分包合同无效。笔者在检索其他类似案例中发现，最高人民法院有较多的判决均持有此类观点，例如，最高人民法院在其2017年作出的某民事裁定书中认为，中铁某局未经建设单位同意，将国家重点建设工程分包给华某公司，违反法律禁止性规定，属无效合同。

另一种观点则认为，不宜直接以分包是否经过发包人同意作为合同效力的评判标准。例如在案例2中，虽然发包人没有就分包合同出具书面认可的意见，但在合同履行过程中，发包人一直知晓分包单位的存在，且默认了分包单位的施工，甚至在后续的施工分包的招标过程中，还进一步邀请该分包单位前来磋商，因而从履约过程中的各种迹象均可以表明发包人以默示的方式认可了该分包合同。因此，从这个角度来说，虽然分包合同没有直接经过发包人的书面同意，但此种情形下仍可以认为分包经过了发包人的认可，因而分包合同有效。

通过以上两种观点的对比，对于分包未经发包人同意，分包合同的效力如何认定，笔者认为，宜从三个方面来理解：

（1）《建设工程质量管理条例》明确将"未经发包人同意的分包"纳入了违法分包的范畴，从法律效力层级来讲，《建设工程质量管理条例》属于行政法规，效力层级较高。因此，如果施工合同对于分包未进行约定的，未经发包人同意即分包的行为，很难绕开《建设工程质量管理条例》关于违法分包的规定，从而结合《最高人民法院关于审理建设工程施工合同纠纷案件适用法律问题的解释（一）》的规定，相应的分包合同有较大概率被认定无效。

（2）从案例2来看，如果发包人未直接书面同意分包，但事后追认或明确予以认可的，一般可视为经过了发包人的认可，从而不构成违法分包，相应的分包合同宜认为有效。但此种情况下，需要注意的是，发包人知晓分包并不意味着同意分包，实践中存在发包人事实上不认可分包，但承包人不顾发包人的反对进行分包的情形。

（3）劳务分包合同即使未经发包人同意的，也应认为有效。《建设工程质量管理条例》所称的分包是指将"部分建设工程"分包给其他单位，而劳务分包仅仅是劳务,并不属于"建设工程"的分包,因此不适用《建设工程质量管理条例》第七十八条的规定,因而劳务分包合同即便未经过发包人的同意,也不构成违法分包,相应的劳务分包合同有效。

五、实务指引

结合以上讨论,目前对于未经发包人同意进行分包的行为,在司法实践中有较大可能性被认为是违法分包。从承包人合规的角度来讲,应注意因违法分包而导致的行政责任以及合同效力的瑕疵。为避免该等情形,施工企业应从以下方面进行防范:

(1)如施工总承包合同约定分包需要经过发包人认可的,则建议承包人在分包前应取得发包人对分包行为的书面认可文件。

(2)在分包时,通过书面通知、邮件等方式告知发包人分包的情况以及分包单位,并将分包的情况向发包人报备。

(3)如分包时未明确取得发包人认可的,应注意在合同履行过程中取得发包人的事后确认或认可文件。

第六节 工程分包针对专业工程,计取该部分工程的全部价款;劳务分包主要计取人工费

一、实务疑难点

劳务分包与工程分包在施工过程中均十分常见,但对于两者之间的主要区别,以及法律适用之间的差异,实务中容易混淆。例如,施工总承包单位承包工程后,一般不能将工程主体部分进行分包,但对于主体部分的劳务,能否进行分包,则属于十分典型的问题。本文将结合相关典型案件,针对工程分包和劳务分包的区别进行解析和总结,以解决实务中容易出现的难题。

二、法条链接

1.《房屋建筑和市政基础设施工程施工分包管理办法》(2019年修正)

第四条 本办法所称施工分包,是指建筑业企业将其所承包的房屋建筑和

市政基础设施工程中的专业工程或者劳务作业发包给其他建筑业企业完成的活动。

第五条 房屋建筑和市政基础设施工程施工分包分为专业工程分包和劳务作业分包。

本办法所称专业工程分包，是指施工总承包企业（以下简称"专业分包工程发包人"）将其所承包工程中的专业工程发包给具有相应资质的其他建筑业企业（以下简称"专业分包工程承包人"）完成的活动。

本办法所称劳务作业分包，是指施工总承包企业或者专业承包企业（以下简称"劳务作业发包人"）将其承包工程中的劳务作业发包给劳务分包企业（以下简称"劳务作业承包人"）完成的活动。

本办法所称分包工程发包人包括本条第二款、第三款中的专业分包工程发包人和劳务作业发包人；分包工程承包人包括本条第二款、第三款中的专业分包工程承包人和劳务作业承包人。

2.《建筑工程施工发包与承包违法行为认定查处管理办法》（建市规〔2019〕1号）

第十二条 存在下列情形之一的，属于违法分包：

（一）承包单位将其承包的工程分包给个人的；

（二）施工总承包单位或专业承包单位将工程分包给不具备相应资质单位的；

（三）施工总承包单位将施工总承包合同范围内工程主体结构的施工分包给其他单位的，钢结构工程除外；

（四）专业分包单位将其承包的专业工程中非劳务作业部分再分包的；

（五）专业作业承包人将其承包的劳务再分包的；

（六）专业作业承包人除计取劳务作业费用外，还计取主要建筑材料款和大中型施工机械设备、主要周转材料费用的。

三、典型案例

 【**案例1：中某公司与江苏某建合同纠纷案**】

江苏某建与中某公司签订施工合同后，江苏某建于2008年6月、7月分别与张某兴、陈某、范某签订《内部承包协议书》，约定将案涉工程分包给该三人组织劳务人员进行施工，江苏某建在施工过程中为三人提供大型施工设备和建筑施工材料，并配备专业技术人员。

中某公司认为，江苏某建未经中某公司的同意，将工程进行分包，构成违法分包和违约。

对此，最高人民法院认为：上述分包方式属于建设工程的劳务分包，江苏某建仍然要承担提供建筑设备材料、负责工程技术和质量、对施工进行管理、与发包人结算工程价款等总承包人的义务。同时，江苏某建在一审中举示了《设备租赁合同》《建筑器材租赁合同》等证据，证明该公司按照《内部承包协议书》的约定为案涉工程施工提供了大型施工设备，履行了总承包人的义务。另案沈阳市皇姑区人民法院在其作出的某民事判决中亦认定江苏某建租赁他人设备，用于案涉工程的事实。因此，江苏某建将案涉工程分包给个人的行为，仅属于劳务分包，不构成转包或违法分包。

【案例2：远某公司与满某公司合同纠纷案】

2010年11月1日，满某公司与远某公司签订了一份《主体结构劳务合同》，约定由满某公司承包远某公司承建的案涉工程，承包方式：实行包人工、周转设施料、辅料、机具方式。合同签订后，满某公司在现场施工。

2011年11月期间，满某公司的项目负责人被公安机关以雇佣社会闲杂人员到市信访局闹事为由处以行政拘留。石嘴山市城乡建设局于2012年2月9日下发《关于将西安满某公司清出我市建筑市场的通知》，决定将满某公司列入建筑施工企业黑名单并于2012年2月15日予以清出石嘴山市建筑市场。2012年2月22日，远某公司以满某公司存在严重违法违约行为为由向满某公司发出解除合同的通知。

2012年3月3日，满某公司回函同意解除双方签订的《主体结构劳务合同》。满某公司于2012年3月5日、2012年3月23日、2012年3月26日、2012年3月29日向远某公司发函要求进行工程结算，远某公司于2012年3月16日向满某公司发函表达清算意见，双方未能就案涉工程的结算达成一致意见。

之后，满某公司向法院提起诉讼。诉讼过程中，针对《主体结构劳务合同》的效力发生争议，对此一审法院认为满某公司完成的是主体结构的施工，因此名义上属于劳务合同，实际为专业分包合同，因此案涉合同无效。

> 但该观点在二审及最高人民法院再审中均被予以推翻，二审及再审法院均认为：分包分为专业工程分包和劳务分包，专业工程分包是指施工总承包企业将其所承包工程中的专业工程发包给具有相应资质的其他建筑企业即专业分包工程承包人完成的活动。劳务分包是指施工总承包企业或者专业承包企业即劳务作业发包人将其承包工程中的劳务作业发包给具有相应资质的劳务输出承包企业即劳务作业承包人完成的活动。专业工程分包指向的标的是分部分项的工程，计取的是工程款，其表现形式主要体现为包工包料；劳务分包指向的是工程施工的劳务，计取的是人工费，表现形式为包工不包料，俗称"清包工"。
>
> 双方订立的《主体结构劳务合同》约定，远某公司将案涉工程劳务发包给满某公司施工，满某公司的承包形式为包人工及少量的周转设施料等，故双方所订立的合同属建设工程劳务分包合同，合同内容不违反法律禁止性规定，该合同是双方当事人的真实意思表示，应认定为合法有效。

四、法律分析与实务解读

区分劳务分包与工程分包的意义在于，两者在判定是否构成违法分包或转包的情形中存在差异。正如在本文案例1中，发包人认为承包人的分包行为属于违法分包，但该主张最终未被法院认可；而在案例2中，承包人将主体工程的劳务进行分包，一审法院认为主体部分分包构成违法，但二审及再审法院均认为主体工程的劳务分包合法。由此可见，实践中对于工程分包与劳务分包可能存在不同的认识，容易将两者之间的概念及法律后果进行混淆。对此，本文针对两者之间的概念及区分梳理如下：

1. 劳务分包与工程分包的定义

根据《施工分包管理办法》第四条、第五条的规定，施工分包分为劳务分包（劳务作业分包）和专业工程分包。在《施工发承包违法行为认定查处办法》中，将劳务分包单位表述为"专业作业承包人"，结合该规定的第十二条以及笔者的工程实践经验来看，劳务作业的承包人仅计取人工费以及部分辅材，用通俗的话来讲就是包工不包料，而工程分包则一般属于包工包料，实践中常见的清包工就是劳务分包（劳务承包）的典型。

而对工程分包来讲，一般指将单位工程中的某个专业工程进行分包，例如，对桩基工程进行分包，或对地基与基础工程进行分包，又或者对装饰装修工程进行分包等。前述工程分包，不仅涉及工程劳务，还会涉及该部分专业工程所对应的主要建筑材料（例如钢筋、混凝土、水泥等）、施工所需的机械设备等。但对于劳务分包来讲，劳务承包人不负责提供建筑材料、主要施工机械等。

2. 劳务分包、工程分包的司法认定情况

劳务分包与工程分包均属于工程领域的常见现象，在不违反有关转包、违法分包相关规定以及资质管理标准的情形下，工程分包和劳务分包均是合法行为。但实践中，较为常见的是以劳务分包的名义，实际进行转包或违法分包。例如，在黄某盛、林某勇与江西通某公司、泉州泉某公司施工分包合同纠纷中，江西通某公司与黄某盛先后签订的两份《公路建设工程施工劳务承包合同》，约定的主要内容是江西通某公司将其承包的案涉项目合同段路基、土石方、涵洞、防护排水、土建工程交给黄某盛施工，双方按照江西通某公司与泉某公司签订的中标单价下浮一定比例结算工程价款；对于该约定，最高人民法院认为：该合同约定内容符合工程分包合同的法律特征，一审判决将其认定为工程分包合同，并以黄某盛、林某勇不具备相应资质承揽工程违反法律禁止性规定为由，认定合同无效，适用法律正确。在该案件中，承包人与劳务承包人签订劳务合同，但是该劳务合同约定的价款结算方式是以承包人与发包人的工程价款下浮后结算，此种约定显然不仅仅计取了人工费，还计取了主要材料、管理、利润等费用，其实质属于工程分包，因而构成了转包的行为。

类似地，最高人民法院在其作出的某民事判决书中认为，对比皇某公司与水电某局签订的《施工分包协议书》及皇某公司与清某公司签订的《劳务分包协议书》的内容可知，两份协议书在工程内容、工程承包范围上是相同的。《劳务分包协议书》约定的工程单价包括劳务、材料、机械、质检（自检）、安装、缺陷修复、管理、税费、利润等费用，该约定与《施工分包协议书》的约定也是一致的。因此，案涉合同所涉交易的实质是，皇某公司将其承包的合同再次分包给清某公司。

结合上述两个司法案件来看，在司法实践中对于劳务分包与工程分包的区分，主要是审查工程价款的计取方式，如果劳务承包人除了计取人工费外，还计取建筑主材的，则一般认定为工程分包。例如在本文的案例2中，劳务作业承包人虽然承包了主体工程，但仅计取了人工费及少量周转材料，因而属于劳务分包而非工程分包，并未违反主体工程不得进行工程分包的禁止性规定，因而相应的劳务合同有效。而在案例1中，如果承包人以内部承包的名义不仅将工程的劳务分包给了个人，同时主要建筑材料、机械设备也是由劳务承包人负责购买或租赁，则该案就会出现不同的结果,有较大的可能性被认定为构成转包或违法分包。

3. 劳务分包与工程分包的总结

根据前述劳务分包与工程分包的定义,以及司法实践中的认定情况,结合现行的相关法律法规,笔者针对劳务分包和工程分包的特点,列表总结(表8-1)。

劳务分包与工程分包的区别　　　　表8-1

区分	劳务分包/劳务作业承包	工程分包/工程专业承包
合同标的	工程劳务	专业工程(例如桩基、地基、装修、消防设施、建筑机电安装等)
工程价款的计取	只计取人工费,以及部分辅材和管理费	除人工费外,还包括材料费、机械费、管理费、规费等专业工程所包含的全部价款
承包资质	劳务作业资质(部分地区已取消)	专业工程承包资质
分包是否需发包人同意	否	经发包人同意或在总承包合同中约定
能否再次分包	否	不能再次分包,但可以将专业工程中的劳务进行分包
主体分包的问题	可以将工程主体的劳务进行分包	工程主体部分不能进行工程分包

五、实务指引

结合以上讨论,工程分包与劳务分包的差异,主要体现在合同标的以及价款的计取上,同时对于两者之间的资质适用与能否再次分包存在一定的差异。对于承包人来讲,应避免以劳务分包的名义,行工程分包的事实,从而构成转包或违法分包的风险。具体来说,笔者建议重点关注以下三个方面:

(1)承包人如果进行劳务分包的,应当对劳务作业承包人进行相应的管理,例如向劳务作业承包人提供现场机械、主要周转材料、建筑材料等;同时应当注意审查劳务作业承包人的资质,虽然从改革趋势上各地逐步取消劳务资质的审批或下发,但多数地区仍保留该资质。

(2)如果在劳务分包时,劳务分包合同的约定与承包人和建设单位之间的约定类似或合同价款采用背靠背的形式,则属于名义上是劳务分包,实质上构成转包行为,应注意避免。

(3)如进行工程分包的,承包人应注意总承包合同中关于分包的约定,如有约定的按约定执行;如未约定的,分包时应取得建设单位的同意,否则也将构成违法分包。

第七节　地基与基础工程一般不属于主体工程，但将其分包也存在违法分包的风险[①]

一、实务疑难点

地基与基础工程属于建筑物的重要组成部分，建筑物的全部重量最终通过基础传递给地基，地基与基础工程一旦存在质量问题，无法保障强度和稳定性，则容易导致沉降、上浮或变形，直接影响建筑物的使用，危及公共安全。也正因地基与基础工程的重要性，从法律角度通常将其与主体结构工程相提并论，法律上对地基基础工程的质量要求与主体结构工程等同视之，但这是否意味着地基与基础工程就属于主体结构工程？分包地基基础工程是否涉嫌主体结构分包？

二、法条链接

1.《中华人民共和国建筑法》（2019年修正）

第六十条　建筑物在合理使用寿命内，必须确保地基基础工程和主体结构的质量。

建筑工程竣工时，屋顶、墙面不得留有渗漏、开裂等质量缺陷；对已发现的质量缺陷，建筑施工企业应当修复。

2.《建设工程质量管理条例》（2019年修正）

第四十条　在正常使用条件下，建设工程的最低保修期限为：

（一）基础设施工程、房屋建筑的地基基础工程和主体结构工程，为设计文件规定的该工程的合理使用年限；

（二）屋面防水工程、有防水要求的卫生间、房间和外墙面的防渗漏，为5年；

（三）供热与供冷系统，为2个采暖期、供冷期；

（四）电气管线、给水排水管道、设备安装和装修工程，为2年。

其他项目的保修期限由发包方与承包方约定。

建设工程的保修期，自竣工验收合格之日起计算。

---

① 本篇由上海市建纬律师事务所合伙人郑冠红律师供稿。

三、典型案例

  【案例：国某公司与易某公司合同纠纷案】

2013年7月26日，易某公司（乙方）作为分包商与国某公司（甲方）作为总承包商签订《桩基工程施工合同》，约定由易某公司严格按《建筑地基基础工程施工质量验收标准》GB 50202—2018 及《建筑桩基技术规范》JGJ 94—2008，承担施工图纸范围内全部工程桩、袋装砂井、引孔、释放孔、送桩等工作。

2013年12月16日，易某公司向国某公司提交《工程完工报告》，后因工程整体验收及款项支付等问题，发生争议诉至法院。

庭审中，双方均认可易某公司负责施工的工程部分已经完工，国某公司表示整个工程尚未竣工验收。易某公司认为地基基础工程属于主体结构，必须由承包人自行完成，国某公司将该部分工程分包给易某公司导致合同无效，故国某公司应当支付剩余全部工程款。国某公司认为主体结构并不包括地基基础工程，易某公司具有相关施工资质，合同合法有效，国某公司在按照桩基分包合同约定扣除18%管理费及保留5%质保金后可向易某公司支付剩余工程款。

一审法院经审理认为，虽然相关法律法规对基础工程是否属于主体结构没有清晰、明确的定义，但从一般实践上理解，主体结构是基于地基基础之上，接受、承担和传递建设工程所有上部荷载，维持上部结构整体性、稳定性和安全性的有机联系的系统体系，它和地基基础一起共同构成建设工程完整的结构系统，是建设工程安全使用的基础，是建设工程结构安全、稳定、可靠的载体和重要组成部分。而从法律上讲，在《关于审理商品房买卖合同纠纷案件适用法律若干问题的解释》第12条中所称的"房屋主体结构"，一般认为应作广义理解，即作为一个完整的房屋建筑工程，既应包括房屋地下隐蔽工程的地基部分，也应包括房屋地上工程所涉及的部分，故引申到建筑工程主体结构的理解上来，地下与地上部分应为不可分割的一个整体。所以，一审法院认为法律之所以强制要求"建筑工程主体结构的施工必须由总承包单位自行完成"，其出发点主要考虑到主体结构关系到整个建设工程的完整和安全，由总承包方自行完成，可以最大限度地保证施工质量及质保责任，故一审法院认为地基基础工程应属于主体结构的一部分，国某公司将应自行完成的工程交由易某公司分包，已违反法律的禁止性规定，双方签订的《桩基工程施工合同》应属无效。

> 二审法院则认为，参照中华人民共和国住房和城乡建设部和中华人民共和国国家质量监督检验检疫总局联合颁布的《建筑工程施工质量验收统一标准》GB 50300—2013，以及中华人民共和国住房和城乡建设部颁布的《建筑业企业资质标准》，均将地基基础工程和主体结构工程分别罗列，并未规定地基基础工程包含于主体结构当中，故一审认定地基基础工程属于主体结构的一部分，应属错误。

四、法律分析与实务解读

结合法律法规及相关规范性文件，关于地基与基础工程是否属于主体结构工程，可以从以下几个方面理解：

（1）地基基础工程与主体结构在相关法律法规和标准规范性文件中，通常属于并列的两个概念，因此一般认为地基基础工程并不包含于主体结构。例如，《中华人民共和国建筑法》第六十条第一款规定："建筑物在合理使用寿命内，必须确保地基基础工程和主体结构的质量。"《建设工程质量管理条例》第四十条提到建设工程的最低保修期限："……房屋建筑的地基基础工程和主体结构工程，为设计文件规定的该工程的合理使用年限"。在《建筑工程施工质量验收统一标准》GB 50300—2013 对于建筑工程的分部工程、分项工程的划分中，也将地基与基础和主体结构作为两类并列的分部工程进行划分。

（2）参照住房和城乡建设部 2014 年颁布的《建筑业企业资质标准》，地基基础工程专业承包资质作为 36 个专业承包序列之一，分为三个等级，承担各类地基基础工程的施工。因而可以推定出，既然国家通过设立相应资质来认可地基基础工程可以进行专业分包，则一定程度上可以说明地基基础工程分包与法律禁止主体结构工程分包的规定并不冲突，也即地基基础工程与主体结构工程不可一概而论。

（3）部分地方规范性文件明确地基基础工程可以进行分包。如《上海市城乡建设和交通委员会关于进一步加强本市基坑和桩基工程质量安全管理的通知》（沪建交〔2012〕645 号）第一条规定："基坑工程施工可由该工程项目的施工总承包单位承担，也可由施工总承包单位将基坑工程依法分包给具有相应资质条件的专业承包企业承担"。上海市的该文件直接明确了基坑工程可以分包的规定，相当于从操作层面将地基基础工程与法律上禁止分包的主体结构工程进行了区分。

（4）即便有如上相当体量的规范性文件将地基基础工程与主体结构加以区分，实践中仍有不同观点，认为地基基础工程对工程质量安全影响重大，应当属于工程主体结构，或认为虽然地基基础工程不属于主体结构，但因与主体结构密不可分，因此对地基基础通常与主体结构的分包应当作出同等的禁止性规定。例如，在山东省高级人民法院作出的某民事判决书中提到"涉案工程中的地基基础工程和主体工程不属于可以分包的工程范围，山东某院将该部分工程发包给山东某建施工，违反了法律的禁止性规定"。

五、实务指引

结合前述分析，地基基础工程从国家法律、行政法规及资质标准上，都有其区别于主体结构独立存在的渊源，地基与基础工程不能理解为属于主体结构工程。

但是具体到地基与基础工程能否分包的层面，除了关注到基本法律禁止主体结构分包的规定，还需要关注到《中华人民共和国招标投标法》第四十八条、第五十八条的规定，即中标人需要自行完成工程的主体、关键性工作，如果中标后将中标项目的部分主体、关键性工作分包给他人的，则需承担相应的法律责任。也即，如果项目历经招标投标程序，且地基基础工程属于招标项目的主体、关键性工作的，即便地基基础工程不属于主体结构，中标人对外进行分包的，也同样面临合法性风险。

第八节　不同项目对于主体结构的界定存在差异，双方可结合规定对主体结构进行约定[①]

一、实务疑难点

《中华人民共和国建筑法》《建设工程质量管理条例》等国家基本法律、行政法规明确了建筑工程主体结构工程施工不得分包的禁止性规定，违反法律规定分包主体结构的，将构成违法分包，承担行政处罚及相关民事法律后果；造成工程质量安全事故的，违法分包行为还可能成为质量安全事故责任追究的加重情节。因此，主体结构分包是工程施工分包中需要避免的重中之重。但是，对于主体结构如何理解？具体到不同的工程类别中，究竟哪些内容是主体结构，成为一直以来困扰发承包双方的问题。

---

① 本篇由上海市建纬律师事务所合伙人郑冠红律师供稿。

二、法条链接

《中华人民共和国建筑法》（2019年修正）

第二十九条 建筑工程总承包单位可以将承包工程中的部分工程发包给具有相应资质条件的分包单位；但是，除总承包合同中约定的分包外，必须经建设单位认可。施工总承包的，建筑工程主体结构的施工必须由总承包单位自行完成。

三、典型案例

【某江公司与某泰公司合同纠纷案】

2010年9月30日，某泰公司与中某公司签订《案涉项目动力站EPC总承包合同》，某南公司作为EPC总承包商承担案涉项目的设计、实施、竣工及修补缺陷。2011年1月24日，业主某泰公司、总承包方某南公司经过招标投标程序与承包方电某公司签订《施工合同》（某泰公司、某南公司为甲方，电某公司为乙方），约定由电某公司承包案涉项目动力站工程A标段1号、4号机组主体及部分辅助工程的土建和安装施工。该合同通用条款3.2约定：乙方如在甲方的同意下分包部分工程，应将分承包合同副本送交甲方。2011年3月，电某公司（甲方）与某江公司（乙方）签订《分包合同》，约定由某江公司承建案涉项目动力站工程——1号、4号机组及部分附属项目建筑工程。承包范围及内容：集中控制楼，1号、4号机组的汽机房及山墙、除氧间、煤仓间、空冷岛及钢梯等建（构）筑物，厂区道路及平整、厂区硬化、厂区排水等。

本案的发承包关系如图8-3所示。

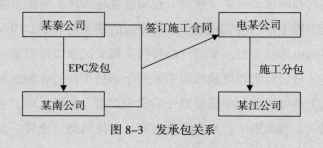

图8-3 发承包关系

后因工程款争议，某江公司提起诉讼，诉讼过程中，某江公司认为电某公司将案涉工程的部分主体结构违法分包给某江公司，该《分包合同》应属无效。

本案历经一审、二审，直至最高人民法院再审，针对该《分包合同》效力问题，最高人民法院最终认为：案涉工程为电石项目动力站工程，工程核心及合同主要目的为机组设备的采购与安装，电某公司负责案涉工程施工的核心和主体工程，即设备机组的采购和安装。而某江公司承接的工程范围为 A 标段工程项目中的土建工程，并非主体工程，不属于《建设工程质量管理条例》第七十八条第二款第三项规定的"施工总承包单位将建设工程主体结构的施工分包给其他单位"的情形。

四、法律分析与实务解读

工程的主体结构是整个工程建设中的核心内容，主体结构不仅关系到工程能否发挥应有的经济效益，还涉及工程建设期间最基本的质量安全问题。而对于什么是主体结构，国家法律法规层面并没有作出针对性规定，加之"主体结构"属于工程技术层面问题，在不同专业工程领域，根据其建设内容不同、建筑结构的差异性，主体结构可能无法一概而论，这也是导致实践中存在理解争议的根源。

从立法本意出发，参考工程建设相关标准规范及相关专业领域的规范性文件，或可对主体结构的理解有更加清楚的认识：

1）法律、行政法规对主体结构分包持否定的态度，是出于保障建设工程质量安全的需要。因此，对主体结构的理解应当首先从该部分工作是否对工程整体的质量安全存在重大、实质性影响，而不能仅因工作内容的造价占比、工作周期长短等来判定是否属于主体结构。从《中华人民共和国建筑法》《建设工程质量管理条例》等相关规定可以看出，法律要求施工总包单位必须自行完成主体结构工程的施工，即便经发包人同意，也不能将主体结构工程的施工分包给他人。这是因为主体结构关系到建筑物的整体安全，需由施工总承包单位亲自组织、安排主体结构的施工生产活动。而对于主体结构相关的劳务工作、材料供应等，仍可以委托其他主体实施。

2）具体到不同专业工程领域中，对主体结构存在不同理解。例如：

（1）在建筑工程中，《建筑工程施工质量验收统一标准》GB 50300—2013 规定，建筑工程包含地基与基础、主体结构、建筑装饰装修等十个分部工程。按照该标准规定，主体结构可以由混凝土结构、砌体结构、钢结构、钢管混凝土结构、型钢混凝土结构、铝合金结构、木结构等构成。

（2）在司法实践中，司法机关尝试根据工程建设的技术要求对主体结构的认定作出阐释，例如河南省高级人民法院在其作出的某民事裁定书中认为："建筑物的主体结构是指在建筑中，由若干构件连接而成的能承受作用的平面或者空间体系，主体结构要具备足够的强度、刚度、稳定性，用以承重建筑物上的各种负载。"北京市高级人民法院在其作出的某民事判决书认为："建筑物的主体结构是指在建筑中，由若干构件连接而成的能承受作用的平面或空间体系。主体结构要具备足够的强度、刚度、稳定性，用以承重建筑物上的各种负载，建筑物主体结构可以由一种或者多种材料构成。"

（3）在其他专业类型工程中，《建筑工程施工质量验收统一标准》GB 50300—2013 的分类却无法适用，例如市政工程、水利工程、公路工程、铁路工程等，除了附属土建工程之外，水利、公路或铁路本身并不存在承接地基与屋面等上部负荷的结构类型，但不意味着其不存在主体结构部分。市政给水排水工程验收所需要依据的《给水排水管道工程施工及验收规范》GB 50268—2008 中，则把工程划分为土方工程、管道主体工程、附属构筑物工程，也即管道工程施工为主体工程，井室等土建属于附属构筑物工程。再如《湖南省交通运输厅关于印发〈湖南省公路工程施工分包管理实施细则（试行）〉的通知》在第三章"分包条件"第 11 条明确："……以路面工程为主的标的不得将路面工程切段分包或者将主要结构层分包；以桥梁和隧道为主的标的不得将其主体结构分包……以房建为主的标的不得将房屋主体结构分包……"，是结合国家基本法律禁止主体结构分包的精神，明确了公路工程中关系工程质量和公共安全的主体结构内容。此外，在本文所引述的典型案例中，最高人民法院也是结合案涉工程本身所具备的特点，认为虽然分包的工作中包含了全部的土建工程，但土建工程对于整体工程而言仅是附属设施，不属于主体结构的范畴，因此不构成违法分包。

五、实务指引

结合典型案例及分析可知，对于主体结构的理解较难一概而论，具体到操作层面，发承包双方可以根据工程具体类型、受力结构等，结合工程设计文件，邀请有关专家对该部分工作内容是否足以影响工程整体的质量、安全进行论证，以判定是否属于主体结构。

此外，在法律法规没有明确规定的情况下，如前所述，市场主体还可以结合地方规范性文件或相关验收标准规范等技术类文件中对分部分项工程的划分，作为明确主体结构部分的参考，并可在合同中对于主体工程或主要工作内容作出明确约定，以免在双方发生争议时对于主体工程或主要工作的界定产生争议。

第九节　主张实际施工人身份的，应承担举证责任

一、实务疑难点

实践中，一个工程项目可能存在多个施工主体主张其为实际施工人的情形，例如图 8-4 所示。

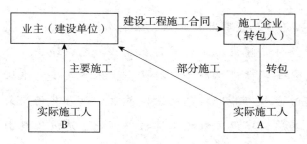

图 8-4　某项目发承包法律关系图

在图 8-4 中，建设单位与施工企业签订了合法的施工合同，然后施工企业将工程转包给实际施工人 A，但实际施工人 A 仅参与了部分施工，剩余部分由实际施工人 B 实施。此时，如果实际施工人 B 以其主要参与施工为由，主张其为实际施工人，但又没有与建设单位、施工企业存在明确的书面协议，那么在前述关系中，实际施工人如何证明自身地位，以及如何证明其参与了项目的施工，必然会引起较大的争议。

二、法条链接

《中华人民共和国民法典》（中华人民共和国主席令第四十五号）

第七百八十九条　建设工程合同应当采用书面形式。

三、典型案例

【案例：佟某安与双某集团、某鹏公司等合同纠纷案】

佟某安经朋友介绍，承接了由某隆公司开发、某鹏公司施工的案涉工程，但基于朋友关系以及对某鹏公司的信任，并未与某鹏公司签订书面协议。案涉工程的主体施工均由佟某安完成，但因某鹏公司未足额向其支付工程款，佟某安诉至法院并主张其为实际施工人，案涉工程主要发承包关系如图 8-5 所示。

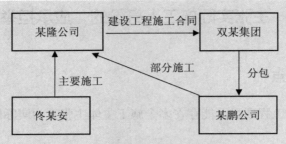

图 8-5　案涉项目发承包关系图

对于佟某安是否属于实际施工人，最高人民法院认为：首先，实际施工人出现的前提要件是建设施工合同存在非法转包、违法分包及借用有施工资质的企业名义承揽建设工程等无效情形，但佟某安并未证明其与某鹏公司之间存在违法分包、非法转包的法律关系，或者其借用某鹏公司资质承建案涉工程。其次，建设工程施工过程中，一个建设工程由多家施工队伍完成也较为普遍。对于每一个参与施工的施工队伍而言，其很容易提供例如租赁机械设备协议、材料买卖协议、人工费等证据用于证明其实际参与了工程的施工。但并不能得出其中的某一个施工队伍是全部工程的实际施工人。具体就本案而言，佟某安并无证据证明其对案涉工程价款享有排他性的权利。最后，佟某安主张案涉工程价款总造价达 31971164 元，对于如此规模的建设工程而言，双方当事人之间理应签订书面合同。但佟某安既无书面承包协议，又无口头协议对相关事项进行约定，此与常理显然不符。故佟某安将面临并承担由此产生的法律风险。因此，佟某安不属于案涉工程的实际施工人。

四、法律分析与实务解读

本文案例中主张实际施工人身份的当事人基于主观原因，未与相关单位签订书面合同，从而导致其实际施工人的地位没有被得到支持。从客观事实的角度，或许其实际就工程投入了资金和物力，是对案涉工程实际进行施工的主体；但在法律事实的角度，却没有明确的证据证明其实际施工人的地位。该案例缺少核心证据，即主张实际施工人身份的当事人与施工单位之间的施工协议，从而导致其他证据均存在瑕疵，难以被认定实际施工人的地位。

笔者曾经也代理过类似的案件，实际施工人通过朋友介绍，从总包处承揽了某装修项目并实际完成了施工，但没有签订任何书面施工协议。后实际施工人因与总包之间的结算产生争议诉至法院，但因没有书面的施工协议，导致案件举证存在巨大难度，需要费极大的精力去证明其实际参与了该项目的施工，例如与实际施工人雇佣的农民工做访谈并申请出庭作证、查阅案涉工程的现场会议纪要以证明其实际参与了工程、搜寻实际对工程投入资金和购买材料的证据等。最终通过各方努力，案件以调解方式结束，取得了较为圆满的结果，也最大限度地维护了当事人的权益。

五、实务指引

从实际施工人权益保护的角度来讲，在承揽项目时需要特别注意签订相关的施工协议、分包协议。尽管相关的施工协议可能会因违法分包、挂靠等无效，但仍然可能证明实际施工人实际参与了项目的施工，没有书面的施工协议，法院在认定实际施工人地位时会相对谨慎。

如果实际施工人在承揽项目时并未与相关施工企业签订书面协议，或者施工企业拒绝签订书面协议的，应当尤其注意在施工过程中对该部分证据予以补强，例如向施工企业发函要求签订书面的施工协议，就施工过程中的相关问题向施工企业书面发函请示，对外采购材料时同步将相关采购情况书面致函施工企业等，以从侧面佐证事实上参与了项目的施工。

第十节　实际施工人以承包人名义对外签订合同，表见代理的适用应从严

一、实务疑难点

在挂靠、转包等情形下，实际施工人对外往往以承包人的名义从事经济活动，例如对外签订采购、租赁等相关合同。如果此时实际施工人获得了承包人的授权，则签订合同的法律后果由承包人承担。而实务中更常见的争议是，实际施工人虽然以承包人名义对外签订合同，但其往往并未取得承包人的授权证明，例如签订合同时并未出具有关委托书，在合同上也未加盖承包人的印章，甚至还会存在私刻承包人印章的情形。在前述情形下，相对方能否以表见代理为由，要求承包人承担相应的法律后果，实务中争议较大。

二、法条链接

1.《中华人民共和国民法典》(中华人民共和国主席令第四十五号)

第一百七十二条 行为人没有代理权、超越代理权或者代理权终止后,仍然实施代理行为,相对人有理由相信行为人有代理权的,代理行为有效。

2.《最高人民法院关于适用〈中华人民共和国民法典〉总则编若干问题的解释》(法释〔2022〕6号)

第二十八条 同时符合下列条件的,人民法院可以认定为《中华人民共和国民法典》第一百七十二条规定的相对人有理由相信行为人有代理权:

(一)存在代理权的外观;

(二)相对人不知道行为人行为时没有代理权,且无过失。

因是否构成表见代理发生争议的,相对人应当就无权代理符合前款第一项规定的条件承担举证责任;被代理人应当就相对人不符合前款第二项规定的条件承担举证责任。

三、典型案例

【案例:李某盛与圣某公司、奚某军等合同纠纷案】

2013年3月28日,张某、奚某军以圣某公司的名义与李某盛签订《合同书》,约定由李某盛承包案涉项目外墙保温工程。张某、奚某军、李某盛在《合同书》上签名捺手印,圣某公司未盖章(签约时,张某、奚某军向李某盛出示了其代表圣某公司与业主签订的《工程合同协议书》,以表明其有权代表圣某公司)。

案涉外墙保温工程完工后,李某盛自测工程量为10257.06m²,圣某公司、奚某军等均不认可。李某盛在三个月施工期间内,未按合同约定向圣某公司主张过进度款,也未在圣某公司取得过工程款。后李某盛向法院提起诉讼,以张某、奚某军构成表见代理为由,要求圣某公司支付工程款。

法院审理查明,李某盛在签约时知晓案涉工程发生过农民工上访讨薪事件。对于表见代理的问题,一审、二审新疆维吾尔自治区高级人民法院及最高人民法院均未支持,主要理由有:①李某盛并未提供其与张某、奚某军签订合同时,张某、奚某军向其提供了诸如已取得圣某公司盖有公章的授权委托书等证据,不能证明张某、奚某军有权代表圣某公司签订合同。②虽然李某盛在与

> 张某、奚某军签订《合同书》时，张某、奚某军向其出示了张某、奚某军作为圣某公司的委托代理人与业主签订的《工程合同协议书》，但该证据仅表明其签订《工程合同协议书》得到了圣某公司的特别授权，但不能证明《工程合同协议书》项下的分包合同签订也得到了圣某公司的授权。③李某盛在得知案涉工程农民工上访追讨工资事件发生后，仍与张某、奚某军签订案涉施工合同，未尽到合理审查义务。因此，李某盛并非属于善意且无过失，张某、奚某军的行为不能构成表见代理。

四、法律分析与实务解读

在本书第二章中，讨论了在伪造印章的情形下，对外签订合同的效力的判断原则在于"看人不看章"，也即审查签订合同的当事人是否具备签订合同的权限。而实际施工人以承包人名义对外签订合同，能否构成表见代理，按照司法解释的规定，应重点审查实际施工人是否存在代理的权利外观，以及相对人是否善意无过失且不知道实际施工人无代理权。笔者分别从这两个角度对此问题进行讨论。

1. 关于实际施工人的代理权外观问题

相对人主张表见代理，并要求承包人承担责任的，应当举证证明实际施工人在签约时具备相应的权利外观。而实践中较为常见的权利外观有：实际施工人持有承包人出具的介绍信、授权委托书、项目部公章等，此类证明文件通常具备一定的权利外观。虽然印章也存在伪造的可能性，但一般的交易相对人并不具备识别印章是否真实的能力，因此如实际施工人持有相应的介绍信、委托书等文件的，一般认为具有权利外观，此时则需要进一步考察相对方是否善意来判断是否构成表见代理。

另一方面，实际施工人是否使用其他印章来签订合同，例如用项目部资料章、技术章来签订合同。从一般意义上来讲，资料章、技术章并不具备签订合同的条件，因而实际施工人如仅具备技术章、资料章来签订合同的，一般认为不存在明显的权利外观，此时是否构成表见代理，尚需要结合具体的案件情况来予以判断，尤其是需要判断相对人是否已尽到合理的注意义务。

2. 相对人应当善意无过失

从最高人民法院的相关解释来看，承包人主张不构成表见代理的，应当举证证明实际施工人的相对人知道实际施工人无代理权，或证明相对人存在过失。此时，即使实际施工人对外从事经济活动具有一定的权利外观，也不构成表见代理。

笔者认为，相对人是否善意且无过失，是判断是否构成表见代理的关键要素，具体可以从以下几个方面来考量：

（1）第三人如果知道实际施工人与承包人之间存在挂靠、转包等违法行为，则一般应认为存在过失。如果承包人与实际施工人之间存在挂靠、转包行为时，按照建筑行业的一般交易习惯和交易逻辑，承包人应当对实际施工人实施监督与管理，因而如没有得到承包人的批准或授权，实际施工人不能直接以承包人名义对外从事经济活动。因此，在前述情形下，相对人应当负有注意义务。

（2）如果实际施工人以个人名义与第三人长期存在交易行为，且第三人知道实际施工人与承包人之间系挂靠或转包，此时如果实际施工人以承包人名义与第三人签约的，则从一般的逻辑来讲，由于交易方式、模式的改变，第三人应当负有注意义务。

（3）第三人需要负何种注意义务，需要结合具体的案件情况、标的来判断。例如标的物数量大、金额高的交易，合同相对人应更加谨慎，此类情况下其是否善意的审查判断标准也需相应更高；反之，小额、便捷的交易，审查判断相对人是否善意的标准相对降低。又例如相对人核实是否便捷、是否成本过大等，也是判断其是否尽到注意义务的考量因素。以本文的典型案例为例，与实际施工人签订施工分包合同的相对方要判断实际施工人是否有权代表承包人，其核实的成本一般不高，例如向项目部的其他工作人员核实实际施工人的身份，或参照工地的公告牌公示的信息，直接联系承包人的有关管理人员等。

又例如，实践中经常出现实际施工人或其他个人以承包人或项目部名义对外借款，往往还会加盖项目部印章，此种情况下第三人经常以构成表见代理为由要求承包人还款，此时对于审查第三人是否尽到合理义务的标准就应当提高。例如，最高人民法院在其作出的某民事裁定书中认为，许某以某冶公司名义向任某借款1860万元，并向任某出具了项目经理委托书且加盖了项目部印章，在前述情况下法院仍认为不构成表见代理。笔者认为其根本原因就在于，从一般意义上而言，项目经理并不具备融资权限，且借款金额巨大，此时表见代理的审查标准应当从严，且应由第三人举证其尽到了注意义务，例如直接联系承包人的有关管理人员进行确认等，如第三人未核实的，应当认为未尽到注意义务。

五、实务指引

在目前的司法审判实务中，实际施工人构成表见代理的情形存在收紧的趋势，主要原因在于建筑行业存在大量的转包、挂靠等情形，且建筑工地人员错综复杂，任何人都可能以施工企业的名义对外从事经济活动，因此，相对人主张表见代理的，一般应从严予以审查。

从施工企业风险防范的角度来讲，可以从以下几个层面防范表见代理风险：

（1）采用内部承包等方式与实际施工人建立业务合作时，应做好背景调查，必要时可要求实际施工人提供有关的财产担保措施，如实际施工人对外超越权限发生经济活动导致施工企业损失的，则可以降低企业损失。

（2）可在项目部的有关告示牌上列出企业主要负责人员的电话，如合同签约发生在项目部的，则第三人可以直接电话予以核实合同签订人员的权限问题。

（3）施工企业在给项目经理、实际施工人出具有关项目经理委托书时，应当在委托手续中特别注明项目经理、项目负责人无权代表施工企业对外签约、对外借款、融资等行为，避免使用"在本项目上全权代表我公司"等表述。

（4）施工企业如需要给项目经理、实际施工人刻制有关项目章、技术章、资料章等印章的，应注意在印章中同时备注刻制"不得用于签订合同"等表述，且此类印章可以在形状、设计上与企业公章、合同章、财务章等进行区分，例如采用矩形设计等。

（5）定期对项目的合同签约、对外付款情况予以跟踪、审核，如发现有关合同的签约、付款并未经过施工企业认可的，则应当及时通知交易方，并向实际施工人追责。

第十一节　实际施工人欠付农民工工资的，承包人须先行清偿[①]

一、实务疑难点

农民工是建设工程领域最重要的群体之一，也是支撑建设工程行业持续发展的基础。但在实践中，拖欠农民工工资的问题一直以来都较为突出。为此，国务院专门出台了《保障农民工工资支付条例》（以下简称《条例》）这一行政法规以专门治理相关问题。根据《条例》的相关规定，分包单位拖欠农民工工资的，由施工总承包单位先行清偿。但在层层分包、转包、挂靠的情况下，实际施工人欠付农民工工资，承包人是否应先行清偿，《条例》并没有相关规定。基于此，笔者将结合相

---

① 本篇由上海市建纬律师事务所郝运律师供稿。

关案例及规定,对实际施工人欠付农民工工资情形下,承包人是否需先行清偿问题进行探讨。

二、法条链接

《保障农民工工资支付条例》(中华人民共和国国务院令第七百二十四号)

第三十条 分包单位对所招用农民工的实名制管理和工资支付负直接责任。

施工总承包单位对分包单位劳动用工和工资发放等情况进行监督。

分包单位拖欠农民工工资的,由施工总承包单位先行清偿,再依法进行追偿。

工程建设项目转包,拖欠农民工工资的,由施工总承包单位先行清偿,再依法进行追偿。

三、典型案例

【案例:杜某成与中某公司、环某公司合同纠纷案】

中某公司承包了威海国某公司开发建设的案涉项目工程施工。2018年10月3日,中某公司与环某公司签订一份劳务分包合同,约定中某公司将其承包项目的全部施工内容分包给环某公司施工。2019年2月25日,环某公司与刘某山签订一份《合作协议书》,约定刘某山分包案涉项目的部分劳务工程。之后,刘某山雇佣杜某成等具体进行了施工。2020年1月13日,刘某山与杜某成经结算确认,刘某山欠杜某成劳务报酬71000元。2020年5月11日,杜某成向法院提起诉讼。

诉讼过程中,中某公司认为:中某公司与环某公司的合同明确约定环某公司不得转包或分包,中某公司并不知道环某公司将主体工程转包给刘某山施工;根据合同相对性原则,杜某成与中某公司没有关于案涉项目工程的合同关系。

环某公司认为:杜某成是与刘某山形成劳务合同关系(雇佣关系),因此杜某成应当向刘某山主张劳务报酬,而不应依据建设工程的相关法律规定要求中某公司、环某公司承担连带责任。环某公司与刘某山之间是工程分包合同关系,与杜、刘二人的劳务合同关系相互独立,适用不同法律,不应在本案中处理。

对此,山东省威海经济技术开发区人民法院认为:本案中,中某公司作为施工总承包单位将案涉工程分包给环某公司施工,环某公司又违法转包给不具备施工资质的刘某山施工,导致拖欠杜某成劳务报酬。根据《保障农民工工资支付条例》第三十条、第三十六条第一款之规定，环某公司应对刘某山该债务承担连带清偿责任。中某公司具有先行清偿的责任，其在履行先行清偿责任后可依法向环某公司、刘某山追偿。中某公司未按劳务分包合同约定与环某公司进行工程款结算，其对环某公司将案涉工程违法转包给刘某山施工未尽到监督责任，即使双方对工程款数额存在争议，但不能作为其拒绝履行先行清偿责任的理由。

四、法律分析与实务解读

本案系层层转分包模式下拖欠农民工工资问题的典型案例，承包人主张其合法分包，与实际施工人雇佣的农民工无合同关系；分包人主张分包合同关系和劳务合同关系不同，农民工不能依据《最高人民法院关于审理建设工程施工合同纠纷案件适用法律问题的解释（一）》突破合同相对性主张工资。但法院的判决并未支持承包人与分包人的上述观点，而是根据《条例》的有关规定，认定分包人对实际施工人拖欠的农民工工资承担连带责任，承包人对拖欠的农民工工资应先行清偿，之后可向分包人、实际施工人追偿。对层层转分包情形下，承包人是否应对实际施工人拖欠的农民工工资承担先行清偿责任，笔者认为应从《条例》入手，结合司法实践作出分析判断。

（一）承包人对农民工工资承担先行清偿责任的有关规定

1. 承包人违法分包、转包、出借资质的，应承担先行清偿责任

根据《条例》的相关规定，承包人在三类违法情形下应对拖欠的农民工工资承担先行清偿责任，分别是：

第一，承包人违法分包的。即《条例》第三十六条规定的"建设单位或者施工总承包单位将建设工程发包或者分包给个人或者不具备合法经营资格的单位"的情形。

第二，承包人转包的。即《条例》第三十条规定的"工程建设项目转包"的情形。

第三，承包人出借资质的。即《条例》第三十六条规定的"施工单位允许其他单位和个人以施工单位的名义对外承揽建设工程"的情形。

2. 分包单位拖欠农民工工资的，承包人应承担先行清偿责任

除了上述三类承包人的违法情形外，《条例》还规定了承包人对分包单位拖欠的农民工工资承担"无条件"的先行清偿责任，即第三十条规定的："分包单位拖欠农民工工资的，由施工总承包单位先行清偿，再依法进行追偿。"

根据此规定，承包人不论是否存在前述违法分包、转包、被挂靠情形，对于分包单位拖欠的农民工工资，都需要承担先行清偿责任。这一规定是基于承包人作为建设工程项目的承建单位，农民工提供的劳务也直接作用于建设工程项目，使承包人获益的考量；更是为了满足从源头解决拖欠农民工工资问题的现实需要。客观上对承包人的分包管理、农民工工资管理、款项支付管理等提出了更高的要求。

3.《条例》未明确承包人是否对实际施工人拖欠的农民工工资承担清偿责任

《条例》相关条款在表述时，涉及主体有"用人单位""用工单位""建设单位""施工总承包单位""分包单位"等。尽管上述规定要求承包人在违法分包、转包、被挂靠等违法情形下对欠付工资承担清偿责任，也要求承包人对分包单位拖欠的工资承担先行清偿责任，但并未涉及"实际施工人"的有关内容。

在承包人合法分包，分包单位又转包给实际施工人，实际施工人雇佣农民工等多层转分包情形下，在前述承包人并无违法行为，也未拖欠分包单位工程款，分包单位也未拖欠实际施工人款项的情形下，承包人还是否需要对实际施工人欠付的农民工工资承担先行清偿责任，《条例》未进行明确规定。

（二）承包人应对实际施工人欠付的农民工工资先行清偿

1.源头治理和根治欠薪的原则性要求

《条例》第三十条要求承包人对分包单位拖欠的农民工工资"无条件"承担先行清偿责任，是基于对拖欠农民工工资问题源头治理和根治欠薪原则的考量。现行司法实践中，也有不少法院判决支持承包人应对实际施工人欠付的农民工工资先行清偿。如凤城市财某公司、中某公司等劳务合同纠纷一案，辽宁省高级人民法院就作出明确阐释："因为拖欠农民工工资，其重要源头在于施工总承包单位以包代管，没有履行用工管理的义务和对分包单位的监督管理义务，因此由施工总承包单位承担层层分包转包项目拖欠农民工工资的清偿责任，符合源头治理和根治欠薪的原则性要求。本案中，财某公司应对未支付完毕的劳务费承担直接给付责任，中某公司虽非案涉工程的发包人，但其作为案涉工程的承包人，没有履行用工管理的义务和对分包单位财某公司的监督管理义务，原审判令其对分包人财某公司欠付王某的劳务费承担连带责任并无不当，亦未实际损害其利益。"

2.承包人承担先行清偿责任时，应对"农民工工资"作扩大解释

司法实践中，承包人对实际施工人欠付的农民工工资承担先行清偿责任，应不仅限于农民工本人的主张，当存在欠付农民工工资的情况下，承包人一般也应当对实际施工人主张的劳务款承担先行清偿责任。例如中建某局西北分公司与胡

某刚建设工程分包合同纠纷一案，陕西省高级人民法院认为：中某公司（分包人）欠付严某实（实际施工人）的劳务费主要构成为其班组工人工资；中建某局西北公司（承包人）作为案涉项目总包合同的实际履行主体，其对中某公司违法分包事实及中某公司存在拖欠农民工工资等情况明知，对违法分包持放任态度，且在中某公司未足额支付农民工工资的情况下，与中某公司进行结算，致使发生欠付农民工工资问题，依据《保障农民工工资支付条例》第三十条规定，应由中建某局西北公司先行清偿。

但同时需要关注的是，并非原告主张的款项中含有农民工工资，承包人就需要承担相应的先行清偿责任，承包人先行清偿的前提是存在欠付农民工工资的相应证据。对此，李某胜、山东盈某公司等建设工程施工合同纠纷一案，山东省高级人民法院就指出：《条例》的宗旨在于保障农民工为用人单位提供劳动后应当获得劳动报酬，申请人主张的工程款虽然包括部分劳务费用，但其性质与农民工工资不同，因而申请人主张的工程款不应适用该条例的规定。

3. 承包人对欠付工资承担先行清偿责任更应配合行政管理

除上述司法实践外，行政法层面关于承包人对欠付农民工工资承担先行清偿责任更是作了详尽的规定。相关内容主要集中在2021年11月1日起施行的《工程建设领域农民工工资保证金规定》（人社部发〔2021〕65号）之中；该规定第六条、第十六条、第十九条等条款规定：

第一，承包人应当在工程所在地的银行存储工资保证金或申请开立银行保函；

第二，一旦工程发生拖欠农民工工资，人社部门会对承包人依法作出责令限期清偿或先行清偿的行政处理决定；

第三，承包人收到行政处理决定，到期拒不清偿时，人社部门可以书面通知有关承包人和经办银行，直接从工资保证金账户中将相应数额的款项以银行转账方式支付给被拖欠工资农民工本人（如果是保函形式的，由经办银行依照保函承担担保责任）。

五、实务指引

结合前述讨论，笔者认为：尽管《条例》没有对实际施工人欠付农民工工资，承包人是否应承担先行清偿责任这一问题作出明确规定，但结合《条例》的立法目的和宗旨、《条例》配套的行政规定、现行司法裁判倾向等综合来看，可以认定承包人需要对实际施工人欠付农民工工资承担先行清偿责任。基于现行规定对承包人

的资金管理、现场管理、分包管理都提出了更高要求,笔者建议承包人从以下方面予以应对:

(1)加强对分包单位履约能力及资信的考察。承包人在分包单位选定阶段,应从其资质、注册资金、资金情况、股东情况、人员结构及素质、机具装备、施工能力、工程业绩、涉诉情况等方面进行考察,以防皮包公司或者他人借用资质承接工程的情况出现。选择劳务分包单位时,尽量选择成立年限久、企业规模大、过往未出现过拖欠农民工工资情形的企业。

(2)尽可能推行总包代发制度。根据《条例》规定,分包人可以委托承包人代发农民工工资,总包代发制度最能有效避免分包单位及相关实际施工人(如有)欠付农民工工资的情况。在与建设单位签订总包合同和与分包单位签订分包合同时,应充分考虑各环节的衔接,考虑分账管理,合理设计支付制度,包括人工费的比例和支付时间等,确保按时足额发放农民工工资。

(3)依法履行项目用工管理义务,落实农民工完成工作量和应付工资情况。承包人应按照规定开设农民工工资专用账户、落实农民工实名制管理、配备劳资专员、建立用工管理台账及工资支付台账等。对于涉及分包单位用工管理的内容,应在签约履约阶段对分包单位提出明确要求。

(4)注意农民工工资支付证据的留存。除用工管理台账、工资支付台账外,一切与农民工工资支付相关的证据都需要留存。尤其应注意履约阶段因农民工闹访,承包人直接代发工资的情形,以免在与分包人等出现争议时因为证据不足导致自身合法权益遭受损失。

第十二节 实际施工人雇佣的人员发生伤亡的,由承包人承担工伤赔偿责任后,再进行追偿

一、实务疑难点

实践中,实际施工人雇佣的劳务人员从事劳务工作而发生伤亡事故的情形较为普遍。而实际施工人可能没有用工主体资格,从事劳务的人员通常也未与实际施工人和施工企业签订劳动合同,此种情形下,如从事劳务的人员发生伤亡事故,是否构成工伤,相应的赔偿责任如何分担,往往在各方之间产生争议。

二、法条链接

《最高人民法院关于审理工伤保险行政案件若干问题的规定》（法释〔2014〕9号）

第三条 社会保险行政部门认定下列单位为承担工伤保险责任单位的，人民法院应予支持：

（一）职工与两个或两个以上单位建立劳动关系，工伤事故发生时，职工为之工作的单位为承担工伤保险责任的单位；

（二）劳务派遣单位派遣的职工在用工单位工作期间因工伤亡的，派遣单位为承担工伤保险责任的单位；

（三）单位指派到其他单位工作的职工因工伤亡的，指派单位为承担工伤保险责任的单位；

（四）用工单位违反法律、法规规定将承包业务转包给不具备用工主体资格的组织或者自然人，该组织或者自然人聘用的职工从事承包业务时因工伤亡的，用工单位为承担工伤保险责任的单位；

（五）个人挂靠其他单位对外经营，其聘用的人员因工伤亡的，被挂靠单位为承担工伤保险责任的单位。

前款第（四）（五）项明确的承担工伤保险责任的单位承担赔偿责任或者社会保险经办机构从工伤保险基金支付工伤保险待遇后，有权向相关组织、单位和个人追偿。

三、典型案例

【案例1：蔺某全与兴某公司劳动纠纷案】

2013年9月1日，中铁某局将其承建的甘肃某案涉项目的劳务分包给重庆兴某公司，兴某公司又将铺设琉璃瓦劳务分包给自然人董某儿，董某儿的合伙人招聘蔺某全等铺设琉璃瓦。2014年10月8日，蔺某全在施工过程中受伤。2015年9月9日，蔺某全向兰州市人力资源和社会保障局提出工伤认定申请，兰州市人社局经审查核实，于2016年6月20日作出工伤认定书，认定蔺某全为工伤，并由兴某公司承担工伤赔偿。上述的法律关系如图8-6所示。

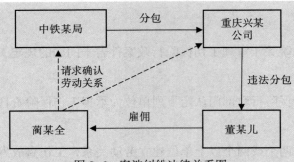

图 8-6 案涉纠纷法律关系图

此外,蔺某全依次向劳动仲裁委、法院请求确认与中铁某局或重庆兴某公司之间的劳动合同关系,但均被驳回。

兴某公司不服工伤认定书向法院提起行政诉讼,要求撤销工伤认定。一审法院驳回了兴某公司的诉请,二审法院以蔺某全与兴某公司不存在劳动关系为由又支持了兴某公司的诉请。

蔺某全向最高人民法院提出再审,最高人民法院认为:当存在转包、违法分包的情形时,用工单位承担职工的工伤保险责任不以是否存在劳动关系为前提。用工单位违反法律、法规规定将承包业务转包、分包给不具备用工主体资格的组织或者自然人,该组织或者自然人聘用的职工发生工伤事故时,应由违法转包、分包的用工单位承担工伤保险责任。

 【案例2:姚某国与继某公司追偿权纠纷案】

继某公司(甲方)与姚某国(乙方)签订《钢结构安装合同》,将唐山某钢结构安装项目违法分包给个人姚某国,合同约定:乙方应遵守工程建设安全有关的规定,由于乙方原因造成的安全事故责任和费用由乙方承担。

姚某国雇佣张某从事焊接工作,在施工过程中,张某不慎从高空坠落受伤,继某公司支付了张某的工伤赔偿款44万元后诉至法院,向姚某国追偿。

一审法院和二审法院均全部支持了继某公司的主张,再审过程中,河北省高级人民法院认为,继某公司存在转包、违法分包的行为,也存在相应的过错,应承担相应的责任,因此判决继某公司承担40%的责任、姚某国承担60%,即继某公司可以追偿60%的赔偿款。

四、法律分析与实务解读

1. 施工企业是工伤赔偿的责任主体

国家建立工伤保险制度,其目的在于保障因工作遭受事故伤害或者患职业病的职工获得医疗救治和经济补偿。但在建设工程领域中,由于挂靠、转包等情形较为常见,此类情形下的建设项目由实际施工人组织人力、物力实施,而实际施工人雇佣的建筑工人,一般也不会直接与施工企业签订劳动合同。此种情形下,一旦发生质量、安全等事故,类似案例 1 中的情形,建筑工人往往要求确认与施工企业之间的劳动关系,但此类诉请往往由于缺乏劳动合同而不被支持。

不确认劳动关系,并不意味着发生伤亡事故后,工人正当的工伤赔偿权益无法得到保障。由于实际施工人不具备用工主体资格,因此不属于承担工伤赔偿责任的主体,也无法承担相应的用工责任。而施工企业作为具备用工主体资格的单位,当其违反法律规定将业务转包、违法分包给不具备资质及用工主体资格的实际施工人时,其自身存在较大的过错,根据相关司法解释的规定,工伤赔偿责任应当由施工企业承担。

2. 施工企业承担工伤赔偿后,可向实际施工人追偿

根据上述讨论,在挂靠、转包、违法分包等违法情形下,不具备用工主体资格的实际施工人雇佣的建筑工人发生工伤的,由具备用工主体资格的施工企业承担工伤赔偿责任。但用工主体责任,属于一种替代性、补偿性的责任,其目的在于保证劳动者在劳动过程中受到侵害时,能够第一时间保障其权益。而承包人作为具备用工主体资格的单位,其资金实力等方面均胜过实际施工人,因此相关法律规定由其承担工伤赔偿责任,但这并不等同于承包人承担全部责任或最终责任。

按照相关司法解释的规定,承包人承担工伤赔偿责任后,可以向不具备用工主体资格的实际施工人追偿。但同样地,这并不意味着施工企业可以全额追偿工伤赔偿款。实务中有观点认为实际施工人才是对其招用的劳动者伤亡承担工伤保险责任的最终责任人,该观点同样存在片面之处。

对施工企业来讲,其虽然可以通过合同约定将现场的安全等责任转移给实际施工人,但其作为有资质、有经验的承包人,对现场的安全管理负责是其法定义务,且对在违法分包、转包等情形下可能产生的后果也应当能够合理预见,从这个角度来说,施工企业很难就全部赔偿金额向实际施工人追偿。正如本文案例 2 中,一、二审法院虽然全额支持了承包人的追偿权,但在河北省高级人民法院再审过程中,

再审法院根据双方的过错，判决承包人承担 40% 的赔偿责任，即可以就 60% 的赔偿金额进行追偿。

根据笔者检索类似的案例以及亲自办理的相关案件的审理及裁判情况，针对承包人垫付赔偿款后向实际施工人追偿的问题，由于承包人将工程违法分包或转包给实际施工人后，通常又不参与实际项目的管理，在此情形下，承包人无法就垫付的赔偿款进行全额追偿，法院往往会结合双方的过错程度以及案件的实际情况，将赔偿责任在实际施工人与承包人之间进行分担，例如双方各自承担 50% 的责任。

五、实务指引

对于承包人来讲，应注意加强对现场工人的管理，对现场的安全问题引起高度重视，一旦发生安全事故，除了可能涉及的行政罚款外，还需要承担相应的赔偿责任。为防范相应风险，建议：

（1）签订分包合同时，注意审查分包单位的主体资格，谨慎将工程分包给不具备用工主体资格的个人，必要时聘请律师对项目的风险进行提前把控，有利于减少争议和损失。

（2）如将工程交由实际施工人负责的，对于实际施工人雇佣的人员，应在承包人处备案，并要求实际施工人出具相关的承诺文件，如发生伤亡事故的，由实际施工人负责赔偿。同时，应注意购买相应的保险，以减少损失。

（3）注重对现场的实际管理，委派专职人员负责现场的管理，并加强现场安全管理措施，例如每日工人进场施工前，对工人进行体检，并进行安全技术交底；定期开展安全生产会议，加强安全教育等。

后 记

本书的写作可谓一波三折，最初写作的想法成型于2020年中旬，但受制于个人时间精力以及能力的有限，断断续续写了一年，却仍然只是个"半成品"。

理想很丰满，现实很骨感。鉴于写作过程中遇到的问题，我向上海市建纬律师事务所副主任韩如波律师进行了请教和交流，非常感谢韩律师给予的指导，使得本书的写作得以延续并最终完成了书稿；与此同时，感谢上海市建纬律师事务所主任邵万权律师在百忙之中为本书作序。一直以来受到上海市建纬律师事务所专业氛围的熏陶，使得我的业务能力也在不断地提升；唯有继续勤勉努力，更进一步，才是对建纬的前辈及恩师最好的回馈。

而本书从初稿的写作到最终的成稿，仅凭我一人的努力是断然无法完成的。在此出版之际，特别感谢上海市建纬律师事务所工程总承包业务部的郑冠红律师、郝运律师以及张志国律师，三位律师也均向本书提供了非常宝贵的建议，并负责编写了部分内容。没有他们的支持，本书也断然不会成功出版。

此外，还要感谢中国建筑工业出版社的张智芊老师给予的信任和大力支持，在我有成书出版的想法后就给予了充分肯定，并对书稿的内容等方面提出了非常宝贵的建议。

最后，感谢上海市建纬律师事务所创始合伙人、建纬研究院朱树英院长在百忙之中为本书写了书评，朱老师一直是我们法律人士的榜样。从入行至今，受到朱老师"能说会写"的熏陶，我的法律功底及写作能力也不断地提升；在本书出版之际，唯有感恩建纬对我的培养。

无论如何，受个人学识及能力的限制，最终呈现在读者面前的书稿也难免存在疏漏或错误，与之相关的责任由本人自行负责。如您在阅读时发现有任何瑕疵，或有任何问题需要交流的，欢迎随时与我联系【邮箱：602016052@qq.com】。

蒋峰

2023年3月于上海